2019年第四季度

Quarter Four, 2019

# 中国货币政策执行报告

# CHINA MONETARY POLICY REPORT

中国人民银行货币政策分析小组

Monetary Policy Analysis Group of
the People's Bank of China

中国金融出版社
CHINA FINANCIAL PUBLISHING HOUSE

责任编辑：童祎薇
责任校对：潘　洁
责任印制：程　颖

**图书在版编目（CIP）数据**

2019年第四季度中国货币政策执行报告/中国人民银行货币政策分析小组编.
—北京：中国金融出版社，2020.4
ISBN 978-7-5220-0552-2

Ⅰ.①2… Ⅱ.①中… Ⅲ.①货币政策—研究报告—中国—2019 Ⅳ.①F822.0

中国版本图书馆CIP数据核字（2020）第041031号

2019年第四季度中国货币政策执行报告
2019 nian Disi Jidu Zhongguo Huobi Zhengce Zhixing Baogao

出版
发行　中国金融出版社

社址　北京市丰台区益泽路2号
市场开发部　（010）66024766，63805472，63439533（传真）
网 上 书 店　http：//www.chinafph.com
　　　　　　（010）66024766，63372837（传真）
读者服务部　（010）66070833，62568380
邮编　100071
经销　新华书店
印刷　北京侨友印刷有限公司
尺寸　210毫米×285毫米
印张　12.25
字数　259千
版次　2020年4月第1版
印次　2020年4月第1次印刷
定价　108.00元
ISBN 978-7-5220-0552-2

# 本书执笔人

总　　纂：刘国强　　孙国峰

审　　稿：郭　凯　　吕　政　　霍颖励　　邹　澜　　王景武

　　　　　阮健弘　　朱　隽　　陈　浩　　丁志杰

统　　稿：李文喆

执　　笔：

第一部分：邱潮斌　　曾冬青　　史　楠　　王海纳

第二部分：黄海涛　　宋婧瑄　　苏小竞　　胡　婧　　吴　琼

　　　　　庄静娴　　金晓芳　　罗嗣源　　郝智慧　　张美思

第三部分：毛奇正　　许　琛　　陈亚萍

第四部分：王一飞　　单敬雯　　黄健洋　　高　宏　赵瑞清

　　　　　任羽菲　　徐　琨

第五部分：周轶海　　程艳芬　　李　航

提供材料的还有：

　　　　　赵　北　　刘定远　　刘　页　　徐　伟　　葛一凡

　　　　　周　游　　庞　博　　孟令阔　　郭旻蕙　　莫依依

英文总纂：冯润祥

英文审稿：张　勤　　陈苏燕　　以及前述审稿人、执笔人

　　　　　Nancy Hearst（美国哈佛大学费正清东亚研究中心）

英文翻译：曹志鸿　　陈　松　　何君玲　　何亦周　　刘孜群

　　　　　周　泮　　陈苏燕　　章　曦　　卢蕾蕾　　周璐珍

　　　　　丁　韡　　钟　文

# Contributors to This Report

**CHIEF EDITORS:**
LIU Guoqiang SUN Guofeng
**READERS:**
GUO Kai Lü Zheng HUO Yingli ZOU Lan WANG Jingwu RUAN Jianhong
ZHU Jun CHEN Hao DING Zhijie
**EDITOR:**
LI Wenzhe
**AUTHORS:**
**PART ONE:** QIU Chaobin ZENG Dongqing SHI Nan WANG Haina
**PART TWO:** HUANG Haitao SONG Jingxuan SU Xiaojing HU Jing
WU Qiong ZHUANG Jingxian JIN Xiaofang LUO Siyuan
HAO Zhihui ZHANG Meisi
**PART THREE:** MAO Qizheng XU Chen CHEN Yaping
**PART FOUR:** WANG Yifei SHAN Jingwen HUANG Jianyang GAO Hong
ZHAO Ruiqing REN Yufei XU Kun
**PART FIVE:** ZHOU Yihai CHENG Yanfen LI Hang
**OTHER CONTRIBUTORS:** ZHAO Bei LIU Dingyuan LIU Ye XU Wei
GE Yifan ZHOU You PANG Bo MENG Lingkuo
GUO Minhui MO Yiyi

**ENGLISH EDITION**
**CHIEF EDITORS:** FENG Runxiang
**EDITORS:** ZHANG Qin CHEN Suyan above-mentioned authors and readers
Nancy Hearst (Fairbank Center for East Asian Research, Harvard University)
**TRANSLATORS:** CAO Zhihong CHEN Song HE Junling HE Yizhou
LIU Ziqun ZHOU Ping CHEN Suyan ZHANG Xi
LU Leilei ZHOU Luzhen DING Wei ZHONG Wen

# 内容摘要

2019年中国经济运行总体平稳，结构持续优化，就业保持稳定，物价结构性上涨特征明显，内外部风险挑战增多，经济下行压力加大。全年国内生产总值（GDP）同比增长6.1%，居民消费价格指数（CPI）同比上涨2.9%，外汇储备保持在3万亿美元以上。

中国人民银行坚持金融服务实体经济的根本要求，实施稳健的货币政策，加强逆周期调节，在多重目标中寻求动态平衡，保持货币信贷合理增长，推动信贷结构持续优化，以改革的办法疏通货币政策传导，千方百计降低企业融资成本，为实现“六稳”和经济高质量发展营造了适宜的货币金融环境。

一是保持银行体系流动性合理充裕。三次降低存款准备金率，为金融机构支持实体经济提供2.7万亿元长期资金，灵活开展公开市场和中期借贷便利操作，合理把握流动性投放节奏。二是既稳总量又优结构。构建完善“三档两优”存款准备金框架，继续发挥再贷款、再贴现、宏观审慎评估等工具的作用，引导金融机构加大对小微、民营企业和制造业的信贷支持。三是以我为主，兼顾对外均衡。人民币汇率双向波动，对美元汇率双向“破7”。建立在香港常态化发行人民币央行票据的机制，多渠道发声引导预期。四是用改革的办法疏通货币政策传导。深化利率市场化改革，改革完善贷款市场报价利率（LPR）形成机制，遵循市场化、法治化原则，推动存量贷款定价基准由原来的贷款基准利率转换为LPR或固定利率。以永续债为突破口助力银行补充资本，缓解银行信用面临的资本约束。五是牢牢守住风险底线。金融风险总体可控，重点金融机构风险处置取得突破性进展，有针对性地处置个别中小银行风险。针对结构性流动性紧张局面，增加再贴现额度2000亿元、常备借贷便利额度1000亿元提供流动性支持，建立了防范中小银行流动性风险的“四道防线”，及时稳定市场信心。

总体来看，稳健的货币政策成效显著，体现了前瞻性、精准性、主动性和有效性。2019年末，广义货币（M2）同比增长8.7%，社会融资规模存量同比增长10.7%，M2和社会融资规模增速略高于国内生产总值名义增速。2019年普惠小微贷款“量增、面扩、价降”，民营企业和制造业融资条件明显改善。企业贷款利率显著下降，12月新发放企业贷款加权平均利率为5.12%，较2018年高点下降0.48个百分点。人民币汇率双向波动，弹性进一步增强。

中国发展仍处于并将长期处于重要战略机遇期，近期新冠肺炎疫情对中国经济的影响是暂时的，中国经济长期向好、高质量增长的基本面没有变化。当前，世界经济增长持续放缓，仍处在国际金融危机后的深度调整期，外部不确定不稳定因素增多。我国经济正在由高速增长转向高质量发展，结构性、体制性、周期性问题相互交织，增长速度换挡期、结构调整阵痛期、前期刺激政策消化期“三期叠加”影响持续深化。经济增长保持了韧性，同时也必须认识到经济下行压力仍然较大。下一阶段，中国人民银行将坚持以习近平新时代中国特色社会主义思想为指导，全面贯彻落实党的十九届四中全会和中央经济工作会议精神，坚决贯彻执行党中央、国务院决策部署，紧扣全面建成小康社会目标任务和“十三五”规划收官，坚持稳中求进工作总基调，全面做好“六稳”工作。科学稳健把握逆周期调节力度，守正创新，勇于担当，稳健的货币政策要灵活适度，加强逆周期调节、结构调整和改革的力度，保持物价水平基本稳定。打好防范化解重大金融风险攻坚战，牢牢守住不发生系统性金融风险的底线。将疫情防控作为当前最重要的工作来抓，加大对新冠肺炎疫情防控的货币信贷支持。灵活运用多种货币政策工具，保持流动性合理充裕，促进货币信贷、社会融资规模增长同经济发展相适应。推动银行通过发行永续债等途径多渠道补充资本，提升银行服务实体经济和防范化解金融风险的能力。创新和运用结构性货币政策工具，引导金融机构加大对小微、民营企业和制造业的信贷支持，加大对疫情防控相关领域、相关地区的信贷支持。在做好防控工作的前提下，全力支持各类生产企业复工复产。完善 LPR 传导机制，推进存量浮动利率贷款定价基准转换，坚决打破贷款利率隐性下限，疏通货币政策传导。把握好保持人民币汇率弹性、完善跨境资本流动宏观审慎政策和加强国际宏观政策协调三方面的平衡，保持人民币汇率在合理均衡水平上基本稳定。

# *Executive Summary*

In 2019, the performance of the Chinese economy was stable and the economic structure continued to improve. Employment remained stable and price rise was obviously structural. Downward pressures built up amid increased risks and challenges at home and abroad. In 2019, the gross domestic product (GDP) grew 6.1 percent year on year and the consumer price index (CPI) increased 2.9 percent year on year. Foreign exchange reserves remained above USD3 trillion.

Adhering to the basic requirement that the financial sector should serve the real economy, the People's Bank of China (PBC) implemented a sound monetary policy, enhanced countercyclical adjustments, and reached a dynamic balance among multiple targets. The PBC worked to maintain a reasonable growth of money and credit amid continued efforts to improve the credit structure, took reform measures to smooth the transmission of monetary policy, and made every attempt to lower the financing costs for enterprises. With all these efforts, the PBC provided a favorable monetary and financial environment for achieving the "six stabilities," namely stability of employment, the financial sector, external trade, foreign investment, domestic investment, market expectations, and high-quality economic growth.

First, measures were taken to maintain ample and appropriate liquidity in the banking system. The PBC cut the required reserve ratio (RRR) three times, providing RMB2.7 trillion worth of long-term funds for financial institutions to support the real economy, and it conducted open market operations (OMOs) and Medium-term Lending Facility (MLF) operations in a flexible way to ensure a reasonable pace of liquidity injections. Second, efforts were made to stabilize the volume of credit while optimizing the credit structure. The RRR framework featuring "three tranches and two preferential treatments" was built and improved. Tools such as central bank lending, central bank discounts, and macroprudential assessment (MPA) continued to play a role in guiding financial institutions to step up credit support for micro and small enterprises (MSEs), private enterprises, and the manufacturing sector. Third, measures were taken to strike a balance between internal and external equilibria, with attention mainly focused on domestic conditions. The RMB exchange rate moved in both ways, and both the onshore and offshore RMB exchange rate went beyond 7 against the US dollar. The PBC has established a regular mechanism to issue central bank bills in Hong Kong and communicates through multiple channels to guide expectations. Fourth, reform measures were adopted to improve the transmission of monetary policy. The PBC proceeded with the market-based interest rate reform, improved the pricing mechanism of the loan prime rate (LPR), and facilitated the shift in the pricing benchmark for outstanding floating-rate loans from the benchmark loan rate to the LPR or fixed rate, based on market-oriented and law-based principles. It also facilitated banks to replenish capital through issuing perpetual bonds so as to ease the capital constraints of bank credit. Fifth, efforts were made to maintain the bottom line for risk prevention. Financial risks were generally under control, with the risk resolutions of major financial institutions making a breakthrough. Targeted measures were rolled out to address the risks of some small and medium-sized banks. In order to ease the structural liquidity shortfall, the PBC increased the discount quota by RMB 200 billion and the Standing Lending Facility (SLF) quota by RMB 100 billion to provide liquidity support. In addition, the PBC established "four lines of defense", namely liquidity injections through central bank discounts, the SLF, the RRR, and central bank lending, so as to promptly stabilize market confidence.

Overall, the sound monetary policy produced good results, and it proved to be forward-looking, precise, pro-active, and effective. At end-2019, broad money (M2) and aggregate financing to the real economy (AFRE) grew 8.7 percent and 10.7 percent, respectively, moderately higher than the nominal GDP growth. In 2019, inclusive MSE loans grew in both volume and coverage and were offered at lower prices. The financing conditions of private enterprises and the manufacturing sector obviously improved, and the overall financing costs for businesses declined substantially. The weighted average interest rate of new enterprise loans was 5.12 percent in December, a decrease of 0.48 percentage points from the peak in the previous year. The RMB exchange rate fluctuated in both directions and became more flexible.

China is still in an important period of strategic opportunities and will remain there for a long time. The impact of the novel coronavirus outbreak on the Chinese economy will be temporary, as the sound fundamentals and high-quality growth over the long term remain unchanged. Currently, the world economy continues to slow down amid profound post-crisis adjustments, so external uncertainties and destabilizing factors are on the rise. As the Chinese economy is transitioning from high-speed growth to high-quality development, the structural, institutional, and cyclical issues have become interwoven with one another, and the coexistence of an economic slowdown, the structural adjustments, and the impact from the previous stimulus policies are exerting more influence. While China's economic growth remains resilient, it should be noted that downward pressures on the economy are still quite high. Going forward, under the guidance of Xi Jinping Thought on Socialism with Chinese Characteristics for a New Era, the PBC will comprehensively implement the guidelines of the Fourth Plenary Session of the 19th Communist Party of China (CPC) Central Committee and the Central Economic Work Conference as well as the decisions and arrangements of the CPC Central Committee and the State Council. Committed to achieving the target of completing the building of a moderately prosperous society in all respects and concluding the 13th Five-Year Plan, the PBC will adhere to the guiding principle of pursuing progress while ensuring stability, and it will take all-round measures to stabilize employment, the financial sector, foreign trade, foreign investment, domestic investment, and expectations. Upholding fundamental principles, promoting innovation, and living up to its responsibilities, the PBC will calibrate countercyclical adjustments in a scientific and prudent manner, conduct a sound monetary policy that is flexible and appropriate, intensify countercyclical adjustments, structural adjustments, and reforms, and keep prices basically stable. Measures will be taken to prevent and defuse major financial risks and to hold fast to the bottom line for preventing systemic financial risks. Taking epidemic control as the top priority under the current circumstances, the PBC will step up monetary and credit support to control the epidemic. A mix of monetary policy tools will be flexibly employed to maintain reasonable and adequate liquidity and to keep money and credit as well as the AFRE growing at a rate well-aligned with economic development. The PBC will facilitate banks to replenish capital through multiple channels, including the issuance of perpetual bonds, and it will enhance the banks' ability to serve the real economy as well as to forestall and defuse financial risks. The PBC will innovate and adopt structural monetary policy instruments to guide financial institutions to increase credit support for MSEs, private firms, the manufacturing sector, and industries and areas related to prevention and control of the epidemic. All-out support will be provided for the resumption of work and production on the condition that measures for epidemic prevention and control are in place. Measures will be taken to improve the transmission mechanism of the LPR and to promote the shift in the pricing benchmark for outstanding floating-rate loans. The PBC is determined to remove the implicit floor on loan rates and to smooth the transmission of monetary policy. The PBC will strike a balance among maintaining the elasticity of the RMB exchange rate, improving macroprudential policies on cross-border capital flows, and strengthening international coordination of macro policies, so as to keep the RMB exchange rate basically stable at an adaptive and equilibrium level.

# 目 录

图



① 数据来源：中国人民银行、国家统计局、商务部、海关总署、国家外汇管理局、世界银行、国际货币基金组织、世界贸易组织、联合国贸易和发展会议等。
② 数据来源：相关中央银行、国家统计机构、世界银行、国际货币基金组织等。

# Contents

*Table*



*Figure*



1. Sources: The People's Bank of China, National Bureau of Statistics, Ministry of Commerce, General Administration of Customs, State Administration of Foreign Exchange, the World Bank, International Monetary Fund, World Trade Organization, and United Nations Conference on Trade and Development, etc..

1. Source: Central banks, national statistical agencies in relevant countries, the World Bank, IMF, etc..

# 第一部分　货币信贷概况

2019年以来，银行体系流动性合理充裕，广义货币M2和社会融资规模增速略高于国内生产总值名义增速，贷款增长较快，信贷结构进一步优化，贷款利率下降，人民币汇率总体稳定。

## 一、银行体系流动性合理充裕

2019年，面对内外部风险挑战增多等诸多不确定性影响，中国人民银行实施稳健的货币政策，综合运用公开市场操作、中期借贷便利、存款准备金率、再贷款、再贴现、常备借贷便利等多种货币政策工具，加强逆周期调节，保持流动性合理充裕，引导货币市场利率稳定运行。2019年末，金融机构超额存款准备金率为2.4%，与上年末持平。

## 二、金融机构贷款增长较快，贷款利率下降

贷款较快增长，信贷支持实体经济力度增强。2019年末，金融机构本外币贷款余额为158.6万亿元，同比增长11.9%，比年初增加16.8万亿元，同比多增6 987亿元。人民币贷款余额为153.1万亿元，同比增长12.3%。

信贷结构进一步优化，普惠小微贷款快速增长。2019年以来，中国人民银行引导金融机构加大对普惠小微贷款的投放，效果明显。2019年普惠小微贷款新增2.1万亿元，是上年增量的1.7倍，年末余额增速为23.1%，比上年末提高7.9个百分点。住户贷款增速放缓，2019年末为15.5%，比上年末低2.7个百分点。非金融企业及机关团体贷款同比多

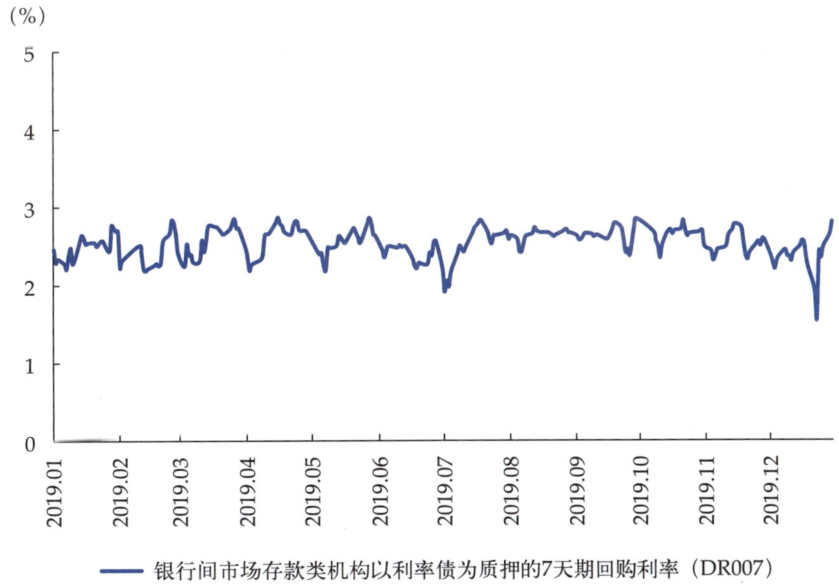


数据来源：中国货币网。

图1　货币市场利率走势

**表 1　2019 年人民币贷款结构**

单位：亿元、%

| | 12 月末余额 | 同比增速 | 当年新增额 | 同比多增额 |
|---|---|---|---|---|
| 人民币各项贷款 | 1 531 123 | 12.3 | 168 144 | 6 439 |
| 住户贷款 | 553 191 | 15.5 | 74 303 | 662 |
| 非金融企业及机关团体贷款 | 962 737 | 10.9 | 94 481 | 11 399 |
| 非银行业金融机构贷款 | 9 827 | -8.7 | -933 | -5 334 |
| 境外贷款 | 5 368 | 5.8 | 293 | -288 |

数据来源：中国人民银行。

**表 2　2019 年分机构新增人民币贷款情况**

单位：亿元

| | 新增额 | 同比多增 |
|---|---|---|
| 中资大型银行① | 67 720 | 4 332 |
| 中资中小型银行② | 100 471 | 2 556 |
| 小型农村金融机构③ | 20 866 | 864 |
| 外资金融机构 | 1 030 | 122 |

注：①中资大型银行是指本外币资产总量大于等于2万亿元的银行（以2008年末各金融机构本外币资产总额为参考标准）。

②中资中小型银行是指本外币资产总量小于2万亿元的银行(以2008年末各金融机构本外币资产总额为参考标准)。

③小型农村金融机构包括农村商业银行、农村合作银行、农村信用社。

数据来源：中国人民银行。

增。中长期贷款比年初增加11.3万亿元，同比多增7 986亿元，占同期贷款增量的67.3%，较上年提高2.3个百分点。

LPR小幅下降，贷款加权平均利率明显下行。11月，1年期LPR较10月下降5个基点至4.15%，5年期以上LPR较10月下降5个基点至4.80%。12月，新发放贷款加权平均利率为5.44%，比9月下降0.18个百分点，同比下降0.2个百分点。2019年初至7月，新发放企业贷款加权平均利率在5.30%附近波动，LPR改革后贷款利率下降明显，12月新发放企业贷款加权平均利率为5.12%，较LPR改革前的7月下降0.2个百分点，为2017年第二季度以来最低点，降幅明显超过LPR降幅（见图2），反映LPR改革增强金融机构自主定价能力、提高贷款市场竞争性、促进贷款利率下行的作用正在发挥。

12月，一般贷款中利率高于LPR的贷款占比为76.81%，利率等于LPR的贷款占比为1.32%，利率低于LPR的贷款占比为21.87%，贷款利率加减点区间整体较9月有所下移。在LPR下降的情况下，贷款实际利率低于LPR的占比仍在扩大。

受美联储降息等因素影响，外币存贷款利率有所下降。12月，活期、3个月以内大额美元存款加权平均利率分别为0.30%和1.93%，分别较9月下降0.09个和0.32个百分点；3个月以内、3（含）~6个月美元贷款加权平均利率均为3.01%，分别较9月下降0.30个和0.03个百分点。

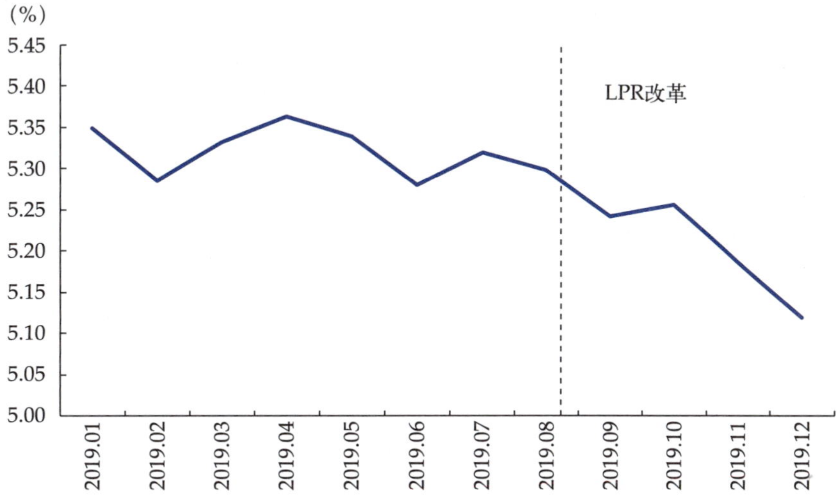


数据来源：中国人民银行。

图2　企业贷款加权平均利率情况

表3　2019年12月新发放贷款加权平均利率情况

单位：%

| | 12月 | 较9月变化 | 同比变化 |
|---|---|---|---|
| 新发放贷款加权平均利率 | 5.44 | –0.18 | –0.20 |
| 一般贷款加权平均利率 | 5.74 | –0.22 | –0.17 |
| 票据融资加权平均利率 | 3.26 | –0.07 | –0.58 |
| 个人住房贷款加权平均利率 | 5.62 | 0.07 | –0.13 |

数据来源：中国人民银行。

表4　2019年8～12月金融机构人民币贷款利率区间占比

单位：%

| 月份 | LPR减点 | LPR | LPR加点 | | | | | |
|---|---|---|---|---|---|---|---|---|
| | | | 小计 | (LPR, LPR+0.5%) | [LPR+0.5%, LPR+1.5%) | [LPR+1.5%, LPR+3%) | [LPR+3%, LPR+5%) | LPR+5%及以上 |
| 8月 | 15.55 | 0.32 | 84.13 | 20.26 | 26.96 | 16.69 | 10.46 | 9.76 |
| 9月 | 16.40 | 0.55 | 83.04 | 21.11 | 26.67 | 16.25 | 10.15 | 8.86 |
| 10月 | 16.28 | 1.03 | 82.69 | 19.62 | 25.19 | 16.39 | 11.06 | 10.42 |
| 11月 | 18.91 | 1.33 | 79.75 | 19.42 | 23.82 | 16.98 | 10.56 | 8.97 |
| 12月 | 21.87 | 1.32 | 76.81 | 19.53 | 22.72 | 17.08 | 9.67 | 7.82 |

数据来源：中国人民银行。

存款增长平稳。2019年末，金融机构本外币各项存款余额为198.2万亿元，同比增长8.6%，比上年末高0.8个百分点。人民币各项存款余额为192.9万亿元，同比增长8.7%，比上年末高0.5个百分点。外币存款余额为7 577亿美元，比年初增加301亿美元，同比多增935亿美元。

表 5　2019 年 1 ～ 12 月大额美元存款与美元贷款平均利率

单位：%

| 月份 | 大额存款 | | | | | | 贷款 | | | | |
|---|---|---|---|---|---|---|---|---|---|---|---|
| | 活期 | 3 个月以内 | 3（含 3 个月）~6 个月 | 6（含 6 个月）~12 个月 | 1 年 | 1 年以上 | 3 个月以内 | 3（含 3 个月）~6 个月 | 6（含 6 个月）~12 个月 | 1 年 | 1 年以上 |
| 1 月 | 0.42 | 2.74 | 3.40 | 3.64 | 3.77 | 3.77 | 3.94 | 4.06 | 3.72 | 3.99 | 4.90 |
| 2 月 | 0.45 | 2.70 | 3.29 | 3.44 | 3.63 | 3.53 | 3.62 | 3.90 | 3.58 | 3.79 | 4.32 |
| 3 月 | 0.44 | 2.67 | 3.26 | 3.38 | 3.39 | 3.58 | 3.63 | 3.59 | 3.87 | 3.66 | 4.65 |
| 4 月 | 0.46 | 2.61 | 3.12 | 3.28 | 3.37 | 3.48 | 3.73 | 3.71 | 3.40 | 3.68 | 4.43 |
| 5 月 | 0.42 | 2.55 | 3.13 | 3.50 | 3.11 | 3.33 | 3.68 | 3.54 | 3.34 | 3.70 | 4.31 |
| 6 月 | 0.32 | 2.60 | 3.04 | 2.93 | 3.04 | 3.04 | 3.65 | 3.36 | 3.21 | 3.22 | 4.38 |
| 7 月 | 0.35 | 2.55 | 2.93 | 2.78 | 3.02 | 2.86 | 3.59 | 3.29 | 3.13 | 2.94 | 4.37 |
| 8 月 | 0.38 | 2.39 | 2.78 | 2.91 | 2.88 | 3.46 | 3.40 | 3.12 | 2.82 | 3.00 | 4.24 |
| 9 月 | 0.39 | 2.25 | 2.66 | 2.83 | 2.64 | 2.87 | 3.31 | 3.04 | 2.83 | 3.22 | 3.76 |
| 10 月 | 0.34 | 2.08 | 2.44 | 2.76 | 2.64 | 2.50 | 3.22 | 3.05 | 2.92 | 3.28 | 3.67 |
| 11 月 | 0.34 | 1.84 | 2.51 | 2.97 | 2.66 | 3.03 | 3.03 | 2.99 | 2.79 | 3.01 | 3.94 |
| 12 月 | 0.30 | 1.93 | 2.37 | 2.55 | 2.70 | 2.64 | 3.01 | 3.01 | 2.73 | 2.93 | 3.88 |

数据来源：中国人民银行。

表 6　2019 年人民币存款结构

单位：亿元、%

| | 12 月末余额 | 同比增速 | 当年新增额 | 同比多增额 |
|---|---|---|---|---|
| 人民币各项存款 | 1 928 785 | 8.7 | 153 618 | 19 569 |
| 住户存款 | 813 017 | 13.5 | 97 042 | 25 072 |
| 非金融企业存款 | 595 365 | 5.8 | 32 942 | 11 358 |
| 机关团体存款 | 296 831 | 4.1 | 11 387 | -9 775 |
| 财政性存款 | 40 840 | 0.7 | 301 | 897 |
| 非银行业金融机构存款 | 171 429 | 7.3 | 11 536 | -8 033 |
| 境外存款 | 11 304 | 4.4 | 409 | 48 |

数据来源：中国人民银行。

## 三、货币供应量、社会融资规模适度增长

广义货币M2和社会融资规模增速略高于国内生产总值名义增速，体现了逆周期调节。2019年末，M2余额为198.6万亿元，同比增长8.7%，比上年末高0.6个百分点，以适度的货币增长支持了经济高质量发展。狭义货币M1余额为57.6万亿元，同比增长4.4%，比上年末高2.9个百分点。流通中货币M0余额为7.7万亿元，同比增长5.4%。2019年现金净投放3 981亿元，同比多投放1 418亿元。

初步统计，2019年末社会融资规模存量为251.31万亿元，同比增长10.7%，增速比

表 7　2019 年社会融资规模

| | 2019 年末 | | 2019 年 | |
|---|---|---|---|---|
| | 存量（万亿元） | 同比增速(%) | 增量（亿元） | 同比增减(亿元) |
| 社会融资规模 | 251.31 | 10.7 | 255 753 | 30 833 |
| 其中：人民币贷款 | 151.57 | 12.5 | 168 835 | 12 123 |
| 外币贷款（折合人民币） | 2.11 | -4.6 | -1 275 | 2 926 |
| 委托贷款 | 11.44 | -7.6 | -9 396 | 6 666 |
| 信托贷款 | 7.45 | -4.4 | -3 467 | 3 508 |
| 未贴现银行承兑汇票 | 3.33 | -12.5 | -4 757 | 1 586 |
| 企业债券 | 23.47 | 13.4 | 32 416 | 6 098 |
| 政府债券 | 37.73 | 14.3 | 47 204 | -1 327 |
| 非金融企业境内股票融资 | 7.36 | 5.0 | 3 479 | -127 |
| 其他融资 | 6.66 | 27.0 | 14 148 | -1 756 |
| 其中：存款类金融机构资产支持证券 | 1.68 | 31.5 | 4 034 | -1 906 |
| 贷款核销 | 4.07 | 35.1 | 10 551 | 396 |

注：①社会融资规模存量是指一定时期末实体经济从金融体系获得的资金余额。社会融资规模增量是指一定时期内实体经济从金融体系获得的资金额。

②从2019年12月起，中国人民银行进一步完善社会融资规模统计，将“国债”和“地方政府一般债券”纳入社会融资规模统计，与原有“地方政府专项债券”合并为“政府债券”指标。指标数值为托管机构的托管面值。

③从2019年9月起，中国人民银行完善“社会融资规模”中的“企业债券”统计，将“交易所企业资产支持证券”纳入“企业债券”指标。从2018年9月起，将“地方政府专项债券”纳入社会融资规模统计。从2018年7月起，中国人民银行完善社会融资规模统计方法，将“存款类金融机构资产支持证券”和“贷款核销”纳入社会融资规模统计，在“其他融资”项下反映。

④表中同比数据按可比口径计算。

数据来源：中国人民银行、中国银行保险监督管理委员会、中国证券监督管理委员会、中央国债登记结算有限责任公司和银行间市场交易商协会等部门。

上年末高0.4个百分点。2019年社会融资规模增量累计为25.58万亿元，比上年多3.08万亿元。2019年社会融资规模增量主要有以下特点：一是人民币贷款同比多增较多。二是委托贷款、信托贷款和未贴现银行承兑汇票同比少减。三是企业债券融资增加较多，股票融资增长略低于上年。四是政府债券融资同比少增。五是存款类金融机构资产支持证券融资少于上年，贷款核销同比多增。

## 专栏1　科学稳健把握宏观政策逆周期调节力度

中央经济工作会议指出，必须科学稳健把握宏观政策逆周期调节力度，增强微观主体活力，把供给侧结构性改革主线贯穿于宏观调控全过程。稳健的货币政策要灵活适度，保持流动性合理充裕，货币信贷、社会融资规模增长同经济发展相适应，降低社会融资成本。

2019年，面对经济下行和局部性社会信用收缩压力，中国人民银行有效发挥银行货币创造、支持实体经济潜力，对症下药，着力化解流动性、利率和资本三大约束，接上金融支持实体经济的活水，取得了较好效果：一是三次降低存款准备金率，为金融机构支持实体经济提供2.7万亿元长期资金，灵活开展公开市场和中期借贷便利操作，保持流动性合理充裕。二是以永续债为突破口助力银行补充资本，全年银行共发行永续债5 696亿元。三是疏通货币政策传导，改革完善贷款市场报价利率（LPR）形成机制，推进存量浮动利率贷款定价基准转换。中期借贷便利中标利率、公开市场操作中标利率下降，推动了实际贷款利率明显下降，激发实体经济贷款需求。总体来看，2019年广义货币M2和社会融资规模增速略高于国内生产总值名义增速。稳健的货币政策灵活适度，贷款结构持续优化，为高质量发展营造了适宜的货币金融环境。

按照党中央、国务院部署，2020年中国人民银行将坚持稳中求进工作总基调，坚持新发展理念，科学稳健把握货币政策逆周期调节力度，确保经济运行在合理区间。

一是科学把握总量的度。现阶段，货币政策中介目标转为广义货币M2和社会融资规模增速与国内生产总值名义增速基本匹配，是科学稳健把握货币政策逆周期调节力度的着力点，既兼顾经济增长，又有利于保持物价稳定。由于经济下行压力加大往往和社会信用收缩交织共振，广义货币M2和社会融资规模增速略高于国内生产总值名义增速，体现了强化逆周期调节，以适度的货币增长支持高质量发展，防范社会信用收缩和经济下行压力之间形成恶性循环的风险。当前宏观杠杆率仍处在高位，这一机制设计也有助于保持宏观杠杆率基本稳定，使宏观杠杆率很难像2009年至2017年一样年均上升超过10个百分点。

二是有效把握结构的度。运用结构性货币政策精准滴灌，发挥“三档两优”存款准备金框架作用，用好定向降准、再贷款、再贴现、宏观审慎评估等工具，加大结构调整力度，支持推进供给侧结构性改革。引导资金投向供需共同受益、具有乘数效应的先进制造、民生建设、基础设施短板等领域，促进产业和消费双升级，支持经济高质量发展。加大对新冠肺炎疫情防控的货币信贷支持力度，在疫情防控期间，对直接参与防疫的重点医用物品和生活物资的生产、运输和销售重点企业实行名单制管理，对名单内的重点企业，由中国人民银行通过低成本专项再贷款、中央财政贴息的方式提供优惠利率的信贷支持。

三是加大改革的力度，进一步深化利率和汇率市场化改革。用改革的办法疏通货币政策传导，强化市场化的利率形成、传导和调控机制。完善LPR传导机制，推进存量浮动利率贷款定价基准转换，坚决打破贷款利率隐性下限，促进降低社会综合融资成本，缓解小微企业融资难融资贵问题。以我为主，兼顾对外均衡，把握好保持人民币汇率弹性、完善跨境资本流动宏观审慎政策和加强国际宏观政策协调三方面平衡。坚持发挥市场在汇率形成中的决定性作用，保持人民币汇率在合理均衡水平上的基本稳定。

## 四、人民币汇率总体稳定

2019年，跨境资本流动和外汇供求基本平衡，市场预期总体平稳。人民币汇率以市场供求为基础，有贬有升，双向浮动，在合理均衡水平上保持基本稳定。1~4月，主要受国民经济开局平稳、积极因素逐渐增多、境外投资者增持境内股票等影响，人民币汇率有所升值；5月之后，受国际经济金融形势和贸易保护主义措施影响，人民币对美元汇率有所贬值。8月初，贸易摩擦进一步升级，受市场力量推动，人民币汇率跌破了7元。9月以来，汇率预期趋于平稳，人民币对美元汇率和对一篮子货币汇率升值，离岸和在岸人民币对美元市场汇率多次升破7元，并在12月之后稳定在7元以内。从全年来看，人民币汇率弹性明显增强，发挥了其调节宏观经济和国际收支“自动稳定器”的作用。

2019年，人民币汇率小幅贬值，汇率继续保持弹性。2019年末，中国外汇交易中心（CFETS）人民币汇率指数和参考特别提款权（SDR）货币篮子的人民币汇率指数分别为91.39和91.81，分别较上年末下跌2.03%和1.43%。2018年末至2019年末，国际清算银行测算的人民币名义和实际有效汇率分别贬值1.50%和升值1.11%；2005年人民币汇率形成机制改革以来至2019年12月末，人民币名义和实际有效汇率分别升值32.31%和46.69%。2019年末，人民币对美元汇率中间价为6.9762元，较2018年末贬值1.62%，2005年人民币汇率形成机制改革以来累计升值18.64%。2019年，人民币对美元汇率年化波动率为4%，与国际主要货币基本相当。

跨境人民币业务保持增长，收支基本平衡。2019年，跨境人民币收付金额合计19.7万亿元，同比增长23%，其中实收10万亿元，实付9.7万亿元。经常项目下跨境人民币收付金额合计6万亿元，同比增长18%，其中，货物贸易项下收付金额4.2万亿元，服务贸易及其他经常项下收付金额1.8万亿元。资本项目下人民币收付金额合计13.6万亿元，同比增长26%。

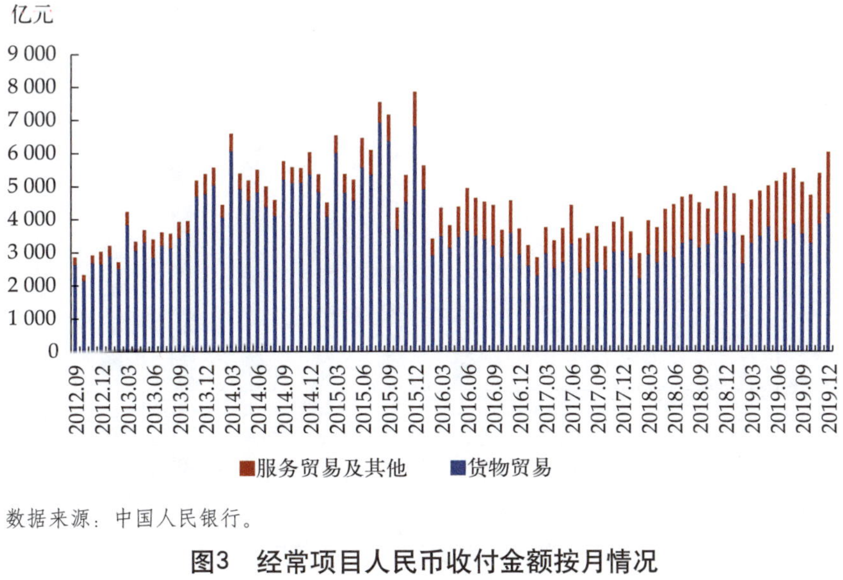


数据来源：中国人民银行。

**图3　经常项目人民币收付金额按月情况**

2019年，中国人民银行按照党中央、国务院决策部署，坚持金融服务实体经济的根本要求，实施稳健的货币政策，将改革和调控、短期和长期、内部均衡和外部均衡结合起来，加大逆周期调节、结构调整和改革的力度，保持货币信贷合理增长，推动信贷结构持续优化，以改革的办法疏通货币政策传导，降低企业综合融资成本，为实现“六稳”和经济高质量发展营造了适宜的货币金融环境。

## 一、灵活开展公开市场操作

灵活搭配长中短期货币政策工具，保持银行体系流动性合理充裕。2019年，在综合运用降准、定向降准、中期借贷便利（MLF）等工具投放中长期流动性的基础上，中国人民银行以7天期逆回购为主灵活开展公开市场操作，进一步提高操作的前瞻性、针对性和主动性，保持流动性合理充裕。第四季度以来，通过合理安排逆回购操作期限品种，精准对冲税期高峰、节前现金投放、年末监管考核等短期流动性扰动因素。从12月中旬开始连续开展14天期逆回购操作提前投放跨年流动性，为各类市场主体平稳跨年提供了有利的流动性环境。

公开市场操作中标利率小幅下行，货币市场利率运行平稳。2019年中期借贷便利和逆回购操作中标利率分别下行5个基点，有利

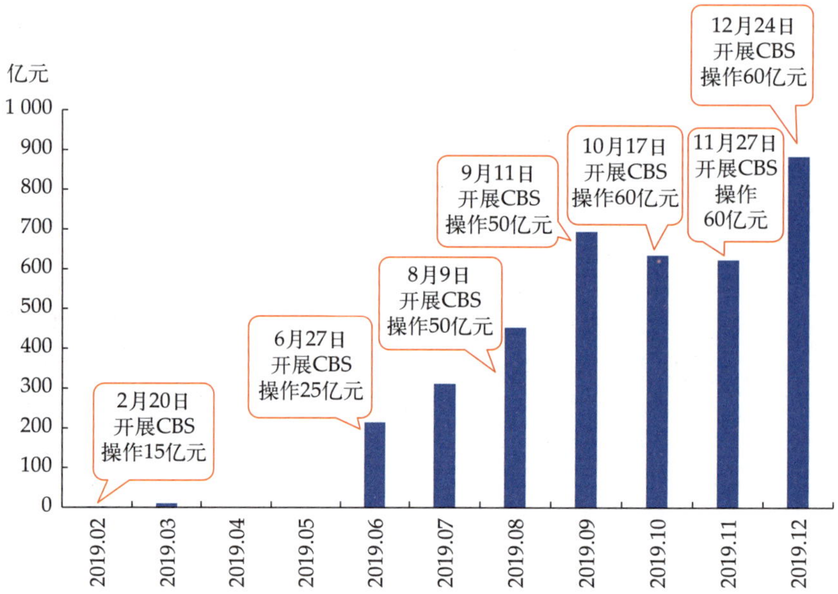

数据来源：中国外汇交易中心。

**图4 银行永续债现券交易成交金额**

于释放逆周期调节信号，并通过LPR传导进一步降低实体经济融资成本。随着公开市场操作利率小幅下降，货币市场利率中枢也有所下行。银行间市场存款类机构以利率债为质押的7天期回购利率（DR007）在合理区间平稳运行，2019年均值为2.54%，比2018年低20个基点。年末货币市场利率走势平稳，波动性进一步下降，12月末DR007为2.81%，比2018年末低23个基点。

持续开展央行票据互换（CBS）操作。为提升银行永续债的市场流动性，支持银行发行永续债补充资本，增强金融服务实体经济的能力，2019年中国人民银行累计开展了7次共计320亿元CBS操作，换入债券既有国有大行、股份制商业银行发行的永续债，也有城商行发行的永续债。中国人民银行在银行永续债发行之初及时创设CBS工具并连续开展操作，对于提升银行永续债的流动性发挥了积极作用。

在香港常态化发行人民币央行票据。2019年，中国人民银行逐步建立了在港常态化发行人民币央行票据的机制，全年在香港成功发行12期共计1 500亿元人民币央行票据，目前余额为800亿元，丰富了离岸市场高信用等级人民币资产，优化了离岸市场的结构，促进了离岸人民币货币市场健康发展，有利于进一步推动人民币国际化。

## 二、开展常备借贷便利和中期借贷便利操作

及时开展常备借贷便利操作，对地方法人金融机构按需足额提供短期流动性支持。2019年，累计开展常备借贷便利操作共5 465亿元，第一季度至第四季度分别开展常备借贷便利操作753亿元、1 239亿元、1 190亿元和2 284亿元，期末余额为1 021亿元。发挥常备借贷便利利率作为利率走廊上限的作用，促进货币市场平稳运行。第四季度下调常备借贷便利利率5个基点，下调后隔夜、7天、1个月利率分别为3.35%、3.50%和3.85%。

为促进经济平稳增长，保证基础货币供给，定期开展中期借贷便利操作。2019年，累计开展中期借贷便利操作36 900亿元，期限均为1年。第一季度运用降准资金置换到期中期借贷便利，未对金融机构开展中期借贷便利操作。第二季度至第四季度分别开展中期借贷便利操作11 400亿元、11 500亿元和14 000亿元，期末余额为36 900亿元，比年初减少12 415亿元。中期借贷便利采取招标方式，2019年11月5日中期借贷便利中标利率下降5个基点，2020年2月17日中期借贷便利中标利率下降10个基点，为3.15%。

## 三、加大对新冠肺炎疫情防控的货币信贷支持力度

为切实贯彻落实中共中央《关于加强党的领导、为打赢疫情防控阻击战提供坚强政治保证的通知》精神和中央应对新冠肺炎疫情工作领导小组工作部署，2020年2月1日，中国人民银行、财政部、银保监会、证监会、国家外汇管理局发布《关于进一步强化金融支持防控新型冠状病毒感染肺炎疫情的通知》（银发〔2020〕29号），进一步强化金融对疫情防控工作的支持，重点是加大货币信贷支持力度，保持流动性合理充裕，强化对重点医用物品和生活物资生产企业的金融支持，更好地满足人民群众正常的金融服务需求，为打赢疫情防控阻击战、维护经济稳定发展大局提供有力支持。

一是专项再贷款定向支持疫情防控重点

领域和重点企业。为支持打赢新冠肺炎疫情防控阻击战，2020年1月31日，中国人民银行下发《关于发放专项再贷款　支持防控新型冠状病毒感染的肺炎疫情有关事项的通知》（银发〔2020〕28号），向主要全国性银行和湖北等10个重点省（市）的部分地方法人银行提供总计3 000亿元低成本专项再贷款资金，对直接参与防疫的重点医用物品和生活物资的生产、运输和销售重点企业实行名单制管理，支持金融机构向名单内的企业提供优惠利率信贷支持。

二是保持流动性合理充裕，实施好逆周期调节。为应对疫情对市场流动性的影响，稳定市场预期，中国人民银行于春节假期最后一天2月2日提前宣布将于2月3日开展1.2万亿元公开市场逆回购操作投放资金。2月3日上午中国人民银行公开市场操作7天期逆回购和14天期逆回购的中标利率分别为2.40%和2.55%，均较前期下行10个基点。2月4日进一步开展5 000亿元公开市场逆回购操作投放资金，两日累计投放流动性1.7万亿元。流动性投放推动货币市场和债券市场利率下行，并将进一步推动贷款市场利率下行，有利于降低资金成本，缓解企业特别是小微企业的财务压力，扩大融资规模，支持实体经济。

三是引导金融机构加大对疫情防控的信贷投放力度。中国人民银行督促分支机构和金融机构主动加强与有关医院、医疗科研单位和相关企业的服务对接，提供足额信贷资源，全力满足相关单位和企业卫生防疫、医药用品制造及采购、公共卫生基础设施建设、科研攻关、技术改造等的合理融资需求，提升受疫情影响严重地区的金融供给能力。对受疫情影响较大的批发零售、住宿餐饮、物流运输、文化旅游等行业，以及有发展前景但受疫情影响暂遇困难的企业，特别是小微企业，不得盲目抽贷、断贷、压贷。

## 四、降低金融机构存款准备金率

2019年三次下调金融机构存款准备金率，建立“三档两优”存款准备金框架。其中，1月和9月全面下调金融机构存款准备金率共1.5个百分点，释放长期流动性约2.3万亿元。自5月起分三次定向下调服务县域的农商行存款准备金率2个~3.5个百分点至农信社档次，自10月起分两次下调仅在本省经营的城商行存款准备金率1个百分点。定向降准共释放流动性约4 000亿元，全部用于发放小微、民营企业贷款。定向降准旨在鼓励中小金融机构服务当地，支持实体经济健康发展。同时，我国的存款准备金制度根据机构规模及支持实体经济特点和成效形成了更加清晰、简明的“三档两优”基本框架，即存款准备金率基准档大体分为三档，并在此之上还有两项存款准备金率优惠政策。

2020年1月下调金融机构存款准备金率，支持实体经济发展。中国人民银行于2020年1月6日下调金融机构存款准备金率0.5个百分点（不含财务公司、金融租赁公司和汽车金融公司），释放长期资金约8 000亿元，并节约银行资金成本约150亿元，有效增加金融机构支持实体经济的稳定资金来源，降低金融机构支持小微、民营企业等实体经济的资金成本。同时，此次降准与春节前的现金投放形成对冲，稳健货币政策取向没有改变。

## 专栏2 理性看待商业银行利润增长

近年来，我国商业银行利润增速总体趋缓，但仍相对较高，受到普遍关注和讨论，对此需理性看待。截至2019年第三季度末，A股上市银行总市值约占全部上市公司总市值的16.56%，利润总额约占全部上市公司利润总额的39.01%。2019年前三个季度，我国商业银行实现净利润1.65万亿元，同比增长9.19%。

从利润使用看，商业银行利润大部分用于补充资本，有助于增强银行支持实体经济和防范风险的能力。我国金融体系以间接融资为主，银行是实体经济获取融资的主要渠道。商业银行利润增长是伴随着对实体经济的持续支持逐步积累的。近几年，商业银行对实体经济的信贷支持力度进一步增强，在增加对小微、民营企业信贷支持，降低企业融资实际成本，推动结构调整等方面都发挥了重要作用，取得了一定成效。商业银行利润主要用于缴纳所得税、分配股利、提取一般准备、提取盈余公积和留存未分配利润，其中后三项都用来补充核心一级资本。A股上市银行近三年数据显示，商业银行利润约17%用于缴纳所得税、23%用于普通股股利分配，剩余的60%全部用于补充核心一级资本。由此可见，银行利润来源于实体经济，大部分又用于补充银行资本，并通过资本的杠杆作用，扩大对实体经济的信贷支持，最终反哺实体经济，促进经济平稳发展。当前，银行加大对实体经济的信贷支持需要有资本金，化解风险也要有资本金，而银行资本补充渠道少、难点多、进展慢，存在较大资本缺口，在拓展外源资本补充渠道的同时，保持内源资本补充能力尤为重要，维持一定的利润增长有助于银行补充资本，增强银行支持实体经济和防范风险的能力，也有利于达到国际监管标准，维护境内外投资者对我国宏观经济的信心。

从利润来源看，我国商业银行利润增长与资产规模较大和管理成本较低有关。2018年我国商业银行净息差平均为2.2%，处于国际中等水平，高于亚洲银行业，低于美欧银行业。但我国大型商业银行资产规模较大，与国际主要银行相比管理成本也较低。五大国有商业银行资产规模已位居全球银行业前列。2017年和2018年我国商业银行平均成本收入比低于30%，而大部分国际主要银行成本收入比高于50%。这一方面与人员成本有关。我国商业银行人均职工费用低于国际主要银行，而人均资产规模在国际上却处于中等水平，约是亚洲新兴市场的1.5倍，相当于用较低的职工费用水平，实现了与国际主要银行相当的人均资产管理水平。另一方面也与商业银行喜欢“垒大户”有关。银行相当一部分贷款提供给了大型国企、地方政府平台，有隐性担保，单笔规模大、风险小，拉低了平均管理成本。同时，银行此前还将基准利率0.9倍视为贷款利率隐性下限，在利率下行周期不愿主动下调，一定程度上也维持了银行利差。

进一步发挥银行服务实体经济的作用，畅通经济金融良性循环。当前，各方面反映小微企业融资难融资贵问题还比较多，党中央、国务院高度重视小微企业融资问题，反复要求更好地缓解小微企业融资难融资贵问题。量大面广的小微企业是经济发展和容纳就业的生力军，有助于稳增长、稳就业。当前，我国处在转变发展方式、优化经济结构、转换增长动力的攻关期，银行要发挥利润较多的优势，进一步加大对实体经济尤其是小微企业的支持力度，用小成本办大事，把更多金融资源转向小微企业，坚决打破贷款利率隐性下限，降低企业融资成本，适当降低对短期利润增长的过高要求，向实体经济让利，畅通经济金融良性循环。中长期看，激发小微企业等微观主体的活力有助于促进经济高质量发展，无论对实体经济还是对银行都是有利的，最终将有助于银行利润长期可持续增长。

## 五、继续完善宏观审慎政策框架

发挥好宏观审慎评估（MPA）在优化信贷结构和促进金融供给侧结构性改革中的作用。2019年第一季度，中国人民银行在MPA考核中增设民营企业融资、小微企业融资、制造业中长期贷款和信用贷款专项指标，加大MPA对小微、民营企业等领域的鼓励引导。第二季度和第三季度，为配合对服务县域农商行和对仅在省级行政区域经营的城商行定向降准，将相关金融机构使用降准资金发放小微、民营企业贷款情况纳入MPA考核，引导相关金融机构将降准资金全部用于发放小微、民营企业贷款，并降低小微、民营企业贷款利率。第三季度，将贷款市场报价利率（LPR）运用情况及贷款利率竞争行为纳入MPA的定价行为项目考核，推动银行更多运用LPR，坚持用改革的办法降低实体经济融资成本。

完善系统重要性金融机构监管框架。为落实《关于完善系统重要性金融机构监管的指导意见》，按照分行业、分步骤制定实施细则的思路，2019年中国人民银行开展了系统重要性银行评估工作，牵头起草了《系统重要性银行评估办法（征求意见稿）》（以下简称《评估办法》），经国务院批准，于11月26日向社会公开征求意见。《评估办法》从规模、关联度、可替代性和复杂性四个维度初步确立了我国系统重要性银行的评估指标体系。

研究制定金融控股公司监管规则。为推动金融控股公司规范发展，有效防控金融风险，更好地服务实体经济，中国人民银行牵头起草了《金融控股公司监督管理试行办法（征求意见稿）》（以下简称《办法》），并向社会公开征求意见。《办法》遵循宏观审慎管理理念，从强化对非金融企业投资形成的金融控股公司的监管入手，切实强化监管约束，促进经济金融良性循环。

## 六、积极发挥结构性货币政策工具作用

积极运用信贷政策支持再贷款、再贴现和抵押补充贷款等工具，引导金融机构加大对小微、民营企业、“三农”、扶贫等国民经济重点领域和薄弱环节的支持力度。一是增加再贴现额度2 000亿元、常备借贷便利额度1 000亿元，加强对中小银行流动性支持。

二是全面实施优化运用扶贫再贷款发放贷款定价机制工作，引导金融机构合理确定运用扶贫再贷款资金发放贷款的利率。三是设立专项扶贫再贷款，支持扩大“三区三州”信贷投放，降低“三区三州”融资成本。四是完善再贷款和常备借贷便利质押品管理，按信用等级和流动性对质押品进行分类，根据货币政策操作需要设置差异化质押品。年末，全国再贷款、再贴现余额合计10 148亿元，比年初增加1 815亿元，其中第四季度增加881亿元。全年支农再贷款余额2 602亿元（含扶贫再贷款1 642亿元），支小再贷款余额2 832亿元，再贴现余额4 714亿元。2019年，对政策性银行和开发性银行净发放抵押补充贷款1 578亿元，其中第四季度净发放204亿元，年末余额35 374亿元。

开展定向中期借贷便利（TMLF）操作。定向中期借贷便利为金融机构扩大对小微、民营企业的信贷投放提供了优惠利率的长期稳定资金来源。1月、4月、7月操作金额分别为2 575亿元、2 674亿元和2 977亿元，期限为1年，利率为3.15%。年末定向中期借贷便利余额8 226亿元。

## 七、发挥信贷政策的结构引导作用

中国人民银行引导资金投向供需共同受益、具有乘数效应的先进制造、民生建设、基础设施短板等领域，促进产业和消费“双升级”。一是深入开展金融精准扶贫。持续做好扶贫小额信贷监测，促进金融精准扶贫提质增效。进一步督促金融机构加大对“三区三州”深度贫困地区的资金供给，加大深度贫困地区融资支持力度。二是持续加大乡村振兴金融服务投入。鼓励商业银行结合自身职能定位和业务优势，积极创新金融产品和服务方式，打造综合化特色化乡村振兴金融服务体系，积极满足乡村振兴多元化融资需求。三是不断提升小微、民营企业金融服务水平。强化宏观审慎评估、小微企业信贷政策导向评估的引导作用，督促金融机构加强小微金融服务能力建设，加大对民营企业融资支持力度。支持商业银行发行小微企业专项金融债券，拓宽信贷资金来源，全年累计发行2 048亿元。四是积极做好金融支持就业创业。加大创业担保贷款政策力度，支持退役军人、高校毕业生、农民工等重点人群就业创业。加强对养老服务、旅游、家政等服务业的金融支持，带动扩大社会就业。五是继续加强产业转型升级的金融支持，持续完善区域发展金融政策引导。六是全力以赴做好防疫的各项金融服务工作，加大对生产、运输、销售重要医用物资和重要生活物资的骨干企业的信贷支持力度，全力满足其合理融资需求。

### 专栏3　优化信贷结构成效显著

2019年，中国人民银行坚持金融服务实体经济的根本要求，在实施好稳健货币政策、保持流动性总量合理充裕的同时，运用结构性货币政策精准滴灌，加强结构调整，疏通货币政策传导，支持经济高质量发展。

一是构建“三档两优”存款准备金框架。2019年初扩大普惠金融定向降准优惠政策覆盖面，将普惠金融定向降准中的小微企业贷款考核标准由“单户授信小于500万元”调整为“单户授信小于1 000万元”。5月6日宣布对服务县域的农商行实行优惠的存款准备金率，分三次下调2~3.5个百分点至农信社档次。9月6日宣布对仅在省域内经营的城商行额外降准1个百分点，分两次落实到位。定向降准共释放流动性约4 000亿元，全部用于小微、民营企业贷款投放。第三档小型银行的存款准备金率最低已达6%。5~7月，降准农商行新发放小微、民营企业贷款是降准释放资金量的2.8倍，利率比前4个月平均水平低0.3个百分点。9~11月，降准城商行新发放小微、民营企业贷款是降准释放资金总量的4.5倍，利率较1~8月平均水平低0.7个百分点。

二是充分发挥再贷款、再贴现精准滴灌作用。加大支持力度，引导金融机构扩大对涉农、扶贫、小微和民营企业等信贷投放。增加再贴现和常备借贷便利额度，加强对中小银行流动性支持。全面实施优化运用扶贫再贷款发放贷款定价机制工作，引导金融机构合理确定运用扶贫再贷款资金发放贷款的利率。设立专项扶贫再贷款，支持扩大“三区三州”信贷投放，降低“三区三州”融资成本。全年再贴现额度增加2 000亿元，常备借贷便利额度增加1 000亿元。年末全国再贷款、再贴现余额合计10 148亿元（含扶贫再贷款1 642亿元），比年初增加1 815亿元。

三是发挥宏观审慎评估工具的结构引导作用。将定向降准农商行、城商行使用降准资金发放小微、民营企业贷款情况纳入考核，对民营企业融资、小微企业融资、制造业中长期贷款和信用贷款进行专项考核，并将中小银行服务基层、服务实体的情况纳入考核，促进优化信贷结构和金融供给侧结构性改革。制造业中长期贷款增速创2012年以来的最高水平，2019年末余额同比增长14.9%，比上年末高4.4个百分点，全年新增5 021亿元，同比多增1 804亿元，有力支持制造业投资增速回升。

四是创新并运用定向中期借贷便利（TMLF）。支持大型商业银行、股份制商业银行向小微、民营企业提供长期稳定资金，操作量与其支持小微、民营企业的力度挂钩，利率较中期借贷便利（MLF）优惠，有利于大中型银行发挥好“头雁”作用，带动小微、民营企业融资成本下行。全年TMLF操作三次，年末余额8 226亿元。

总体来看，结构性货币政策工具取得积极成效，小微、民营企业支持力度加大。普惠小微贷款“量增、面扩、价降”，2019年增加2.1万亿元，是上年的1.7倍，年末增速23.1%，同比提高7.9个百分点；支持小微经营主体2 704万户，同比增长26.4%；工行、农行、中行、建行、交行五家大型银行新发放小微企业贷款平均利率为4.7%，同比下降0.74个百分点。民营企业贷款2019年增加3.8万亿元，同比多增1.1万亿元，增量在企业贷款中占比为42.5%，较上年同期高7个百分点。

中国人民银行将继续实施好稳健的货币政策，进一步加大结构调整力度，立足当前、着眼长远，用改革的办法优化金融资源配置效率，更多发挥“三档两优”存款准备金框架尤其是普惠金融定向降准的作用，继续用好中期借贷便利、再贷款、再贴现以及宏观审慎评估等工具，发挥贷款市场报价利率（LPR）引导降低企业融资成本的作用，对小微、民营企业融资保持稳固支持。

## 八、深化利率市场化改革

改革完善LPR形成机制，疏通货币政策传导。2019年8月17日，中国人民银行宣布完善LPR形成机制，推出新的LPR报价原则、形成方式、期限品种、报价银行、报价频率和运用要求。提高银行贷款定价的自主权，推动银行改进经营行为，坚决打破贷款利率隐性下限，疏通市场化利率传导渠道。

积极督促LPR推广运用，稳妥推进存量贷款定价基准转换。将银行新发放贷款运用LPR的占比情况纳入宏观审慎评估，促进银行积极有序运用LPR定价，转变传统定价思维，将LPR下降效果有效传导至贷款利率。2019年末，新发放贷款中运用LPR的占比已达到90%。2019年12月28日中国人民银行发布了存量浮动利率贷款定价基准转换的公告，遵循市场化、法治化原则，推动存量贷款定价基准由原来的贷款基准利率转换为LPR或固定利率。

LPR改革降低企业融资成本的作用已经显现。2019年年初至7月，企业贷款加权平均利率一直在5.3%附近波动，市场利率下行向企业贷款利率传导不足。8月以来，全国银行间同业拆借中心已6次发布新机制下的LPR，1年期LPR较同期限基准利率下降了20个基点。随着LPR报价稳中有降，企业贷款利率显著下降。

## 九、完善人民币汇率形成机制

继续推进汇率市场化改革，完善以市场供求为基础、参考一篮子货币进行调节、有管理的浮动汇率制度，保持人民币汇率弹性，发挥汇率调节宏观经济和国际收支自动稳定器的作用。同时，注重预期引导，保持人民币汇率在合理均衡水平上的基本稳定。2019年，人民币对美元汇率中间价最高为6.6850元，最低为7.0884元，244个交易日中113个交易日升值、130个交易日贬值、1个交易日持平。最大单日升值幅度为0.70%（469点），最大单日贬值幅度为0.66%（458点）。人民币对国际主要货币汇率有贬有升，双向浮动。2019年末，人民币对美元、欧元、英镑、日元汇率中间价分别较2018年末贬值1.62%、升值0.41%、贬值5.18%和贬值3.43%。2005年人民币汇率形成机制改革以来至2019年末，人民币对美元汇率累计升值18.64%，对欧元汇率累计升值28.13%，对日元汇率累计升值14.00%。银行间外汇市场人民币直接交易成交活跃，流动性提升，降低了微观经济主体的汇兑成本，促进了双边贸易和投资。

2019年，在中国人民银行与境外货币当局签署的双边本币互换协议下，境外货币当局动用人民币余额为329.22亿元，中国人民银行动用外币余额折合22.54亿美元，对促进双边贸易投资发挥了积极作用。

**表 8　2019 年银行间外汇即期市场人民币对各币种交易量**

单位：亿元人民币

| 币种 | 美元 | 欧元 | 日元 | 港元 | 英镑 | 澳大利亚元 | 新西兰元 |
|---|---|---|---|---|---|---|---|
| 交易量 | 525 157.06 | 13 638.07 | 3 549.57 | 1 919.77 | 776.78 | 658.73 | 140.04 |
| 币种 | 新加坡元 | 瑞士法郎 | 加拿大元 | 马来西亚林吉特 | 俄罗斯卢布 | 南非兰特 | 韩元 |
| 交易量 | 1 332.04 | 73.28 | 290.32 | 26.40 | 134.13 | 0.61 | 114.74 |
| 币种 | 阿联酋迪拉姆 | 沙特里亚尔 | 匈牙利福林 | 波兰兹罗提 | 丹麦克朗 | 瑞典克朗 | 挪威克朗 |
| 交易量 | 10.88 | 26.42 | 0.66 | 0.79 | 14.80 | 36.53 | 9.03 |
| 币种 | 土耳其里拉 | 墨西哥比索 | 泰铢 | 柬埔寨瑞尔 | 哈萨克斯坦坚戈 | 越南盾 | 蒙古图格里克 |
| 交易量 | 1.28 | 0.72 | 282.26 | 0 | 0.06 | 0.03 | 0.01 |

数据来源：中国外汇交易中心。

## 十、稳妥有序推进金融风险处置，深化金融机构改革

中国人民银行牵头实施防范化解重大金融风险攻坚战行动方案，重点金融机构风险处置取得突破性进展。针对结构性流动性紧张局面，建立再贴现、常备借贷便利、动用存款准备金、流动性再贷款等防范中小银行流动性风险的“四道防线”，及时稳定了市场信心。

稳妥有序推进包商银行风险处置。包商银行因出现严重信用风险被接管以来，在各方共同努力下，接管托管工作进展顺利，第一阶段大额债权收购与转让工作、第二阶段清产核资相关工作已顺利完成，在此基础上，第三阶段市场化改革重组工作正在有序推进。总体来看，果断实施接管发挥了及时“止血”作用，避免了包商银行风险进一步恶化。在最大限度保护存款人和客户合法权益、维护社会稳定大局的同时，依法依规打破了刚性兑付，严肃了市场纪律，防范道德风险，促进了金融市场信用分层，推动了市场风险合理定价。在处置过程中，中国人民银行充分发挥了央行“最后贷款人”作用，适时适度投放流动性，及时稳定了市场信心，有效遏制了包商银行风险向其他中小金融机构蔓延，守住了不发生系统性风险的底线。

积极推进恒丰银行、锦州银行改革重组，防止风险蔓延。在地方政府和监管部门指导下，恒丰银行遵照市场化、法治化原则制订实施了“剥离不良、引战增资”两步走改革方案。2019年12月31日，恒丰银行顺利完成股改建账工作，标志着市场化重组基本完成。2019年6月，根据党中央、国务院统一部署，中国人民银行、银保监会会同辽宁省政府推动锦州银行进行改革重组，增强了市场对锦州银行的信心，改善了市场对中小金融机构稳健性预期，阻断了风险向其他中小金融机构蔓延。目前中国人民银行正在会同有关部门指导锦州银行通过市场化、法治化

方式处置相当规模的风险资产并同步增资扩股，修复资产负债表，增强风险抵御能力。

推动全面落实开发性、政策性金融机构改革方案。中国人民银行会同改革工作小组成员单位有序推动建立健全董事会和完善治理结构、划分业务范围等改革举措。国家开发银行新一届董事会、中国进出口银行董事会、中国农业发展银行董事会均已成立并有效运转，继续推动其强化职能定位，加强风险防控，更好服务国家战略。

## 十一、深化外汇管理体制改革

外汇管理服务实体经济。一是推进贸易投资便利化，发布《国家外汇管理局关于进一步促进跨境贸易投资便利化的通知》，推出12项跨境贸易投资便利化措施，简化相关业务操作，便利银行和企业等市场主体办理外汇业务。二是推动服务贸易付汇税务备案电子化全面落地，实现服务贸易项下付汇税务备案网上办理。三是精简外汇账户，发布《国家外汇管理局关于精简外汇账户的通知》，切实提高市场主体经营效率。

深化外汇管理重点领域改革。一是制定《关于进一步便利境外机构投资者投资银行间债券市场有关事项的通知》，完善银行间债券市场开放政策，提高境外机构投资者入市投资的便利性。二是在自由贸易试验区试点取消部分外汇管理行政许可申报材料，进一步优化营商环境。

强化外汇市场监管，联合多部门开展打击地下钱庄转移赃款专项行动，加强跨境监管合作，持续重拳整治非法网络炒汇，全力打击外汇违法犯罪行为。

# 第三部分 金融市场运行

2019年，金融市场整体运行平稳。货币市场交易活跃，各类债券发行利率回落，债券现券交易量、发行量上升。股票市场指数回升，成交量和筹资额同比增加。保险业保费收入增速回升，资产增速提高。

## 一、金融市场运行概况

### （一）货币市场利率维持较低水平，市场交易活跃

银行体系流动性合理充裕，货币市场利率维持较低水平。2019年12月，同业拆借月加权平均利率为2.09%。质押式回购月加权平均利率为2.10%，其中银行业存款类金融机构间利率债质押式回购月加权平均利率为1.98%。2019年末，隔夜和1周Shibor分别为1.69%和2.74%。

银行间回购和拆借交易活跃。2019年，银行间市场债券回购累计成交819.6万亿元，日均成交3.3万亿元，同比增长14.3%；同业拆借累计成交151.6万亿元，日均成交6 065亿元，同比增长9.7%。从期限结构看，回购和拆借隔夜品种的成交量分别占各自总量的85.2%和91.4%，占比分别较上年同期上升3.6个和1.3个百分点。交易所债券回购累计成交238.9万亿元，同比上升3.4%。

同业存单和大额存单业务有序发展。2019年全年，银行间市场发行同业存单2.8万

**表9 2019年金融机构回购、同业拆借资金净融出、净融入情况**

单位：亿元

| | 回购市场 | | 同业拆借 | |
|---|---|---|---|---|
| | 2019年 | 2018年 | 2019年 | 2018年 |
| 中资大型银行① | −1 918 715 | −1 669 110 | −280 598 | −290 833 |
| 中资中型银行② | −744 800 | −920 274 | −148 506 | −134 766 |
| 中资小型银行③ | 132 798 | 438 495 | 111 408 | 184 557 |
| 证券业机构④ | 861 901 | 692 711 | 258 387 | 201 362 |
| 保险业机构⑤ | 84 960 | 74 081 | 175 | 930 |
| 外资银行 | 89 211 | 68 718 | −21 598 | −18 563 |
| 其他金融机构及产品⑥ | 1 494 646 | 1315 380 | 80 733 | 57 313 |

注：①中资大型银行包括中国工商银行、中国农业银行、中国银行、中国建设银行、国家开发银行、交通银行、中国邮政储蓄银行。

②中资中型银行包括政策性银行、招商银行等9家股份制商业银行、北京银行、上海银行、江苏银行。

③中资小型银行包括恒丰银行、浙商银行、渤海银行、其他城市商业银行、农村商业银行和合作银行、民营银行、村镇银行。

④证券业机构包括证券公司、基金公司和期货公司。

⑤保险业机构包括保险公司和企业年金。

⑥其他金融机构及产品包括城市信用社、农村信用社、财务公司、信托投资公司、金融租赁公司、资产管理公司、社保基金、基金、理财产品、信托计划、其他投资产品等，其中部分金融机构和产品未参与同业拆借市场。

⑦负号表示净融出，正号表示净融入。

数据来源：中国外汇交易中心。

**表 10　2019 年利率互换交易情况**

| | 交易笔数（笔） | 交易量（亿元） |
|---|---|---|
| 2019 年 | 237 654 | 181 394 |
| 2018 年 | 188 459 | 214 911 |

数据来源：中国外汇交易中心。

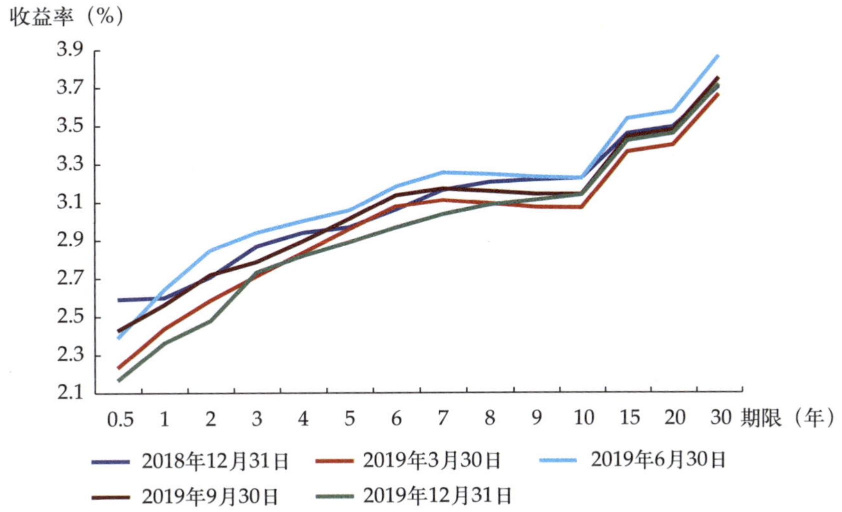


数据来源：中央国债登记结算有限责任公司。

**图5　银行间市场国债收益率曲线变化情况**

只，发行总量为17.9万亿元，二级市场交易总量为145万亿元，年末同业存单余额为10.7万亿元。2019年全年，3个月期同业存单发行加权平均利率为2.97%，比同期限Shibor高14个基点。金融机构全年发行大额存单5.04万期，发行总量为12.0万亿元，同比增加2.8万亿元。

利率互换交易活跃。2019年全年，人民币利率互换市场达成交易23.77万笔，同比增长26%；名义本金总额18.1万亿元，同比减少16%。从期限结构来看，1年及1年期以下交易最为活跃，名义本金总额达11.12万亿元，占总量的61.27%。人民币利率互换交易的浮动端参考利率主要包括7天回购定盘利率和Shibor，与之挂钩的利率互换交易名义本金占比分别为72%和26.4%。LPR形成机制改革后，以LPR为标的的利率互换成交开始增加，全年共交易654笔，名义本金751亿元。

### （二）债券发行利率回落，现券交易量、发行量上升

国债收益率曲线陡峭下移，债券市场指数上行。2019年末，1年期和10年期国债收益率分别为2.36%和3.14%，分别较上年末下行24个基点和9个基点。

各类债券发行利率回落。2019年12月，10年期国债发行利率为3.13%，比上年同期低12个基点；国家开发银行发行的10年期金融债利率为3.48%，比上年同期低11个基点；主体评级AAA的非金融企业发行的1年期短期

**表 11　2019 年各类债券发行情况**

单位：亿元

| 债券品种 | 发行额 | 较上年同期增减 |
|---|---|---|
| 国债 | 41 563 | 4 937 |
| 地方政府债券 | 43 624 | 1 973 |
| 中央银行票据 | 0 | 0 |
| 金融债券[①] | 259 360 | -14 696 |
| 其中：国家开发银行及政策性金融债 | 36 187 | 2 585 |
| 同业存单 | 179 713 | -31 120 |
| 公司信用类债券[②] | 107 058 | 29 152 |
| 其中：非金融企业债务融资工具 | 68 076 | 10 138 |
| 企业债券 | 5 256 | 444 |
| 公司债 | 23 594 | 9 039 |
| 国际机构债券 | 468 | -251 |
| 合计 | 452 073 | 21 114 |

注：①金融债券包括国家开发银行金融债、政策性金融债、商业银行普通债、商业银行次级债、商业银行资本混合债、证券公司债券、同业存单等。

②公司信用类债券包括非金融企业债务融资工具、企业债券以及公司债、可转债、可分离债、中小企业私募债，非金融企业发行的交易所资产支持证券等。

数据来源：中国人民银行、中国证券监督管理委员会、中央国债登记结算有限责任公司。

融资券（债券评级A-1）平均利率为3.47%，比上年同期低55个基点。

债券现券交易量快速增长。2019年，银行间债券市场现券交易213.7万亿元，日均成交8 550亿元，同比增长42.9%。交易所债券现券成交8.2万亿元，同比增长29.4%。

债券发行同比增加。2019年累计发行各类债券45.2万亿元，同比增加2.1万亿元。2019年末，国内各类债券余额99万亿元，同比增长15.1%。

### （三）票据融资快速增长，利率震荡下行

票据承兑业务快速增长。2019年，企业累计签发商业汇票20.4万亿元，同比上升11.6%；期末商业汇票未到期金额12.7万亿元，同比上升15.3%。票据承兑余额持续快速增长，年末较年初增加1.7万亿元，较上季度末增加2 919亿元。由中小微企业签发的银行承兑汇票占比70.2%。

票据融资快速增长，利率略有下行。2019年，金融机构累计贴现34.3万亿元，同比上升25.5%。12月末，票据融资余额7.6万亿元，同比上升31.8%，占各项贷款的比重为5.0%，同比增加0.7个百分点。全年票据市场利率震荡下行。

### （四）股票市场指数回升，成交量和筹资额同比增加

股票市场指数上升。2019年末，上证综合指数收于3 050点，比上年末上涨22.3%；深证成份指数收于10 431点，比上年末上涨44.1%。股票市场成交量明显增加。2019年，沪、深股市累计成交127.4万亿元，日均成交5 222亿元，同比增长40.7%。股票市场筹资额同比增加。2019年A股筹资6 148亿元，同比增加11.2%。

**表 12　2019 年末主要保险资金运用余额及占比情况**

单位：亿元、%

| | 余额 | | 占资产总额比重 | |
|---|---|---|---|---|
| | 2019 年末 | 2018 年末 | 2019 年末 | 2018 年末 |
| 资产总额 | 205 645 | 183 309 | 100.0 | 100.0 |
| 其中：银行存款 | 25 227 | 24 363 | 12.3 | 13.2 |
| 投资 | 160 043 | 139 725 | 77.8 | 76.2 |

数据来源：中国银行保险监督管理委员会。

### （五）保险业保费收入和资产增速回升

2019年，保险业累计实现保费收入4.3万亿元，同比增长12.2%，比2018年增速高13.7个百分点；累计赔款、给付1.3万亿元，同比增长4.8%，其中，财产险赔付同比增长10.3%，人身险赔付同比下降0.1%。2019年末，保险业总资产20.6万亿元，同比增长12.2%，增速比上年末高2.8个百分点。其中银行存款同比增长3.5%，投资类资产同比增长14.5%。

### （六）外汇交易总体平稳

2019年，人民币外汇即期成交金额7.9万亿美元，同比增长4%；人民币外汇掉期成交金额16.4万亿美元，同比减少0.5%，其中隔夜美元掉期成交金额9.5万亿美元，占掉期总成交额的57.9%；人民币外汇远期成交金额760亿美元，同比减少13.2%。“外币对”成交金额4 756亿美元，同比增长154.7%，其中成交最多的产品为欧元对美元，占“外币对”总成交金额的57.4%。

外汇市场交易主体进一步扩展。截至2019年末，共有即期市场会员711家，远期、外汇掉期、货币掉期和期权市场会员各245家、239家、197家和146家，即期市场做市商30家，远掉期市场做市商27家。

### （七）黄金市场运行平稳，价格整体上升

黄金价格整体呈上升趋势。2019年，国际黄金价格年末收于1 523美元/盎司，较2018年末上涨18.83%。上海黄金交易所Au9999年末收于340.8元/克，较2018年末上涨19.75%。

上海黄金交易所黄金交易规模平稳增长。2019年，上海黄金交易所黄金成交量6.86万吨，同比增长1.63%，成交额21.49万亿元，同比增长17.43%。

## 二、金融市场制度建设

### （一）债券市场制度建设

2019年5月，与证监会联合发布《关于做好开放式债券指数证券投资基金创新试点工作的通知》，推动债券指数公募基金在银行间市场和交易所市场发展。8月发布《关于支持商业银行发行创新创业金融债券的意见》，鼓励商业银行发行创新创业金融债券，增加创新创业领域信贷投放。10月发布《标准化债权类资产认定规则（征求意见稿）》，明确标债资产的界限、认定标准及监管安排，引导市场规范发展。12月起草《关于公司信用类债券违约处置有关事宜的通知（征求意见稿）》，促进投资者保护制

度与国际接轨，并正式推出到期违约债券转让机制，丰富违约债券处置渠道。12月起草《公司信用类债券信息披露管理办法（征求意见稿）》，推动公司信用类债券信息披露标准统一尽快落地。

## （二）资本市场和证券期货业制度建设

完善资本市场制度。2019年6月13日科创板正式开板，全年共有70家公司完成科创板上市。新三板启动新一轮改革，证监会于12月明确在新三板引入公开发行制度。证监会于12月发布《上市公司分拆所属子公司境内上市试点若干规定》。

健全证券期货业监管规则。证监会于2019年6月发布修订后的《期货公司监督管理办法》，增加控股股东、第一大股东净资本要求，细化境外股东条件，完善期货子公司监管要求；7月发布《证券公司股权管理规定》；12月发布《证券投资者保护基金实施流动性支持管理规定》。

## （三）保险市场制度建设

提高保险业服务实体经济能力。2019年2月25日，银保监会发布《关于进一步加强金融服务民营企业有关工作的通知》，要求保险机构提供更灵活的民营企业贷款保证保险服务，鼓励保险机构加大对民营企业债券的投资力度，支持保险资金参与化解处置民营上市公司股票质押风险。

强化资产负债管理，防范匹配失衡风险，建立健全消费者权益保护机制。7月24日，银保监会发布《保险资产负债管理监管暂行办法》，要求保险公司承担资产负债管理的主体责任，建立健全资产负债管理体系，持续提升资产负债管理水平。11月4日，银保监会发布《关于银行保险机构加强消费者权益保护工作体制机制建设的指导意见》，要求银行保险机构将消费者权益保护融入公司治理各环节、建立消费者权益保护审查机制、完善消费者权益保护内部考核机制等。

推动保险业高质量发展。12月30日，银保监会发布《关于推动银行业和保险业高质量发展的指导意见》，提出到2025年，实现金融结构更加优化，形成多层次、广覆盖、有差异的保险机构体系。

对保险企业实施税收优惠。5月28日，财政部、国家税务总局发布《关于保险企业手续费及佣金支出税前扣除政策的公告》，提高人身险企业和财产险企业发生与其经营活动有关的手续费及佣金支出税前扣除比例。

## （四）进一步扩大金融业对外开放

2019年7月20日，国务院金融稳定发展委员会办公室宣布11条关于进一步扩大金融业对外开放有关举措，重点是大幅放宽银行业、证券业、保险业的市场准入，提前至2020年不再设股比限制，并大幅扩大业务范围；进一步便利境外机构投资者投资银行间债券市场等。2019年4月及9月，中国债券先后被纳入彭博巴克莱全球综合指数、摩根大通全球新兴市场多元化指数等国际主要债券指数。证监会于5月正式批准中日ETF互通中方产品申请。证监会与英国金融行为监管局于6月17日发布联合公告，正式启动上海证券交易所和伦敦证券交易所互联互通存托凭证（GDR）业务。

## （五）加强金融基础设施统筹监管

2019年9月，中央全面深化改革委员会第十次会议审议通过《统筹监管金融基础设施工作方案》，提出要加强对重要金融基础设施的统筹监管，统一监管标准，健全准入管理，优化设施布局，健全治理结构，推动形成布局合理、治理有效、先进可靠、富有弹性的金融基础设施体系。

# 第四部分 宏观经济分析

## 一、世界经济金融形势

### （一）全球经济增长放缓，虽有企稳迹象，但下行风险仍应密切关注

国际货币基金组织（IMF）2019年以来连续下调对2019年的经济增速预测，2020年1月《世界经济展望》中的估计值仅为2.9%，创国际金融危机以来最低，预计2020年的经济增速将反弹至3.3%，较2019年10月的预测也下调了0.1个百分点。经济合作与发展组织2019年11月的预测值同样仅为2.9%。IMF认为全球经济下行风险依然突出，包括地缘政治紧张局势抬头、社会动荡加剧、部分国家间经贸摩擦日益深化等。世界银行2020年1月发布《全球经济展望》称全球投资和贸易略有复苏但下行风险依旧存在。当前世界经济增长持续放缓，仍处在国际金融危机后的深度调整期，全球动荡源和风险点显著增多，应密切关注和研究。

**表 13　主要发达经济体宏观经济金融指标**

| 经济体 | 指标 | 2018 年第四季度 | | | 2019 年第一季度 | | | 2019 年第二季度 | | | 2019 年第三季度 | | | 2019 年第四季度 | | |
|---|---|---|---|---|---|---|---|---|---|---|---|---|---|---|---|---|
| | | 10 月 | 11 月 | 12 月 | 1 月 | 2 月 | 3 月 | 4 月 | 5 月 | 6 月 | 7 月 | 8 月 | 9 月 | 10 月 | 11 月 | 12 月 |
| 美国 | 实际 GDP 增速（环比折年率，%） | 1.1 | | | 3.1 | | | 2.0 | | | 2.1 | | | 2.1 | | |
| | 失业率（%） | 3.8 | 3.7 | 3.9 | 4.0 | 3.8 | 3.8 | 3.6 | 3.6 | 3.7 | 3.7 | 3.7 | 3.5 | 3.6 | 3.5 | 3.5 |
| | CPI（同比，%） | 2.5 | 2.2 | 1.9 | 1.6 | 1.5 | 1.9 | 2.0 | 1.8 | 1.6 | 1.8 | 1.7 | 1.7 | 1.8 | 2.1 | 2.3 |
| | 道琼斯工业平均指数（期末） | 25 116 | 25 538 | 23 327 | 25 000 | 25 916 | 25 929 | 26 593 | 24 815 | 26 600 | 26 864 | 26 403 | 26 917 | 27 046 | 28 051 | 28 538 |
| 欧元区 | 实际 GDP 增速（当季同比，%） | 1.2 | | | 1.4 | | | 1.2 | | | 1.2 | | | 1.0 | | |
| | 失业率（%） | 8.0 | 7.9 | 7.8 | 7.8 | 7.8 | 7.7 | 7.6 | 7.6 | 7.5 | 7.6 | 7.5 | 7.5 | 7.5 | 7.5 | 7.4 |
| | HICP 综合物价指数（同比，%） | 2.3 | 1.9 | 1.5 | 1.4 | 1.5 | 1.4 | 1.7 | 1.2 | 1.3 | 1.0 | 1.0 | 0.8 | 0.7 | 1.0 | 1.3 |
| | EURO STOXX 50（期末） | 3 198 | 3 173 | 3 001 | 3 159 | 3 298 | 3 352 | 3 515 | 3 280 | 3 474 | 3 467 | 3 427 | 3 569 | 3 604 | 3 704 | 3 745 |
| 英国 | 实际 GDP 增速（当季同比，%） | 1.4 | | | 2.0 | | | 1.3 | | | 1.2 | | | 1.1 | | |
| | 失业率（%） | 4.1 | 4.0 | 4.0 | 3.9 | 3.9 | 3.8 | 3.8 | 3.8 | 3.9 | 3.8 | 3.9 | 3.8 | 3.8 | 3.8 | — |
| | CPI（同比，%） | 2.4 | 2.3 | 2.1 | 1.8 | 1.9 | 1.9 | 2.1 | 2.0 | 2.0 | 2.1 | 1.7 | 1.7 | 1.5 | 1.5 | 1.3 |
| | 富时 100 指数（期末） | 7 128 | 6 980 | 6 728 | 6 969 | 7 075 | 7 279 | 7 418 | 7 162 | 7 426 | 7 587 | 7 207 | 7 408 | 7 248 | 7 347 | 7 542 |
| 日本 | 实际 GDP 增速（环比折年率，%） | 2.1 | | | 2.6 | | | 1.9 | | | 0.5 | | | −6.3 | | |
| | 失业率（%） | 2.4 | 2.5 | 2.4 | 2.5 | 2.3 | 2.5 | 2.4 | 2.4 | 2.3 | 2.2 | 2.2 | 2.4 | 2.4 | 2.2 | 2.2 |
| | CPI（同比，%） | 1.4 | 0.8 | 0.3 | 0.2 | 0.2 | 0.5 | 0.9 | 0.7 | 0.7 | 0.5 | 0.3 | 0.2 | 0.2 | 0.5 | 0.8 |
| | 日经 225 指数（期末） | 21 920 | 22 351 | 20 015 | 20 773 | 21 385 | 21 206 | 22 259 | 20 601 | 21 276 | 21 522 | 20 704 | 21 756 | 22 927 | 23 294 | 23 657 |

数据来源：各经济体相关统计部门及中央银行。

发达经济体经济增速多有下行。美国、欧元区等发达经济体2019年经济增长均有所放缓，但得益于货币政策宽松等政策托底，目前有企稳迹象。美国经济增速放缓但仍保持稳健水平，劳动力市场持续趋紧。欧元区经济触底后走势趋平，法国经济相对稳定，对其形成支撑，但德国经济2019年放缓较为明显。英国脱欧进程加快，有助于消除不确定因素。日本经济增速2019年上半年反弹后回落。

新兴市场经济体经济增速出现不同程度的下降，未来仍面临一些不确定性。IMF估计2019年新兴市场经济体增速为3.7%，低于2018年的4.5%，但2020年预计将回升至4.4%。印度经济增速回落，巴西、俄罗斯在经济增长触底后有所反弹，南非经济持续低迷。

### （二）主要央行货币政策转向宽松

2019年，美联储、欧央行等货币政策转向宽松，带动全球较多经济体降息。随着对经济前景的担忧以及对政策利率接近中性利率的判断，2019年初，美联储停止加息，此后连续3次降息，并重启正回购和短期国债购买。欧央行2019年以来连续调整有关加息的前瞻性指引，9月下调存款便利利率10个基点至-0.50%，为2016年以来首次降息，并重启资产购买计划，实施新一轮定向长期再融资操作。此外，2019年全球包括澳大利亚、新西兰、韩国、印度、巴西、墨西哥、俄罗斯、土耳其等超过40个经济体为支持经济增长或实现通胀目标而降息，部分经济体政策利率已接近或达到历史低位。

多国央行降息推动全球金融市场出现反弹，但全球债务负担上升，负利率债券范围扩大。2019年，受中美贸易摩擦与全球经济表现等影响，恐慌情绪一度导致美国国债收益率倒挂，并带动多个欧洲经济体国债收益率走低至0甚至为负。此后在全球降息潮推动下，全球金融市场出现一波反弹走势。全球主要股指上涨，主要国债收益率均较年初走低。全球经济的债务负担有所上升。据国际金融协会（IIF）统计，截至2019年第三季度，全球债务占GDP比率达到322%的历史高点，其中非金融部门债务占GDP比率为243.6%。发达经济体公共部门债务扩张并处于高位。新兴市场各类债务均明显积累，特别是非金融企业债务增长迅猛，外债比重也有所上升。负利率债券范围扩大，持续时间放长。2019年，全球范围内名义收益率为负的债券规模一度高达17万亿美元。负利率可能带来一系列问题，包括催生资产价格泡沫，助长债务规模攀升，导致银行存贷利差缩窄，降低银行利润率等。

### （三）值得关注的问题和趋势

一是全球经济虽然有企稳迹象，但下行压力仍较大。全球PMI等前瞻性指标也不乐观，政策支持空间也在逐渐收缩。二是近期贸易摩擦风险有所缓和，但不确定性犹存。IMF估计，2019年全球贸易量增速为1.0%，增速较2018年明显下降，2020年预计回升至2.9%。三是在金融脆弱性不断累积的背景下，风险因素可能导致避险情绪骤升，并冲击金融体系稳定。四是“低增长、低通胀、低利率、低生产率增长”环境对货币政策调控构成挑战，需加强货币政策的国际协调。五是全球经济放缓可能加剧局部地缘政治冲突，气候变化与环境因素等对经济金融的影响也在加大。

## 二、中国宏观经济形势

2019年我国国民经济运行总体平稳，经济结构持续优化，高质量发展扎实推进。消费对经济增长的拉动作用增强，工业生产和投资较为稳定，进出口规模扩大。就业总体稳定，消费价格上涨结构性特征明显。初步核算，全年国内生产总值同比增长6.1%，全国居民消费价格指数同比上涨2.9%，货物贸易顺差29 150亿元。

### （一）消费增势平稳，投资缓中趋稳，进出口规模扩大

消费对经济增长贡献上升。2019年，全国居民人均可支配收入30 733元，比上年名义增长8.9%，扣除价格因素，实际增长5.8%。收入分配结构持续改善，农村居民收入增速持续高于城镇。中国人民银行第四季度城镇储户问卷调查显示，倾向于“更多消费”的居民占28.0%，比上年同期回落0.6个百分点。最终消费支出对经济增长的贡献率保持高位，2019年为57.8%，高于资本形成总额26.6个百分点。社会消费品零售总额同比增长8.0%。网上零售保持较快增长，2019年全国网上零售额10.6万亿元，同比增长16.5%。

固定资产投资缓中趋稳。2019年，全国固定资产投资（不含农户）同比增长5.4%，比上年低0.5个百分点。从主要投资领域看，制造业投资增速为3.1%，比上年低6.4个百分点，其中12月有所回升；基础设施投资增速为3.8%，增速与上年持平；房地产投资增速为9.9%，比上年高0.4个百分点。民间投资增速为4.7%，比上年回落4.0个百分点；国有投资增速为6.8%，比上年高4.9个百分点。

进出口规模扩大。2019年，货物进出口总额31.54万亿元，同比增长3.4%，增速比上年回落6.3个百分点。其中，出口增长5.0%，进口增长1.6%。进出口相抵，顺差2.92万亿元，同比扩大25.4%。出口商品进一步向价值链高端迁移。民营企业主体活力增强，进出口增长11.4%。国际市场布局更加多元，对欧盟、东盟、美国、日本进出口分别增长8%、14.1%、-10.7%和0.4%，对“一带一路”沿线国家和地区进出口9.27万亿元，同比增长10.8%。

利用外资稳定增长。2019年全年实际利用外资9 415亿元，同比增长5.8%，新设外资企业超过4万家，保持第二大外资流入国地位。对外投资合作平稳有序。全年非金融类对外直接投资1 106亿美元，同比下降8.2%。对“一带一路”沿线国家和地区投资150亿美元，占对外总投资的13.6%，占比提升0.6个百分点。

### （二）农业生产形势较好，工业生产基本稳定

2019年，国民经济第一产业、第二产业和第三产业增加值分别增长3.1%、5.7%和6.9%，占GDP比重分别为7.1%、39.0%和53.9%。

农业生产形势较好。全年全国粮食总产量66 384万吨，比上年增长0.9%，连续5年保持在65 000万吨以上。全年猪牛羊禽肉产量7 649万吨，比上年下降10.2%。其中猪肉产量4 255万吨，比上年下降21.3%。

工业生产持续发展。全年全国规模以上工业增加值比上年增长5.7%。高技术制造业和战略性新兴产业增加值分别比上年增长8.8%和8.4%，增速分别比规模以上工业快3.1个和2.7个百分点。12月，制造业生产经营活动预期指数为54.4%，位于较高景气区间。

2019年，全国规模以上工业企业实现利润总额61 995亿元，同比下降3.3%。中国人民银行第四季度5 000户工业企业调查显示，企业经营景气指数为55.5%，比上季度回升2.2个百分点；企业盈利指数为57.3%，比上季度回升2.0个百分点。

服务业较快发展。全年全国服务业生产指数比上年增长6.9%。其中，信息传输、软件和信息技术服务业等行业增长较快。1~11月，规模以上服务业企业营业收入同比增长9.4%，其中，战略性新兴服务业、科技服务业和高技术服务业企业营业收入分别增长12.4%、12.0%和12.0%；规模以上服务业企业营业利润增长3.5%。12月，服务业业务活动预期指数为59.1%，增长势头较好。

### （三）居民消费价格涨幅上升，生产价格同比下降

居民消费价格涨幅上升，结构性特征明显。2019年，居民消费价格指数（CPI）同比上涨2.9%，涨幅比上年扩大0.8个百分点，其中猪肉价格上涨较快，全年同比上涨42.5%，带动牛、羊肉价格也分别上涨12.1%和11.9%。食品价格全年上涨9.2%，涨幅比上年提高7.4个百分点；非食品价格上涨1.4%，涨幅比上年回落0.8个百分点。不包括食品和能源的核心CPI温和上涨1.6%，涨幅比上年回落0.3个百分点。

生产价格同比下降。2019年，工业生产者出厂价格指数（PPI）同比下降0.3%，比上年回落3.8个百分点，11~12月PPI同比降幅收窄。工业生产者购进价格指数（PPIIP）同比下降0.7%，涨幅比上年回落4.8个百分点。中国人民银行监测的企业商品价格（CGPI）同比下降0.2%，涨幅比上年低3.2个百分点。分产品看，初级产品和最终产品价格同比涨幅扩大，中间产品价格同比持续负增长。

### （四）财政支出增长较快，就业形势总体稳定

2019年，全国一般公共预算收入190 382亿元，同比增长3.8%，增速比上年回落2.4个百分点。其中税收收入157 992亿元，同比增长1%；非税收入32 390亿元，同比增长20.2%。国内增值税、国内消费税同比分别增长1.3%、18.2%，企业所得税同比增长5.6%，个人所得税同比下降25.1%。

财政支出保持较快增长。2019年，全国一般公共预算支出238 874亿元，同比增长8.1%，增速比上年低0.6个百分点。从支出结构看，与基建投资相关的支出明显增长，城乡社区支出、科学技术支出、节能环保支出同比分别增长16.1%、14.4%和18.2%。

2019年，全国政府性基金预算收入84 516亿元，同比增长12%。其中土地出让收入同比增长11.4%。全国政府性基金预算支出91 365亿元，同比增长13.4%。

就业形势保持稳定，城镇调查失业率符合预期目标。2019年全年城镇新增就业1 352万人，连续7年保持在1 300万人以上，明显高于1 100万人以上的预期目标，完成全年目标的122.9%。12月，全国城镇调查失业率为5.2%，2019年各月全国城镇调查失业率保持在5.0%~5.3%。2019年末全国就业人员77 471万人。全年农民工总量29 077万人，比上年增加241万人，增长0.8%。中国人民银行第四季度城镇储户问卷调查显示：居民就业感受指数为44.5%，比上季度回落0.9个百分点；对下季度，居民就业预期指数为51.9%，比上季度回落0.7个百分点。

## 专栏4　从就业结构看中国劳动力市场和未来走势

就业是民生之本、财富之源，需加强就业形势研判，多措并举做好稳就业工作。当前我国就业形势总体稳定，2019年城镇新增就业1 352万人，比预期目标多252万人，连续第七年保持在1 300万人以上；全国城镇调查失业率走势平稳，全年保持在5.0%~5.3%。同时就业结构有所优化，服务业就业人员占比逐步提升。

从中长期看，我国具备在高质量发展中实现充分就业相对稳态的有利条件。从需求层面看，制造业中装备制造业、消费品制造业等对高技能人才的需求仍比较旺盛。服务业吸纳就业潜力不断释放，有望成为新增就业重要支柱。从供给层面看，劳动参与率和劳动年龄人口趋于下行，有助于缓解劳动力供给压力。2018年我国劳动参与率约为70%，处于世界较高水平（见图6）。随着青少年受教育年限延长、人口老龄化程度加深，预计我国劳动参与率将持续下行，未来可能趋近于美国、日本等发达经济体及全球平均水平。劳动力数量方面，我国16~59岁劳动年龄人口在2013~2019年下降逾2 300万人，未来预计将延续稳中略降态势。

也要看到，各方感受到我国仍存在一定就业压力，主要与就业的结构性矛盾比较突出有关。一是部分行业劳动力需求有所下降。随着近几年“机器换人”进程加速演进，以制造业、建筑业为代表的第二产业劳动生产率增速加快，与经济下行压力相叠加，吸纳就业能力有所下降。以住宿餐饮、批发零售为代表的劳动密集型服务业成为吸纳就业的重要部门。2013年以来我国第二产业就业人数由升转降，2018年较2012年高点下降约1 850万人。二是重点群体劳动力供给刚性较强。高校毕业生、退役军人、农民工等重点群体每年求职数量较多，加之青壮年留在城镇求职的黏性增强，一定程度上增加了就业压力。三是劳动力供需结构不够适配。“招工

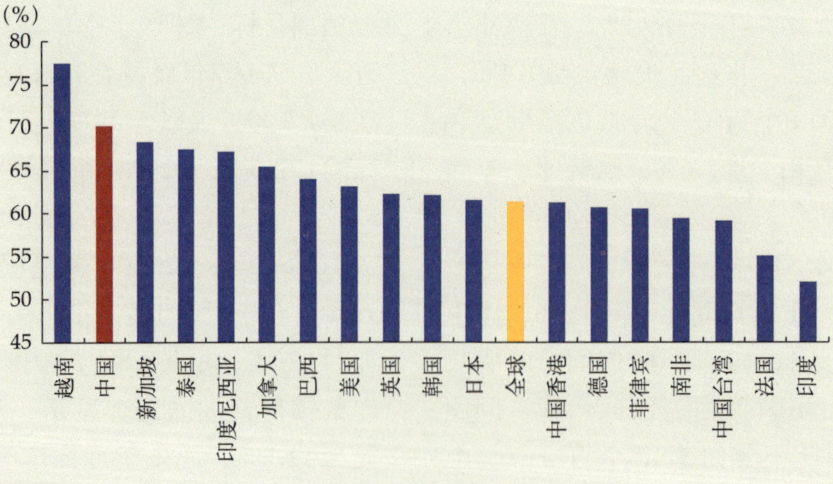


数据来源：Wind。

**图6　2018年主要经济体劳动参与率**

难”与“就业难”交织的现象持续存在：一方面，一线普通工人、高技术人才普遍短缺；另一方面，新生代劳动力日渐难以接受传统产业工人的生活就业方式，更加注重职业发展和自我价值实现，求职意向多为高工资、高生产率行业，人才供需存在错位。四是外部不确定性较大，外贸部门结构性就业压力可能加大。世界经济仍处在国际金融危机后的深度调整期，风险挑战增多，我国产业外迁尤其是劳动密集型企业外迁势头显现，可能给外贸企业用工带来冲击。

初步预计，未来几年每年仍可实现1 100万人以上城镇新增就业。考虑到我国就业压力的结构性特征较为明显，稳就业工作既要关注就业总量又要优化结构。下一阶段，要更好发挥各方政策合力，缓解结构性就业压力，促进实现充分就业。

### （五）国际收支及外债

我国国际收支保持基本平衡。初步统计，2019年我国经常账户顺差1 775亿美元。其中，货物贸易顺差增长，服务贸易逆差缩小。资本和金融账户中，直接投资净流入591亿美元，证券投资顺差约600亿美元。截至2019年末，外汇储备余额为31 079亿美元，较2018年末增加352亿美元。截至2019年9月末，我国全口径（含本外币）外债余额为20 325亿美元。其中，短期外债余额为12 055亿美元，占外债余额的59%。

### （六）行业分析

1. 房地产行业

2019年，全国商品房销售面积与销售额增速有所放缓，房价上涨区域明显减少，涨幅有所下降。房地产开发投资稳中微升，房地产贷款增速继续平稳回落。

2019年12月末，全国70个大中城市新建商品住宅和二手住宅价格分别同比上涨6.8%和3.7%，涨幅较上年同期分别下降3.7个和4个百分点。全年全国商品房销售面积同比基本持平，销售额同比增长6.5%，增速较上年末下降5.7个百分点。

房地产开发投资平稳增长，新开工有所回落。2019年全国房地产开发投资完成额同比增长9.9%，增速较上年提升0.4个百分点。其中，住宅开发投资累计完成9.7万亿元，同比增长13.9%，增速较上年提高0.5个百分点，占房地产开发投资的比重为73.4%。

房地产贷款增速平稳回落。2019年末，全国主要金融机构（含外资）房地产贷款余

表14 2019年全国房地产新开工、施工、竣工面积情况

| | 数量（万亿平方米） | 同比增速（%） | 增速较上年变动（个百分点） |
|---|---|---|---|
| 房屋新开工面积 | 22.7 | 8.5 | -8.7 |
| 房屋施工面积 | 89.4 | 8.7 | 3.5 |
| 房屋竣工面积 | 9.6 | 2.6 | 10.4 |

数据来源：国家统计局。

额44.41万亿元，同比增长14.8%，增速较上年末回落5.2个百分点。房地产贷款余额占各项贷款余额的29%。其中，个人住房贷款余额为30.2万亿元，同比增长16.7%，增速较上年末回落1.1个百分点；住房开发贷款余额为8.4万亿元，同比增长14.6%，增速较上年末回落17.3个百分点；地产开发贷款余额为1.28万亿元，同比下降7.1%，增速较上年末回落11个百分点。

保障房信贷增长放缓。受发行地方政府专项债置换保障房开发贷款影响，2019年末，全国保障性住房开发贷款余额为4.6万亿元，同比增长6.7%，增速较上年末回落22.8个百分点；全年新增2 878亿元，较上年少增6 960亿元，占同期房产开发贷款新增量的25.5%。

2. 钢铁行业

2019年以来，在国家逆周期调控政策下，钢铁行业平稳运行，持续推进对标挖潜、降本增效。一是钢铁产量保持增长。2019年，我国生铁、粗钢、钢材产量同比分别增长5.3%、8.3%和9.8%。二是固定资产投资保持增长。2019年，全国黑色冶炼及压延业和黑色金属矿采选业固定资产投资同比分别增长26.0%和2.5%。三是钢材价格第四季度回升企稳，原材料价格趋于稳定。四是超低排放正式实施，绿色发展持续推进。

但在当前全球经济增长持续放缓、国内经济下行压力加大的背景下，我国钢铁行业仍面临诸多挑战。一是受成本上升挤压，行业利润同比有所下降。原材料价格高位波动，加之环保投入增加，钢铁企业整体利润空间受到挤压。2019年钢铁行业协会会员企业销售收入同比增长10.1%，利润总额同比下降30.9%。二是受国际市场贸易摩擦和贸易保护等影响，钢铁产品进出口总量有所下降。2019年，我国钢材出口6 429.3万吨，同比降低7.3%；进口1 230.4万吨，同比降低6.5%。三是环保压力仍然较大，超低排放具体实施中还存在技术难题，亟待行业内外协作攻关。

下一步，应以深化供给侧结构性改革为主线，推进改革创新，提高企业竞争力。坚持差异化信贷政策，支持优势企业技术改造、结构调整、绿色发展。充分发挥资本市场在钢铁企业兼并重组中的作用，支持钢铁行业通过直接融资“去杠杆、降成本”，促进行业高质量发展。

# 第五部分 货币政策趋势

## 一、中国宏观经济展望

展望未来一段时期，新冠肺炎疫情对中国经济造成一定影响，但持续时间和规模都有限，中国经济长期向好、高质量增长的基本面没有变化。也要看到，中国经济面临多方面的挑战。

我国发展仍处于并将长期处于重要战略机遇期。我国既有改革开放以来积累的雄厚物质技术基础，又有超大规模的市场优势和内需潜力，还有庞大的人力资本和人才资源。近年来，三大攻坚战取得关键进展，供给侧结构性改革继续深化，经济增长保持韧性，就业形势总体稳定，居民收入稳步增长，人民生活持续改善，保持了经济持续健康发展和社会大局稳定。积极财政政策和稳健货币政策逐步发力，货币信贷、社会融资规模增长同经济发展相适应，促进了宏观杠杆率基本稳定，金融服务实体经济特别是小微、民营企业力度不断加大。稳妥果断防控金融风险，金融体系总体健康，具备化解各类风险的能力，金融服务实体经济的质量和效率逐步提升。人民币汇率在合理均衡水平上保持了基本稳定，经济应对外部冲击的能力增强。

国内外经济都处于调整期，国内经济下行压力较大。世界经济增长持续放缓，仍处在国际金融危机后的深度调整期，外部不确定不稳定因素增多。我国经济正在由高速增长转向高质量发展，结构性、体制性、周期性问题相互交织，增长速度换挡期、结构调整阵痛期、前期刺激政策消化期“三期叠加”影响持续深化。经济增长保持了韧性，但下行压力仍然较大。企业投资增长仍显乏力。在信用风险加快暴露情况下，部分中小金融机构风险偏好下降。新冠肺炎疫情对短期内的经济增长会有影响，主要体现在消费减少、企业复工较晚等方面。对此要客观认识、理性看待，坚定信心、保持定力，做好充分准备，认真办好自己的事，推动消费稳定增长，切实增加有效投资，释放国内市场需求潜力。

物价形势总体可控，通胀预期基本平稳，对未来变化需持续观察。2019年全年我国消费品价格结构性上涨特征明显，主要受猪肉等食品价格较快上涨拉动。随着各部门先后出台多项措施保供稳价、引导预期，CPI涨幅总体可控，也保持了通胀预期的平稳，防止了通胀预期的发散。同时，在基数效应消退的推动下，PPI同比降幅有所收窄。短期内，新冠肺炎疫情等因素可能对物价形成扰动，应继续密切监测分析。但从基本面看，我国经济运行总体平稳，总供求基本平衡，不存在长期通胀或通缩的基础。

## 二、下一阶段主要政策思路

中国人民银行坚持以习近平新时代中国特色社会主义思想为指导，全面贯彻落实党的十九届四中全会和中央经济工作会议精神，坚决贯彻执行党中央、国务院决策部署，紧扣全面建成小康社会目标任务和

“十三五”规划收官，坚持稳中求进工作总基调，坚持新发展理念，全面做好“六稳”工作。科学稳健把握逆周期调节力度，稳健的货币政策要灵活适度，守正创新、勇于担当，妥善应对经济短期下行压力，同时坚决不搞“大水漫灌”，确保经济运行在合理区间。在多重目标中寻求动态平衡，用改革的办法疏通货币政策传导，将改革和调控、短期和长期、内部均衡和外部均衡结合起来，继续加大逆周期调节、结构调整和改革的力度，保持物价水平基本稳定。将疫情防控作为当前最重要的工作来抓，加大对新冠肺炎疫情防控的货币信贷支持力度。守住风险底线，坚持在推动高质量发展中防范化解风险，促进经济金融良性循环。注重预期引导，加强宏观政策协调配合，协调好本外币政策，处理好内部均衡和外部均衡之间的平衡。深化金融供给侧结构性改革，建设现代中央银行制度，健全具有高度适应性、竞争力、普惠性的现代金融体系，促进国民经济整体良性循环。

一是实施好稳健货币政策，科学稳健把握逆周期调节力度，保持流动性合理充裕，促进货币信贷、社会融资规模增长同经济发展相适应。灵活运用多种货币政策工具，以适度的货币增长支持高质量发展，有效支持经济运行在合理区间。增强调控前瞻性、精准性、主动性和有效性，根据经济增长和价格形势变化及时预调微调，精准把握好调控的度，加强预期引导，维护我国在全球主要经济体中少数实行正常货币政策国家的地位。健全可持续的资本补充体制机制，推动银行通过发行永续债等方式多渠道补充资本，拓宽永续债投资主体，分散风险。重点支持中小银行补充资本，提升银行服务实体经济和防范化解金融风险的能力，防范社会信用收缩风险。

二是把疫情防控作为当前最重要的工作来抓，加大对新冠肺炎疫情防控的货币信贷支持力度。要求主要全国性银行和10个重点省（市）地方法人银行充分用好专项再贷款，快速精准地将资金用于直接参与防疫的重点企业。对直接参与防疫的重点医用物品和生活物资的生产、运输、销售重点企业实行名单制管理，支持金融机构向名单内的企业提供优惠利率信贷支持。引导金融机构主动加强与有关医院、医疗科研单位和相关企业的服务对接，提供足额信贷资源。对受疫情影响较大的批发零售、住宿餐饮、物流运输、文化旅游等行业，以及有发展前景但暂遇困难的小微企业，不得盲目抽贷、断贷、压贷。对受疫情影响严重的企业到期还款困难的，可予以展期或续贷。在做好防控工作的前提下，全力支持各类生产企业复工复产。通过适当下调贷款利率、增加信用贷款和中长期贷款等方式，支持相关企业战胜疫情灾害影响。强化对疫情防控相关领域的金融服务，对受疫情影响较大的地区、行业和企业提供差异化优惠的金融服务。

三是发挥货币信贷政策促进经济结构调整的作用，更好地服务实体经济。进一步完善“三档两优”存款准备金框架，建立健全银行增加小微企业贷款投放的长效机制。运用好定向降准、再贷款、再贴现、宏观审慎评估等多种货币政策工具，引导金融机构加大对小微、民营企业和制造业的信贷支持。督促银行降低贷款附加费用，确保小微企业融资成本下降，更好地服务实体经济。加强政策协调，促进金融要素流向供需共同受益、具有乘数效应的先进制造、民生建设、基础设施短板等领域，促进产业和消费双升级。推动金融支持与产业扶贫融合发展，增强贫困地区内生发展动力。研究出台商业银行服务乡村振兴考核办法，进一步做好乡村振兴金融服务。优化创业担保贷款政策，做好退役军人、高校毕业生、自主创业农民工等群体金融服务。坚持房子是用来住的、不是用来炒的定位，按照“因城施策”的基本原则，加快建立房地产金融长效管理机制，不将房地产作为短期刺激经济的手段。

四是进一步深化利率市场化和人民币汇率形成机制改革，提高金融资源配置效率。健全基准利率和市场化利率体系，完善LPR传导机制，推进存量浮动利率贷款定价基准转换，促进银行积极有序运用LPR定价，转变传统定价思维，坚决打破贷款利率隐性下限，疏通货币政策传导。发挥好市场利率定价自律机制作用，维护公平定价秩序，严格落实明示贷款年化利率的要求，切实保护金融消费者权益。稳步深化汇率市场化改革，完善以市场供求为基础、参考一篮子货币进行调节、有管理的浮动汇率制度，保持人民币汇率弹性，发挥汇率调节宏观经济和国际收支自动稳定器的作用。加强宏观审慎管理，稳定市场预期，保持人民币汇率在合理均衡水平上的基本稳定。加快发展外汇市场，为基于实需原则的进出口企业提供汇率风险管理服务。引导企业树立“风险中性”的财务理念，以锁定外汇成本、降低生产经营不确定性为目的，通过外汇衍生品管理汇率风险。稳步推进人民币资本项目可兑换，完善人民币跨境使用的政策框架和基础设施，支持人民币在跨境贸易和投资中的使用。

五是完善金融市场体系，切实发挥好金融市场在稳增长、调结构、促改革和防风险方面的作用。支持民营企业发行债券融资，增强金融服务实体经济能力。促进公司信用类债券信息披露标准统一，完善相关制度建设。坚持市场化、法治化原则，完善债券违约风险防范和处置机制。加强金融市场基础设施统筹监管与互联互通，推进托管行与交易报告库建设，确保金融市场整体稳定和安全高效运行。积极稳妥推动债券市场制度性、系统性开放，引入更多中长期投资者。

六是深化金融供给侧结构性改革，健全具有高度适应性、竞争力、普惠性的现代金融体系。进一步推进金融机构改革。继续推动全面落实开发性金融机构、政策性银行改革方案，完善治理体系，遵循金融机构经营规律，发挥开发性、政策性金融机构作用。持续深化大型商业银行和其他大型金融企业改革，完善公司治理，规范股东大会、董事会、监事会与管理层关系，完善经营授权制度，形成有效的决策、执行、制衡机制，提高经营管理水平和风险控制能力。进一步扩大金融业对外开放。

七是继续打好防范化解重大金融风险攻坚战。在国务院金融稳定发展委员会的领导下，在巩固已经取得的阶段性成果基础上，不断提高风险应对的全局性和前瞻性，继续做好重点领域高风险机构的“精准拆弹”工作。进一步厘清各方职责边界，压实金融机构的主体责任、地方政府属地风险处置责任和维稳第一责任、金融监管部门监管责任和人民银行最后贷款人责任，坚决防范道德风险。着力推动完善防范化解金融风险长效机制建设，用改革的办法推进金融业高质量发展，牢牢守住不发生系统性风险的底线。

# PART 1 Money and Credit Analysis

In 2019, liquidity in the banking system was reasonable and adequate. Growth of M2 and aggregate financing to the real economy (AFRE) was slightly higher than that of nominal GDP. Loans increased rapidly, and the credit structure was further optimized. Lending rates saw a decrease. The RMB exchange rates remained basically stable.

## I. Liquidity was reasonable and adequate in the banking system

In the midst of multiple uncertainties, such as mounting risks and challenges both at home and abroad in 2019, the PBC implemented sound monetary policies, employed a monetary policy toolkit that included open market operations, the Medium-term Lending Facility (MLF), the required reserve ratio, central bank lending, central bank discounts, and the Standing Lending Facility (SLF), and strengthened countercyclical adjustments to maintain reasonable and adequate liquidity and to guide the smooth operation of money market rates. At the end of 2019, the excess reserve ratio for financial institutions registered 2.4 percent, equal to that at the end of the previous year.

## II. Lending by financial institutions grew relatively rapidly, with lending rates moving downwards

Lending grew relatively rapidly, providing stronger support for the real economy. At the end of 2019, outstanding loans by financial institutions in domestic and foreign currencies grew 11.9 percent year on year to

**Figure 1 Interest Rates in the Money Market**

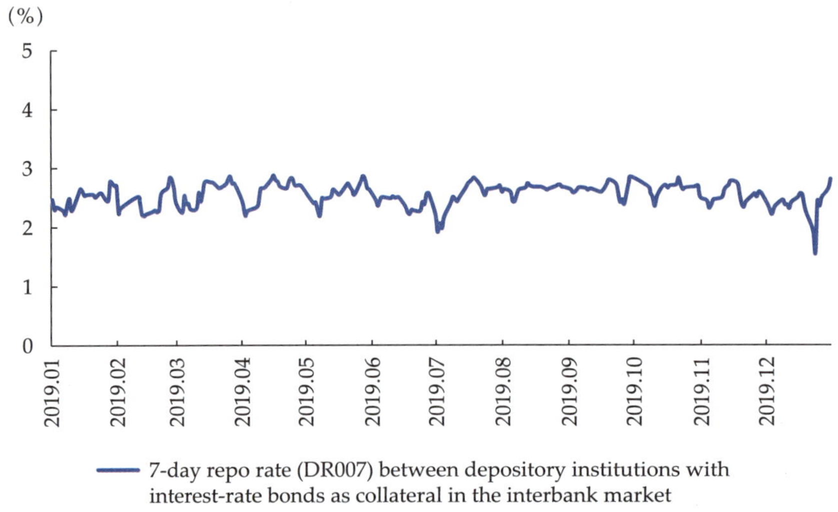


Source: www.chinamoney.com.cn.

RMB158.6 trillion, up RMB16.8 trillion from the beginning of the year and an acceleration of RMB698.7 billion from the corresponding period of the previous year. Outstanding RMB-denominated loans grew 12.3 percent year on year to RMB153.1 trillion.

The credit structure was further optimized, and loans to micro and small enterprises (MSEs) increased rapidly. Since 2019, the PBC has encouraged financial institutions to enhance their credit support to MSEs, which has yielded good results. Inclusive MSE loans rose by RMB2.1 trillion in 2019, with an increment 1.7 times that in 2018. Outstanding MSE loans at the end of 2019 grew by 23.1 percent year on year, up 7.9 percentage points over that in the previous year. The growth of RMB loans to the household sector slowed down, registering 15.5 percent at the end of 2019, down 2.7 percentage points from end-2018. Loans to non-financial enterprises and public entities witnessed greater growth as compared with the previous year. Medium and long-term loans grew by RMB11.3 trillion from the beginning of the year, an acceleration of RMB 798.6 billion from the corresponding period of 2018 and accounting for 67.3 percent of the total new loans, up 2.3 percentage points year on year.

**Table 1 The Structure of RMB Loans in 2019**

Unit: RMB 100 million, %

| | Outstanding amount at end-December | YOY growth | Increase from the beginning of the year | YOY acceleration |
|---|---|---|---|---|
| RMB loans to | 1,531,123 | 12.3 | 168,144 | 6,439 |
| Households | 553,191 | 15.5 | 74,303 | 662 |
| Non-financial enterprises and public entities | 962,737 | 10.9 | 94,481 | 11,399 |
| Non-banking financial institutions | 9,827 | −8.7 | −933 | −5,334 |
| Overseas | 5,368 | 5.8 | 293 | −288 |

Source: The People's Bank of China.

**Table 2 New RMB Loans by Financial Institutions in 2019**

Unit: RMB 100 million

| | Increase from the beginning of the year | YOY acceleration |
|---|---|---|
| Chinese-funded large-sized banks[1] | 67,720 | 4,332 |
| Chinese-funded small- and medium-sized banks[2] | 100,471 | 2,556 |
| Small-sized rural financial institutions[3] | 20,866 | 864 |
| Foreign-funded financial institutions | 1,030 | 122 |

Notes: 1. Chinese-funded large-sized banks refer to banks with assets (both in domestic and foreign currencies) of RMB 2 trillion or more (according to the amount of total assets both in domestic and foreign currencies at end-2008).
2. Chinese-funded small and medium-sized banks refer to banks with total assets (both in domestic and foreign currencies) of less than RMB 2 trillion (according to the amount of total assets both in domestic and foreign currencies at end-2008).
3. Small-sized rural financial institutions include rural commercial banks, rural cooperative banks, and rural credit cooperatives.
Source: The People's Bank of China.

The Loan Prime Rate (LPR) dipped slightly, and the weighted average interest rates on loans declined. In November, the one-year LPR fell by 5 basis points (bps) to 4.15 percent and the over-five-year LPR fell from October by 5 bps to 4.80 percent. In December, the weighted average interest rate on new loans stood at 5.44 percent, down 0.18 percentage points from September and 0.2 percentage points year on year. From the beginning of the year to July, the weighted average interest rate on new corporate lending hovered around 5.30 percent, but lending rates saw a significant decrease after the reform of the LPR formation mechanism. The weighted average interest rate on newly issued corporate lending in December reached its lowest level of 5.12 percent since Q2 2017, down 0.2 percentage points compared with that in July when the LPR reform had not kicked in, a drop clearly exceeding that of the LPR (see Figure 2). This showed that the LPR reform began to act to strengthen the independent pricing capacities of financial institutions, improve the competitiveness of loan markets, and to cut down the lending rates.

**Figure 2 Weighted Average Interest Rate for Corporate Lending**

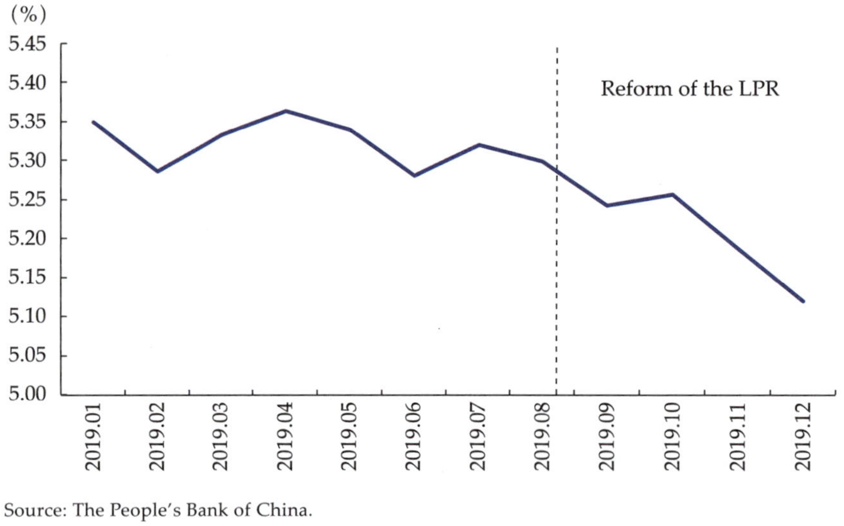


Source: The People's Bank of China.

**Table 3 Weighted Average Interest Rates for New Loans in December 2019**

Unit: %

| | December | Change compared with September | YOY change |
|---|---|---|---|
| Weighted average interest rate on new loans | 5.44 | −0.18 | −0.20 |
| Ordinary loans | 5.74 | −0.22 | −0.17 |
| Bill financing | 3.26 | −0.07 | −0.58 |
| Individual housing loans | 5.62 | 0.07 | −0.13 |

Source: The People's Bank of China.

**Table 4 Shares of RMB Lending Rates at Different Levels from August to December 2019**

Unit: %

| Month | LPR-bps | LPR | LPR+bps | | | | | |
|---|---|---|---|---|---|---|---|---|
| | | | Subtotal | (LPR, LPR+0.5%) | [LPR+0.5%, LPR+1.5%) | [LPR+1.5%, LPR+3%) | [LPR+3%, LPR+5%) | LPR+5% and above |
| August | 15.55 | 0.32 | 84.13 | 20.26 | 26.96 | 16.69 | 10.46 | 9.76 |
| September | 16.40 | 0.55 | 83.04 | 21.11 | 26.67 | 16.25 | 10.15 | 8.86 |
| October | 16.28 | 1.03 | 82.69 | 19.62 | 25.19 | 16.39 | 11.06 | 10.42 |
| November | 18.91 | 1.33 | 79.75 | 19.42 | 23.82 | 16.98 | 10.56 | 8.97 |
| December | 21.87 | 1.32 | 76.81 | 19.53 | 22.72 | 17.08 | 9.67 | 7.82 |

Source: The People's Bank of China.

**Table 5 Average Interest Rates of Large-value USD-denominated Deposits and Loans in 2019**

Unit: %

| Month | Large-value deposits | | | | | | Loans | | | | |
|---|---|---|---|---|---|---|---|---|---|---|---|
| | Demand deposits | Within 3 months | 3~6 months (including 3 months) | 6~12 months (including 6 months) | 1 year | More than 1 year | Within 3 months | 3~6 months (including 3 months) | 6~12 months (including 6 months) | 1 year | More than 1 year |
| January | 0.42 | 2.74 | 3.40 | 3.64 | 3.77 | 3.77 | 3.94 | 4.06 | 3.72 | 3.99 | 4.90 |
| February | 0.45 | 2.70 | 3.29 | 3.44 | 3.63 | 3.53 | 3.62 | 3.90 | 3.58 | 3.79 | 4.32 |
| March | 0.44 | 2.67 | 3.26 | 3.38 | 3.39 | 3.58 | 3.63 | 3.59 | 3.87 | 3.66 | 4.65 |
| April | 0.46 | 2.61 | 3.12 | 3.28 | 3.37 | 3.48 | 3.73 | 3.71 | 3.40 | 3.68 | 4.43 |
| May | 0.42 | 2.55 | 3.13 | 3.50 | 3.11 | 3.33 | 3.68 | 3.54 | 3.34 | 3.70 | 4.31 |
| June | 0.32 | 2.60 | 3.04 | 2.93 | 3.04 | 3.04 | 3.65 | 3.36 | 3.21 | 3.22 | 4.38 |
| July | 0.35 | 2.55 | 2.93 | 2.78 | 3.02 | 2.86 | 3.59 | 3.29 | 3.13 | 2.94 | 4.37 |
| August | 0.38 | 2.39 | 2.78 | 2.91 | 2.88 | 3.46 | 3.40 | 3.12 | 2.82 | 3.00 | 4.24 |
| September | 0.39 | 2.25 | 2.66 | 2.83 | 2.64 | 2.87 | 3.31 | 3.04 | 2.83 | 3.22 | 3.76 |
| October | 0.34 | 2.08 | 2.44 | 2.76 | 2.64 | 2.50 | 3.22 | 3.05 | 2.92 | 3.28 | 3.67 |
| November | 0.34 | 1.84 | 2.51 | 2.97 | 2.66 | 3.03 | 3.03 | 2.99 | 2.79 | 3.01 | 3.94 |
| December | 0.30 | 1.93 | 2.37 | 2.55 | 2.70 | 2.64 | 3.01 | 3.01 | 2.73 | 2.93 | 3.88 |

Source: The People's Bank of China.

In December, the share of ordinary loans with rates above, at, or below the LPR registered 76.81, 1.32, and 21.87 percent, respectively. The LPR premium generally decreased in general compared with that in September. Amid a drop in the LPR, the proportion of real interest rates below the LPR was still expanding.

Rate cuts by the Federal Reserve and other factors prompted a dip in interest rates on foreign-currency deposits and loans. In December, the weighted average interest rates on demand and large-value USD-denominated deposits with maturities within 3 months registered 0.30 percent and 1.93 percent respectively, down 0.09 and 0.32 percentage points from September. The weighted average interest rates of USD-

**Table 6 The Structure of RMB Deposits in 2019**

Unit: RMB 100 million, %

| | Deposits at end-December | YOY growth | Increase from the beginning of the year | YOY acceleration |
|---|---|---|---|---|
| RMB deposits | 1,928,785 | 8.7 | 153,618 | 19,569 |
| Households | 813,017 | 13.5 | 97,042 | 25,072 |
| Non-financial enterprises | 595,365 | 5.8 | 32,942 | 11,358 |
| Public entities | 296,831 | 4.1 | 11,387 | −9,775 |
| Fiscal | 40,840 | 0.7 | 301 | 897 |
| Non-banking financial institutions | 171,429 | 7.3 | 11,536 | −8,033 |
| Overseas | 11,304 | 4.4 | 409 | 48 |

Source: The People's Bank of China.

denominated loans with maturities within 3 months and with maturities between 3 months (including 3 months) and 6 months both registered 3.01 percent, down 0.30 percentage points and 0.03 percentage points respectively from September.

Growth of deposits was stable. At the end of 2019, outstanding deposits in domestic and foreign currencies in all financial institutions posted RMB198.2 trillion, up 8.6 percent year on year, 0.8 percentage points higher than that at the end of the previous year. Outstanding RMB deposits registered RMB192.9 trillion, up 8.7 percent year on year, 0.5 percentage points higher than that at the end of the previous year. Outstanding deposits in foreign currencies stood at USD 757.7 billion, an increase of USD 30.1 billion from the beginning of the year and an acceleration of USD 93.5 billion year on year.

## III. Money supply and the AFRE increased reasonably

Growth of M2 and the AFRE were slightly higher than nominal GDP growth, demonstrating intensified countercyclical adjustments. At the end of 2019, outstanding M2 stood at RMB198.6 trillion, up 8.7 percent year on year, an acceleration of 0.6 percentage points from the end of 2018. Moderate growth of money supply bolstered high-quality economic development. Outstanding M1 stood at RMB57.6 trillion, a year-on-year growth of 4.4 percent and 2.9 percentage points higher than that at the end of the previous year. Outstanding M0 reached RMB7.7 trillion, up 5.4 percent year on year. In 2019, RMB398.1 billion of net cash was injected into the economy, a rise of RMB141.8 billion year on year.

According to preliminary statistics, the outstanding AFRE reached RMB251.31 trillion at the end of 2019, up 10.7 percent year on year and an acceleration of 0.4 percentage points over the previous year. In 2019, the incremental AFRE reached RMB25.58 trillion, an increase of RMB3.08 trillion year on year. Growth of the AFRE was characterized by the following: First, RMB loans saw a larger year-on-year increase. Second, entrusted

**Table 7 Aggregate Financing to the Real Economy in 2019**

| | At the end of 2019 | | 2019 | |
|---|---|---|---|---|
| | Stock (RMB 1 trillion) | YOY change (%) | Flow (RMB 1 trillion) | YOY change (RMB 100 million) |
| The AFRE | 251.31 | 10.7 | 255,753 | 30,833 |
| Of which: RMB loans | 151.57 | 12.5 | 168,835 | 12,123 |
| Foreign currency loans (RMB equivalents) | 2.11 | -4.6 | −1,275 | 2,926 |
| Entrusted loans | 11.44 | -7.6 | -9,396 | 6,666 |
| Trust loans | 7.45 | -4.4 | −3,467 | 3,508 |
| Undiscounted bankers' acceptances | 3.33 | -12.5 | -4,757 | 1,586 |
| Corporate bonds | 23.47 | 13.4 | 32,416 | 6,098 |
| Government bonds | 37.73 | 14.3 | 47,204 | -1,327 |
| Domestic equity financing by non-financial enterprises | 7.36 | 5.0 | 3,479 | −127 |
| Other financing | 6.66 | 27.0 | 14,148 | −1,756 |
| Of which: Asset-backed securities of depository financial institutions | 1.68 | 31.5 | 4,034 | −1,906 |
| Loan written-off | 4.07 | 35.1 | 10,551 | 396 |

Notes: 1. The AFRE (stock) refers to the outstanding financing provided by the financial system to the real economy at the end of a period. The AFRE (Flow) refers to the volume of financing provided by the financial system to the real economy within a certain period of time.

2. Since December 2019, the PBC has further improved the AFRE statistics by incorporating "treasury bonds" and "local government general bonds" into the AFRE and combining them with the existing "local government special bonds" under the item "government bonds". The value of this indicator is the face value of the bonds under custody.

3. The PBC has further improved the "corporate bonds" statistics contained in the AFRE since September 2019 by incorporating them into the "exchange-traded asset-backed corporate securities". The PBC incorporated "local government special bonds" into the AFRE in September 2018 and incorporated "asset-backed securities of depository financial institutions" and "loans written off" into the AFRE statistics under the item "other financing" in July 2018 to improve the statistical AFRE method.

4. Year-on-year statistics in the table are on a comparable basis.

Sources: The People's Bank of China, China Banking and Insurance Regulatory Commission, China Securities Regulatory Commission, China Central Depository & Clearing Co., Ltd., National Association of Financial Market Institutional Investors, etc.

loans, trust loans, and undiscounted bankers' acceptances showed a decelerating trend. Third, corporate bond financing witnessed a significant increase, whereas equity financing saw a slight slowdown in growth compared with that in 2018. Fourth, government bonds registered a year-on-year deceleration. Fifth, asset-backed securities by deposit-taking financial institutions dropped from the previous year, whereas loan write-offs recorded a year-on-year acceleration.

## *Box 1 Calibrating the Countercyclical Adjustments of Macro Policies in a Scientific and Prudent Manner*

*At the Central Economic Work Conference, it was pointed out that it is necessary to calibrate the countercyclical adjustments of macro policies in a scientific and prudent manner, enhance the vitality of micro entities, and embody the main line of supply-side structural reforms throughout the macro adjustments. Efforts should be made to keep the sound monetary policy flexible and appropriate, the liquidity reasonable and adequate, and the growth of aggregate financing to the real economy (AFRE) well-aligned with the economic development so as to reduce the overall financing costs.*

*In 2019, facing the downward pressures on the economy and the local social credit contractions, the PBC gave full play to the potential of banks to create currency and to support the real economy, took effective measures to solve the constraints of liquidity, interest rates, and capital, and connected the real economy with the flowing water of financial support, which achieved good results. First, the PBC cut the required reserve ratio three times, providing RMB2.7 trillion worth of long-term funds for financial institutions to support the real economy, and it conducted open market operations (OMOs) and Medium-term Lending Facility (MLF) operations in a flexible manner to keep liquidity reasonable and adequate. Second, as a breakthrough, the PBC enabled banks to replenish capital by issuing perpetual bonds, with issuances totaling RMB 569.6 billion throughout the year. Third, the PBC worked to smooth the monetary policy transmission, reform and improve the formation mechanism of the loan prime rate (LPR), and promoted the shift in the pricing benchmark of outstanding floating-rate loans. The decline witnessed in the bid-winning rates of MLFs and OMOs significantly drove down the real lending rates and stimulated the demand of the real economy for loans. In general, the growth rate of M2 and the AFRE in 2019 was slightly higher than the nominal GDP growth. The sound monetary policy was flexible and appropriate and the loan structure continued to improve, which created an appropriate monetary and financial environment for high-quality development.*

*In line with the arrangements of the CPC Central Committee and the State Council, in 2020 the PBC will adhere to the guiding principle of seeking progress amid stability, uphold the New Development Concept, and calibrate the countercyclical adjustments of monetary policy in a scientific and prudent manner so as to ensure that the economy operates within a reasonable range.*

*First, having a scientific grasp of aggregates. At the current stage, the intermediate target of monetary policy has shifted to keeping the growth rates of broad money M2 and the AFRE basically in line with the nominal GDP growth, and it is the key point for calibrating the countercyclical adjustments of monetary policy scientifically and prudently, good not only for economic growth but also for price stability. As the rise of economic downward pressures often goes together with the contraction of social credit and the two may reinforce each other, the growth rate of M2 and the AFRE slightly higher than the nominal GDP growth reflects the efforts by the PBC to strengthen the countercyclical adjustments, support high-quality development with moderate monetary growth, and thus prevent the risk of a vicious circle between social credit contractions and economic downward pressures. The design of this mechanism may also help to maintain the basic stability of the macro leverage ratio, which at present remains at a high level, making it difficult for it to rise over 10 percentage points annually as it did from 2009 to 2017.*

*Second, being effective in adjusting the structure. The PBC will adopt structured monetary policies for accurate liquidity provision, give full play to the role of the RRR framework featuring "three tranches and two preferential treatments," make effective use of targeted RRR, central bank lending, central bank discounts, macroprudential assessment, and other tools, and intensify structural adjustments so as to support and promote supply-side structural reforms. The PBC will guide the funds to flow toward the areas featuring multiplier effects where both the supply and the demand side may benefit, such as advanced manufacturing, livelihood improvements, and the weak links in infrastructure development, so as to promote both industrial and consumption upgrading and to support high-quality economic development. Also, the PBC will continue to strengthen support of monetary policy for the prevention and control of the novel coronavirus epidemic. During the period of epidemic control, list-based management has been adopted for key enterprises directly engaged in the production, transportation, and sale of key medical supplies and daily necessities, according to which the PBC will provide the enterprises on the list with credit support at preferential interest rates through low-cost special central bank lending and interest subsidies from the central treasury.*

*Third, intensifying the reforms and further deepening the market-oriented reforms of the interest rate and the exchange rate. The PBC will smooth the monetary policy transmission by means of reform, strengthen the market-oriented mechanisms for the formation, transmission, and adjustment of the interest rate. The PBC will improve the LPR pass-through mechanism, proceed with the shift in the pricing benchmark of outstanding floating-rate loans, resolutely remove the implicit floor of loan rates, and promote a reduction of the overall financing costs in the society, so as to address the difficulties and high costs of financing for micro and small enterprises (MSEs). While focusing on the domestic situation, the PBC will also take into account the external balance and will strike a balance between efforts to maintain the elasticity of the RMB exchange rate, to improve the macroprudential policy for cross-border capital flows, and to strengthen international coordination of macro policies. The PBC will continue to enable the market to play a decisive role in the formation of the exchange rate and to keep the RMB exchange rate basically stable at an adaptive and equilibrium level.*

## IV. The RMB exchange rate remained basically stable

In 2019, cross-border capital flows and foreign exchange supply and demand were basically in equilibrium and market expectations were generally stable. Based on market supply and demand, the RMB exchange rate moved in both directions and remained basically stable at a reasonable equilibrium level. During the first four months, due to the stable operation of the Chinese economy at the beginning of 2019, the accumulation of positive factors in the market, and the increase in the holding of domestic stocks by foreign investors, the RMB exchange rate appreciated. Since May, affected by the world economic and financial climate and protectionist measures, the RMB exchange rate against the USD depreciated. At the beginning of August, the RMB went beyond 7 per USD driven by market forces amid escalating China-US trade tensions. From September, picking-up market expectations pushed up the RMB exchange rate against the USD and against a basket of currencies. The offshore and onshore RMB exchange rate against the USD went beyond 7 more than once and stabilized within 7 after December. Across the year, the RMB exchange rate showed stronger flexibility and played their role in adjusting the macro economy and the balance of payments as an "automatic stabilizer."

In 2019, the RMB exchange rate devalued slightly with sustained flexibility. At the end of 2019, China Foreign Exchange Trade System (CFETS) RMB exchange-rate index and the RMB exchange-rate index based on the special drawing rights (SDRs) basket closed at 91.39 and 91.81, down 2.03 percent and 1.43 percent from end-2018, respectively. According to calculations by the Bank for International Settlements (BIS), from end-2018 to end-2019, the nominal effective exchange rate (NEER) and the real effective exchange

**Figure 3 Monthly RMB Payments and Receipts under the Current Account**

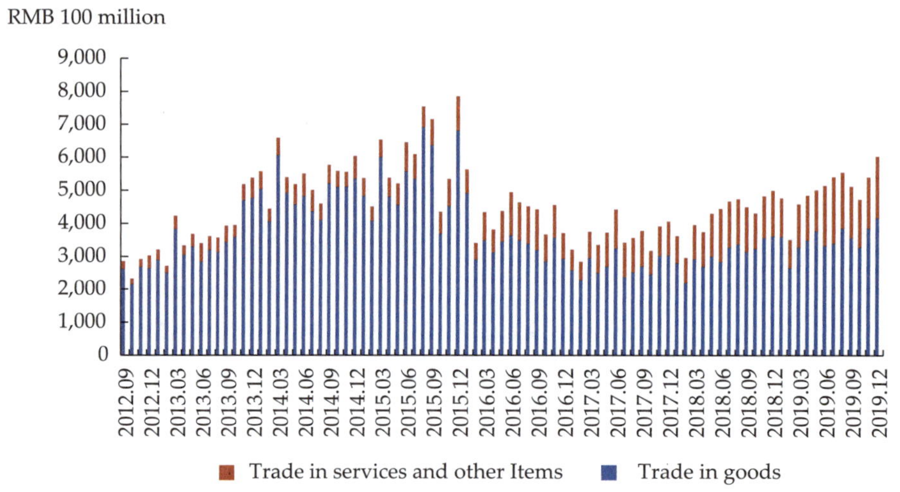


Source: The People's Bank of China.

rate (REER) of the RMB depreciated by 1.50 percent and appreciated by 1.11 percent, respectively. From 2005 when the reform of the exchange-rate formation regime began to end-December 2019, the NEER and REER of the RMB appreciated by 32.31 percent and 46.69 percent, respectively. At the end of 2019, the central parity of the RMB against the USD was 6.9762, a depreciation of 1.62 percent from end-2018. From the launch of the reform of the exchange-rate formation regime in 2005, the central parity of the RMB against the USD appreciated by 18.64 percent on a cumulative basis. In 2019, the annualized volatility rate of the RMB exchange rate against the USD was 4 percent, basically equal to that of the major international currencies.

Cross-border RMB transactions continued to grow with generally balanced receipts and payments. In 2019, cross-border receipts and payments in RMB totaled RMB19.7 trillion, up 23 percent year on year. In particular, RMB receipts and payments registered RMB10 trillion and RMB9.7 trillion, respectively. RMB cross-border receipts and payments under the current account grew 18 percent over the previous year to RMB6 trillion. In particular, settlement of trade in goods registered RMB4.2 trillion, whereas settlement of trade in services and other items registered a cumulative RMB1.8 trillion. RMB cross-border receipts and payments under the capital account posted RMB13.6 trillion, up 26 percent year on year.

# PART 2 Monetary Policy Operations

In 2019, in accordance with the decisions and arrangements of the CPC Central Committee and the State Council, the PBC adhered to the fundamental requirements for the financial sector to serve the real economy, implemented a sound monetary policy, and integrated reforms with adjustments, short-term with long-term perspectives, and an internal with an external equilibrium. By intensifying countercyclical adjustments, structural adjustments, and reforms, maintaining reasonable growth of money and credit, and promoting continuous improvements in the credit structure, the PBC smoothed the transmission of monetary policy by means of reforms and lowered comprehensive financing costs for enterprises. All these efforts helped to cultivate a proper monetary and financial environment for keeping employment, the financial sector, foreign trade, foreign and domestic investment, and expectations stable and for achieving high-quality economic growth.

## I. Conducting Open Market Operations in a flexible manner

Maintaining reasonable and adequate liquidity in the banking system with the flexible use of short-, medium-, and long-term monetary policy tools. In 2019, on the basis of making comprehensive use of the required reserve ratio (RRR) cut, the targeted RRR cut, the Medium-term Lending Facility (MLF), and other policy tools for injecting medium- and long-term liquidity, the PBC conducted open market operations (OMOs) flexibly, mainly through 7-day repos, to make the operations more forward-looking, targeted, and proactive, and to keep liquidity reasonable and adequate. Since the beginning of the fourth quarter, the PBC has arranged repo operations of different terms in a reasonable way, and thus precisely offset short-term factors that may disturb liquidity, such as tax payment peaks, cash demand before holidays, and year-end supervisory assessments. Starting from mid-December, the PBC conducted 14-day repo operations in succession to inject cross-year liquidity in advance, which provided a favorable liquidity environment for all kinds of market entities to smoothly enter the new year.

The OMO interest rates dropped slightly, and the money market rates remained steady. In 2019, the bid-winning rates of the MLF and repo operations both dropped 5 basis points, which was conducive to releasing the signal of countercyclical adjustments and further reducing the financing costs for the real economy through LPR transmissions. With the OMO interest rates going down slightly, the money market interest rates also declined somewhat. The 7-day repo rate (DR007), which is the funding rate between depository institutions and pledged by interest rate bonds in the interbank market, moved smoothly within a reasonable range, with the average rate standing at 2.54 percent in

2019, 20 basis points lower than that in 2018. At the end of the year, money market rates moved steadily with less volatility. At the end of December, the DR007 was 2.81 percent, 23 basis points lower than that at the end of 2018.

Conducting successive central bank bill swap (CBS) operations. In order to improve the market liquidity of perpetual bonds issued by banks, support banks to replenish capital through perpetual bond issuances, and enable the financial sector to better serve the real economy, the PBC conducted CBS operations seven times in 2019, totaling RMB 32 billion. Of the bonds swapped with the PBC, there were not only perpetual bonds issued by large-sized state-owned banks and joint-stock commercial banks but also perpetual bonds issued by urban commercial banks. This played a positive role in improving the liquidity of bank-issued perpetual bonds, as the PBC launched the tool of CBS in time and carried out continuous operations upon the issuance of the bank-issued perpetual bonds.

Issuing central bank bills in Hong Kong on a regular basis. In 2019, the PBC gradually established a regular mechanism for the issuance of RMB-denominated central bank bills in Hong Kong. The year witnessed 12 issues in the city, totaling RMB150 billion and reaching a balance of RMB80 billion. The issuance enriched RMB assets with high credit ratings in the offshore market, improved the offshore market structure, and promoted the sound development of the offshore RMB money market, and thus it was conducive to promoting RMB internationalization.

**Figure 4 Volume of Spot Transactions of Bank-issued Perpetual Bonds**

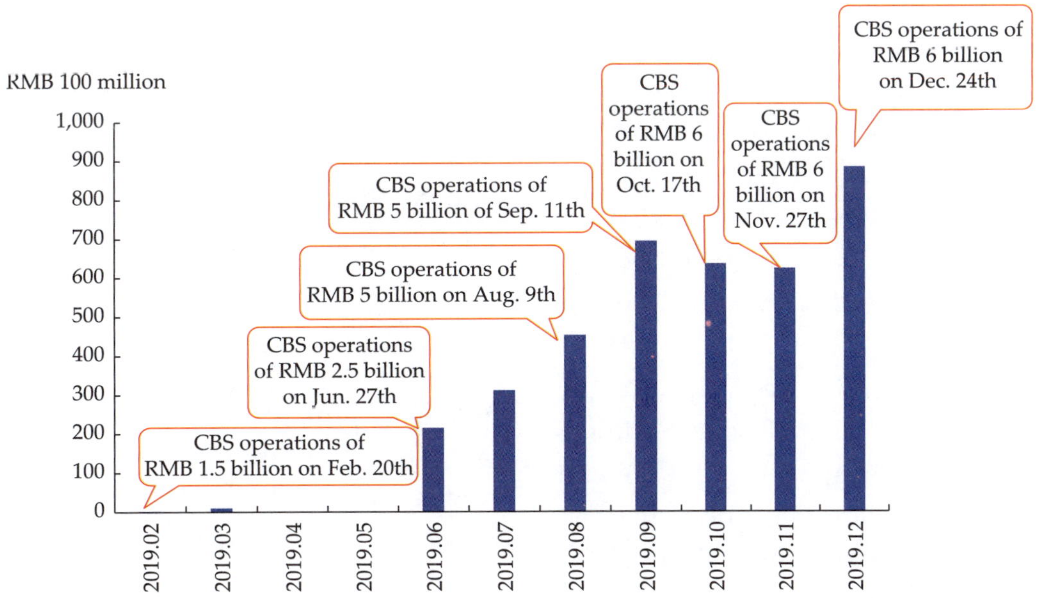


Source: China Foreign Exchange Trade System.

## II. Conducting Standing Lending Facility and Medium-term Lending Facility Operations

Standing Lending Facility (SLF) operations were conducted in a timely manner to provide sufficient short-term liquidity to meet the demand of locally incorporated financial institutions. In 2019, the PBC conducted a total of RMB546.5 billion in SLF operations, with the amount for each quarter registering RMB75.3 billion, RMB123.9 billion, RMB119 billion, and RMB228.4 billion, respectively. At the end of 2019, the outstanding SLF posted RMB102.1 billion. The SLF rate has played a role as the ceiling of the interest rate corridor, and has promoted the smooth operation of the money market. In the fourth quarter, the SLF rate was lowered by 5 basis points, after which the overnight, 7-day, and 1-month SLF rates registered 3.35 percent, 3.50 percent, and 3.85 percent, respectively.

The PBC conducted MLF operations on a regular basis to promote the steady growth of the economy and to guarantee the supply of base money. In 2019, the PBC conducted a total of RMB3.69 trillion of MLF operations, all with a maturity of one year. In the first quarter, the funds released by the RRR cut were used to replace the matured MLFs, hence there were no MLF operations for financial institutions. The following three quarters witnessed MLF operations in the amount of RMB 1.14 trillion, RMB1.15 trillion, and RMB1.4 trillion, respectively. At the end of the year, the outstanding MLF registered RMB 3.69 trillion, a decrease of RMB 1.2415 trillion from the beginning of the year. MLF operations were conducted through bidding. On November 5, 2019, the bid-winning rate declined by 5 basis points, and on February 17, 2020, the bid-winning rate declined by 10 basis points to 3.15 percent.

## III. Enhancing monetary and credit support to prevent and control the novel coronavirus epidemic

In order to earnestly implement the spirit of the *Notice on Strengthening the Chinese Communist Party's Leadership and Providing a Solid Political Guarantee for Winning the Battle of Novel Coronavirus Epidemic Prevention and Control* issued by the CPC Central Committee and the arrangements of the CPC Central Committee's Leading Group on Combating the Novel Coronavirus Epidemic, the PBC, the Ministry of Finance, the China Banking and Insurance Regulatory Commission, the China Securities Regulatory Commission, and the State Administration of Foreign Exchange jointly released the *Notice on Further Enhancing Financial Support for the Prevention and Control of the Novel Coronavirus Epidemic* (Yinfa No.29 [2020]) on February 1, 2020, with the aim of further strengthening financial support for epidemic prevention and control. The priority is to enhance monetary and credit support, maintain reasonable and adequate liquidity, reinforce financial support to the manufacturers of essential medical supplies and daily necessities, better satisfy the people's normal demand for financial services, and provide strong support for winning the battle of epidemic prevention and control and for safeguarding overall economic stability and development.

Above all, special central bank lending is

ready to support sectors and enterprises essential to epidemic prevention and control. In order to win the battle of epidemic control, on January 31 the PBC issued the *Notice on Issues Regarding the Issuance of Special Central Bank Lending to Support Prevention and Control of Novel Coronavirus Epidemic* (Yinfa No. 28 [2020]). According to the *Notice*, the PBC will provide low-cost special central bank lending in a total amount of RMB300 billion to major national banks and selected locally incorporated banks in ten key provinces (municipalities) including Hubei. List-based management will be adopted for major enterprises that participate directly in the production, transportation, and sales of essential medical supplies and daily necessities for epidemic prevention and control and financial institutions will be encouraged to provide credit support at preferential interest rates to enterprises on the list.

Second, efforts are being made to maintain reasonable and adequate liquidity and to ensure sound countercyclical adjustments. In order to address the impact of the epidemic on market liquidity and to stabilize market expectations, the PBC announced on February 2, the final day of the Spring Festival holiday, that it would conduct reverse repo operations in the amount of RMB1.2 trillion on the following day to inject liquidity into the market. On the morning of February 3, the 7-day and 14-day reverse repo rates registered 2.40 percent and 2.55 percent respectively in the PBC's open market operations, both down by 10 basis points. On February 4, the PBC again conducted reverse repo operations in an extra amount of RMB500 billion. Altogether, a total amount of RMB1.7 trillion was injected into the market within two days. This would drive down money market and bond market rates and consequently push lending rates lower, which would help reduce funding costs, alleviate financial pressure on enterprises, especially micro and small-sized enterprises (MSEs), and expand financing and support to the real economy.

Third, financial institutions are encouraged to strengthen credit support for epidemic prevention and control. The PBC urges its local subsidiaries and branches as well as financial institutions to take the initiative in strengthening service connections with hospitals, medical research institutes, and related enterprises. An adequate credit supply will be provided to fully meet the reasonable financing needs of relevant entities and enterprises in health and epidemic prevention, manufacturing and purchase of medical supplies, public health infrastructure construction, scientific research, and technological transformation. The financial supply capacity will be upgraded in regions heavily hit by the epidemic. Inappropriate withdrawals, cutoffs, or delays in lending are prohibited with regard to heavily hit industries, such as wholesale and retail, accommodations and catering, logistics and transportation, culture and tourism, and enterprises that are promising but temporarily impacted by the epidemic, especially MSEs.

## IV. Lowering the required reserve ratio for financial institutions

In 2019, the PBC conducted three rounds

of RRR cuts for financial institutions and established an RRR framework featuring "three tranches and two preferential treatments". Specifically, the RRR was lowered across the board for financial institutions by altogether 1.5 percentage points in January and September, releasing around RMB2.3 trillion of long-term liquidity. Starting in May, the PBC conducted successively three targeted RRR cuts for rural commercial banks serving counties, bringing down their RRR by a total of 2~3.5 percentage points to the tranche for rural credit cooperatives. Starting in October, a targeted RRR cut of 1 percentage point was carried out in two phases for city commercial banks operating solely within provincial-level administrative regions. About RMB400 billion of liquidity was freed up by the targeted RRR cuts and was used entirely for lending to MSEs and private enterprises. Targeted RRR cuts are aimed at encouraging small and medium-sized financial institutions to serve local development and to support the sound development of the real economy. Meanwhile, based on the size of financial institutions as well as their characteristics and effectiveness in providing support for the real economy, a clearer, simpler framework of China's RRR system took shape, which features roughly three tranches of benchmark RRRs supplemented by two preferential RRR policies.

In January 2020, an RRR reduction was carried out to support the development of the real economy. On January 6, 2020, the PBC lowered the RRR for financial institutions (excluding finance companies, financial leasing companies, and auto finance companies) by 0.5 percentage points, unleashing about RMB 800 billion in long-term funding and cutting the funding cost for banks by about RMB15 billion. This move effectively increased the stable supply of funds that financial institutions needed to support the real economy and reduced their fund costs for supporting MSEs and private enterprises. At the same time, as this RRR cut would offset the cash injections ahead of the Spring Festival, the sound monetary policy stance remained unchanged.

### Box 2 A Rational Perspective on the Profit Growth of Commercial Banks

*Despite a general slowdown in recent years, profit growth of China's commercial banks has remained relatively high, which has raised widespread concern and discussion. This calls for a rational perspective. As of end-Q3 2019, the market capitalization of all listed banks on the A-share market accounted for about 16.56 percent of that of all listed companies, with their total profits making up about 39.01 percent of that of listed companies. During the first three quarters of 2019, China's commercial banks posted net profits of RMB1.65 trillion, increasing by 9.19 percent year on year.*

*In terms of the use of profits, commercial banks have used most of their profits for capital replenishments, which are conducive to enhancing their capacity to support the real economy and to prevent risks. Given the predominance of indirect financing in China's financial system, the real economy is funded primarily through banks. Commercial banks have witnessed continuous profit growth while providing sustained support for the real economy. In recent years, as they have further stepped up credit support for the real economy, commercial banks have played an important role and have achieved some progress in increasing credit support for MSEs and private enterprises, reducing the real costs of corporate financing and promoting structural adjustments. The profits of commercial banks are mainly used to pay income tax and dividends and to serve as general reserves, surplus reserves, and undistributed retained profits, with the latter three items all used to replenish core Tier 1 capital. According to the past three years' data of listed banks on the A-share market, about 17 percent of commercial banks' profits have been used for income tax payments, 23 percent for the payment of common stock dividends, and the remaining 60 percent for the replenishment of core Tier 1 capital. This shows that banks have used much of their profits, which come from the real economy, to replenish bank capital and then to scale up credit support for the real economy through the leverage effect of capital, thereby serving the real economy and in return promoting stable economic development. Currently, banks need capital to increase credit support for the real economy and also to defuse risks. However, there is a big shortage of capital as replenishing bank capital is faced with constraints, such as limited channels, many difficulties, and slow progress. Therefore, it is particularly important that banks maintain their endogenous ability to replenish capital while broadening channels from the outside. Sustaining profit growth at a certain level will help banks replenish capital and enhance their capacity to support the real economy and prevent risks. It will also be conducive to meeting international regulatory standards and to maintaining the confidence of domestic and overseas investors in the Chinese economy.*

*In terms of the sources of profits, profit growth of China's commercial banks has to do with their large scale of assets and their low cost of management. In 2018, the net interest rate spread for China's commercial banks averaged 2.2 percent, a medium level globally, which was higher than that in the Asian banking sector but lower than the US and European level. Nevertheless, large commercial banks in China have a big asset size while their cost of management is lower than that of the world's major banks. In terms of asset size, the Big Five state-owned commercial banks in China rank high among banks in the world. In 2017 and 2018, the average cost-to-income ratio for China's commercial banks remained below 30 percent, while that for most of the world's major banks was above 50 percent. On the one hand, this is attributable to staff costs. China's commercial banks have lower staff costs per capita than the world's major banks, while their asset size per capita is medium-ranked globally, which is about 1.5 times that in the Asian emerging market countries. This shows they have reached the same level of asset management as the world's major banks but with lower staff costs. On the other hand, the reason lies in the commercial banks' preference for big customers. As quite a number of bank loans are extended in substantial amounts to large state-owned enterprises and local government platforms characterized by implicit guarantees and low risks, the average cost of management declined. Moreover, with 0.9 times the benchmark interest rates previously assumed as the implicit floor of lending rates, banks were reluctant to offer lower rates as interest rates trended down, which was also a contributing factor to the persistence of interest rate spreads.*

*The role of banks should be further explored to serve the real economy and to promote a virtuous cycle between the economy and the financial sector. Currently, it is widely felt that there are still many problems regarding the financing difficulties and high financing costs faced by MSEs and private enterprises. Highly concerned about these problems, the CPC Central Committee and the State Council have repeatedly urged for more effective efforts. Given their sheer number and the wide range of sectors they cover, MSEs are primary contributors to economic development and job creation that can help stabilize growth and employment. As China is at a pivotal stage of transforming its growth model, optimizing its economic structure, and fostering new drivers of growth, banks should make better use of their high profits to further step up support for the real economy, particularly for MSEs, address major problems at low costs, and channel more financial resources to MSEs. Resolute measures should be taken to remove the implicit floor of lending rates and to reduce corporate financing costs. Banks should duly lower their demands on short-term profit growth, sacrifice part of their profits for the benefit of the real economy and promote a virtuous cycle between the economy and the financial sector. From a medium and long-term perspective, energizing micro entities such as MSEs will contribute to high-quality economic development, which will benefit the real economy, banks, and eventually the long-term sustainable growth of banks profits.*

## V. Further improving the macro-prudential policy framework

The role of the macroprudential assessment (MPA) was effectively brought into play to optimize the credit structure and to promote the financial supply-side structural reform. In Q1 2019, the PBC added to the MPA some special indicators, including private enterprise financing, MSE financing, and medium and long-term loans and credit-based loans to the manufacturing sector, in an effort to enhance the role of the MPA in encouraging lending to MSEs and private enterprises. In Q2 and Q3, to echo the targeted RRR cuts for rural commercial banks serving counties and city commercial banks operating solely within provincial-level administrative regions, the PBC incorporated into the MPA the extension of loans to MSEs and private enterprises with the funds released by the RRR cuts, so that relevant financial institutions would be guided to use all the freed funds for MSE loans and private enterprise loans and to bring down their lending rates. In Q3, application of the Loan Prime Rate (LPR) and the competitive setting of lending rates were incorporated into the pricing conduct assessment under the MPA. The move was aimed at promoting the use of the LPR among banks and reducing financing costs for the real economy via reform measures.

Work was underway to improve the framework for regulating systemically important financial institutions. To implement the *Guidelines on Improving the Regulation of Systemically Important Financial Institutions* and to make implementation rules by sector and step by step, in 2019 the PBC started an assessment of systemically important banks (SIBs) and led the formulation of the *Evaluation Measures for Systemically Important Banks (Exposure Draft)* (hereafter referred to as the *Assessment Measures*), which was released on November 26 with the approval of the State Council to solicit public opinions. The *Assessment Measures* preliminarily bring into shape an indicator system for the assessment of SIBs in China based on their size, interconnectedness, substitutability, and complexity.

Research was conducted to formulate regulatory rules for financial holding companies. With a view to promoting the regulated development of financial holding companies, preventing financial risks effectively, and better serving the real economy, the PBC led the drafting of the *Trial Measures for the Supervision and Administration of Financial Holding Companies (Exposure Draft)* (hereafter referred to as the *Measures*), which was released to solicit public opinions. In line with macroprudential management concepts, the *Measures* strengthen regulatory constraints by placing special emphasis on enhancing regulation of financial holding companies invested primarily by non-financial enterprises so as to foster a virtuous cycle between the economy and the financial sector.

## VI. Giving full play to the role of structural monetary policy instruments

The PBC actively leveraged credit policy instruments to support central bank lending, central bank discounts, Pledged Supplementary Lending (PSL), and other policy tools, and to guide financial institutions to enhance support for the key areas of the national economy and the weak links, such as MSEs, private firms, agriculture, rural areas, and rural residents, as well as poverty alleviation. First, the quotas of central bank discounts and the Standing Lending Facility (SLF) were increased by RMB200 billion and RMB 100 billion respectively to support the liquidity of small and medium-sized banks. Second, efforts were made to comprehensively implement and further optimize the pricing mechanism for loans using funds from central bank lending for poverty alleviation. Financial institutions were guided to properly determine the interest rates on such loans. Third, central bank lending to support special poverty alleviation projects was set up in a bid to increase credit supply in areas of extreme poverty, including three autonomous regions, i.e., Tibet, four prefectures in southern Xinjiang, and the Tibetan areas in four provinces and three autonomous prefectures, i.e., Linxia in Gansu, Liangshan in Sichuan, and Nujiang in Yunnan, and cut down on the financing costs in these areas.

Fourth, measures were taken to reinforce management of the collateral of central bank lending and the SLF. Collateral was classified based on its credit rating and liquidity, and differentiated requirements for collateral were specified according to the demands of monetary policy operations. At end-2019, outstanding central bank lending and central bank discounts accumulated to RMB 1,014.8 billion, a growth of RMB 181.5 billion over that at the beginning of the year, and RMB88.1 billion more as compared with end-Q3. To be specific, outstanding central bank lending to support agriculture, rural areas, and rural residents (including RMB164.2 billion of central bank lending for poverty alleviation) stood at RMB 260.2 billion at year-end. Outstanding central bank lending and central bank discounts for MSEs posted RMB 283.2 billion and RMB 471.4 billion, respectively. In 2019, the PBC provided RMB157.8 billion of net PSLs to policy and development-oriented banks, of which RMB20.4 billion was provided in the fourth quarter, with the outstanding volume at end-2019 registering RMB 3.5374 trillion.

The Targeted Medium-term Lending Facility (TMLF) was conducted. The TMLF provided a stable and long-term funding source for financial institutions to expand credit supply to private firms and MSEs at preferential interest rates. In January, April, and July 2019, the PBC conducted three one-year TMLF operations, with the same interest rate of 3.15 percent and volumes of RMB257.5 billion, RMB267.4 billion, and RMB297.7 billion, respectively. At the end of the year, the total outstanding balance of the TMLF stood at RMB822.6 billion.

## VII. Leveraging the structural guidance role of credit policies

The PBC stepped up efforts to guide funds into areas that were mutually beneficial for suppliers and demanders and of multiplier effect, including the advanced manufacturing sector, people's livelihood construction, and weak links in infrastructure facilities, so as to promote the upgrading of both the industry and consumption. First, financial services were provided to deepen targeted poverty alleviation. Continuous efforts were made to monitor microfinance in support of poverty elimination and to promote both the quality and efficiency of targeted financial poverty alleviation. Financial institutions were encouraged to intensify efforts to increase the supply of funds to extremely poor areas, including three autonomous regions and three autonomous prefectures, and to enhance financing support to these areas. Second, financial services were enhanced to support rural revitalization. Commercial banks were encouraged to actively endeavor to innovate financial products and services based on their own business orientation and advantages in a bid to build a comprehensive and featured financial service system in support of rural revitalization and to meet the diversified financing demands in this regard. Third, financial services were reinforced to support MSEs and private firms. Stepped-up efforts were made to bring into full play the guiding role of macroprudential assessment and assessments of a credit policy orientation toward MSEs. Financial institutions were urged to build up their capability to provide financial services for MSEs and to increase financing support for private enterprises. Commercial banks were backed up to issue special financial bonds to support MSEs so as to broaden the source of credit funds. A total of RMB204.8 billion of financial bonds to support MSEs were issued across the year. Fourth, the PBC effectively supported employment and business start-ups through financial assistance. Efforts were made to facilitate secured loans for business start-ups and to support special social groups, including veterans, college graduates and migrant workers, to start their own businesses or to secure job opportunities. Financial assistance to the elderly service industry, tourism, and the housekeeping industry was also reinforced, contributing to greater employment. Fifth, the PBC continued to enhance financial support for industrial transformation and upgrading and to improve the guiding role of financial policies in regional development. Sixth, the PBC went all out to provide a mix of financial services for epidemic prevention and control. Backbone enterprises for the production, transportation, and sales of important medical and daily supplies were given increased credit support, which helped meet the financing demands of these enterprises.

### *Box 3 Remarkable Achievements in Optimizing the Credit Structure*

*In 2019, in line with the fundamental requirement of the financial sector to serve the real economy, the PBC implemented a prudent monetary policy and maintained reasonable and adequate liquidity. Moreover, the PBC provided a targeted supply of credit based on a structural monetary policy, facilitated structural adjustments, and smoothed the transmission of monetary policy so as to support high-quality development of the economy.*

*First, the RRR framework featuring "three tranches and two preferential treatments" was established. The coverage of the preferential policy for a targeted RRR cut of financial inclusion credits was broadened at the beginning of 2019. The assessment standard for MSE loans in such a targeted RRR cut was adjusted from "credit line less than RMB 5 million for a single enterprise" to "credit line less than RMB 10 million for a single enterprise". On May 6, the PBC announced a preferential RRR for rural commercial banks operating solely within the county-level administrative regions, which equaled that for rural credit cooperatives after three cuts, with a reduction of 2 to 3.5 percentage points in total. On September 6, an extra RRR cut of 1 percentage point for urban commercial banks operating solely within the provincial-level administrative regions was announced, which was implemented in two phases. The targeted RRR cut was expected to free up approximately RMB 400 billion of liquidity, all of which would be employed as credit supply for MSEs and private enterprises. The third tranche of the RRR, which was applied to small-sized banks, was 6 percent at the lowest tranche. From May to July, the amount of newly issued loans for MSEs and private enterprises by rural commercial banks that enjoyed the preferential policy of the targeted RRR cut was 2.8 times the amount of funds released by the targeted RRR cut, while the average interest rate of the loans was 0.3 percentage points lower as compared with that in the first four months of the year. From September to November, the amount of newly issued loans for MSEs and private enterprises issued by urban commercial banks that enjoyed the preferential policy of the targeted RRR cut was 4.5 times the amount of funds released by the targeted RRR cut, while the average interest rate of the loans was 0.7 percentage points lower as compared with that from January to August.*

*Second, the role of central bank lending and central bank discounts in providing targeted credit supply was brought into full play. The PBC made stepped-up supporting efforts to guide financial institutions to increase credit supply for agro-linked enterprises, poverty alleviation, MSEs, and private firms. The PBC also increased the quotas of central bank discounts and the SLF so as to enhance liquidity support for small and medium-sized banks. Efforts were made to comprehensively implement and further optimize the pricing mechanism for loans using the funds from central bank lending for poverty alleviation. Financial institutions were guided to properly determine the interest rates of loans using the funds from central bank lending for poverty alleviation. Central bank lending to support special poverty alleviation projects was set up in a bid to increase the credit supply in areas of extreme poverty, including three autonomous regions and three autonomous prefectures, and to cut down on the financing costs in these areas. The quotas of central bank discounts and the SLF were increased by RMB200 billion and RMB100 billion, respectively, across the year. At end-2019, outstanding central bank lending and central bank discounts accumulated to RMB 1,014.8 billion (including RMB164.2 billion of central bank lending for poverty alleviation), growth of RMB 181.5 billion over that at the beginning of the year.*

*Third, the MPA played a role in guiding the credit structure. Loans for MSEs and private enterprises issued by rural commercial banks and urban commercial banks that enjoyed the preferential policy of a targeted RRR cut with funds released from the RRR cut were incorporated into the assessment. Special assessments were made of the financing of private enterprises and MSEs as well as of the mid and long-term loans and credits granted to the manufacturing sector. Moreover, financial services provided by small and medium-sized banks to grassroots units and the real economy were also brought into the assessment. All these endeavors contributed to the optimization of the credit structure and the advancement of supply-side structural reform of the financial sector. The outstanding balance of mid- and long-term loans to the manufacturing sector witnessed year-on-year growth of 14.9 percent, the highest level since 2012, 4.4 percentage points higher than that in the previous year. An additional RMB502.1 billion of mid- and long-term manufacturing loans were issued across the year, RMB180.4 billion more as compared with 2018, bolstering recovery of investment in the manufacturing sector.*

*Fourth, innovative measures were adopted for the implementation of the TMLF. Large-scaled commercial banks and joint-stock commercial banks were encouraged to provide long-term stable funds to MSEs and private enterprises, with the volume of the TMLF linked to their support for these entities and the interest rate lower than that of the MLF, helping mid- and large-scaled banks play a leading role in lowering the financing costs of MSEs and private enterprises. A total of three TMLF operations were conducted in 2019 and the outstanding balance of the TMLF stood at RMB822.6 billion at the end of the year.*

*On the whole, the structural monetary policy instruments have achieved positive results with increasing support for MSEs and private enterprises. Financial inclusive loans to MSEs featured growing volume, expanding coverage, and lower interest rates. Specifically, such loans witnessed a growth of RMB 2.1 trillion in 2019, 1.7 times that in 2018, while the annual growth rate climbed 7.9 percentage points to reach 23.1 percent. A total of 27.04 million MSEs received policy support, year-on-year growth of 26.4 percent. The interest rates of newly issued MSE loans by the five large-scale banks, including Industrial and Commercial Bank of China, Agricultural Bank of China, Bank of China, China Construction Bank, and Bank of Communications, averaged 4.7 percent, down 0.74 percentage points as compared with that in the previous year. In 2019, loans for private enterprises grew by RMB 3.8 trillion year on year, RMB 1.1 trillion more than that in the previous year. The growth accounted for 42.5 percent of that of enterprise loans as a whole, up 7 percentage points from 2018.*

*The PBC will continue to implement a sound monetary policy and intensify efforts to promote structural adjustments. Keeping in mind current and long-term needs, the PBC will implement reform measures to optimize the efficiency of financial resource allocations. The role of the RRR framework featuring "three tranches and two preferential treatments," especially the targeted RRR cut of financial inclusion, will be brought into full play. Moreover, the PBC will continue to make full use of the MLF, central bank lending, central bank discounts, the MPA, and other instruments. The LPR mechanism will be leveraged to guide the decrease in enterprise financing costs and to bolster the financing of MSEs and private enterprises.*

## VIII. Deepening the market-oriented interest rate reform

The PBC reformed and improved the formation mechanism of the LPR and improved the transmission of monetary policy. On August 17, 2019, the PBC announced improvements in the LPR formation mechanism by introducing new LPR quoting principles, formation mechanism, maturity types, quoting banks, quoting frequency, and application requirements. This move has enhanced the banks' autonomy in loan-pricing, provided an incentive for banks to improve their operations, resolutely removed the implicit floor on loan rates, and improved the market-based interest rate transmission channels.

The PBC proactively promoted and supervised application of the LPR and steadily advanced replacement of the pricing benchmark for outstanding loans. With the share of new bank loans using the LPR in price-setting incorporated into the MPA, banks were encouraged to apply the LPR in pricing in an active and orderly manner and to shift their traditional pricing mindset. Thus, the effects of the lowered LPR were effectively transmitted to the lending rates. At end-2019, new bank loans applying the LPR in price-setting accounted for 90 percent. On December 28, 2019, the PBC released an announcement on shifting the pricing benchmark for existing floating-rate loans, which advanced the shift in the pricing benchmark for existing loans from the original benchmark lending rates to the LPR, or fixed rates, in line with market-oriented and law-based principles.

The role of the LPR reform in lowering corporate financing costs was unfolding. In the first seven months of 2019, the weighted average of corporate lending rates continued to fluctuate at about 5.3 percent, which suggested inefficient transmission from decreasing market interest rates to corporate lending rates. Since August, the National Interbank Funding Center has published the LPR under the new mechanism on six occasions, with the one-year LPR down by 20 basis points as compared with the benchmark lending rate of the same maturity. As the LPR quotation remained generally stable with a slight decline, the corporate lending rates witnessed a notable decrease.

## IX. Improving the RMB exchange rate regime

The PBC continued to advance the market-oriented exchange rate reform and to improve the managed floating exchange-rate regime based on market supply and demand with reference to a basket of currencies. It maintained exchange rate flexibility and gave play to the exchange rate as an automatic stabilizer to adjust the macro economy and the balance of payments. Meanwhile, the PBC emphasized guiding expectations and maintaining the RMB exchange rate basically stable and at an adaptive and equilibrium level. In 2019, the highest and lowest RMB central parities were 6.6850 and 7.0884 against the USD, respectively. During the 244 trading days, the RMB appreciated on 113 days, depreciated on 130 days, and remained unchanged on 1 day. The biggest intraday appreciation and depreciation were 0.70 percent (469 bps) and 0.66 percent (458 bps), respectively. The RMB exchange rate against other major international currencies floated two-ways with both appreciations and depreciations. As of end-2019, the central parities of the RMB against the dollar, the pound, and the Japanese yen depreciated 1.62 percent, 5.18 percent and 3.43 percent respectively from the end of 2018, while the RMB appreciated 0.41 percent against the euro. From the RMB exchange-rate regime reform in 2005 to end-2019, the RMB against the dollar, the euro, and the Japanese yen

**Table 8 Trading Volume of the RMB Against Other Currencies in the Interbank Foreign Exchange Spot Market in 2019**

Unit: RMB 100 million

| Currency | USD | EUR | JPY | HKD | GBP | AUD | NZD |
|---|---|---|---|---|---|---|---|
| Trading volume | 525,157.06 | 13,638.07 | 3,549.57 | 1,919.77 | 776.78 | 658.73 | 140.04 |
| Currency | SGD | CHF | CAD | MYR | RUB | ZAR | KRW |
| Trading volume | 1,332.04 | 73.28 | 290.32 | 26.40 | 134.13 | 0.61 | 114.74 |
| Currency | AED | SAR | HUF | PLN | DKK | SEK | NOK |
| Trading volume | 10.88 | 26.42 | 0.66 | 0.79 | 14.80 | 36.53 | 9.03 |
| Currency | TRY | MXN | THB | KHR | KZT | VND | MNT |
| Trading volume | 1.28 | 0.72 | 282.26 | 0 | 0.06 | 0.03 | 0.01 |

Source: China Foreign Exchange Trade System.

appreciated by a cumulative total of 18.64 percent, 28.13 percent, and 14.00 percent, respectively. Direct RMB trading was buoyant on the interbank foreign exchange market with increased liquidity, which lowered the conversion costs for market participants and facilitated bilateral trade and investment.

In 2019, under the bilateral currency-swap agreements between the PBC and foreign monetary authorities, the latter utilized a total of RMB 32.922 billion, and the former utilized an equivalent of USD 2.254 billion denominated in foreign currencies. These operations played a positive role in promoting bilateral trade and investment.

## X. Promoting resolution of financial risks in a prudent and orderly manner and deepening the reforms of financial institutions

The PBC took the lead in implementing an action plan for fighting the tough battle of forestalling and defusing major financial risks, with breakthroughs in resolving the risks of key financial institutions. Facing structurally tightened liquidity, the PBC established "four lines of defense", namely, central bank discounts, the SLF, deposit reserves, and central bank lending of liquidity, so as to forestall liquidity risks of small and medium-sized banks. This move stabilized market confidence in a timely manner.

Risk resolution of the Baoshang Bank was promoted in a prudent and orderly manner. Since the Baoshang Bank was taken over due to its severe credit risk, steady progress has been made in this process under the joint efforts of all the relevant parties. Acquisitions and transfers of large-value debts during the first phase, and asset liquidation and capital verification during the second phase, have been successfully completed. Based on the previous achievements, market-oriented reforms and restructuring are being promoted in an orderly manner during the third phase. In general, the decisive takeover played the role of a timely "hemostasis" and avoided further deterioration of the bank's risks. It has ensured maximum protection of the legitimate rights and interests of its depositors and its clients, and it has safeguarded overall social stability. Meanwhile, in line with the laws and regulations, it has put an end to the practice of de facto guaranteed repayments. The resolution has helped strictly exercise market discipline, guard against moral hazards, foster stratification of credit in the financial market, and promote reasonable pricing of market risks. During the process of resolution, the PBC has fully exerted its role as "lender of last resort" by injecting liquidity in a timely and appropriate manner, which has timely stabilized market confidence and prevented the risk of contagion from the Baoshang Bank to other small and medium-sized banks, thus managing to defend the bottom line of no systemic risks.

The PBC actively promoted the reform and restructuring of Hengfeng Bank and the Bank of Jinzhou and prevented the spread of risks. Under guidance by the local government and the regulatory authorities, Hengfeng Bank formulated and implemented a two-step reform plan, namely a plan of "stripping off non-performing assets, introducing strategic investors and increasing capital," in accordance with market-oriented and law-based principles. On December 31, 2019, Hengfeng Bank successfully completed the establishment of accounts for the stock reform, which marked the basic achievement of its market-oriented restructuring. In June 2019, according to the unified arrangements of the CPC Central Committee and the State Council, the PBC and the CBIRC, together with the Liaoning provincial government, pushed forward the reform and restructuring of the Bank of Jinzhou, which strengthened market confidence in the bank, improved market expectations on the soundness of small and medium-sized financial institutions, and contained the spread of risks to other small and medium-sized financial institutions. Currently, the PBC, in cooperation with other agencies, is guiding the bank to dispose of substantial risky assets in a market-oriented and law-based approach and simultaneously to increase capital and to enlarge shares, so as to fix its balance sheet and enhance its capacity for risk-resistance.

Implementation of the reform plans for development and policy financial institutions was comprehensively promoted. The PBC, together with members of the Reform Working Group, promoted the carrying out of reform measures in an orderly manner, such as establishing and enhancing the boards of directors, improving the governance structure, and refining the scope of business. New boards of directors of China Development Bank, the Export-Import Bank of China, and Agricultural Development Bank of China have been established and are functioning effectively. The PBC will continue to encourage these three banks to clarify their functions and to improve their risk management and control so as to better serve the national strategies.

## XI. Deepening the reforms of foreign exchange administration

The foreign exchange administration has served the real economy. First, with the aim of facilitating trade and investment, *Circular of the State Administration of Foreign Exchange on Further Promoting Cross-Border Trade and Investment Facilitation* was published, rolling out 12 measures to facilitate cross-border trade and investment. The *Notice* streamlined relevant business operations and allowed banks, enterprises, and other market participants to conduct foreign exchange business in a more convenient way. Second, electronic filing of taxation was comprehensively implemented in the area of foreign exchange payments for trade in services, helping to realize online operation of electronic filing. Third, foreign exchange accounts were streamlined with the release of *the Notice of the State Administration of Foreign Exchange on Streamlining Foreign Exchange Accounts,* so as to effectively improve the operational efficiency of market participants.

Reforms in key areas of foreign exchange administration were deepened. First, *Circular on Further Facilitating Investments by Foreign Institutional Investors in Interbank Bond Markets* was formulated, which improved the opening-up policies of the interbank bond market and facilitated investments by foreign institutional investors in the market. Second, a pilot program on cancellation of part of the application materials for foreign exchange administrative licensing items was launched in the free trade zones, further optimizing the business environment.

Supervision was strengthened in the foreign exchange market. Special programs for cracking down on transfers of illegal funds by underground banks were carried out with the cooperation of other related departments. Efforts were made to strengthen cross-border regulatory cooperation, to continuously combat illegal online foreign exchange trading in a forceful manner, and to relentlessly clamp down on irregularities and crimes related to foreign exchange.

# PART 3 Financial Market Conditions

In 2019, the financial market operated generally smoothly. Money market transactions were active. The coupon rates of all types of bonds declined, and the volume of cash bond issuances and transactions increased. Stock market indices went up with an increased year-on-year turnover and size of financing. The growth of premium income in the insurance sector picked up and asset growth in the insurance sector accelerated.

## I. Financial market overview

### 1. Money market interest rates remained at a low level and market transactions were active

Liquidity in the banking system was at an ample and appropriate level, and money market interest rates remained at a low level. In December 2019, the monthly weighted average interest rate of interbank lending and pledged repos posted 2.09 percent and 2.10 percent, respectively. The monthly weighted average interest rate of government-backed bond repos among deposit-taking institutions posted 1.98 percent. At end-2019, the overnight and 7-day Shibor posted 1.69 percent and 2.74 percent, respectively.

The market saw active repo transactions and interbank lending. In 2019, the cumulative trading volume of bond repos on the interbank market reached RMB819.6 trillion,

**Table 9 Fund Flows among Financial Institutions in 2019**

Unit: RMB 100 million

| | Repos | | Interbank lending | |
|---|---|---|---|---|
| | 2019 | 2018 | 2019 | 2018 |
| Chinese-funded large banks[1] | −1,918,715 | −1,669,110 | −280,598 | −290,833 |
| Chinese-funded medium-sized banks[2] | −744,800 | −920,274 | −148,506 | −134,766 |
| Chinese-funded small-sized banks[3] | 132,798 | 438,495 | 111,408 | 184,557 |
| Securities institutions[4] | 861,901 | 692,711 | 258,387 | 201,362 |
| Insurance institutions[5] | 84,960 | 74,081 | 175 | 930 |
| Foreign-funded banks | 89,211 | 68,718 | −21,598 | −18,563 |
| Other financial institutions and vehicles[6] | 1,494,646 | 1,315,380 | 80,733 | 57,313 |

Notes: 1. Chinese-funded large banks include Industrial and Commercial Bank of China, Agricultural Bank of China, Bank of China, China Construction Bank, China Development Bank, Bank of Communications, and Postal Savings Bank of China.

2. Chinese-funded medium-sized banks refer to policy banks, China Merchants Bank, and eight other joint-equity commercial banks, Bank of Beijing, Bank of Shanghai, and Bank of Jiangsu.

3. Chinese-funded small-sized banks refer to Hengfeng Bank, China Zheshang Bank, China Bohai Bank, other city commercial banks, rural commercial banks, rural cooperative banks, private banks, and village and township banks.

4. Securities institutions include securities firms and fund management and futures companies.

5. Insurance institutions include insurance firms and corporate annuities.

6. Other financial institutions and vehicles include urban credit cooperatives, rural credit cooperatives, finance companies, trust and investment companies, financial leasing companies, asset management companies, social security funds, mutual funds, wealth management products, trust plans, and other investment vehicles. Some of these financial institutions and vehicles do not participate in the interbank lending market.

7. A negative sign indicates net lending and a positive sign indicates net borrowing.

Source: China Foreign Exchange Trade System.

**Table 10 Transactions of Interest Rate Swaps in 2019**

| | Transactions | Notional principal (RMB100 million) |
|---|---|---|
| 2019 | 237,654 | 181,394 |
| 2018 | 188,459 | 214,911 |

Source: China Foreign Exchange Trade System.

representing an average daily turnover of RMB 3.3 trillion and a year-on-year increase of 14.3 percent. The volume of cumulative trading of interbank lending reached RMB151.6 trillion, with an average daily turnover of RMB 606.5 billion and a year-on-year increase of 9.7 percent. In terms of the maturity structure, overnight repos and overnight lending accounted for 85.2 percent and 91.4 percent, respectively, of the total turnovers in bond repos and interbank lending, increasing 3.6 percentage points and 1.3 percentage points year on year. The volume of bond repos traded on the exchange markets increased 3.4 percent year on year to RMB238.9 trillion.

The interbank CD and negotiable CD businesses witnessed orderly development. In 2019, a total of 28,000 interbank CDs were issued on the interbank market, raising RMB17.9 trillion. The trading volume on the secondary market totaled RMB145 trillion. By end-2019, outstanding interbank CDs reached RMB10.7 trillion. In 2019, the average weighted interest rate of 3-month interbank CDs was 2.97 percent, 14 basis points higher than that of the 3-month Shibor. A total of 50,400 negotiable CDs was issued by financial institutions, raising RMB12.0 trillion and with a gain of RMB2.8 trillion year on year.

Interest rate swaps were active. In 2019, the RMB interest rate swap market witnessed 237,700 transactions, increasing 26 percent year on year, with the volume of the notional principal totaling RMB18.1 trillion, a decrease of 16 percent year on year. In terms of the maturity structure, contracts with maturities of up to one year traded most briskly and the volume of the notional principal posted RMB 11.12 trillion, accounting for 61.27 percent of the principal of all maturities. The 7-day fixing repo rate and the Shibor served as the reference rates for the floating leg of the RMB interest rate swaps, accounting for 72 percent and 26.4 percent, respectively, of the total notional principal of the interest rate swaps. After improvement in the LPR formation mechanism, interest rate swaps anchored to the LPR have increased, amounting to 654 transactions with RMB75.1 billion of the notional principal.

### 2. The coupon rate of bonds declined, and transactions and the issuance of cash bonds expanded

The government bond yield curve moved downward steeply, and the bond market indices went up. At end-2019, the yields of 1-year and 10-year government bonds posted 2.36 percent and 3.14 percent, respectively, decreasing 24 basis points and 9 basis points, respectively, from end-2018.

The coupon rates of all types of bonds fell. The coupon rate of 10-year government bonds issued in December 2019 was 3.13 percent, 12 basis points lower than the rate in December 2018. In December 2019, The coupon rate of 10-year financial bonds issued by China Development Bank was 3.48 percent, 11 basis points lower than the rate in December 2018. The average rate of 1-year short-term financing bills (bond rating A-1) issued by AAA-rated non-financial enterprises was 3.47 percent, 55 basis points lower than the rate in December 2018.

The volume of cash bond transactions increased rapidly. In 2019, the cumulative

**Figure 5 Yield Curves of Government Securities on the Interbank Market**

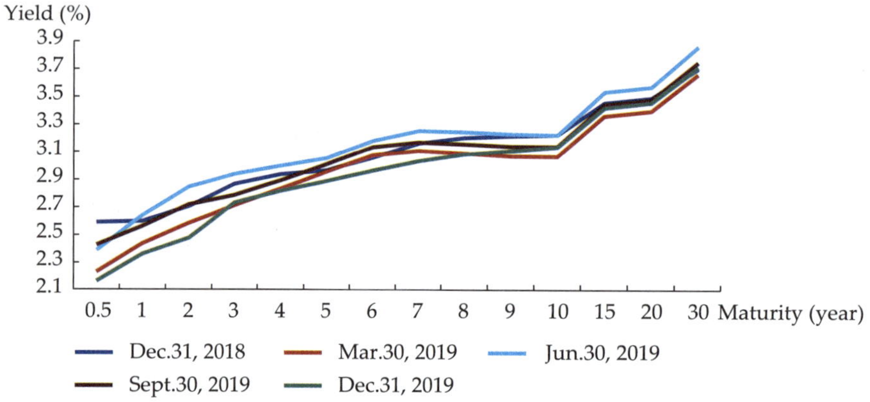


Source: China Central Depository & Clearing Co., Ltd.

**Table 11 Bond Issuances in 2019**

Unit: RMB 100 million

| Type of bond | Issuances | YOY change |
|---|---|---|
| Government securities | 41,563 | 4,937 |
| Local government bonds | 43,624 | 1,973 |
| Central-bank bills | 0 | 0 |
| Financial bonds[1] | 259,360 | −14,696 |
| Of which: Financial bonds issued by China Development Bank and policy financial bonds | 36,187 | 2,585 |
| Interbank certificates of deposits | 179,713 | −31,120 |
| Corporate debenture bonds[2] | 107,058 | 29,152 |
| Of which: Debt-financing instruments of non-financial enterprises | 68,076 | 10,138 |
| Enterprise bonds | 5,256 | 444 |
| Corporate bonds | 23,594 | 9,039 |
| Bonds issued by international institutions | 468 | −251 |
| Total | 452,073 | 21,114 |

Notes: 1. Including financial bonds issued by China Development Bank, policy financial bonds, bonds issued by commercial banks (including ordinary bonds, subordinated bonds, and hybrid bonds), bonds issued by securities firms, interbank certificates of deposit, and so forth.

2. Including debt-financing instruments issued by non-financial enterprises, enterprise bonds, corporate bonds, convertible bonds, bonds with detachable warrants, privately placed MSE bonds, and asset-backed securities on the Shanghai Stock Exchange and the Shenzhen Stock Exchange issued by non-financial enterprises, and so forth.

Sources: The People's Bank of China, China Securities Regulatory Commission, and China Central Depository & Clearing Co., Ltd.

volume of cash bond trading on the interbank market posted RMB 213.7 trillion, representing an average daily turnover of RMB 855 billion and an increase of 42.9 percent year on year. The volume of cash bond transactions on the stock exchanges totaled RMB 8.2 trillion, registering an increase of 29.4 percent year on year.

The volume of bond issuances increased year on year. In 2019, a total of RMB45.2 trillion of bonds was issued with a year-on-year increase of RMB2.1 trillion. At end-2019, the total volume of all types of outstanding bonds posted RMB99 trillion, with an increase of 15.1 percent year on year.

### 3. Bill financing rose rapidly, and interest rates fluctuated downwards

The bill acceptance business witnessed rapid growth. In 2019, commercial drafts issued by enterprises totaled RMB20.4 trillion, rising 11.6 percent year on year. At end-2019, outstanding commercial drafts increased 15.3 percent year on year to RMB 12.7 trillion. Outstanding commercial draft acceptances continued to expand rapidly by RMB1.7 trillion from the beginning of the year and by RMB291.9 billion from end-September; 70.2 percent of the outstanding bankers' acceptances were issued by medium and small enterprises.

Bill financing expanded rapidly, while interest rates dropped slightly. In 2019, total discounts by financial institutions amounted to RMB34.3 trillion, growing 25.2 percent year on year. At end-December, bills outstanding rose 31.8 percent year on year to RMB7.6 trillion, accounting for 5.0 percent of total outstanding loans, which was 0.7 percentage points higher than the figure in the previous year. In 2019, interest rates in the bill market fluctuated downwards.

### 4. Stock indices rebounded, year-on-year turnover and the size of financing increased

Stock indices rose. At end-2019, the Shanghai Stock Exchange Composite Index closed at 3,050 points, increasing 22.3 percent from end-2018. The Shenzhen Stock Exchange Component Index closed at 10,431 points, rising 44.1 percent from end-2018. The turnover on the stock markets increased significantly. In 2019, the combined turnover of the Shanghai and Shenzhen Stock Exchanges reached RMB127.4 trillion and the average daily turnover was RMB522.2 billion, with an increase of 40.7 percent year on year. The size of financing increased year on year. In 2019, RMB614.8 billion was raised on the A-share market, increasing 11.2 percent year on year.

### 5. Growth of premium income and assets in the insurance sector rebounded

In 2019, total premium income in the insurance sector amounted to RMB4.3 trillion, with a year-on-year increase of 12.2 percent, 13.7 percentage points higher than the growth rate in 2018. Claim and benefit payments totaled RMB1.3 trillion, with a year-on-year increase of 4.8 percent. Specifically, total property insurance claim and benefit payments increased 10.3 percent year on year, while total life insurance claim and benefit payments fell 0.1 percent year on year. At end-2019, total assets in the insurance industry increased 12.2 percent year on year

**Table 12 Asset Allocations in the Insurance Sector at End 2019**

Unit: RMB 100 million, %

| | Outstanding balance | | As a share of total assets | |
|---|---|---|---|---|
| | End-2019 | End-2018 | End-2019 | End-2018 |
| Total assets | 205,645 | 183,309 | 100.0 | 100.0 |
| Of which: Bank deposits | 25,227 | 24,363 | 12.3 | 13.2 |
| Investments | 160,043 | 139,725 | 77.8 | 76.2 |

Source: China Banking and Insurance Regulatory Commission.

to RMB 20.6 trillion, an acceleration of 2.8 percentage points from end-2018. Among this total, outstanding bank deposits increased 3.5 percent year on year and investment-linked assets increased 14.5 percent year on year.

### 6. Foreign exchange transactions remained generally stable

In 2019, turnover of spot RMB/foreign exchange transactions reached USD 7.9 trillion, an increase of 4 percent year on year. Turnover of RMB/foreign exchange swap transactions totaled USD 16.4 trillion, a decrease of 0.5 percent year on year. Specifically, overnight RMB/USD swap transactions posted USD 9.5 trillion, accounting for 57.9 percent of total swap turnovers. Turnovers on the RMB/foreign exchange forward market totaled USD 76 billion, dropping 13.2 percent year on year. Turnovers of foreign currency pair transactions totaled USD 475.6 billion, rising 154.7 percent year on year. In particular, the EUR/USD pair registered the largest trading volume, accounting for 57.4 percent of the total market shares.

Participants on the foreign exchange market expanded further. At end-2019, there were 711 members on the foreign exchange spot market, 245 members on the foreign exchange forward market, 239 members on the foreign exchange swap market, 197 members on the currency swap market, and 146 members on the foreign exchange options market. There were 30 market makers on the spot market and 27 market makers on the forward and swap markets.

### 7. The gold market operated steadily with an overall rise in prices

Gold prices showed an overall upward trend. In 2019, international gold prices closed at USD 1,523 per ounce, representing a gain of 18.83 percent from end-2018. At end-2019, the Au9999 on Shanghai Gold Exchange closed at RMB340.8 per gram, increasing 19.75 percent from end-2018.

Trading volume on Shanghai Gold Exchange grew steadily. In 2019, the cumulative volume of gold trading on Shanghai Gold Exchange was 68,600 tons, representing a gain of 1.63 percent year on year. The turnover posted RMB21.49 trillion, increasing 17.43 percent year on year.

## II. Development of institutional arrangements in the financial markets

### 1. Institutional arrangements in the bond market

In May 2019, the PBC and China Securities

Regulatory Commission (CSRC) jointly issued the *Notice on the Pilot Work of Innovation in Open-End Securities Investment Funds Based on Bond Indexes*, for the purpose of boosting the development of bond index mutual funds on the interbank market and the exchange market. In August, the *Opinions on Supporting Commercial Banks to Issue Financial Bonds for Innovation and Entrepreneurship* were released to encourage commercial banks to issue financial bonds for innovation and entrepreneurship and to increase credit supply in the innovative and entrepreneurial sector. In October, the *Rules for the Recognition of Standard Credit Assets (Exposure Draft)* were issued to clarify the scope, recognition standards, and regulatory arrangement of standardized debt-based assets. In December, the PBC drafted the *Notice on the Disposal of Corporate Debenture Bond Defaults (Exposure Draft)* to promote the investor protection system to meet international conventions, and the PBC officially introduced the mechanism for the transfer of defaulted matured bonds to diversify the channels for disposing of defaulted bonds. In December, the *Administrative Measures for Information Disclosures of Corporate Debenture Bonds (Exposure Draft)* were drafted to expedite the introduction of information disclosure standards for corporate debenture bonds.

### 2. Improving institutional arrangements in the capital market and the securities and futures industry

Improving the institutional arrangements in the capital market. The Science and Technology Innovation Board made its debut on June 13, 2019. A total of 70 companies were listed on the Science and Technology Innovation Board in 2019. A new round of reforms began on the New OTC Market as the CSRC specified the introduction of public offerings to the New OTC Market in December. In December, the CSRC issued the *Provisions on the Pilot Program of Subsidiaries Detached from Listed Companies for Domestic IPOs*.

Improving regulatory rules of the securities and futures industry. In June 2019, after revision the CSRC released the *Measures for the Supervision and Administration of Futures Companies*, which added requirements of net capital for controlling shareholders and the largest shareholders, specified requirements for overseas shareholders, and improved the regulatory requirements for subsidiaries of futures companies. In July, the *Administrative Provisions on the Equity of Securities Companies* were issued. In December, the *Administrative Provisions on Liquidity Support of Securities Investor Protection Fund* were released.

### 3. Improving institutional arrangements in the insurance market

Enhancing the capability of the insurance industry to serve the real economy. On February 25, 2019, the CBIRC issued the *Notice on Further Strengthening Financial Services Provided to Private Enterprises*, requiring that insurance institutions provide more flexible loan guarantee insurance services to private enterprises, encouraging insurance institutions to enhance investments in private enterprise bonds, and supporting insurance funds' participation in resolving and addressing risks concerning the pledged stocks of listed private companies.

Strengthening asset-liability management, forestalling the risks of imbalanced matching, and improving the consumer protection mechanism. On July 24, the CBIRC issued the *Interim Measures for the Administration and Supervision of Insurance Assets and Liabilities*. The *Measures* require insurance companies to assume primary responsibility for asset-liability management, to enhance the asset-liability management system, and to continuously improve the management of assets and liabilities. On November 4, the CBIRC issued the *Guiding Opinions on Strengthening the Construction of Systems and Mechanisms Concerning Consumer Protection in Banking and Insurance Institutions*, which required banking and insurance institutions to incorporate the protection of consumer rights and interests into all aspects of corporate governance, to establish a review mechanism for consumer protection, and to improve the internal assessment mechanism for consumer protection.

Promoting high-quality development of the insurance industry. On December 30, the CBIRC issued the *Guiding Opinions on Promoting High-quality Development of the Banking and Insurance Industries* and proposed the formation of a multi-layered, widely covered, and diversified system of insurance institutions with an improved financial structure by 2025.

Applying tax preferences for insurance companies. On May 28, the Ministry of Finance (MOF) and the State Taxation Administration (STA) issued the *Announcement of the Policy of Pre-Tax Deductions of Service Charges and Commissions for Insurance Companies*, which raised the proportion of pre-tax deductions of service charges and commissions for life insurance companies and property insurance companies, on the condition that the service charges and commissions are related to their business activities.

### 4. Further opening up the financial sector

On July 20, 2019, the Financial Stability and Development Committee under the State Council announced eleven measures concerning the further opening-up of China's financial sector. The opening-up focused on substantially easing the restrictions on market access in the banking, securities, and insurance industries, moving forward with the removal of the foreign ownership cap to year 2020, and broadening their business scope as well as further facilitating foreign institutional investors to invest in the interbank bond market. In April and September 2019, Chinese bonds were added successively to major international bond indexes, such as the Bloomberg Barclays Global Aggregate Index and the JPMorgan GBI-EM Global Diversified Index. In May, the CSRC officially approved the application for Chinese products in the China-Japan ETF Connect. On June 17, the CSRC and the Financial Conduct Authority (FCA) issued a joint statement and officially launched the global depository receipts (GDR) business on the Shanghai-London Stock Connect.

### 5. Enhancing coordinated supervision of the financial infrastructure

In September 2019, the *Work Plan for Overall Supervision of the Financial Infrastructure* was reviewed and passed at the 10th meeting of the Central Comprehensively Deepening Reforms Commission. The work plan proposed that overall supervision shall be strengthened over the financial infrastructure with unified regulatory standards, sound access management, an optimized infrastructure layout, and improved governance arrangements, for the purpose of forming a well-organized, effective, advanced, reliable, and resilient financial infrastructure system.

PART 4

# Macroeconomic Overview

## I. Global economic and financial developments

### 1. Global economic growth moderated and downside risks still merit attention despite stabilizing signs

Since the beginning of 2019, the International Monetary Fund (IMF) has persistently revised downward its growth forecast for 2019. In its *World Economic Outlook* published in January 2020, the IMF projected that the global economy would grow merely 2.9 percent in 2019, a record low since the global financial crisis. The growth was projected to rebound to 3.3 percent in 2020, a downward revision by 0.1 percentage point compared to its October forecast. In its November forecast, the Organization for Economic Co-operation and Development (OECD) also issued a similar forecast of only 2.9 percent. The IMF noted that downside risks to global growth remain elevated, citing, among others,

**Table 13 Macroeconomic and Financial Indicators in the Major Advanced Economies**

| Economy | Indicator | 2018 Q4 | | | 2019 Q1 | | | 2019 Q2 | | | 2019 Q3 | | | 2019 Q4 | | |
|---|---|---|---|---|---|---|---|---|---|---|---|---|---|---|---|---|
| | | Oct. | Nov. | Dec. | Jan. | Feb. | Mar. | Apr. | May | Jun. | Jul. | Aug. | Sept. | Oct. | Nov. | Dec. |
| United States | Real GDP growth (annualized quarterly rate, %) | 1.1 | | | 3.1 | | | 2.0 | | | 2.1 | | | 2.1 | | |
| | Unemployment rate (%) | 3.8 | 3.7 | 3.9 | 4.0 | 3.8 | 3.8 | 3.6 | 3.6 | 3.7 | 3.7 | 3.7 | 3.5 | 3.6 | 3.5 | 3.5 |
| | CPI (YOY, %) | 2.5 | 2.2 | 1.9 | 1.6 | 1.5 | 1.9 | 2.0 | 1.8 | 1.6 | 1.8 | 1.7 | 1.7 | 1.8 | 2.1 | 2.3 |
| | DJ Industrial Average (end of the period) | 25,116 | 25,538 | 23,327 | 25,000 | 25,916 | 25,929 | 26,593 | 24,815 | 26,600 | 26,864 | 26,403 | 26,917 | 27,046 | 28,051 | 28,538 |
| Euro Area | Real GDP growth (annualized quarterly rate, %) | 1.2 | | | 1.4 | | | 1.2 | | | 1.2 | | | 1.0 | | |
| | Unemployment rate (%) | 8.0 | 7.9 | 7.8 | 7.8 | 7.8 | 7.7 | 7.6 | 7.6 | 7.5 | 7.6 | 7.5 | 7.5 | 7.5 | 7.5 | 7.4 |
| | HICP (YOY, %) | 2.3 | 1.9 | 1.5 | 1.4 | 1.5 | 1.4 | 1.7 | 1.2 | 1.3 | 1.0 | 1.0 | 0.8 | 0.7 | 1.0 | 1.3 |
| | EURO STOXX 50 (closing number) | 3,198 | 3,173 | 3,001 | 3,159 | 3,298 | 3,352 | 3,515 | 3,280 | 3,474 | 3,467 | 3,427 | 3,569 | 3,604 | 3,704 | 3,745 |
| United Kingdom | Real GDP growth (YOY, %) | 1.4 | | | 2.0 | | | 1.3 | | | 1.2 | | | 1.1 | | |
| | Unemployment rate (%) | 4.1 | 4.0 | 4.0 | 3.9 | 3.9 | 3.8 | 3.8 | 3.8 | 3.9 | 3.8 | 3.9 | 3.8 | 3.8 | 3.8 | — |
| | CPI (YOY, %) | 2.4 | 2.3 | 2.1 | 1.8 | 1.9 | 1.9 | 2.1 | 2.0 | 2.0 | 2.1 | 1.7 | 1.7 | 1.5 | 1.5 | 1.3 |
| | FTSE 100 (closing number) | 7,128 | 6,980 | 6,728 | 6,969 | 7,075 | 7,279 | 7,418 | 7,162 | 7,426 | 7,587 | 7,207 | 7,408 | 7,248 | 7,347 | 7,542 |
| Japan | Real GDP growth (annualized quarterly rate, %) | 2.1 | | | 2.6 | | | 1.9 | | | 0.5 | | | -6.3 | | |
| | Unemployment rate (%) | 2.4 | 2.5 | 2.4 | 2.5 | 2.3 | 2.5 | 2.4 | 2.4 | 2.3 | 2.2 | 2.2 | 2.4 | 2.4 | 2.2 | 2.2 |
| | CPI (YOY, %) | 1.4 | 0.8 | 0.3 | 0.2 | 0.2 | 0.5 | 0.9 | 0.7 | 0.7 | 0.5 | 0.3 | 0.2 | 0.2 | 0.5 | 0.8 |
| | NIKKEI 225 (closing number) | 21,920 | 22,351 | 20,015 | 20,773 | 21,385 | 21,206 | 22,259 | 20,601 | 21,276 | 21,522 | 20,704 | 21,756 | 22,927 | 23,294 | 23,657 |

Sources: Statistical Bureaus and Central banks of the relevant economies.

rising geopolitical tensions, escalating social turbulence, and mounting trade frictions between certain countries. In its January *Global Economic Prospects*, the World Bank pointed out that global trade and investment had shown a slight recovery, but risks were still tilted to the downside. The global economy is moderating amid deep post-crisis adjustments, and sources of turbulence and risks have increased significantly, which merits attention and research.

Growth moderated in most advanced economies. In 2019, growth in the advanced economies, such as the US and euro area, decelerated, but it has shown stabilizing signs, supported by monetary easing. The US economy grew at a slower pace but remained sound. The labor market was persistently tight. Growth in the euro area bottomed out and then leveled off, supported by stable growth in France, while that in Germany slowed down notably in 2019. Brexit accelerated, which would help reduce uncertainties. Japan's economy moderated after a rebound during the first half of 2019.

Growth in the emerging market economies moderated to varying degrees, with uncertainties lingering down the road. The IMF projected that the emerging market economies would grow 3.7 percent in 2019, lower than 4.5 percent in 2018, but that they would rebound to 4.4 percent in 2020. Growth in India slowed down, that in Brazil and Russia rebounded after bottoming out, but growth in South Africa remained sluggish.

### 2. Major central banks shifted to an easing monetary policy

In 2019, the US Fed and the European Central Bank (ECB) shifted to policy easing, and many economies followed suit by cutting rates. The US Fed stopped its rate hike in early 2019 amid concerns about the economic outlook and the policy rate remained close to the neutral rate. It cut the rates three times and resumed repurchase operations and purchases of Treasury bills. The ECB continued to adjust forward guidance regarding rate hikes since the start of 2019, cut the interest rate on the deposit facility by 10 basis points to –0.50 percent in September, the first rate cut since 2016, and it resumed the asset purchase program, kicking off a fresh round of targeted longer-term refinancing operations. In the meantime, over 40 economies, including Australia, New Zealand, South Korea, India, Brazil, Mexico, Russia, and Turkey, lowered their rates either to prop up economic growth or to achieve the inflation target. In some economies, the policy rate has reached or has been close to a record low.

Rate cuts by the major central banks contributed to the rally in global financial markets, but global debt burdens increased. The yield on a growing number of bonds fell into negative territory. In 2019, panic caused by US-China trade frictions and the global economic performance led to an inverted US Treasury yield curve, as a result of which the yield on government bonds in many European economies dipped to or even below zero. On the back of rate cuts around the globe, financial markets rebounded, with major stock indices rising and major government bond yields trending downwards compared with the beginning of 2019. The global debt burden mounted. According to the Institute of International Finance, as of Q3 2019 the global debt-to-GDP ratio hit a new all-time high of 322 percent. By breakdown, the non-financial sector debt-to-GDP ratio posted 243.6 percent. The public debt increased and remained at high levels in the advanced economies, while in the emerging market economies, there was a broad-based increase in all types of debts, in particular, debts of non-financial enterprises rose sharply and the external debt-to-GDP ratio also jumped. The number of bonds with negative yields increased, and this persisted for an extended period. In 2019, the size of bonds with a nominal negative yield at one time reached USD 17 trillion. A negative rate may cause a number of issues, including asset bubbles, a debt overhang, a narrower spread between bank deposits and loans, and weaker bank profitability.

### 3. Issues and trends that merit attention

First, although the global economy has seen stabilizing signs, downward pressures remain elevated. Leading indicators such as the PMI signal subdued economic activity, and policy room has been diminishing. Second, risk from trade frictions has abated, but uncertainties persist. According to the IMF forecast, the volume of global trade would add 1 percent in 2019, a significant drop compared with 2018. It is expected to rebound to 2.9 percent in 2020. Third, risk factors may trigger a sudden spike in risk aversion amid rising vulnerabilities, which may undermine financial stability. Fourth, low growth, low inflation, low rates, and low productivity gains pose a challenge to monetary policy adjustments, which require stronger international monetary policy coordination. Fifth, the global economic slowdown may further aggravate regional geopolitical conflicts in some parts of the world. Climate change and environmental factors are also having a growing impact on the economy and finance.

## II. Macroeconomic developments in China

In 2019, the national economy was generally stable, with the economic structure continuously improving and high-quality development making solid progress. Consumption became a greater force in driving economic growth, industrial production and investment were relatively stable, and imports and exports expanded. Employment was largely stable, and price levels witnessed an obvious structural rise. According to preliminary statistics, the GDP and CPI in 2019 grew by 6.1 percent and 2.9 percent year on year respectively, and the surplus in goods trade reached RMB2.915 trillion.

### 1. Consumption grew steadily, investment stabilized while slowing down, and imports and exports expanded

Consumption contributed more to economic growth. In 2019, per capita disposable income posted RMB 30,733, up 8.9 percent in nominal terms and 5.8 percent in real terms year on year. The income distribution structure continued to improve, with the per capita income of rural residents continuing to grow at a faster pace than that of urban residents. According to the Urban Depositors' Survey conducted by the PBC in 2019 Q4, 28.0 percent of consumers were inclined to "consume more", down 0.6 percentage points from the same period of 2018. The contribution of final consumption expenditures to economic growth remained high, reaching 57.8 percent in 2019, 26.6 percentage points higher than the Gross Capital Formation (GCF). Total retail sales of consumer goods rose by 8.0 percent year on year and online retail sales grew by 16.5 percent year on year to RMB10.6 trillion, maintaining rapid growth.

Investment in fixed assets stabilized while decelerating. In 2019, fixed-asset investments throughout China (excluding those by rural households) grew by 5.4 percent year on year, 0.5 percentage points lower than that in 2018. By investment areas, investment in the manufacturing industry increased by 3.1 percent year on year, 6.4 percentage points lower than in 2018, of which the growth in December picked up slightly. Growth of investment in infrastructure reached 3.8 percent, which was on a par with that in 2018. Real estate investment registered year-on-year growth of 9.9 percent, 0.4 percentage points higher than that in 2018. Investment by the private sector grew by 4.7 percent year on year, down 4.0 percentage points from 2018, and investment by state-owned enterprises grew by 6.8 percent, up 4.9 percentage points.

Imports and exports expanded. In 2019, imports and exports of goods rose by 3.4 percent year on year to RMB31.54 trillion, 6.3 percentage points lower than in 2018. Specifically, exports increased by 5.0 percent and imports increased by 1.6 percent, which expanded the trade surplus by 25.4 percent year on year to RMB2.92 trillion. Exports moved further up the value chain. Private enterprises became more vigorous, with their imports and exports rising by 11.4 percent. The layout of the international market became more diversified. Trade with the EU, ASEAN, the US and Japan grew by 8 percent, 14.1 percent, –10.7 percent, and 0.4 percent respectively, while trade with the countries along the Belt and Road grew by 10.8 percent to reach RMB9.27 trillion.

Utilized foreign investment grew steadily. In 2019, actually utilized foreign investment grew by 5.8 percent year on year to RMB941.5 billion, and over 40,000 new foreign-funded companies were established nationwide, making China still the world's second largest recipient of foreign investment. Outward investment cooperation was carried out in a stable and orderly manner. Non-financial outward direct investments dropped by 8.2 percent year on year to USD 110.6 billion. Investments in countries along the Belt and Road reached USD 15 billion, accounting for 13.6 percent of total outward investments, 0.6 percentage points higher compared with that in 2018.

### 2. Agricultural production was fairly satisfactory, and industrial production was generally stable

In 2019, the value-added of the primary, secondary, and tertiary industries grew by 3.1 percent, 5.7 percent, and 6.9 percent respectively, accounting for 7.1 percent, 39.0 percent, and 53.9 percent of GDP respectively.

Agricultural production was fairly satisfactory. Total grain output grew by 0.9

percent year on year to 663.84 million tons in 2019, and annual output has been over 650 million tons for five years in a row. During the year, the output of pork, beef, mutton, and poultry decreased by 10.2 percent year on year to 76.49 million tons, among which the output of pork plunged by 21.3 percent to 42.55 million tons.

Industrial production continued to make progress. In 2019, the value-added of Industrial Enterprises Above a Designated Size (IEDS) increased by 5.7 percent year on year. The value-added of the high-tech manufacturing industries and the strategic emerging industries grew by 8.8 percent and 8.4 percent, respectively, 3.1 percentage points and 2.7 percentage points higher than that of the IEDS. In December, the Expected Production and Business Activities Index for the manufacturing industry was 54.4 percent, which was in a higher economic range. In 2019, the total profits of the IEDS reached RMB6.1995 trillion, down 3.3 percentage points from the previous year. According to the survey conducted in the fourth quarter by the PBC on 5,000 entrepreneurs, the Business Climate Index posted 55.5 percent, up 2.2 percentage points from the previous quarter, and the Profitability Index registered 57.3 percent, up 2.0 percentage points from the previous quarter.

The service sector grew rapidly. In 2019, the Index of Service Production (ISP) grew by 6.9 percent year on year. Specifically, sectors such as information communications, software, and IT services developed rapidly. From January to November 2019, the business revenue of Enterprises Above a Designated Size in the service sector grew by 9.4 percent, among which the business revenue of the strategic emerging enterprises, scientific and technological enterprises, and high-tech enterprises grew by 12.4 percent, 12.0 percent, and 12.0 percent, respectively. Business profits of the EDS in the service sector increased by 3.5 percent. In December, the Expected Business Activities Index for the service industry reached 59.1 percent, showing a good momentum of growth.

### 3. Growth of consumer prices accelerated, and producer prices moved down year on year

The growth of consumer prices witnessed an obvious structural acceleration. In 2019, the CPI rose by 2.9 percent year on year, an acceleration of 0.8 percentage points from the previous year. Specifically, the price of pork rose rapidly by 42.5 percent year on year, which drove the prices of beef and mutton up by 12.1 percent and 11.9 percent, respectively. Food prices throughout the year rose by 9.2 percent year on year, an acceleration of 7.4 percentage points compared with 2018. Non-food prices went up by 1.4 percent year on year, a deceleration of 0.8 percentage points compared with 2018. The core CPI (CPI less food and energy) rose moderately by 1.6 percent, a deceleration of 0.3 percentage points compared with 2018.

Producer prices dropped year on year. In 2019, the Producer Price Index (PPI) edged down by 0.3 percent year on year, a deceleration of 3.8 percentage points compared with 2018, with both November and December witnessing a narrowed decline. The Purchasing Price Index for Industrial Products (PPIIP) declined by 0.7 percent year on year, a deceleration of 4.8 percentage points compared with 2018. The Corporate Goods Price Index (CGPI) monitored by the PBC edged down by 0.2 percent, a deceleration of 3.2 percentage points compared with 2018. By products, the year-on-year price growth of primary and end products accelerated, while the prices of intermediate products continued to decrease year on year.

### 4. Growth of fiscal expenditures was fairly rapid, and the employment situation was generally stable

In 2019, revenue in the national general public budget totaled RMB19.0382 trillion, up 3.8 percent year on year, registering a deceleration of 2.4 percentage points from 2018. Specifically, tax revenue amounted to RMB15.7992 trillion, up 1 percent year on year; non-tax revenue reached RMB3.239 trillion, up 20.2 percent year on year. The domestic value-added and consumption tax grew by 1.3 percent and 18.2 percent year on year, respectively. The corporate income tax saw a year-on-year increase of 5.6 percent, while the personal income tax dropped 25.1 percent year on year.

Fiscal expenditures maintained fairly rapid growth. In 2019, expenditures in the national general public budget hit RMB23.8874 trillion, up 8.1 percent year on year, registering a deceleration of 0.6 percentage points from 2018. In terms of the structure, expenditures on infrastructure investments saw substantial growth, with expenditures on urban and rural communities, science and technology, and energy conservation and environmental protection climbing by 16.1 percent, 14.4 percent, and 18.2 percent year on year, respectively.

In 2019, budgetary revenue from nationwide government-managed funds totaled RMB8.4516 trillion, up 12 percent year on year. In particular, revenue from land sales grew by 11.4 percent year on year. Budgetary expenditures from nationwide government-managed funds increased by 13.4 percent year on year to RMB9.1365 trillion.

The employment situation remained stable, and the surveyed unemployment rate in the urban areas met the target. In 2019, a total of 13.52 million new jobs were created in the urban areas, which was well beyond the annual target of 11 million, or equivalent to 122.9 percent of the annual target. The annual amount of new jobs created in the urban areas has been over 13 million for seven years in a row. The surveyed unemployment rate in the urban areas reached 5.2 percent in December and ranged from 5.0 percent to 5.3 percent in each month of 2019. As of end-2019, the number of employed persons totaled 774.71 million. In 2019, the population of migrant workers grew 2.41 million to reach 290.77 million, a year-on-year increase of 0.8 percent. According to the Survey of Urban Depositors conducted by the PBC in Q4, the Employment Sentiment Index posted 44.5 percent in the fourth quarter, down 0.9 percentage points from the previous quarter, while the Employment Expectation Index reached 51.9 percent in the fourth quarter, down 0.7 percentage points from the previous quarter.

## *Box 4 A Look at China's Labor Market and Its Future Trends from the Perspective of the Composition of Employment*

*Given that employment is the foundation of people's livelihood and the origin of wealth, it is necessary to strengthen the research and evaluation of the employment situation and keep employment stable with multi-pronged measures. At present, China's employment is generally stable. In 2019, a total of 13.52 million new jobs were created in the urban areas, which was 2.52 million more than the projected target and which marked the seventh consecutive year above 13 million. Throughout the year, the surveyed unemployment rate in the urban areas remained stable in the range of 5.0~5.3 percent. In the meantime, the composition of employment has improved, with a gradual increase in the proportion of employment by the service sector.*

*In the medium and long run, China will enjoy steady tailwinds in achieving full employment amid high-quality development. On the demand side, the demand for highly skilled labor by equipment manufacturers and consumption-goods manufacturers remains strong. Meanwhile, the service sector demonstrates an increasingly large potential to absorb employment and it is expected to become a major pillar for generating new jobs. On the supply side, the labor-participation rate and the working-age population are trending down, which will alleviate labor supply pressures. In 2018, China's labor participation rate stood at around 70 percent, which was high by international standards (see Figure 6). With extended years of schooling for adolescents and the deepening of the aging*

**Figure 6 Labor Participation Rates of the Major Economies in 2018**

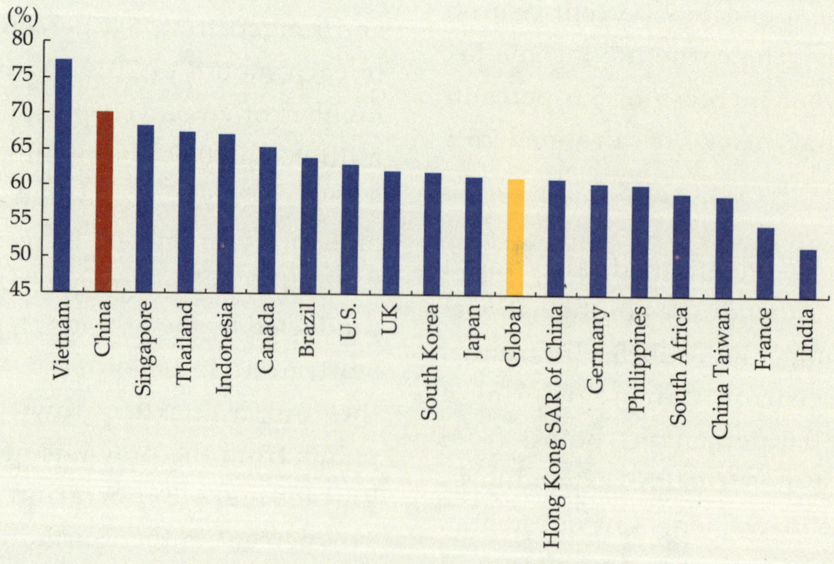


Source: Wind.

*of the population, China's labor participation rate is expected to decline continuously, and it might in the future converge toward that of the advanced economies like the US and Japan and come close to the global average. In terms of labor supply, the working-age population in China, which is defined as those between the ages of 16 and 59, declined by over 23 million from 2013 to 2019, and it is expected to remain stable albeit with a slightly downward bias.*

*Nonetheless, various parties in China still feel a certain degree of employment pressures, which is mainly due to the prominent structural conflicts in employment. Above all, labor demand in some sectors has declined. In recent years, machines have been replacing people at an accelerated pace. As a result, the growth of labor productivity in the secondary sector led by manufacturing and construction has accelerated, which, combined with the economic downward pressures, has reduced the capacity of the secondary sector to absorb employment. Labor-intensive industries in the service sector, led by accommodations and catering as well as wholesale and retail, have become major sectors to absorb employment. Employment in the secondary sector since 2013 has begun to decline. The employment number was 18.50 million lower in 2018 compared with the peak in 2012. Second, the labor supply of major groups is rigid. A large number of university graduates, military veterans, and rural migrant workers seek jobs each year. In addition, adults of prime age have a strong tendency to look for jobs in the urban areas. All these factors increase employment pressures to some degree. Third, there is a misalignment between labor supply and demand. While it is difficult to find jobs, it is also difficult to recruit staff. On the one hand, there is a general shortage of ordinary workers at the front lines and a shortage of high-tech talents. On the other hand, it is increasingly difficult for new generations in the labor force to accept the life and working style of traditional industrial workers. Instead, they care more about occupational development and realization of their own value, and they mainly prefer industries with high salaries and high productivity. Therefore, there is a mismatch between labor supply and demand. Fourth, due to large external uncertainties, the foreign trade sector might face larger structural employment pressures. The world economy is still undergoing profound adjustments in the wake of the global financial crisis, presenting more and more risks and challenges. Also, there has emerged a trend for industries to shift operations outside China, in particular, industries with labor-intensive enterprises. All these might exert a negative impact on foreign-trade enterprises.*

*According to preliminary estimates, there can still be more than 11 million new jobs created in the urban areas each year for the next several years. Considering the obvious structural characteristics of China's employment pressures, efforts to stabilize employment should not only focus on aggregate employment but also on improving the composition of employment. During the next stage, action should be taken to tap the synergy of various policies, alleviate the structural employment pressures, and promote full employment.*

### 5. The balance of payments and external debt

The balance of payments remained basically in equilibrium. According to preliminary data, China's current account surplus stood at USD 177.5 billion in 2019. To be specific, the surplus in trade of goods increased, whereas the deficit in trade of services declined. Under the capital and financial account, direct investments witnessed a net inflow of USD 59.1 billion and securities investments registered a surplus of approximately USD 60 billion. At end-2019, foreign exchange reserves stood at USD 3.1079 trillion, up USD 35.2 billion from end-2018. As of the end of September 2019, the balance of full-caliber foreign debt (including domestic and foreign currencies) posted USD 2.0325 trillion. Among this, short-term external debt balance was USD 1.2055 trillion, accounting for 59 percent of the total external debt balance.

### 6. Analysis by sector

6.1 The real estate sector

In 2019, growth of total floor area of sold units and housing sales nationwide slowed down, while regions with rising housing prices were reduced substantially, with the year-on-year growth of housing prices declining. Investments in real estate development remained stable with a modest rise, and the growth of real estate loans continued to moderate.

At end-2019, among 70 medium and large-sized cities nationwide, newly built and second-hand residential housing prices increased by 6.8 percent and 3.7 percent year on year, down 3.7 percentage points and 4 percentage points from the same period of the previous year, respectively. The total floor area of sold units leveled off as compared with the previous year and housing sales increased by 6.5 percent year on year, a deceleration of 5.7 percentage points from end-2018.

Investments in real estate development grew steadily and newly started real estate projects saw a mild slowdown. In 2019, real estate investments in China increased by 9.9 percent year on year, an acceleration of 0.4 percentage points from 2018. Specifically, investments in residential housing development reached RMB9.7 trillion, up 13.9 percent year on year and an acceleration of 0.5 percentage points from 2018, accounting for 73.4 percent of total investments in real estate development.

Growth of real estate loans moderated.

**Table 14 Floor Area of Real Estate Projects that were Newly Started, under Construction, and Completed in 2019**

| | Floor area (1 trillion square meters) | YOY growth (%) | YOY acceleration (percentage points) |
|---|---|---|---|
| Floor area of newly started real estate projects | 22.7 | 8.5 | -8.7 |
| Floor area of real estate projects under construction | 89.4 | 8.7 | 3.5 |
| Floor area of completed real estate projects | 9.6 | 2.6 | 10.4 |

Source: National Bureau of Statistics.

At end-2019, outstanding real estate loans by major financial institutions (including foreign-funded financial institutions) stood at RMB44.41 trillion, up 14.8 percent year on year and a deceleration of 5.2 percentage points from 2018. Outstanding real estate loans accounted for 29 percent of total lending. Specifically, outstanding individual housing loans amounted to RMB30.2 trillion, up 16.7 percent year on year, representing a deceleration of 1.1 percentage points from end-2018. Outstanding housing development loans posted RMB8.4 trillion, rising 14.6 percent year on year and a deceleration of 17.3 percentage points from end-2018. Outstanding land development loans decreased by 7.1 percent year on year to RMB1.28 trillion, representing a deceleration of 11 percentage points as compared with that at end-2018.

Growth of loans for government-subsidized housing slowed down. Due to the impact of replacing loans for government-subsidized housing development with special bonds issued by local governments, outstanding loans for government-subsidized housing development totaled RMB4.6 trillion at end-2019, up 6.7 percent year on year and a deceleration of 22.8 percentage points from end-2018. New loans for government-subsidized housing development in 2019 reached a cumulative RMB287.8 billion, a deceleration of RMB696 billion as compared with 2018, accounting for 25.5 percent of all new real estate development loans.

6.2 The steel sector

Due to countercyclical adjustments, the steel sector enjoyed stable operations in 2019, with continued efforts to exploit the potential of energy conservation by following advanced international standards of production and enhancing efficiency with lower costs. First, steel production maintained a growth momentum. In 2019, the output of pig iron, crude steel, and rolled steel increased by 5.3 percent, 8.3 percent, and 9.8 percent year on year, respectively. Second, investments in fixed assets of the steel industry continued to grow in 2019. Investments in the fixed assets of smelting and rolling ferrous metals and mining and processing of ferrous metals grew by 26 percent and 2.5 percent year on year respectively in 2019. Third, the price of steel products rebounded and stabilized, and the price of raw steel materials moderated in Q4 2019. Fourth, the standards for ultra-low emissions have been officially implemented and green development has been promoted.

In the context of the continuing deceleration of global economic growth and the increasing downward pressures on the Chinese economy, the steel industry in China is still facing mounting challenges. First, profits of the steel industry have decreased year on year as a result of increasing costs. The price of raw steel materials fluctuated at a high level, while investments in environmental protection increased, squeezing the profit margin of the steel industry as a whole. In 2019, sales of member enterprises of the China Iron and Steel Association (CISA) increased 10.1 percent year on year, while total profits declined by 30.9 percent year on year. Second, due to the impact of trade frictions and trade protectionism in the international market, total imports and exports of steel products decreased. In 2019, the export of steel products decreased 7.3 percent year on year to 64.293 million tons, and the import of steel products decreased 6.5 percent to 12.304 million tons. Third, the steel industry is still facing problems, including growing pressures for environmental protection and existing technical difficulties in the implementation of ultra-low emission standards, calling for cross-sectoral cooperation.

Going forward, the steel sector will go to great lengths to promote reform and innovation and to enhance the competitiveness of steel enterprises in line with the requirement for deepening the supply-side structural reforms. Efforts will be made to support technical improvements, structural adjustments, and green development of competitive steel enterprises based on a differentiated credit policy. Efforts will also be made to give full play to the capital market in promoting the merger and reorganization of steel enterprises and to encourage steel enterprises to deleverage and reduce costs through direct financing so as to bolster the high-quality development of the sector.

# PART 5 Monetary Policy Outlook

## I. Outlook for the Chinese economy

For the next period, the Chinese economy will be somewhat affected by the novel coronavirus epidemic. However, the impact will be temporary and limited as the fundamentals of sound and high-quality growth over the long term remain unchanged. Meanwhile, it should be noted that the Chinese economy still faces various challenges.

China is still in an important period of strategic opportunities and will remain there for a long time. Not only has China built up strong material and technological foundations since the reform and opening-up, but it also enjoys the advantages of a super-scale market, huge potential in domestic demand, and extraordinary human capital as well as a pool of talent. In recent years, the "three tough battles" to forestall and defuse major risks, conduct targeted poverty alleviation, and reduce pollution are making key progress. The supply-side structural reforms continue to be deepening. Economic growth remains resilient. Employment is generally stable, household income is witnessing steady growth, and the people's livelihood continues to improve. All these factors have contributed to sustained and healthy economic development and social stability. In addition, the proactive fiscal policy and the sound monetary policy have gradually shown an effect. Money and credit as well as aggregate financing to the real economy (AFRE) have grown at a rate well-aligned with economic development. As a result, the macro leverage ratio has been basically stable, and financial support for the real economy, especially for MSEs and private enterprises, has been continuously intensified. With prudent and decisive measures taken to prevent financial risks, the financial system has been generally healthy and capable of defusing various risks. The quality and efficiency of providing financial support for the real economy have been improving. The RMB exchange rate has remained basically stable at an adaptive and equilibrium level, and the capacity of the economy to cope with external shocks has been enhanced.

With the economy undergoing adjustments both at home and abroad, the downward pressures on the Chinese economy are quite high. The world economy continues to slow down amid profound post-crisis adjustments, so external uncertainties and destabilizing factors are on the rise. As the Chinese economy is transitioning from high-speed growth to high-quality development, the structural, institutional, and cyclical issues are interwoven with one another, and the coexistence of an economic slowdown, structural adjustments, and the impact from the previous stimulus policies are exerting more influence. Although China's economic growth has remained resilient, it is still faced with significant downward pressures.

Corporate investment growth is still weak. With more credit risks exposed, the risk appetite of some small and medium-sized financial institutions has declined. The novel coronavirus epidemic will have some impact on economic growth in the short run, as mainly reflected by the fall in consumption and the delayed resumption of business operations. It is necessary to view these developments from an objective and rational perspective, to remain confident, and to keep firm. We need to be fully prepared and exert ourselves to do our part well. Efforts will be made to promote the stable growth of consumption, increase effective investment, and release the potential of domestic market demand.

Inflation is generally under control and expectations are basically stable, with future developments to be watched closely. Throughout 2019, the rises in consumer goods prices were apparently structural and mainly driven by the rapid rise in food prices, such as the price of pork. As multiple measures have been rolled out successively to guarantee supply, stabilize prices, and guide expectations, CPI growth is generally controllable, while inflation expectations have been prevented from diverging and they remain stable. In the meantime, with the weakening of the base figure effect, the year-on-year PPI decline has somewhat narrowed. Over the short term, factors such as the novel coronavirus epidemic are likely to affect prices, which warrant continued monitoring and analysis. However, judging by the fundamentals, China's economic performance is generally stable, and aggregate supply and demand are basically in equilibrium, providing no grounds for persistent inflation or deflation.

## II. Outlook for monetary policy in the next stage

Under the guidance of Xi Jinping Thought on Socialism with Chinese Characteristics for a New Era, the PBC will comprehensively implement the guidelines of the Fourth Plenary Session of the 19th Communist Party of China (CPC) Central Committee and the Central Economic Work Conference as well as the decisions and arrangements of the CPC Central Committee and the State Council. Committed to achieving the target of completing the building of a moderately prosperous society in all respects and concluding the 13th Five-Year Plan, it will adhere to the guiding principle of pursuing progress while ensuring stability, uphold the new development philosophy, and take all-round measures to stabilize employment, the financial sector, foreign trade, foreign investment, domestic investment, and expectations. Meanwhile, it will calibrate countercyclical adjustments in a scientific and prudent manner and conduct a sound monetary policy that is flexible and appropriate. By upholding the fundamental principles, promoting innovation, and living up to its responsibilities, it will properly cope with short-term downward pressures on the economy while refraining resolutely from an indiscriminate large-scale stimulus, so as to ensure that the economy performs within a reasonable range. It will try to reach a dynamic balance among multiple targets and carry out reforms to smooth the transmission of monetary policy. By combining reforms and adjustment measures and accommodating both short-term and long-term considerations as well as internal and external equilibria, it will further intensify countercyclical adjustments, structural adjustments, and reforms to keep prices basically stable. Taking epidemic control as the top priority under the current circumstances, the PBC will step up monetary and credit support to control the epidemic. The PBC will defend the bottom line of risk prevention and will continue to forestall and defuse risks in the course of promoting high-quality development, thereby fostering a virtuous cycle between the economy and the financial sector. Work will be done to guide expectations, strengthen macro policy coordination, coordinate RMB and foreign exchange policies, and strike a balance between internal and external equilibria. Efforts will be made to deepen the financial supply-side structural reforms, establish a modern central banking system, and make the modern financial system more adaptable, competitive, and inclusive to foster a virtuous cycle in the national economy.

First, the PBC will effectively implement a sound monetary policy, calibrate countercyclical adjustments in a scientific and prudent manner, and keep liquidity reasonable and adequate so that the growth of money and credit as well as the AFRE is in line with economic growth. A mix of monetary policy instruments will be flexibly employed to support high-quality economic development with appropriate monetary growth and to effectively keep the economy performing within a reasonable range. Macro management will be more forward-looking, precise, proactive, and effective. Preemptive adjustments and fine-tunings will be carried out in line with economic growth and price developments, and they will be carefully calibrated to enhance guidance of expectations and to maintain China's status as one of the few major economies in the world that pursues a normal monetary policy. Work will be done to improve the sustainable mechanism for capital replenishment, encourage banks to replenish capital through multiple channels, such as the issuance of perpetual bonds, and expand the scope of perpetual bond investors to diversify risks. In particular, measures will be taken to support capital replenishment by small and medium-sized banks, enhance the ability of banks to serve the real economy as well as to forestall and defuse financial risks, and prevent the risk of social credit contraction.

Second, the PBC will take epidemic control as the top priority under the current circumstances and step up monetary and credit support for it. Major national banks and locally incorporated banks in the ten hard-hit provinces and municipalities are required to make full use of the special central bank lending to support, in a rapid and precise way, those enterprises directly engaged in epidemic control. Management of the special central bank lending will be based on a list of key enterprises directly engaged in the production, transportation, and sale of vital medical supplies and daily necessities, and financial institutions will be encouraged to provide credit support at preferential interest rates for the enterprises on the list. Moreover, financial institutions will be guided to better meet the needs of hospitals, medical research institutions, and relevant enterprises by providing sufficient credit resources. They must not blindly withdraw, terminate, or reduce loans issued to the industries that are severely affected by the epidemic, such as wholesale, retail, catering, logistics, and culture and tourism, as well as MSEs that have promising prospects but are facing temporary difficulties. Extensions or renewals of loans will be granted for enterprises having trouble with repayments on time due to the epidemic. All-out support will be provided for the resumption of work and production on the condition that the measures for epidemic prevention and control are in place. The PBC will help relevant enterprises overcome the impact of the epidemic by duly lowering loan rates, increasing credit-based lending and medium and long-term lending, as well as other possible measures. Financial services related to epidemic control will be improved, with preferential treatment applied to heavily afflicted regions, industries, and enterprises on a differentiated basis.

Third, the PBC will give play to the role of monetary policy in promoting economic structural adjustments, with a view to better serving the real economy. Work will be done to further improve the RRR policy framework featuring "three tranches and two preferential treatments" and to establish a long-term mechanism of increasing bank loans to MSEs. A mix of monetary policy instruments, such as targeted RRR cuts, central bank lending, central bank discounts, and macroprudential assessment (MPA), will be properly employed so that financial institutions will be guided to step up credit support for MSEs, private enterprises, and the manufacturing industry. Banks will be urged to cut surcharges on loans so as to ensure a reduction in the financing costs of MSEs and to better serve the real economy. Policy coordination will be enhanced so that financial resources will be channeled to the fields that will benefit both the demand and supply sides and produce a multiplier effect, such as advanced manufacturing, livelihood improvement, and weak links in infrastructure development, thereby promoting industrial and consumption upgrading. Efforts will be made to advance poverty alleviation based on both financial support and industrial development, so as to boost the endogenous growth drive for impoverished regions. Research will be conducted to roll out measures for the assessment of commercial bank services for rural revitalization so as to promote better services accordingly. Policies on guaranteed loans for business start-ups will be improved to provide better financial services for groups such as veterans, college graduates, and rural migrant workers starting their own businesses. In line with the principle that housing is for living in, not for speculation, and that relevant policies should be introduced on a city-specific basis, steps will be accelerated to establish a long-term mechanism for the management of real estate financing while refraining from using the real estate market to provide a short-term stimulus to the economy.

Fourth, the PBC will make more efforts to deepen the market-based interest rate reform and the reform of the RMB exchange rate formation mechanism so as to enhance the efficiency of financial resource allocations. The PBC will further develop the system of benchmark lending rates and market-based interest rates by improving the loan prime rate (LPR) transmission mechanism, moving ahead with the conversion of the pricing benchmark for existing floating-rate loans, motivating banks to apply the LPR in an orderly way, and transforming the old mentality of pricing so as to remove the implicit floor of loan rates and to smooth the transmission of monetary policy. The PBC will make effective use of the self-regulatory mechanism for market interest rate pricing, maintain fairness in pricing, and strictly implement the requirements for explicit indications of annualized loan rates so as to protect the rights and interests of consumers. The market-oriented exchange rate reform will be carried out steadily, with work continuing to be done to improve the managed floating exchange rate regime based on market supply and demand with reference to a basket of currencies, maintain the flexibility of the RMB exchange rate, and explore the role of the exchange rate as an automatic stabilizer for the balance of payments and the macro economy. The PBC will enhance macroprudential management to stabilize market expectations and to keep the RMB exchange rate basically stable at an adaptive and equilibrium level. Steps will be accelerated to develop the foreign exchange market and to provide services of exchange rate risk management for import and export companies with authentic needs. Enterprises will be guided to be risk neutral in financial management and to manage exchange rate risks with foreign exchange derivatives for the purpose of locking up foreign exchange costs and reducing uncertainties in production and operations. Efforts will be made to steadily advance the convertibility of the RMB under the capital account, improve the policy framework and the infrastructure for cross-border use of the RMB, and promote use of the RMB in cross-border trade and investment.

Fifth, the PBC will further improve the financial market system and enable the financial markets to play a better role in stabilizing growth, promoting structural adjustments, advancing reform, and guarding against risks. Measures will be taken to support bond financing by private enterprises and to strengthen the ability of the financial sector to serve the real economy. Work will be done to push for uniform standards for information disclosures of corporate debenture bonds and to improve the relevant regulations. The mechanism of bond default risk prevention and resolution will be improved in line with market-based and law-based principles. Coordination and interconnectivity between financial market infrastructures will be enhanced, and the building of custodian institutions and the trading report database will take steps forward to ensure that financial markets are generally stable and perform safely and efficiently. Active but prudent steps will be taken to promote the opening-up of the bond market at an institutional and systemic level and to introduce more medium and long-term investors into the market.

Sixth, the PBC will deepen the financial supply-side structural reform and improve the modern financial system that is expected to be highly adaptable, competitive, and inclusive. Reforms of financial institutions will be further pushed ahead. More work will be done to promote full implementation of the reform plans for development financial institutions and policy banks so as to improve their governance system and to explore their role in line with the practice for the operation of financial institutions. Reforms of large commercial banks and other large financial enterprises will continue to go deeper so as to improve their corporate governance, regulate the relationship between the general meeting of shareholders, the board of directors, the board of supervisors, and management, and improve the regulations on authorized management, thereby giving rise to effective decision-making, implementation, as well as checks and balances, and enhancing their business management and risk control capabilities. The opening-up of the financial sector will be further expanded.

Seventh, the PBC will make continued efforts to fight the tough battle of forestalling and defusing major financial risks. Under the leadership of the Financial Stability and Development Committee under the State Council, while keeping in mind the importance of consolidating the success already achieved, the PBC will take a more holistic and forward-looking approach in addressing risks and will continue to do a good job in "precise bomb removal" for high-risk institutions in key areas. The division of duties for all parties concerned will be further clarified to ensure that financial institutions are held chiefly responsible; local governments will assume the responsibility for risk resolution in their respective jurisdictions and primary responsibility for maintaining local stability; financial regulatory agencies will assume the responsibility for supervision, and the PBC will assume the responsibility as the lender of last resort; and moral hazards will be closely guarded against. Efforts will be made to improve the long-term mechanism of forestalling and defusing financial risks and to promote high-quality development of the financial sector by means of reform, while firmly defending the bottom line that no systemic risk should occur.

# 附录一　2019年中国货币政策大事记

**1月4日，**中国人民银行宣布下调金融机构存款准备金率1个百分点，其中，1月15日和1月25日分别下调0.5个百分点。同时，第一季度到期的中期借贷便利不再续做。

**1月17日，**在中国人民银行指导下，中国银行间市场交易商协会组织市场成员制定了《境外非金融企业债务融资工具业务指引（试行）》，促进了境外非金融企业债务融资工具规范发展，进一步提升银行间债券市场对外开放水平。

**1月23日，**中国人民银行向全国人大财经委员会汇报2018年货币政策执行情况。

**1月23日，**中国人民银行开展了2019年第一季度定向中期借贷便利操作，操作金额为2 575亿元，以优惠利率为金融机构支持小微、民营企业提供长期稳定资金来源。

**1月24日，**中国人民银行宣布创设央行票据互换工具（CBS），为银行发行无固定期限资本债即永续债提供流动性支持，并将合格的银行永续债纳入央行担保品范围。1月25日，中国银行成功发行400亿元国内首单银行永续债，实现2倍以上认购，发行利率位于区间下限。2月20日，中国人民银行面向公开市场业务一级交易商开展了首次CBS操作，费率为0.25%，操作量为15亿元，期限1年。

**1月29日，**为切实提升金融服务乡村振兴效率和水平，中国人民银行、银保监会、证监会、财政部、农业农村部联合印发《关于金融服务乡村振兴的指导意见》（银发〔2019〕11号）。

**2月11日，**中国人民银行与苏里南中央银行续签规模为10亿元人民币/11亿苏里南元的双边本币互换协议。

**2月13日，**中国人民银行在香港成功发行200亿元人民币央行票据，其中3个月期和1年期央行票据各100亿元，中标利率分别为2.45%和2.80%。

**2月21日，**发布《2018年第四季度中国货币政策执行报告》。

**4月12日，**中国人民银行货币政策委员会召开2019年第一季度例会。

**4月17日，**中国人民银行向全国人大财经委员会汇报2019年第一季度货币政策执行情况。

**4月24日，**中国人民银行开展了定向中期借贷便利操作，操作金额为2 674亿元。

**5月6日，**中国人民银行宣布下调服务县域的农村商业银行存款准备金率至农村信用社档次，于5月15日、6月17日、7月15日分三次实施，我国存款准备金“三档两优”的新框架基本形成。

**5月10日，**中国人民银行与新加坡金融管理局续签规模为3 000亿元人民币/610亿新加坡元的双边本币互换协议。

**5月13日，**哈萨克中国银行参与人民币对坚戈银行间市场区域挂牌交易。

**5月15日，**中国人民银行在香港成功发行200亿元人民币央行票据，其中3个月期和1年期央行票据各100亿元，中标利率分别为3.00%和3.10%。

**5月15日，**中国人民银行、中国证券监督管理委员会联合发布《关于做好开放式债券指数证券投资基金创新试点工作的通知》（银发〔2019〕128号），推动债券指数公募基金在银行间市场和交易所市场发展。

**5月17日，**发布《2019年第一季度中国货币政策执行报告》。

**5月27日，**中国人民银行、国家外汇管理局联合发布《存托凭证跨境资金管理办法（试行）》（中国人民银行　国家外汇管理局公告〔2019〕第8号）。

**5月30日，**中国人民银行与土耳其中央银行续签规模为120亿元人民币/109亿土耳其里拉的双边本币互换协议。

**6月5日，**人民币合格境外机构投资者（RQFII）试点地区扩大至荷兰，投资额度为500亿元人民币。

**6月14日，**下发《中国人民银行关于向中小银行提供流动性支持的通知》（银发〔2019〕159号），增加再贴现额度2 000亿元、常备借贷便利额度1 000亿元，加强对中小银行流动性支持，构建防范化解中小银行流动性风险的"四道防线"，保持中小银行流动性充足。

**6月24日，**中国人民银行、中国银行保险监督管理委员会联合发布《中国小微企业金融服务报告（2018）》，这是我国政府相关部门首次公开发布的小微企业金融服务白皮书。

**6月25日，**中国人民银行货币政策委员会召开2019年第二季度例会。

**6月26日，**中国人民银行在香港成功发行300亿元人民币央行票据，其中1个月期央行票据200亿元、6个月期央行票据100亿元，中标利率分别为2.80%和2.82%。这是中国人民银行首次在香港发行1个月期和6个月期人民币央行票据。

**6月27日，**中国人民银行面向公开市场业务一级交易商开展了2019年第二期央行票据互换操作，费率为0.25%，操作量为25亿元，期限1年。

**7月15日，**中国人民银行向全国人大财经委员会汇报2019年上半年货币政策执行情况。

**7月15日，**中国人民银行开展了中期借贷便利操作，操作金额为2 000亿元，期限为1年，利率为3.3%。

**7月19日，**发布《中国区域金融运行报告（2019）》。

**7月23日，**中国人民银行开展了中期借贷便利操作，操作金额为2 000亿元，期限为1年，利率为3.3%。

**7月23日，**中国人民银行开展了定向中期借贷便利操作，操作金额为2 977亿元。

**7月24日，**中国人民银行全面实施优化运用扶贫再贷款发放贷款定价机制工作，引导金融机构合理确定运用扶贫再贷款资金发放贷款的利率，切实降低贫困地区融资成本。

**7月26日，**中国人民银行发布《金融控股公司监督管理试行办法（征求意见稿）》，向社会公开征求意见。

**8月9日，**中国人民银行面向公开市场业务一级交易商开展了2019年第三期央行票据互换操作，费率为0.10%，操作量为50亿元，期限3个月。这是中国人民银行首次开展3个月期央行票据互换操作。

**8月9日，**发布《2019年第二季度中国货币政策执行报告》。

**8月14日，**中国人民银行在香港成功发行300亿元人民币央行票据，其中3个月期央行票据200亿元、1年期央行票据100亿元，中标利率分别为2.90%和2.95%。

**8月15日，**中国人民银行开展了中期借贷便利操作，操作金额为4 000亿元，期限为1年，利率为3.3%。

**8月17日，**印发中国人民银行公告〔2019〕第15号，改革完善贷款市场报价利率形成机制，促进贷款利率进一步市场化，提高利率传导效率，推动降低贷款实际利率水平。

**8月20日，**中国人民银行授权全国银行间同业拆借中心首次公布新机制下的贷款市场报价利率（LPR），1年期LPR为4.25%，5年期以上LPR为4.85%。

**8月25日，**为推动贷款市场报价利率改革，中国人民银行发布公告〔2019〕第16号，要求自2019年10月8日起，新发放商业性个人住房贷款利率以最近一个月相应期限的贷款市场报价利率为定价基准加点形成。

**8月26日，**中国人民银行开展了中期借贷便利操作，操作金额为1 500亿元，期限为1年，利率为3.3%。

**8月27日，**中国人民银行设立专项扶贫再贷款，支持扩大“三区三州”信贷投放，降低“三区三州”融资成本，促进实现精准扶贫、精准脱贫目标。

**8月27日，**印发《中国人民银行办公厅 中国银行保险监督管理委员会办公厅关于支持商业银行发行创新创业金融债券的意见》（银办发〔2019〕161号），鼓励商业银行发行“双创”金融债券增加“双创”领域信贷投放，发挥各类创新主体的创造潜能，支持经济结构调整和产业升级。

**9月6日，**中国人民银行宣布于9月16日全面下调金融机构存款准备金率0.5个百分点（不含财务公司、金融租赁公司和汽车金融公司）。同时，再额外对仅在省级行政区域内经营的城市商业银行定向下调存款准备金率1个百分点，于10月15日和11月15日分两次实施到位，每次下调0.5个百分点。

**9月10日，**国家外汇管理局公告取消合格境外机构投资者（QFII）和人民币合格境外机构投资者（RQFII）投资额度限制。

**9月11日，**中国人民银行面向公开市场业务一级交易商开展了2019年第四期央行票据互换操作，费率为0.10%，操作量为50亿元，期限3个月。

**9月17日，**中国人民银行开展了中期借贷便利操作，操作金额为2 000亿元，期限为1年，利率为3.3%。

**9月20日，**中国人民银行授权全国银行间同业拆借中心公布贷款市场报价利率（LPR），1年期LPR为4.2%，5年期以上LPR为4.85%。

**9月25日，**中国人民银行货币政策委员会召开2019年第三季度例会。

**9月25日，**中国人民银行完善再贷款和常备借贷便利质押品管理，按信用等级和流动性对质押品进行分类，根据货币政策操作需要设置差异化质押品要求，切实维护央行资金安全。

**9月26日，**中国人民银行在香港成功发行100亿元人民币央行票据，期限为6个月，中标利率为2.89%。

**10月8日，**中国人民银行与欧洲中央银行续签规模为3 500亿元人民币/450亿欧元的双边本币互换协议。

**10月15日，**中国人民银行与国家外汇管理局联合发布《关于进一步便利境外机构投资者投资银行间债券市场有关事项的通知》。

10月17日，中国人民银行向全国人大财经委员会汇报2019年前三个季度货币政策执行情况。

10月17日，中国人民银行面向公开市场业务一级交易商开展了2019年第五期央行票据互换操作，费率为0.10%，操作量为60亿元，期限3个月。

10月21日，中国人民银行授权全国银行间同业拆借中心公布贷款市场报价利率（LPR），1年期LPR为4.2%，5年期以上LPR为4.85%。

11月5日，中国人民银行开展了中期借贷便利操作，操作金额为4 000亿元，利率为3.25%，较上次操作下调5个基点。

11月7日，中国人民银行在香港成功发行300亿元人民币央行票据，其中3个月期央行票据200亿元、1年期央行票据100亿元，中标利率均为2.90%。

11月15日，中国人民银行开展了中期借贷便利操作，操作金额为2 000亿元，利率为3.25%。

11月16日，发布《2019年第三季度中国货币政策执行报告》。

11月20日，中国人民银行授权全国银行间同业拆借中心公布贷款市场报价利率（LPR），1年期LPR为4.15%，5年期以上LPR为4.8%。

11月26日，中国人民银行、中国银行保险监督管理委员会联合就《系统重要性银行评估办法（征求意见稿）》向社会公开征求意见。

11月27日，中国人民银行面向公开市场业务一级交易商开展了2019年第六期央行票据互换操作，费率为0.10%，操作量为60亿元，期限3个月。

12月5日，中国人民银行与澳门金融管理局签署规模为300亿元人民币/350亿澳门元的双边本币互换协议。

12月6日，中国人民银行开展了中期借贷便利操作，操作金额为3 000亿元，利率为3.25%。

12月10日，中国人民银行与匈牙利中央银行续签规模为200亿元人民币/8 640亿匈牙利福林的双边本币互换协议。

12月16日，中国人民银行开展了中期借贷便利操作，操作金额为3 000亿元，利率为3.25%。

12月20日，中国人民银行会同国家发展改革委、证监会起草的《公司信用类债券信息披露管理办法（征求意见稿）》向社会公开征求意见。

12月20日，中国人民银行在香港成功发行100亿元人民币央行票据，期限为6个月，中标利率为2.90%。

12月20日，中国人民银行授权全国银行间同业拆借中心公布贷款市场报价利率（LPR），1年期LPR为4.15%，5年期以上LPR为4.8%。

12月24日，中国人民银行面向公开市场业务一级交易商开展了2019年第七期央行票据互换操作，费率为0.10%，操作量为60亿元，期限3个月。

12月27日，中国人民银行会同国家发展改革委、证监会起草的《关于公司信用类债券违约处置有关事宜的通知（征求意见稿）》向社会公开征求意见。

12月27日，中国人民银行货币政策委员会召开2019年第四季度例会。

12月28日，为深化利率市场化改革，进一步推动贷款市场报价利率（LPR）运用，中国人民银行发布《关于存量浮动利率贷款定价基准转换的公告》（中国人民银行公告〔2019〕30号），要求金融机构遵循市场化、法治化原则，推动存量浮动利率贷款定价基准转换为LPR或固定利率。

**12月30日，**中国人民银行下调常备借贷便利各期限利率5个基点。下调后，常备借贷便利隔夜、7天、1个月利率分别为3.35%、3.50%和3.85%。

# Appendix 1 Highlights of China's Monetary Policies in 2019

**On January 4,** the PBC announced the decision to lower the required reserve ratio for financial institutions by 1 percentage point, of which 0.5 percentage points was cut on January 15, 2019 and a further 0.5 percentage points was cut on January 25, 2019. In addition, the Medium-Term Lending Facility due to mature in the first quarter was not renewed.

**On January 17,** under the guidance of the PBC, the National Association of Financial Market Institutional Investors (NAFMII) organized its members to formulate the *Guidelines on Debt Financing Instruments of Overseas Non-Financial Enterprises (for Trial Implementation)*, promoting the well-regulated development of debt financing instruments of overseas non-financial enterprises and the further opening up of the interbank bond market.

**On January 23,** the PBC reported to the Financial and Economic Affairs Committee of the National People's Congress on implementation of monetary policies in 2018.

**On January 23,** the PBC conducted Targeted Medium-term Lending Facility operations of RMB 257.5 billion for Q1 2019, aiming to provide a long-term and stable funding source for financial institutions to support private enterprises and micro and small businesses with preferential interest rates.

**On January 24,** the PBC announced the introduction of the Central Bank Bills Swap (CBS) to provide liquidity support for bank-issued perpetual bonds, and incorporated qualified perpetual bonds into eligible collateral for central bank operations. On January 25, Bank of China issued the first bank-issued perpetual bond in China with a scale of RMB 40 billion, a bid-to-cover ratio over 2, and an interest rate at the lower end of the range. On February 20, the PBC conducted the first CBS operation with primary dealers of open market operations. The operation registered RMB 1.5 billion, with a term of one year and a rate of 0.25 percent.

**On January 29,** to earnestly improve the efficiency and quality of the financial sector in serving rural revitalization, the PBC, China Banking and Insurance Regulatory Commission (CBIRC), China Securities Regulatory Commission (CSRC), the Ministry of Finance (MOF), and the Ministry of Agriculture and Rural Affairs (MOA) jointly released the *Guidelines on Finance Serving Rural Vitalization* (Yinfa [2019] No.11).

**On February 11,** the PBC renewed the bilateral local currency swap agreement with Centrale Bank van Suriname. The size of the swap facility was RMB 1 billion, or SRD1.1 billion.

**On February 13,** the PBC successfully issued three-month and one-year RMB-denominated central bank bills, each worth RMB 10 billion, with a bid interest rate of 2.45 percent and 2.80 percent, respectively.

**On February 21,** the PBC released *China Monetary Policy Report (Q4 2018).*

**On April 12,** the PBC Monetary Policy Committee held the first quarterly meeting in 2019.

**On April 17,** the PBC reported to the Financial and Economic Affairs Committee of the National People's Congress on implementation of monetary policy in Q1 2019.

**On April 24,** the PBC conducted TMLF operations in the amount of RMB 267.4 billion.

**On May 6,** the PBC announced the decision to lower the RRR for rural commercial banks serving counties to that for rural credit cooperatives. The RRR adjustment was carried out in three phases, respectively on May 15, June 17, and July 15. China's new RRR framework featuring "three tranches and two preferential treatments" was basically formed.

**On May 10,** the PBC renewed a bilateral local currency swap agreement with the Monetary Authority of Singapore. The size of the swap facility was RMB 300 billion, or SGD61 billion.

**On May 13,** Bank of China Kazakhstan joined in RMB/KZT regional trading in the interbank market.

**On May 15,** the PBC successfully issued three-month and one-year RMB-denominated central bank bills in Hong Kong, each worth RMB 10 billion, with a rate of 3.00 percent and 3.10 percent respectively.

**On May 15,** the PBC and the CSRC jointly issued the *Notice on the Pilot Work of Innovation in Open-End Securities Investment Funds Based on Bond Indexes* (Yinfa [2019] No. 128) to promote the development of bond index mutual funds in the interbank market and the stock exchanges.

**On May 17,** the PBC released *China Monetary Policy Report (Q1 2019).*

**On May 27,** the PBC and the State Administration of Foreign Exchange (SAFE) jointly issued the *Administrative Measures on Cross-border Capital of Depository Receipts (for Trial Implementation)* (Announcement [2019] No. 8 of the PBC and the SAFE).

**On May 30,** the PBC and the Central Bank of the Republic of Turkey renewed a bilateral local currency swap agreement. The size of the facility was RMB 12 billion, or TRY10.9 billion.

**On June 5,** the pilot area for RMB qualified foreign institutional investor (RQFII) was expanded to the Netherlands, with an investment quota of RMB 50 billion.

**On June 14,** the PBC released the *Notice on Providing Liquidity Support for Small and Medium-Sized Banks* (Yinfa [2019] No.159), increasing the quota of central bank discounts and the standing lending facility (SLF) by RMB 200 billion and RMB 100 billion, respectively, strengthening liquidity support for small and medium-sized banks, building "four defense lines" to forestall and mitigate liquidity risks, and maintaining adequate liquidity for small and medium-size banks.

**On June 24,** the PBC and the CBIRC jointly issued the *Report on Financial Services for China's Micro and Small Enterprises (2018)*, which was the first publicly released white paper on financial services for micro and small enterprises by the Chinese authorities.

**On June 25,** the PBC Monetary Policy Committee held the second quarterly meeting in 2019.

**On June 26,** the PBC successfully issued one-month and six-month central bank bills, worth RMB 20 billion and RMB 10 billion respectively, and with a rate of 2.80 percent and 2.82 percent respectively. It was the first time that the PBC issued one-month and six-month RMB-denominated central bank bills in Hong Kong.

**On June 27,** the PBC conducted the second CBS operation in 2019 for primary dealers of open market operations. The operation registered RMB 2.5 billion, with a term of one year and a rate of 0.25 percent.

**On July 15,** the PBC reported to the Financial and Economic Affairs Committee of the National People's Congress on implementation of monetary policies in the first half of 2019.

**On July 15,** the PBC conducted one-year MLF operations in the amount of RMB 200 billion, with an interest rate of 3.3 percent.

**On July 19,** *China Regional Financial Report (2019)* was released.

**On July 23,** the PBC conducted one-year MLF operations in the amount of RMB 200 billion, with an interest rate of 3.3 percent.

**On July 23,** the PBC conducted TMLF operations in the amount of RMB 297.7 billion.

**On July 24,** the PBC comprehensively carried out the program of optimizing the pricing mechanism for loans using funds from central bank lending for poverty alleviation so as to guide financial institutions to rationally determine the interest rates for loans issued using funds from central bank lending for poverty alleviation and effectively reduce financing costs in poor areas.

**On July 26,** the PBC released the *Trial Measures for the Supervision and Administration of Financial Holding Companies (Exposure Draft)* to solicit public opinion.

**On August 9,** the PBC conducted the third CBS operation in 2019. Open to primary dealers of open market operations, the operation registered RMB 5 billion, with a term of three months and a rate of 0.10 percent. This was the first time for the PBC to conduct three-month CBS operations.

**On August 9,** the PBC released *China Monetary Policy Report (Q2 2019).*

**On August 14,** the PBC successfully issued RMB 20 billion three-month and RMB 10 billion one-year RMB-denominated central bank bills in Hong Kong, with the bid interest rate at 2.90 percent and 2.95 percent, respectively.

**On August 15,** the PBC conducted one-year MLF operations in the amount of RMB 400 billion, with an interest rate of 3.3 percent.

**On August 17,** the Announcement of the People's Bank of China [2019] No.15 was released, aimed at reforming and improving the loan prime rate (LPR) formation mechanism, making the lending rates more market-based, enhancing the efficiency of the interest rate transmission, and reducing real interest rates on loans.

**On August 20,** the PBC authorized the NIFC to announce the LPR under the new mechanism for the first time. The one-year and above-five-year LPR were 4.25 percent and 4.85 percent, respectively.

**On August 25,** to deepen the reform of the LPR, the PBC released the Announcement of the People's Bank of China [2019] No.16, requiring that starting from October 8, 2019, new commercial individual housing loans should be priced by adding basis points to the latest month's LPR of corresponding maturity.

**On August 26,** the PBC conducted one-year MLF operations in the amount of RMB 150 billion, with an interest rate of 3.3 percent.

**On August 27,** the PBC launched special poverty-alleviation relending to support the credit expansion and reduce the financing costs in the "three regions and three prefectures," so as to help achieve the goals for targeted poverty alleviation.

**On August 27,** the *Opinions of the PBC General Administration Department and the China Banking and Insurance Regulatory Commission on Supporting Commercial Banks to Issue Financial Bonds for Innovation and Entrepreneurship* (Yinbanfa [2019] No. 161) was released to encourage commercial banks to issue special bonds for innovation and entrepreneurship so to expand credit supply in both fields, to tap the creative potential of various innovative entities, and to promote economic restructuring and industrial upgrading.

**On September 6,** the PBC announced that on September 16 it would comprehensively lower the RRR for financial institutions, excluding finance companies, financial leasing companies, and auto finance companies, by 0.5 percentage points, and it would further lower the ratio by 1 percentage point for city commercial banks operating solely within provincial-level administrative regions, which was to be implemented on October 15 and November 15, with a cut of 0.5 percentage points each time.

**On September 10,** the SAFE announced the removal of the quota restriction on qualified foreign institutional investors (QFII) and RMB qualified foreign institutional investors (RQFII).

**On September 11,** the PBC conducted the fourth CBS operation in 2019. Open to primary dealers of open market operations, the operation registered RMB 5 billion, with a term of three months and a rate of 0.10 percent.

**On September 17,** the PBC conducted one-year MLF operations in the amount of RMB 200 billion, with an interest rate of 3.3 percent.

**On September 20,** with the authorization of the PBC, the NIFC announced the LPR as follows: the one-year and above-five-year LPR were 4.2 percent and 4.85 percent, respectively.

**On September 25,** the PBC Monetary Policy Committee held the third quarterly meeting in 2019.

**On September 25,** the PBC improved the management of collateral for central bank lending and the SLF, classified collateral according to the credit rating and liquidity, and set different requirements based on the demand of monetary policy operations so as to ensure the safety of central bank funds.

**On September 26,** the PBC successfully issued RMB 10 billion worth of six-month RMB-denominated central bank bills in Hong Kong, with the bid-winning interest rates at 2.89 percent.

**On October 8,** the PBC and the European Central Bank (ECB) extended a bilateral local currency swap agreement in the amount of RMB 350 billion, or EUR45 billion.

**On October 15,** the PBC and the SAFE jointly released *Circular on Further Facilitating Investments by Foreign Institutional Investors in Interbank Bond Markets.*

**On October 17,** the PBC reported to the Financial and Economic Affairs Committee of the National People's Congress on implementation of monetary policy in the first three quarters of 2019.

**On October 17,** the PBC conducted the fifth CBS operation in 2019. Open to primary dealers of open market operations, the operation registered RMB 6 billion with a term of three months and a rate of 0.10 percent.

**On October 21,** with the authorization of the PBC, the NIFC announced the LPR as follows: the one-year and above-five-year LPR were 4.2 percent and 4.85 percent, respectively.

**On November 5,** the PBC conducted MLF operations in the amount of RMB 400 billion with an interest rate of 3.25 percent, down by 5 basis points from the last operation.

**On November 7,** the PBC successfully issued RMB 30 billion RMB-denominated central bank bills in Hong Kong, including RMB 20 billion three-month bills and RMB 10 billion one-year bills, with the rates at 2.90 percent for both.

**On November 15,** the PBC conducted MLF operations in the amount of RMB 200 billion, with an interest rate of 3.25 percent.

**On November 16,** the PBC released *China Monetary Policy Report (Q3 2019).*

**On November 20,** with the authorization of the PBC, the NIFC announced the LPR as follows: the one-year and above-five-year LPR were 4.15 percent and 4.8 percent, respectively.

**On November 26,** the PBC and CBIRC jointly solicited public opinion on the *Evaluation Measures for Systemically Important Banks (Exposure Draft).*

**On November 27,** the PBC conducted the sixth CBS operation in 2019. Open to primary dealers of open market operations, the operation registered RMB 6 billion, with a term of three months and a rate of 0.10 percent.

**On December 5,** the PBC signed a bilateral local currency swap agreement with the Monetary Authority of Macao. The size of the swap facility was RMB 30 billion, or MOP 35 billion.

**On December 6,** the PBC conducted MLF operations in the amount of RMB 300 billion with an interest rate of 3.25 percent.

**On December 10,** the PBC renewed the bilateral local currency swap agreement with Magyar Nemzeti Bank. The size of the swap facility was RMB 20 billion, or HUF 864 billion.

**On December 16,** the PBC conducted MLF operations in the amount of RMB 300 billion with an interest rate of 3.25 percent.

**On December 20,** the *Administrative Measures for Information Disclosures of Corporate Debenture Bonds (Exposure Draft)* drafted by the PBC, the National Development and Reform Commission (NDRC), and the CSRC was released to solicit public opinion.

**On December 20,** the PBC successfully issued RMB 10 billion six-month RMB-denominated central bank bills in Hong Kong, with the bid-winning interest rates at 2.90 percent.

**On November 20,** *with the authorization of the PBC, the NIFC announced the LPR as follows:* the one-year and above-five-year LPR were 4.15 percent and 4.8 percent, respectively.

**On December 24,** the PBC conducted the seventh CBS operation in 2019. Open to primary dealers of open market operations, the operation registered RMB 6 billion with a term of three months and a rate of 0.10 percent.

**On December 27,** the *Notice on the Disposal of Corporate Debenture Bond Defaults (Exposure Draft)*, drafted by the PBC, the NDRC, and the CSRC, was released to solicit public opinion.

**On December 27,** the PBC Monetary Policy Committee held the fourth quarterly meeting in 2019.

**On December 28,** to deepen the market-oriented interest rate reform and further promote application of the LPR, the PBC released the *Announcement* on the Shift in the Pricing Benchmark for Outstanding Floating-rate Loans (Announcement of the People's Bank of China [2019] No.30), requiring financial institutions to shift the pricing benchmark for outstanding floating-rate loans to the LPR, or to fixed rates, in a market-oriented and law-based manner.

**On December 30,** the PBC lowered all SLF rates by 5 basis points, which brought overnight, 7-day, and 1-month SLF rates to 3.35 percent, 3.50 percent, and 3.85 percent respectively.

# 附录二　2019年主要经济体中央银行货币政策

## 一、美联储

美联储于2019年7月31日、9月18日与10月30日分别宣布降低联邦基金利率目标区间25个基点至1.50%~1.75%，7月为国际金融危机后首次降息。美联储3月议息会议决定从5月起将国债减持速度从每月不超过300亿美元下调至不超过150亿美元，7月议息会议决定于8月停止缩表。此外，为维持准备金在充足水平以及政策利率在目标区间，2019年9月，美联储自国际金融危机后首次重启正回购，并启动短期国债购买。

## 二、欧洲中央银行

欧央行在2019年前5次例会上均决定维持主要再融资利率、边际贷款便利利率、存款便利利率分别在0、0.25%和-0.4%不变，继续资产购买计划下的到期证券本金再投资，连续调整有关加息时点的前瞻性指引，并推出新一轮定向长期再融资操作（TLTRO-III）。9月12日，欧央行决定降低存款便利利率10个基点至-0.50%，为2016年以来首次降息，创历史新低，维持主要再融资操作利率、边际贷款便利利率分别在0、0.25%的水平不变。同时，宣布重启资产购买计划，自11月起每月净购买200亿欧元资产。此后两次例会，欧央行维持三项利率与资产购买计划规模不变。

## 三、日本银行

日本银行在2019年继续实施收益率曲线管理下的量化和质化宽松货币政策（QQE），以实现2%的通胀目标。在收益率曲线管理方面，全年8次例会将金融机构存放在日本银行的部分超额准备金利率维持在-0.1%不变，同时继续以每年80万亿日元的规模购买日本政府债券，从而将10年期国债收益率维持在0附近。在资产购买方面,继续每年购买约6万亿日元的交易所交易基金（ETF）及约900亿日元的房地产投资信托（J-REITS），并将商业票据与企业债的持有存量分别维持在约2.2万亿日元与约3.2万亿日元。

## 四、英格兰银行

英格兰银行在2019年全年的8次例会上均决定维持基准利率0.75%不变，并维持100亿英镑的投资级非金融公司债和4 350亿英镑国债的资产购买规模不变。

# Appendix 2 Monetary Policies of the Central Banks in the Major Economies in 2019

## I. The Federal Reserve

On July 31, September 18, and October 30, the Federal Open Market Committee declared it would lower the target range for the federal funds rate by 25 basis points each time to 1.5~1.75 percent, with July witnessing the first rate cut after the financial crisis. At its meeting in March, the Committee decided to slow the reduction of its holdings of Treasury securities by reducing the cap on monthly redemptions from the existing level of USD 30 billion to USD 15 billion beginning in May. At its meeting in July, the Committee decided to conclude the reduction of its balance sheet in August. In addition, to maintain ample reserve balances and the federal funds rate in the target range, the Committee conducted repurchase operations for the first time after the financial crisis and started purchasing Treasury bills in September 2019.

## II. European Central Bank

At its first five meetings in 2019, the Governing Council of the European Central Bank (ECB) made the same decisions that the interest rate on the main refinancing operations and the interest rates on the marginal lending facility and the deposit facility would remain unchanged at 0, 0.25 percent, and −0.40 percent respectively. The Governing Council continued reinvesting the principal payments from maturing securities purchased under the asset purchase program, reinforced its forward guidance on policy rates, and launched a new series of targeted longer-term refinancing operations (TLTRO-III). On September 12, the Governing Council decided to cut the interest rate on the deposit facility by 10 basis points to −0.50 percent, the first rate cut since 2016, hitting a record low. The interest rate on the main refinancing operations and the rate on the marginal lending facility remained unchanged at the existing levels of 0 and 0.25 percent, respectively. In the meanwhile, net purchases would be restarted under the Governing Council's asset purchase program (APP) at a monthly pace of EUR20 billion as of November. At the next two meetings, the Governing Council maintained the interest rates and the stock of the APP.

## III. Bank of Japan

In 2019, the Policy Board of the Bank of Japan continued with Quantitative and Qualitative Monetary Easing (QQE) with Yield Curve Control, aiming to achieve the price stability target of 2 percent. In terms of yield curve control, the Bank maintained a negative interest rate of −0.1 percent to the Policy-Rate Balances in current accounts held by financial institutions at the Bank at its eight meetings over the full year. In the meantime, the Bank continued to purchase Japanese government bonds (JGBs) at an annual pace of about JPY80 trillion so that 10-year JGB yields remained at about 0. With regard to asset purchases other than JGB purchases, the Bank continued to purchase exchange-traded funds (ETFs) and Japan real estate investment trusts (J-REITs) at annual paces of about JPY6 trillion and about JPY90 billion, respectively, and maintained the amounts outstanding of commercial papers (CP) and corporate bonds at about JPY2.2 trillion and about JPY3.2 trillion, respectively.

## IV. Bank of England

At its eight meetings in 2019, the Bank of England's Monetary Policy Committee (MPC) made the same decisions to maintain the Bank Rate at 0.75 percent, and to maintain the stock of sterling non-financial investment-grade corporate bond purchases at GBP10 billion and the stock of UK government bond purchases at GBP435 billion.

# 附录三 中国主要经济和金融指标

# Appendix 3 China's Major Economic and Financial Indicators

## 一、经济增长与经济发展水平

## 1. Economic Growth

1978年以来中国经济增长与宏观经济政策

China's economic growth and macroeconomic policies since 1978

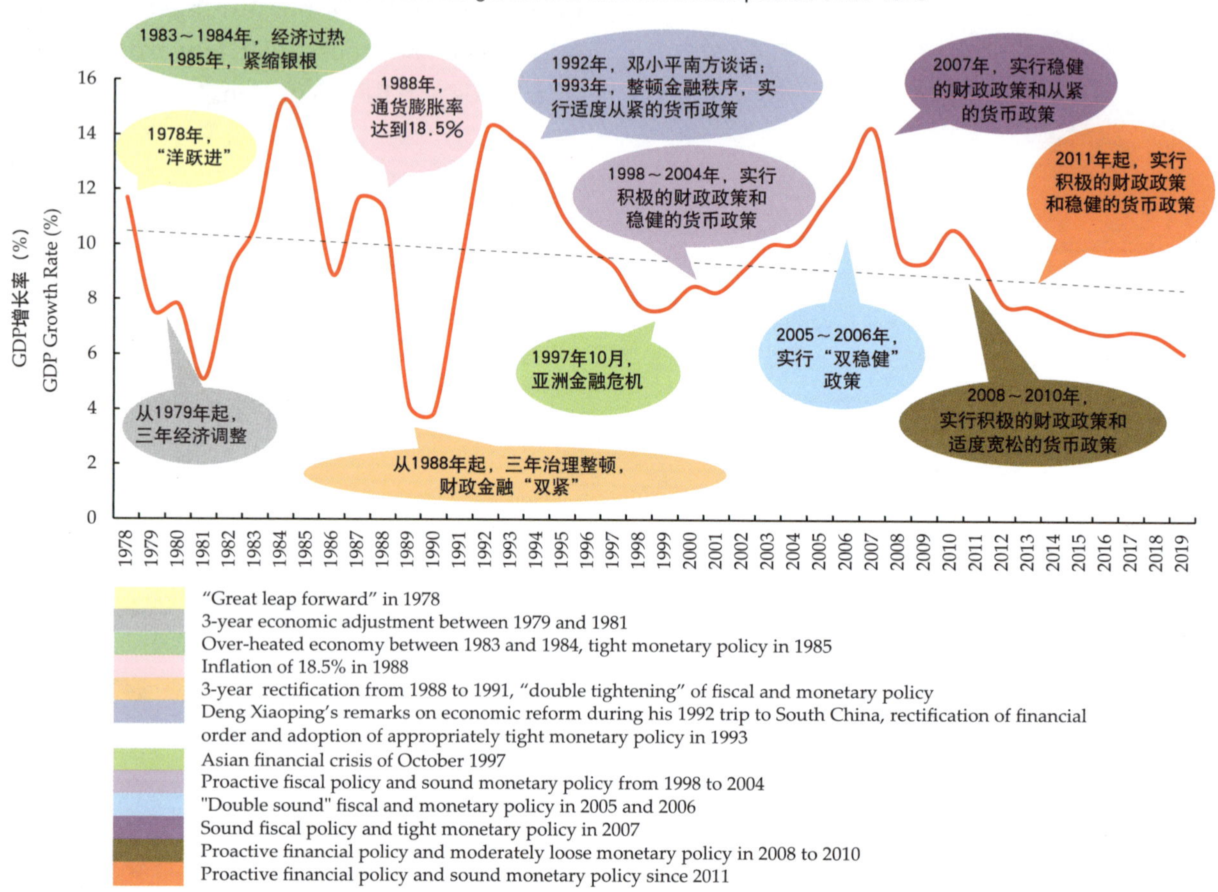

注：图中数据根据国家统计局最新数据修订。

Note: Data are revised by National Bureau of Statistics of China.

**GDP总量**：据世界银行按汇率折算法测算，2018年中国GDP总量为13.61万亿美元，占世界GDP总量85.79万亿美元的15.9%，位居第二，排在美国之后。根据世界银行发布的《2018年世界发展指标》，按购买力平价法估算，2018年中国GDP总量为22.54万亿美元，占世界GDP总量121.06万亿美元的18.6%，位居第一。

**人均GDP**：2018年，中国人均GDP为64 644元人民币，按年末汇率折算为9 419美元。

**人均国民收入**：据世界银行按汇率折算法测算，2018年世界人均国民收入为11 101美元，中国人均国民收入为9 470美元，居世界189个经济体由高向低排列的第77位。按购买力平价法估算，2018年中国人均国民收入为18 140美元，相当于世界人均国民收入17 904美元的101.3%，居世界192个经济体由高向低排列的第71位。

**Gross Domestic Product (GDP):** The World Bank estimated that the world total GDP and China's GDP in 2018 were USD 85.79 trillion and USD 13.61 trillion respectively based on Atlas methodology. Accounting for 15.9 percent of the world total, China's GDP ranked 2nd in the world after U.S. The World Bank estimated that the world total GDP and China's GDP in 2017 were USD 121.06 trillion and USD 22.54 trillion respectively based on a PPP basis, according to the *World Development Indicators 2018* released by the World Bank. Accounting for 18.6 percent of the world total, China's GDP ranked 1st in the world.

**GDP per capita:** In 2018, China's GDP per capita reached RMB 64,644, or USD 9,419 based on the exchange rate at the end of 2018.

**Gross National Income (GNI) per capita:** The World Bank estimated that in 2018 the GNI per capita for the world as a whole was USD 11,101 based on Atlas methodology. The GNI per capita in China was USD 9,470, ranking 77th among 189 worldwide economies. In PPP terms, the GNI per capita in China in 2018 was USD 18,140, equivalent to 101.3 percent of the world figure which was USD 17,904, thus ranking 71th among the 192 worldwide economies.

### 2018年世界银行按汇率折算法测算的GDP总量前10名排序

Top ten economies in terms of GDP based on Atlas methodology in 2018 (World Bank estimation)

| 排名 Rank | 国家 | Country | GDP（万亿美元）GDP (USD trillion) | 占世界 GDP 总量的比重 (%) As a percent of the world total (%) |
|---|---|---|---|---|
| 1 | 美国 | U.S. | 20.49 | 23.9 |
| 2 | **中国** | **China** | **13.61** | **15.9** |
| 3 | 日本 | Japan | 4.97 | 5.8 |
| 4 | 德国 | Germany | 4.00 | 4.7 |
| 5 | 英国 | U.K. | 2.83 | 3.3 |
| 7 | 法国 | France | 2.78 | 3.2 |
| 6 | 印度 | India | 2.73 | 3.2 |
| 9 | 意大利 | Italy | 2.07 | 2.4 |
| 8 | 巴西 | Brazil | 1.87 | 2.2 |
| 10 | 加拿大 | Canada | 1.71 | 2.0 |
| **世界　World total** | | | **85.79** | **100.0** |

### 2018年世界银行按购买力平价方法估算的GDP总量前10名排序

Top ten economies in terms of GDP based on PPP in 2018 (World Bank estimation)

| 排名 Rank | 国家 | Country | GDP（万亿美元）GDP (USD trillion) | 占世界 GDP 总量的比重 (%) As a percent of the world total (%) |
|---|---|---|---|---|
| 1 | **中国** | **China** | **22.54** | **18.6** |
| 2 | 美国 | U.S. | 18.22 | 15.1 |
| 3 | 印度 | India | 9.33 | 7.7 |
| 4 | 日本 | Japan | 4.97 | 4.1 |
| 5 | 德国 | Germany | 3.81 | 3.1 |
| 6 | 俄罗斯 | Russia | 3.76 | 3.1 |
| 7 | 印度尼西亚 | Indonesia | 3.11 | 2.6 |
| 8 | 巴西 | Brazil | 2.99 | 2.5 |
| 9 | 英国 | U.K. | 2.67 | 2.2 |
| 10 | 法国 | France | 2.65 | 2.2 |
| **世界　World total** | | | **121.06** | **100.0** |

### 世界银行估算的2018年人均国民收入

National income per capita in 2018 (estimated by the World Bank)

单位：美元　Unit: USD

| | 世界平均 Global average | 低收入国家 Low-income countries | 中等收入国家 Middle-income countries | | 高收入国家 High-income countries |
|---|---|---|---|---|---|
| | | | 较低收入组 Lower-middle-income countries | 较高收入组 Upper-middle-income countries | |
| 汇率折算法 On atlas methodology | 11 101 | 790 | 2 245 | 8 859 | 44 166 |
| 购买力平价法 On a PPP basis | 17 904 | 2 183 | 6 777 | 16 141 | 44 365 |

## 国内生产总值
## Gross domestic product

| 年 / 季度 Year/Quarter | 国内生产总值 GDP | | 第一产业 Primary industry | | 第二产业 Secondary industry | | 第三产业 Tertiary industry | |
|---|---|---|---|---|---|---|---|---|
| | 绝对值（亿元）Absolute value (RMB 100 million) | 增长 (%) Growth (%) | 绝对值（亿元）Absolute value (RMB 100 million) | 增长 (%) Growth (%) | 绝对值（亿元）Absolute value (RMB 100 million) | 增长 (%) Growth (%) | 绝对值（亿元）Absolute value (RMB 100 million) | 增长 (%) Growth (%) |
| 2009 I | 74 053 | 6.4 | 4 441 | 3.8 | 32 550 | 5.8 | 37 062 | 7.2 |
| I-II | 158 035 | 7.3 | 11 428 | 3.7 | 71 929 | 7.1 | 74 678 | 8.1 |
| I-III | 248 049 | 8.5 | 21 594 | 3.9 | 113 243 | 8.7 | 113 212 | 9.1 |
| I-IV | 349 081 | 9.4 | 34 162 | 4.0 | 160 172 | 10.3 | 154 748 | 9.6 |
| 2010 I | 87 617 | 12.2 | 4 945 | 3.9 | 39 365 | 15.4 | 43 307 | 10.0 |
| I-II | 187 149 | 11.4 | 12 920 | 3.7 | 86 788 | 14.0 | 87 441 | 9.8 |
| I-III | 293 388 | 10.9 | 24 834 | 4.0 | 135 696 | 13.1 | 132 858 | 9.7 |
| I-IV | 413 030 | 10.6 | 39 363 | 4.3 | 191 630 | 12.7 | 182 038 | 9.7 |
| 2011 I | 104 641 | 10.2 | 5 768 | 3.2 | 47 195 | 11.3 | 51 679 | 9.9 |
| I-II | 223 816 | 10.1 | 15 194 | 2.9 | 104 080 | 11.1 | 104 542 | 10.1 |
| I-III | 350 797 | 9.8 | 29 475 | 3.5 | 162 703 | 11.0 | 158 619 | 9.9 |
| I-IV | 489 301 | 9.5 | 46 163 | 4.2 | 227 039 | 10.7 | 216 099 | 9.5 |
| 2012 I | 117 594 | 8.1 | 6 687 | 3.7 | 52 317 | 9.5 | 58 590 | 7.3 |
| I-II | 249 276 | 7.9 | 16 967 | 4.3 | 113 752 | 8.7 | 118 558 | 7.6 |
| I-III | 387 899 | 7.8 | 32 164 | 4.2 | 176 009 | 8.3 | 179 726 | 7.8 |
| I-IV | 540 367 | 7.9 | 50 902 | 4.5 | 244 643 | 8.4 | 244 822 | 8.0 |
| 2013 I | 129 747 | 7.9 | 7 170 | 3.0 | 55 862 | 7.8 | 66 715 | 8.4 |
| I-II | 273 714 | 7.7 | 18 012 | 2.8 | 120 994 | 7.7 | 134 708 | 8.3 |
| I-III | 426 619 | 7.8 | 34 605 | 3.3 | 187 744 | 7.9 | 204 271 | 8.4 |
| I-IV | 595 244 | 7.8 | 55 329 | 3.8 | 261 956 | 8.0 | 277 959 | 8.3 |
| 2014 I | 140 618 | 7.4 | 7 492 | 3.2 | 59 222 | 7.6 | 73 905 | 7.6 |
| I-II | 297 080 | 7.4 | 19 145 | 3.7 | 128 763 | 7.7 | 149 172 | 7.6 |
| I-III | 462 792 | 7.3 | 36 821 | 4.1 | 199 787 | 7.6 | 226 183 | 7.6 |
| I-IV | 643 974 | 7.3 | 58 344 | 4.1 | 277 572 | 7.4 | 308 059 | 7.8 |
| 2015 I | 150 987 | 7.0 | 7 770 | 3.1 | 60 725 | 6.4 | 82 492 | 7.8 |
| I-II | 319 490 | 7.0 | 20 257 | 3.5 | 131 872 | 6.3 | 167 361 | 8.1 |
| I-III | 496 200 | 6.9 | 38 345 | 3.8 | 203 537 | 6.2 | 254 318 | 8.2 |
| I-IV | 689 052 | 6.9 | 60 862 | 3.9 | 282 040 | 6.2 | 346 150 | 8.2 |
| 2016 I | 161 456 | 6.7 | 8 803 | 2.9 | 61 385 | 6.0 | 91 268 | 7.5 |
| I-II | 342 071 | 6.7 | 22 097 | 3.0 | 135 116 | 6.2 | 184 858 | 7.5 |
| I-III | 532 434 | 6.7 | 40 667 | 3.5 | 210 755 | 6.3 | 281 012 | 7.5 |
| I-IV | 740 061 | 6.7 | 60 139 | 3.3 | 296 548 | 6.3 | 383 374 | 7.7 |
| 2017 I | 179 403 | 6.8 | 8 206 | 3.0 | 69 704 | 6.2 | 101 493 | 7.7 |
| I-II | 378 581 | 6.8 | 20 851 | 3.5 | 152 358 | 6.2 | 205 372 | 7.7 |
| I-III | 588 405 | 6.8 | 39 107 | 3.7 | 237 116 | 6.1 | 312 183 | 7.8 |
| I-IV | 820 754 | 6.8 | 62 100 | 4.0 | 332 743 | 5.9 | 425 912 | 7.9 |
| 2018 I | 197 920 | 6.8 | 8 574 | 3.2 | 77 117 | 6.3 | 112 229 | 7.5 |
| I-II | 417 215 | 6.8 | 21 576 | 3.3 | 168 558 | 6.1 | 227 081 | 7.6 |
| I-III | 646 711 | 6.7 | 39 800 | 3.4 | 261 823 | 5.9 | 345 088 | 7.7 |
| I-IV | 900 310 | 6.6 | 64 734 | 3.5 | 366 001 | 5.8 | 469 575 | 7.6 |
| 2019 I | 213 433 | 6.4 | 8 769 | 2.7 | 82 346 | 6.1 | 122 317 | 7.0 |
| I-II | 450 933 | 6.3 | 23 207 | 3.0 | 179 984 | 5.8 | 247 743 | 7.0 |
| I-III | 697 798 | 6.2 | 43 005 | 2.9 | 277 869 | 5.6 | 376 925 | 7.0 |
| I-IV | 990 865 | 6.1 | 70 467 | 3.1 | 386 165 | 5.7 | 534 233 | 6.9 |

注：① 表中绝对数按当年价格计算，“比上年同期增长”按不变价格计算。
② 表中数据根据国家统计局最新数据修订。

Notes: 1. Absolute figures in this table are calculated at current prices, and the year-on-year growth rates are calculated at constant prices.
2. Data are revised by National Bureau of Statistics of China.

## 1978年以来GDP及其增长率
## GDP and its annual growth rate since 1978

| 年<br>Year | GDP（万亿元）<br>GDP (RMB 1 trillion) | GDP 增长率 (%)<br>GDP growth rate (%) |
|---|---|---|
| 1978 | 0.4 | 11.7 |
| 1979 | 0.4 | 7.6 |
| 1980 | 0.5 | 7.8 |
| 1981 | 0.5 | 5.1 |
| 1982 | 0.5 | 9.0 |
| 1983 | 0.6 | 10.8 |
| 1984 | 0.7 | 15.2 |
| 1985 | 0.9 | 13.4 |
| 1986 | 1.0 | 8.9 |
| 1987 | 1.2 | 11.7 |
| 1988 | 1.5 | 11.2 |
| 1989 | 1.7 | 4.2 |
| 1990 | 1.9 | 3.9 |
| 1991 | 2.2 | 9.3 |
| 1992 | 2.7 | 14.2 |
| 1993 | 3.6 | 13.9 |
| 1994 | 4.9 | 13.0 |
| 1995 | 6.1 | 11.0 |
| 1996 | 7.2 | 9.9 |
| 1997 | 8.0 | 9.2 |
| 1998 | 8.5 | 7.8 |
| 1999 | 9.1 | 7.7 |
| 2000 | 10.0 | 8.5 |
| 2001 | 11.1 | 8.3 |
| 2002 | 12.2 | 9.1 |
| 2003 | 13.7 | 10.0 |
| 2004 | 16.2 | 10.1 |
| 2005 | 18.7 | 11.4 |
| 2006 | 21.9 | 12.7 |
| 2007 | 27.0 | 14.2 |
| 2008 | 32.0 | 9.7 |
| 2009 | 34.9 | 9.4 |
| 2010 | 41.3 | 10.6 |
| 2011 | 48.9 | 9.5 |
| 2012 | 54.0 | 7.9 |
| 2013 | 59.5 | 7.8 |
| 2014 | 64.4 | 7.3 |
| 2015 | 68.9 | 6.9 |
| 2016 | 74.0 | 6.7 |
| 2017 | 82.1 | 6.8 |
| 2018 | 90.0 | 6.6 |
| 2019 | 99.1 | 6.1 |

注：表中数据根据国家统计局最新数据修订。
Note: Data are revised by National Bureau of Statistics of China.

## GDP及其增长率
## GDP and its annual growth rate

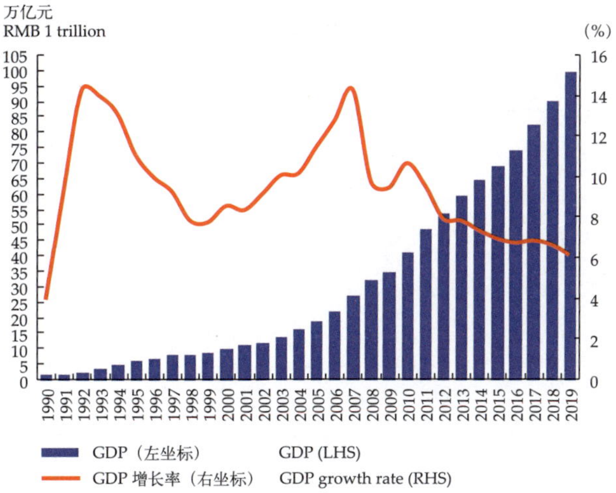


## 2008年以来GDP季度累计增长率
## Quarterly accumulated GDP growth rates since 2008

## 季度GDP三次产业所占的比重与增长率变化
## Shares of industries in GDP and their growth rates on a quarterly basis

单位：% Unit: %

| 年 / 季度 Year/Quarter | 第一产业所占的比重 Share of primary industry | 第二产业所占的比重 Share of secondary industry | 第三产业所占的比重 Share of tertiary industry | 第一产业同比累计增长 YOY accumulated growth of primary industry | 第二产业同比累计增长 YOY accumulated growth of secondary industry | 第三产业同比累计增长 YOY accumulated growth of tertiary industry |
|---|---|---|---|---|---|---|
| 2011Q1 | 5.5 | 45.1 | 49.4 | 3.2 | 11.3 | 9.9 |
| 2011Q2 | 6.8 | 46.5 | 46.7 | 2.9 | 11.1 | 10.1 |
| 2011Q3 | 8.4 | 46.4 | 45.2 | 3.5 | 11.0 | 9.9 |
| 2011Q4 | 9.4 | 46.4 | 44.2 | 4.2 | 10.7 | 9.5 |
| 2012Q1 | 5.7 | 44.5 | 49.8 | 3.7 | 9.5 | 7.3 |
| 2012Q2 | 6.8 | 45.6 | 47.6 | 4.3 | 8.7 | 7.6 |
| 2012Q3 | 8.3 | 45.4 | 46.3 | 4.2 | 8.3 | 7.8 |
| 2012Q4 | 9.4 | 45.3 | 45.3 | 4.5 | 8.4 | 8.0 |
| 2013Q1 | 5.5 | 43.1 | 51.4 | 3.0 | 7.8 | 8.4 |
| 2013Q2 | 6.6 | 44.2 | 49.2 | 2.8 | 7.7 | 8.3 |
| 2013Q3 | 8.1 | 44.0 | 47.9 | 3.3 | 7.9 | 8.4 |
| 2013Q4 | 9.3 | 44.0 | 46.7 | 3.8 | 8.0 | 8.3 |
| 2014Q1 | 5.3 | 42.1 | 52.6 | 3.2 | 7.6 | 7.6 |
| 2014Q2 | 6.5 | 43.3 | 50.2 | 3.7 | 7.7 | 7.6 |
| 2014Q3 | 8.0 | 43.1 | 48.9 | 4.1 | 7.6 | 7.6 |
| 2014Q4 | 9.1 | 43.1 | 47.8 | 4.1 | 7.4 | 7.8 |
| 2015Q1 | 5.2 | 40.3 | 54.5 | 3.1 | 6.4 | 7.8 |
| 2015Q2 | 6.4 | 41.3 | 52.3 | 3.5 | 6.3 | 8.1 |
| 2015Q3 | 7.8 | 41.0 | 51.2 | 3.8 | 6.2 | 8.2 |
| 2015Q4 | 8.9 | 40.9 | 50.2 | 3.9 | 6.2 | 8.2 |
| 2016Q1 | 5.5 | 37.9 | 56.6 | 2.9 | 6.0 | 7.5 |
| 2016Q2 | 6.5 | 39.4 | 54.1 | 3.0 | 6.2 | 7.5 |
| 2016Q3 | 7.7 | 39.5 | 52.8 | 3.5 | 6.3 | 7.5 |
| 2016Q4 | 8.6 | 39.8 | 51.6 | 3.3 | 6.3 | 7.7 |
| 2017Q1 | 4.8 | 38.7 | 56.5 | 3.0 | 6.2 | 7.7 |
| 2017Q2 | 5.8 | 40.1 | 54.1 | 3.5 | 6.2 | 7.7 |
| 2017Q3 | 7.0 | 40.1 | 52.9 | 3.7 | 6.1 | 7.8 |
| 2017Q4 | 7.9 | 40.5 | 51.6 | 4.0 | 5.9 | 7.9 |
| 2018Q1 | 4.5 | 39.0 | 56.5 | 3.2 | 6.3 | 7.5 |
| 2018Q2 | 5.3 | 40.4 | 54.3 | 3.3 | 6.1 | 7.6 |
| 2018Q3 | 6.5 | 40.4 | 53.1 | 3.4 | 5.9 | 7.7 |
| 2018Q4 | 7.2 | 40.6 | 52.2 | 3.5 | 5.8 | 7.6 |
| 2019Q1 | 4.1 | 38.6 | 57.3 | 2.7 | 6.1 | 7.0 |
| 2019Q2 | 5.1 | 39.9 | 54.9 | 3.0 | 5.8 | 7.0 |
| 2019Q3 | 6.2 | 39.8 | 54.0 | 2.9 | 5.6 | 7.0 |
| 2019Q4 | 7.1 | 39.0 | 53.9 | 3.1 | 5.7 | 6.9 |

注：表中数据根据国家统计局最新数据修订。
Note: Data are revised by National Bureau of Statistics of China.

## 季度GDP三次产业所占的比重与增长率变化
## Shares of industries in GDP and their growth rates on a quarterly basis

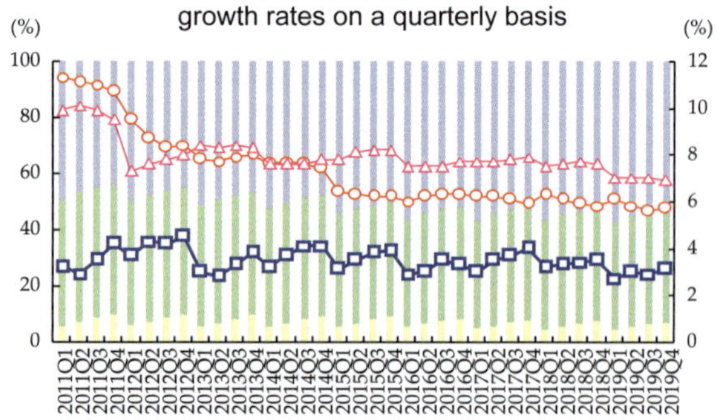


## 2005年以来年度GDP中三大产业比重
## Shares of industries in GDP since 2005

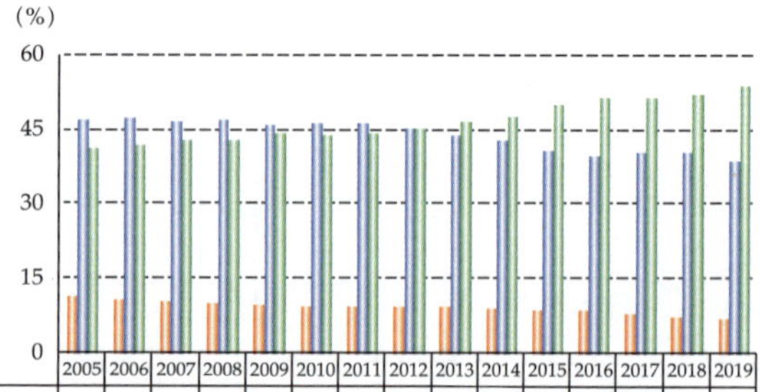


| | 2005 | 2006 | 2007 | 2008 | 2009 | 2010 | 2011 | 2012 | 2013 | 2014 | 2015 | 2016 | 2017 | 2018 | 2019 |
|---|---|---|---|---|---|---|---|---|---|---|---|---|---|---|---|
| 第一产业 Primary industry | 11.6 | 10.6 | 10.3 | 10.3 | 9.8 | 9.5 | 9.4 | 9.4 | 9.3 | 9.1 | 8.9 | 8.6 | 7.9 | 7.2 | 7.1 |
| 第二产业 Secondary industry | 47.0 | 47.6 | 46.9 | 46.9 | 45.9 | 46.4 | 46.4 | 45.3 | 44.0 | 43.1 | 40.9 | 39.8 | 40.5 | 40.6 | 39.0 |
| 第三产业 Tertiary industry | 41.3 | 41.8 | 42.9 | 42.8 | 44.3 | 44.1 | 44.2 | 45.3 | 46.7 | 47.8 | 50.2 | 51.6 | 51.6 | 52.2 | 53.9 |

注：图中数据根据国家统计局最新数据修订。
Note: Data are revised by National Bureau of Statistics of China.

## 工业增加值增长速度
Growth rate of value added of industry

单位：%　Unit: %

| 年 / 月 Year/Month | | 工业增加值 Value added | 采矿业 Mining | 制造业 Manufacturing | 电力、热力、燃气及水生产和供应业 Electricity, gas & water production and supply | 国有及国有控股企业 State-owned and state-holding enterprises | 集体企业 Collectively-owned enterprises | 股份制企业 Joint-stock enterprises | 外商及港澳台投资企业 Enterprises with foreign, HongKong, Macau, and Taiwan investment |
|---|---|---|---|---|---|---|---|---|---|
| | | | | | 比上年同期增长 (%)　Year-on-year growth rate(%) | | | | |
| 2018 | 1 | — | — | — | — | — | — | — | — |
| | 2 | — | — | — | — | — | — | — | — |
| | 3 | 6.0 | -1.1 | 6.6 | 5.8 | 5.7 | 3.9 | 6.5 | 4.9 |
| | 4 | 7.0 | -0.2 | 7.4 | 8.8 | 7.7 | -6.4 | 7.1 | 6.8 |
| | 5 | 6.8 | 3.0 | 6.6 | 12.2 | 8.1 | -2.9 | 6.1 | 8.4 |
| | 6 | 6.0 | 2.7 | 6.0 | 9.2 | 6.1 | -1.9 | 6.1 | 5.4 |
| | 7 | 6.0 | 1.3 | 6.2 | 9.0 | 6.2 | -2.8 | 6.0 | 6.1 |
| | 8 | 6.1 | 2.0 | 6.1 | 9.9 | 5.6 | -1.2 | 6.4 | 4.9 |
| | 9 | 5.8 | 2.2 | 5.7 | 11.0 | 5.6 | 2.0 | 6.3 | 3.2 |
| | 10 | 5.9 | 3.8 | 6.1 | 6.8 | 4.6 | -3.6 | 6.7 | 3.9 |
| | 11 | 5.4 | 2.3 | 5.6 | 9.8 | 3.9 | 2.0 | 6.6 | 1.9 |
| | 12 | 5.7 | 3.6 | 5.5 | 9.6 | 3.6 | -1.4 | 7.0 | 1.7 |
| 2019 | 1 | — | — | — | — | — | — | — | — |
| | 2 | — | — | — | — | — | — | — | — |
| | 3 | 8.5 | 4.6 | 9.0 | 7.7 | 4.7 | 0.0 | 10.0 | 4.2 |
| | 4 | 5.4 | 2.9 | 5.3 | 9.5 | 6.0 | 0.0 | 6.3 | 2.5 |
| | 5 | 5.0 | 3.9 | 5.0 | 5.9 | 3.7 | 0.0 | 6.6 | -0.3 |
| | 6 | 6.3 | 7.3 | 6.2 | 6.6 | 6.2 | 0.0 | 7.6 | 1.8 |
| | 7 | 4.8 | 6.6 | 4.5 | 6.9 | 3.7 | 0.0 | 6.1 | -0.2 |
| | 8 | 4.4 | 3.7 | 4.3 | 5.9 | 4.1 | 0.0 | 5.3 | 1.3 |
| | 9 | 5.8 | 8.1 | 5.6 | 5.9 | 4.9 | 0.0 | 6.9 | 2.9 |
| | 10 | 4.7 | 3.9 | 4.6 | 6.6 | 4.8 | 0.0 | 5.4 | 2.1 |
| | 11 | 6.2 | 5.7 | 6.3 | 6.7 | 3.7 | 0.0 | 7.0 | 3.2 |
| | 12 | 6.9 | 5.6 | 7.0 | 6.8 | 7.0 | 0.0 | 7.5 | 4.8 |
| 2018 | 1~2 | 7.2 | 1.6 | 7.0 | 13.3 | 9.0 | -2.3 | 7.3 | 5.9 |
| | 1~3 | 6.8 | 0.9 | 7.0 | 10.8 | 7.9 | 0.1 | 7.0 | 5.5 |
| | 1~4 | 6.9 | 0.5 | 7.1 | 10.3 | 7.9 | -1.6 | 7.0 | 5.8 |
| | 1~5 | 6.9 | 1.3 | 7.0 | 10.8 | 7.9 | -1.9 | 6.8 | 6.4 |
| | 1~6 | 6.7 | 1.6 | 6.9 | 10.5 | 7.6 | -1.9 | 6.7 | 6.2 |
| | 1~7 | 6.6 | 1.6 | 6.8 | 10.3 | 7.4 | -2.0 | 6.6 | 6.2 |
| | 1~8 | 6.5 | 1.7 | 6.8 | 10.2 | 7.2 | -1.9 | 6.6 | 6.0 |
| | 1~9 | 6.4 | 1.8 | 6.7 | 10.3 | 7.0 | -1.4 | 6.6 | 5.7 |
| | 1~10 | 6.4 | 2.0 | 6.6 | 10.0 | 6.8 | -1.6 | 6.6 | 5.5 |
| | 1~11 | 6.3 | 2.1 | 6.6 | 10.0 | 6.5 | -1.2 | 6.6 | 5.1 |
| | 1~12 | 6.2 | 2.3 | 6.5 | 9.9 | 6.2 | -1.2 | 6.6 | 4.8 |
| 2019 | 1~2 | 5.3 | 0.3 | 5.6 | 6.8 | 4.4 | 0.0 | 6.4 | -0.3 |
| | 1~3 | 6.5 | 2.2 | 7.2 | 7.1 | 4.5 | 0.0 | 7.8 | 1.4 |
| | 1~4 | 6.2 | 2.4 | 6.7 | 7.7 | 4.9 | 0.0 | 7.4 | 1.7 |
| | 1~5 | 6.0 | 2.6 | 6.4 | 7.5 | 4.7 | 0.0 | 7.2 | 1.3 |
| | 1~6 | 6.0 | 3.5 | 6.4 | 7.3 | 5.0 | 0.0 | 7.3 | 1.4 |
| | 1~7 | 5.8 | 4.0 | 6.1 | 7.3 | 4.8 | 0.0 | 7.1 | 1.2 |
| | 1~8 | 5.6 | 4.0 | 5.9 | 7.1 | 4.7 | 0.0 | 6.9 | 1.2 |
| | 1~9 | 5.6 | 4.6 | 5.9 | 7.0 | 4.7 | 0.0 | 6.9 | 1.4 |
| | 1~10 | 5.6 | 4.5 | 5.8 | 7.0 | 4.7 | 0.0 | 6.7 | 1.5 |
| | 1~11 | 5.6 | 4.9 | 5.9 | 7.0 | 4.6 | 0.0 | 6.7 | 1.7 |
| | 1~12 | 5.7 | 5.0 | 6.0 | 7.0 | 4.8 | 0.0 | 6.8 | 2.0 |

注：1. 自2011年起，工业统计范围调整为年主营收入2 000万元及以上的工业企业。
　　2. 本表中“比上年同期增长”按可比价格计算。

Notes: 1. Since 2011, the statistical coverage of industry has been adjusted to industrial enterprises with the annual sales income from main business of RMB 20 million and above.
　　2. The year-on-year changes in this table are calculated at comparable prices.

### 工业增加值增长速度及工业产品销售率
### Growth rate of industrial value added and ratio of sales to output of industrial products

单位：% Unit: %

| 年 / 月<br>Year/Month | | 当月工业增加值同比增长<br>YOY growth of monthly industrial value added | 工业增加值月度累计同比增长<br>YOY growth of monthly accumulated industrial value added | 当月销售率<br>Monthly ratio of sales to output |
|---|---|---|---|---|
| 2017 | 1 | — | — | — |
| | 2 | — | 6.3 | — |
| | 3 | 7.6 | 6.8 | 96.9 |
| | 4 | 6.5 | 6.7 | 97.6 |
| | 5 | 6.5 | 6.7 | 97.7 |
| | 6 | 7.6 | 6.9 | 97.7 |
| | 7 | 6.4 | 6.8 | 97.9 |
| | 8 | 6.0 | 6.7 | 98.5 |
| | 9 | 6.6 | 6.7 | 98.3 |
| | 10 | 6.2 | 6.7 | 97.8 |
| | 11 | 6.1 | 6.6 | 97.8 |
| | 12 | 6.2 | 6.6 | 98.8 |
| 2018 | 1 | — | — | — |
| | 2 | — | 7.2 | — |
| | 3 | 6.0 | 6.8 | 97.3 |
| | 4 | 7.0 | 6.9 | 98.9 |
| | 5 | 6.8 | 6.9 | 97.8 |
| | 6 | 6.0 | 6.7 | 97.8 |
| | 7 | 6.0 | 6.6 | 98.0 |
| | 8 | 6.1 | 6.5 | 98.5 |
| | 9 | 5.8 | 6.4 | 98.8 |
| | 10 | 5.9 | 6.4 | 98.1 |
| | 11 | 5.4 | 6.3 | 97.6 |
| | 12 | 5.7 | 6.2 | 98.5 |
| 2019 | 1 | — | — | — |
| | 2 | — | 5.3 | — |
| | 3 | 8.5 | 6.5 | 98.8 |
| | 4 | 5.4 | 6.2 | 97.2 |
| | 5 | 5.0 | 6.0 | 97.7 |
| | 6 | 6.3 | 6.0 | 97.1 |
| | 7 | 4.8 | 5.8 | 98.3 |
| | 8 | 4.4 | 5.6 | 98.3 |
| | 9 | 5.8 | 5.6 | 98.8 |
| | 10 | 4.7 | 5.6 | 97.7 |
| | 11 | 6.2 | 5.6 | 98.0 |
| | 12 | 6.9 | 5.7 | 98.2 |

### 工业增加值增长速度及工业产品销售率
### Growth rate of industrial value added and ratio of sales to output of industrial products

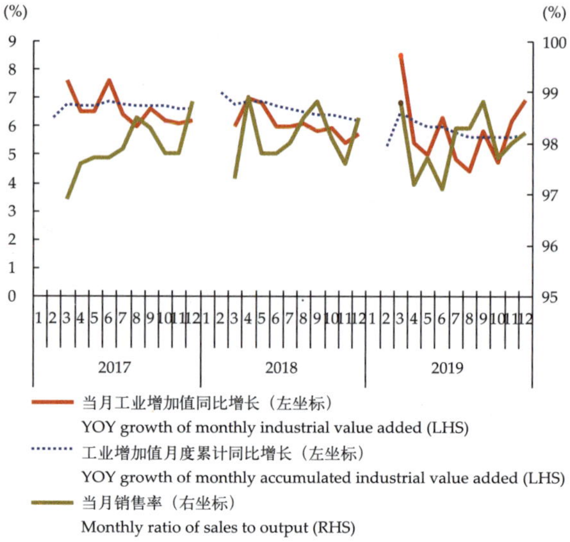

# 二、价格走势
# 2. Price Development

## 1.各种价格指数一览
## (1) Overview of price indices

### 各种价格指数变动表
### Changes in price indices

单位：% Unit:%

| 年/月 Year/Month | | 居民消费价格指数 Consumer price indices | | | 农业生产资料价格指数 Price indices of mean of agricultural production | | 工业生产者购进价格指数 Purchasing price index for industrial producers | | 工业生产者出厂价格指数 Producer price index for manufactured goods | | 固定资产投资价格指数 Price indices of investment in fixed assets | | 进出口同比价格指数 Import-export price index (YOY) | | |
|---|---|---|---|---|---|---|---|---|---|---|---|---|---|---|---|
| | | 月环比 MOM | 当月同比 YOY | 累计同比 Accu-mulated YOY | 当月同比 YOY | 累计同比 Accu-mulated YOY | 当月同比 YOY | 累计同比 Accu-mulated YOY | 当月同比 YOY | 累计同比 Accu-mulated YOY | 当季同比 YOY | 累计同比 Accu-mulated YOY | 出口 Exports | 进口 Imports | 贸易条件 Terms of trade |
| 2017 | 1 | 1.0 | 2.5 | 2.5 | 1.1 | 1.1 | 8.4 | 8.4 | 6.9 | 6.9 | | | 4.1 | 12.8 | 92.3 |
| | 2 | −0.2 | 0.8 | 1.7 | 1.2 | 1.1 | 9.9 | 9.1 | 7.8 | 7.3 | | | 6.7 | 13.9 | 93.7 |
| | 3 | −0.3 | 0.9 | 1.4 | 1.4 | 1.2 | 10.0 | 9.4 | 7.6 | 7.4 | 4.5 | 4.5 | 4.5 | 13.6 | 92.0 |
| | 4 | 0.1 | 1.2 | 1.4 | 1.1 | 1.2 | 9.0 | 9.3 | 6.4 | 7.2 | | | 6.9 | 13.5 | 94.2 |
| | 5 | −0.1 | 1.5 | 1.4 | 0.1 | 1.0 | 8.0 | 9.0 | 5.5 | 6.8 | | | 5.4 | 12.4 | 93.8 |
| | 6 | −0.2 | 1.5 | 1.4 | −0.9 | 0.7 | 7.3 | 8.7 | 5.5 | 6.6 | 4.7 | 4.6 | 5.1 | 9.5 | 96.0 |
| | 7 | 0.1 | 1.4 | 1.4 | −0.7 | 0.5 | 7.0 | 8.5 | 5.5 | 6.4 | | | 4.0 | 6.7 | 97.5 |
| | 8 | 0.4 | 1.8 | 1.5 | 0.0 | 0.4 | 7.7 | 8.4 | 6.3 | 6.4 | | | 2.9 | 6.4 | 96.7 |
| | 9 | 0.5 | 1.6 | 1.5 | 0.4 | 0.4 | 8.5 | 8.4 | 6.9 | 6.5 | 6.5 | 5.2 | 2.7 | 9.0 | 94.2 |
| | 10 | 0.1 | 1.9 | 1.5 | 1.1 | 0.5 | 8.4 | 8.4 | 6.9 | 6.5 | | | 2.3 | 6.6 | 96.0 |
| | 11 | 0.0 | 1.7 | 1.5 | 1.5 | 0.6 | 7.1 | 8.3 | 5.8 | 6.4 | | | 3.1 | 5.7 | 97.5 |
| | 12 | 0.3 | 1.8 | 1.6 | 1.3 | 0.6 | 5.9 | 8.1 | 4.9 | 6.3 | 7.4 | 5.8 | 0.4 | 5.0 | 95.7 |
| 2018 | 1 | 0.6 | 1.5 | 1.5 | 1.3 | 0.6 | 5.2 | 5.2 | 4.3 | 4.3 | | | 0.5 | 5.1 | 95.6 |
| | 2 | 1.2 | 2.9 | 2.2 | 1.2 | 1.2 | 4.4 | 4.8 | 3.7 | 4.0 | | | −1.9 | −1.4 | 99.5 |
| | 3 | −1.1 | 2.1 | 2.1 | 1.9 | 1.4 | 3.7 | 4.4 | 3.1 | 3.7 | 6.2 | 6.2 | 2.7 | 1.1 | 101.6 |
| | 4 | −0.2 | 1.8 | 2.1 | 2.4 | 1.7 | 3.7 | 4.2 | 3.4 | 3.6 | | | 0.2 | 0.5 | 99.7 |
| | 5 | −0.2 | 1.8 | 2.0 | 3.1 | 2.0 | 4.3 | 4.2 | 4.1 | 3.7 | | | 0.6 | 2.0 | 98.6 |
| | 6 | −0.1 | 1.9 | 2.0 | 3.7 | 2.3 | 5.1 | 4.4 | 4.7 | 3.9 | 5.2 | 5.7 | 0.4 | 4.4 | 96.2 |
| | 7 | 0.3 | 2.1 | 2.0 | 3.8 | 2.5 | 5.2 | 4.5 | 4.6 | 4.0 | | | 1.0 | 6.9 | 94.5 |
| | 8 | 0.7 | 2.3 | 2.0 | 3.9 | 2.7 | 4.8 | 4.5 | 4.1 | 4.0 | | | 4.1 | 5.8 | 98.4 |
| | 9 | 0.7 | 2.5 | 2.1 | 4.0 | 2.8 | 4.2 | 4.5 | 3.6 | 4.0 | 5.4 | 5.6 | 7.0 | 10.9 | 96.5 |
| | 10 | 0.2 | 2.5 | 2.1 | 4.4 | 3.0 | 4.0 | 4.5 | 3.3 | 3.9 | | | 9.4 | 10.4 | 99.1 |
| | 11 | −0.3 | 2.2 | 2.1 | 4.1 | 3.1 | 3.3 | 4.4 | 2.7 | 3.8 | | | 7.5 | 11.3 | 96.6 |
| | 12 | 0.0 | 1.9 | 2.1 | 3.3 | 3.1 | 1.6 | 4.1 | 0.9 | 3.5 | 4.7 | 5.4 | 5.3 | 12.6 | 93.5 |
| 2019 | 1 | 0.5 | 1.7 | 1.7 | 2.6 | 2.6 | 0.2 | 0.2 | 0.1 | 0.1 | | | 3.2 | 3.8 | 99.4 |
| | 2 | 1.0 | 1.5 | 1.6 | 2.6 | 2.6 | −0.1 | 0.1 | 0.1 | 0.1 | | | 9.6 | 5.0 | 104.4 |
| | 3 | −0.4 | 2.3 | 1.8 | 2.8 | 2.7 | 0.2 | 0.1 | 0.4 | 0.2 | 3.6 | 3.6 | 2.2 | 2.0 | 100.2 |
| | 4 | 0.1 | 2.5 | 2.0 | 3.2 | 2.8 | 0.4 | 0.2 | 0.9 | 0.3 | | | 3.9 | 1.6 | 102.3 |
| | 5 | 0.0 | 2.7 | 2.2 | 3.3 | 2.9 | 0.2 | 0.2 | 0.6 | 0.4 | | | 3.4 | 7.9 | 95.8 |
| | 6 | −0.1 | 2.7 | 2.2 | 3.3 | 3.0 | −0.3 | 0.1 | 0.0 | 0.3 | 3.4 | 3.5 | 5.1 | 5.9 | 99.2 |
| | 7 | 0.4 | 2.8 | 2.3 | 3.7 | 3.1 | −0.6 | 0.0 | −0.3 | 0.2 | | | 3.8 | 3.0 | 100.8 |
| | 8 | 0.7 | 2.8 | 2.4 | 4.4 | 3.2 | −1.3 | −0.2 | −0.8 | 0.1 | | | 3.0 | 0.5 | 102.5 |
| | 9 | 0.9 | 3.0 | 2.5 | 5.5 | 3.5 | −1.7 | −0.3 | −1.2 | 0.0 | 2.1 | 3.0 | 2.0 | −1.4 | 103.4 |
| | 10 | 0.9 | 3.8 | 2.6 | 6.8 | 3.8 | −2.1 | −0.5 | −1.6 | −0.2 | | | 1.1 | −3.6 | 104.9 |
| | 11 | 0.4 | 4.5 | 2.8 | 8.0 | 4.2 | −2.2 | −0.7 | −1.4 | −0.3 | | | | | |
| | 12 | 0.0 | 4.5 | 2.9 | 8.4 | 4.6 | −1.3 | −0.7 | −0.5 | −0.3 | 1.2 | 2.6 | | | |

注：国家统计局从2011年1月开始实施新的工业生产者价格统计调查制度方法。“工业品价格统计”改称为“工业生产者价格统计”，相应地将“原材料、燃料、动力购进价格指数”改称为“工业生产者购进价格指数”，将“工业品出厂价格指数”改称为“工业生产者出厂价格指数”。

Note: Since January 2011, NBS begins to conduct new statistical system and survey methods on PPI. "Prices statistics on industrial goods" is renamed to "prices statistics on industrial producers". Accordingly, "purchasing prices for raw material,fuels and power" is renamed to "purchasing price for industrial producers", "producer price index of industrial products" is renamed to "producer price index for manufactured goods".

**居民消费价格月环比指数变动**
Change in CPI (month-on-month)

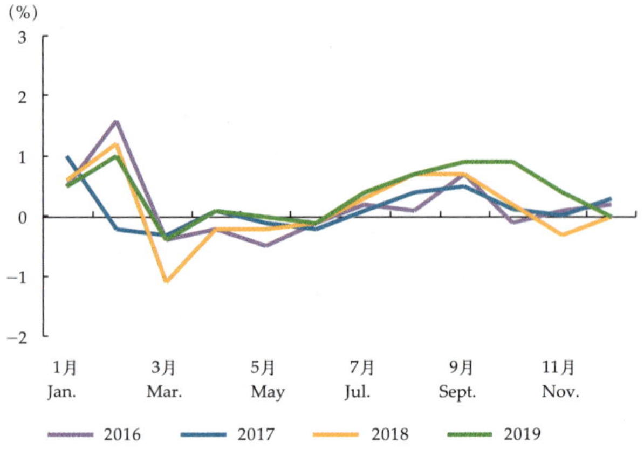


**居民消费价格同比指数变动**
Change in CPI (year-on-year)

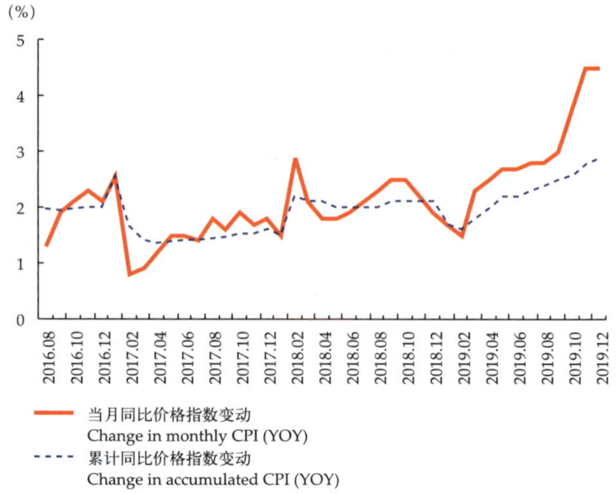


**居民消费价格指数与生产价格指数的比较**
Comparison between changes in CPI and PPI

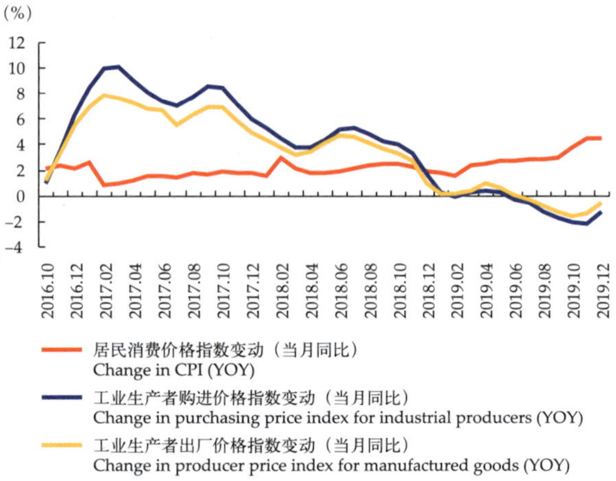


**进出口价格指数和贸易条件**
Import-export price index and terms of trade

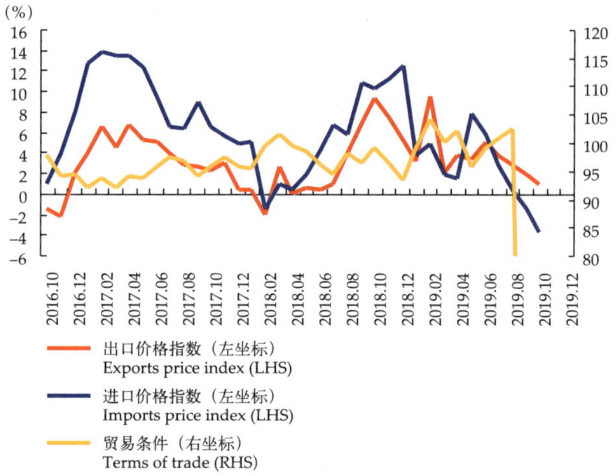

## 2. 分类指数
## (2) Breakdown of indices

居民消费价格当月同比分类指数变动
Breakdown of changes in CPI (YOY)

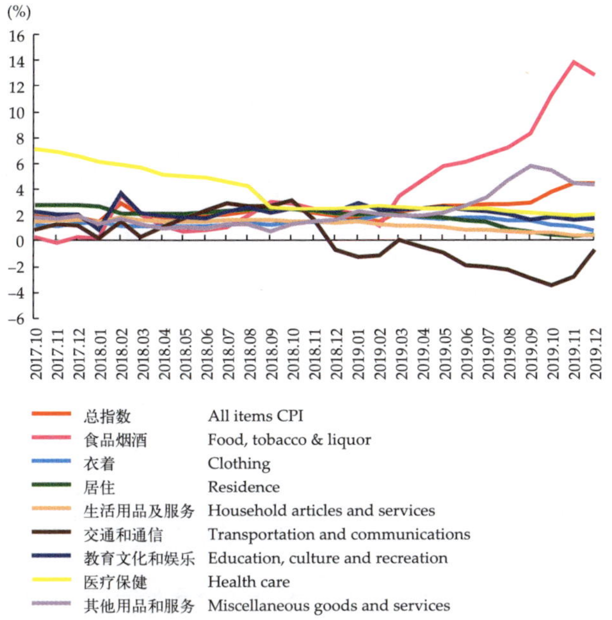


注：国家统计局于2016年1月调整了CPI构成，数据和以前年度不可比。
Note: Since January 2016, NBS has changed the composition of CPI,the data is not comparable to previous years.

工业生产者出厂价格当月同比指数变动
按生产资料和生活资料分类
Breakdown of changes in producer price index (PPI) for manufactured goods by means of production and means of consumer goods (YOY)

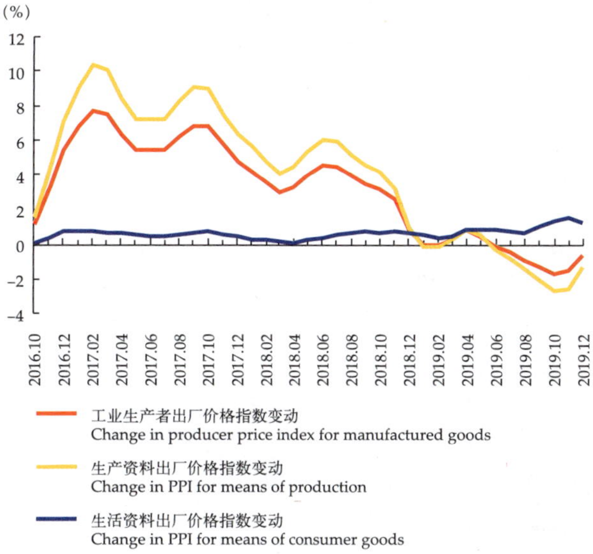


生活资料出厂价格当月同比分类指数变动
Breakdown of changes in PPI for means of consumer goods (YOY)

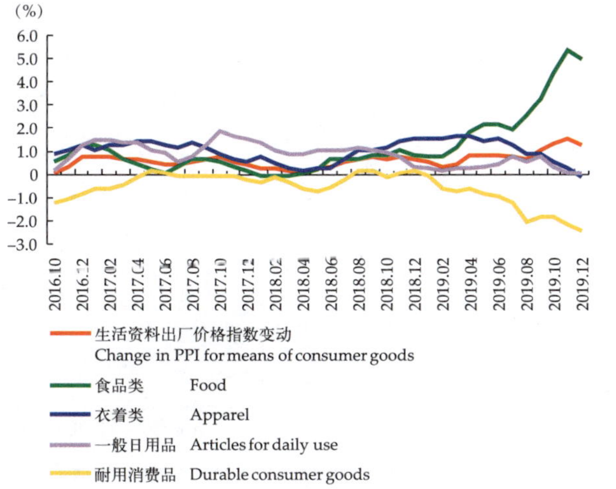


生产资料出厂价格当月同比分类指数变动
Breakdown of changes in PPI for means of production (YOY)

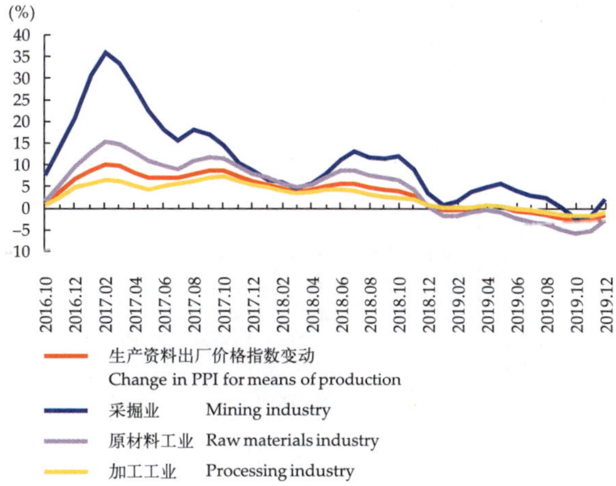

# 三、就业、失业与收入
# 3. Employment, Unemployment and Income

### 人口与就业基本情况
### Population and employment

| 年<br>Year | 年底总人口（亿人）<br>Population at the end of the year (100 million people) | | | | | 15~64 岁<br>人口数（亿人）<br>Population between<br>15~64 years of age<br>(100 million people) | 就业人员（亿人）<br>Employment<br>(100 million people) |
|---|---|---|---|---|---|---|---|
| | | 城镇<br>Urban | 比重（%）<br>Share (%) | 乡村<br>Rural | 比重（%）<br>Share (%) | | |
| 2000 | 12.7 | 4.6 | 36 | 8.1 | 64 | | 7.2 |
| 2001 | 12.8 | 4.8 | 38 | 8.0 | 62 | | 7.3 |
| 2002 | 12.8 | 5.0 | 39 | 7.8 | 61 | 9.0 | 7.3 |
| 2003 | 12.9 | 5.2 | 41 | 7.7 | 59 | 9.1 | 7.4 |
| 2004 | 13.0 | 5.4 | 42 | 7.6 | 58 | 9.2 | 7.4 |
| 2005 | 13.1 | 5.6 | 43 | 7.5 | 57 | 9.4 | 7.5 |
| 2006 | 13.1 | 5.8 | 44 | 7.3 | 56 | 9.5 | 7.5 |
| 2007 | 13.2 | 6.1 | 46 | 7.1 | 54 | 9.6 | 7.5 |
| 2008 | 13.3 | 6.2 | 47 | 7.0 | 53 | 9.7 | 7.6 |
| 2009 | 13.3 | 6.5 | 48 | 6.9 | 52 | 9.7 | 7.6 |
| 2010 | 13.4 | 6.7 | 50 | 6.7 | 50 | 10.0 | 7.6 |
| 2011 | 13.5 | 6.9 | 51 | 6.6 | 49 | 10.0 | 7.6 |
| 2012 | 13.5 | 7.1 | 53 | 6.4 | 47 | 10.0 | 7.7 |
| 2013 | 13.6 | 7.3 | 54 | 6.3 | 46 | 10.1 | 7.7 |
| 2014 | 13.7 | 7.5 | 55 | 6.2 | 45 | 10.0 | 7.7 |
| 2015 | 13.7 | 7.7 | 56 | 6.0 | 44 | 10.0 | 7.7 |
| 2016 | 13.8 | 7.9 | 57 | 5.9 | 43 | 10.0 | 7.8 |
| 2017 | 13.9 | 8.1 | 59 | 5.8 | 41 | 10.0 | 7.8 |
| 2018 | 14.0 | 8.3 | 60 | 5.6 | 40 | 9.9 | 7.8 |
| 2019 | 14.0 | 8.5 | 61 | 5.5 | 39 | | 7.7 |

注：表中数据根据第六次人口普查数据重新修订。
Note:Data are revised according to the 6th National Population Census.

### 就业人员按城乡和产业分类
### Employment in urban and rural areas and in industries

| 年<br>Year | 就业人员（亿人）Employment (100 million people) | | | | | | | | | | |
|---|---|---|---|---|---|---|---|---|---|---|---|
| | | 按城乡分 Urban & rural | | | | 按产业分 Industries | | | | | |
| | | 城镇<br>Urban | 比重（%）<br>Share (%) | 乡村<br>Rural | 比重（%）<br>Share (%) | 第一产业<br>Primary industry | 比重（%）<br>Share (%) | 第二产业<br>Secondary industry | 比重（%）<br>Share (%) | 第三产业<br>Tertiary industry | 比重（%）<br>Share (%) |
| 2001 | 7.28 | 2.41 | 33.1 | 4.87 | 66.9 | 3.64 | 50.0 | 1.62 | 22.3 | 2.02 | 27.7 |
| 2002 | 7.33 | 2.52 | 34.3 | 4.81 | 65.7 | 3.66 | 50.0 | 1.57 | 21.4 | 2.10 | 28.6 |
| 2003 | 7.37 | 2.62 | 35.6 | 4.75 | 64.4 | 3.62 | 49.1 | 1.59 | 21.6 | 2.16 | 29.3 |
| 2004 | 7.43 | 2.73 | 36.8 | 4.70 | 63.2 | 3.48 | 46.9 | 1.67 | 22.5 | 2.27 | 30.6 |
| 2005 | 7.46 | 2.84 | 38.0 | 4.63 | 62.0 | 3.34 | 44.8 | 1.78 | 23.8 | 2.34 | 31.4 |
| 2006 | 7.50 | 2.96 | 39.5 | 4.53 | 60.5 | 3.19 | 42.6 | 1.89 | 25.2 | 2.41 | 32.2 |
| 2007 | 7.53 | 3.10 | 41.1 | 4.44 | 58.9 | 3.07 | 40.8 | 2.02 | 26.8 | 2.44 | 32.4 |
| 2008 | 7.56 | 3.21 | 42.5 | 4.35 | 57.5 | 2.99 | 39.6 | 2.06 | 27.2 | 2.51 | 33.2 |
| 2009 | 7.58 | 3.33 | 43.9 | 4.25 | 56.1 | 2.89 | 38.1 | 2.11 | 27.8 | 2.59 | 34.1 |
| 2010 | 7.61 | 3.47 | 45.6 | 4.14 | 54.4 | 2.79 | 36.7 | 2.18 | 28.7 | 2.63 | 34.6 |
| 2011 | 7.64 | 3.59 | 47.0 | 4.05 | 53.0 | 2.66 | 34.8 | 2.25 | 29.5 | 2.73 | 35.7 |
| 2012 | 7.67 | 3.71 | 48.4 | 3.96 | 51.6 | 2.58 | 33.6 | 2.32 | 30.3 | 2.77 | 36.1 |
| 2013 | 7.70 | 3.82 | 49.7 | 3.87 | 50.3 | 2.42 | 31.4 | 2.32 | 30.1 | 2.96 | 38.5 |
| 2014 | 7.73 | 3.93 | 50.9 | 3.79 | 49.1 | 2.28 | 29.5 | 2.31 | 29.9 | 3.14 | 40.6 |
| 2015 | 7.75 | 4.04 | 52.2 | 3.70 | 47.8 | 2.19 | 28.3 | 2.27 | 29.3 | 3.28 | 42.4 |
| 2016 | 7.76 | 4.14 | 53.4 | 3.62 | 46.6 | 2.15 | 27.7 | 2.23 | 28.8 | 3.38 | 43.5 |
| 2017 | 7.76 | 4.25 | 54.7 | 3.52 | 45.3 | 2.09 | 27.0 | 2.18 | 28.1 | 3.49 | 44.9 |
| 2018 | 7.76 | 4.34 | 56.0 | 3.42 | 44.0 | 2.03 | 26.1 | 2.14 | 27.6 | 3.59 | 46.3 |
| 2019 | 7.75 | 4.42 | 57.1 | 3.32 | 42.9 | | | | | | |

注：表中数据根据第六次人口普查数据重新修订。
Note: Data are revised according to the 6th National Population Census.

## 居民人均可支配收入
Per capita disposable income

| 年 / 季度 Year/ Quarter | 农村居民人均可支配收入 Per capita disposable income in rural area | | 城镇居民人均可支配收入 Per capita disposable income in urban area | |
|---|---|---|---|---|
| | 绝对值（元） Absolute value (RMB) | 同比实际增长 (%) Growth in real terms (YOY) (%) | 绝对值（元） Absolute value (RMB) | 同比实际增长 (%) Growth in real terms (YOY) (%) |
| 2016 I | 3 578 | 7.0 | 9 255 | 5.8 |
| I~II | 6 050 | 6.7 | 16 957 | 5.8 |
| I~III | 8 998 | 6.5 | 25 337 | 5.7 |
| I~IV | 12 363 | 6.2 | 33 616 | 5.6 |
| 2017 I | 3 880 | 7.2 | 9 986 | 6.3 |
| I~II | 6 562 | 7.4 | 18 322 | 6.5 |
| I~III | 9 778 | 7.5 | 27 430 | 6.6 |
| I~IV | 13 432 | 7.3 | 36 396 | 6.5 |
| 2018 I | 4 226 | 6.8 | 10 781 | 5.7 |
| I~II | 7 142 | 6.8 | 19 770 | 5.8 |
| I~III | 10 645 | 6.8 | 29 599 | 5.7 |
| I~IV | 14 617 | 6.6 | 39 251 | 5.6 |
| 2019 I | 4 600 | 6.9 | 11 633 | 5.9 |
| I~II | 7 778 | 6.6 | 21 342 | 5.7 |
| I~III | 11 622 | 6.4 | 31 939 | 5.4 |
| I~IV | 16 021 | 6.2 | 42 359 | 5.0 |

## 城镇失业人数和失业率
Unemployed urban population and unemployment rate

| 年 / 季度末 Year/End of quarter | 城镇登记失业人数（万人） Registered unemployment in urban areas (10 000 people) | 城镇登记失业率 (%) Registered unemployment rate in urban areas (%) | 城镇调查失业率 (%) Surveyed unemployment rate in urban areas(%) |
|---|---|---|---|
| 2016 I | 972 | 4.0 | — |
| II | 978 | 4.1 | — |
| III | 983 | 4.0 | — |
| IV | 982 | 4.0 | — |
| 2017 I | 976 | 4.0 | |
| II | 976 | 4.0 | — |
| III | 979 | 4.0 | — |
| IV | 972 | 3.9 | — |
| 2018 I | 971 | 3.9 | 5.1 |
| II | 969 | 3.8 | 4.8 |
| III | 975 | 3.8 | 4.9 |
| IV | 974 | 3.8 | 4.9 |
| 2019 I | 959 | 3.7 | 5.2 |
| II | 947 | 3.6 | 5.1 |
| III | 948 | 3.6 | 5.2 |
| IV | 945 | 3.6 | 5.2 |

# 四、国内需求
# 4. Domestic Demand

## 1. 按支出法计算的国内生产总值
## (1) Expenditure-based GDP

### 按支出法计算的国内生产总值及其构成
### Expenditure-based GDP and its composition

| 年 Year | 按支出法计算的国内生产总值 Expenditure-based GDP (RMB 100 million) | 最终消费 Final consumption | 居民消费 Household consumption | 城镇居民 Urban | 农村居民 Rural | 政府消费 Government consumption | 资本形成总额 Total capital formation | 固定资本形成 Fixed capital formation | 存货增加 Increased inventory | 货物和服务净出口 Net exports of goods and services |
|---|---|---|---|---|---|---|---|---|---|---|
| | 绝对值（亿元） Absolute value (RMB 100 million) | | | | | | | | | |
| 2001 | 111 250 | 68 547 | 50 709 | 34 411 | 16 298 | 17 838 | 40 379 | 38 064 | 2 315 | 2 325 |
| 2002 | 122 292 | 74 068 | 55 076 | 38 060 | 17 017 | 18 992 | 45 130 | 43 797 | 1 333 | 3 094 |
| 2003 | 138 315 | 79 513 | 59 344 | 41 569 | 17 775 | 20 169 | 55 837 | 53 964 | 1 872 | 2 965 |
| 2004 | 162 742 | 89 086 | 66 587 | 47 354 | 19 233 | 22 499 | 69 421 | 65 670 | 3 751 | 4 236 |
| 2005 | 189 190 | 101 448 | 75 232 | 54 320 | 20 912 | 26 215 | 77 534 | 75 810 | 1 724 | 10 209 |
| 2006 | 221 207 | 114 729 | 84 119 | 61 480 | 22 640 | 30 610 | 89 823 | 87 223 | 2 600 | 16 655 |
| 2007 | 271 699 | 136 229 | 99 793 | 74 205 | 25 589 | 36 436 | 112 047 | 105 052 | 6 995 | 23 423 |
| 2008 | 319 936 | 157 466 | 115 338 | 86 498 | 28 841 | 42 128 | 138 243 | 128 002 | 10 241 | 24 227 |
| 2009 | 349 883 | 172 728 | 126 661 | 95 995 | 30 666 | 46 067 | 162 118 | 156 735 | 5 383 | 15 037 |
| 2010 | 410 708 | 198 998 | 146 058 | 112 447 | 33 610 | 52 941 | 196 653 | 185 827 | 10 826 | 15 057 |
| 2011 | 486 038 | 241 022 | 176 532 | 135 457 | 41 075 | 64 490 | 233 327 | 219 671 | 13 656 | 11 689 |
| 2012 | 540 989 | 271 113 | 198 537 | 153 314 | 45 223 | 72 576 | 255 240 | 244 601 | 10 639 | 14 636 |
| 2013 | 596 963 | 300 338 | 219 763 | 170 330 | 49 432 | 80 575 | 282 073 | 270 924 | 11 149 | 14 552 |
| 2014 | 647 182 | 328 313 | 242 540 | 188 174 | 54 366 | 85 773 | 302 718 | 290 053 | 12 664 | 16 152 |
| 2015 | 699 109 | 362 267 | 265 980 | 206 837 | 59 143 | 96 286 | 312 836 | 301 503 | 11 333 | 24 007 |
| 2016 | 745 632 | 399 910 | 293 443 | 228 517 | 64 145 | 106 467 | 329 138 | 318 084 | 11 054 | 16 585 |
| 2017 | 815 260 | 437 152 | 317 964 | 249 256 | 68 253 | 119 188 | 363 955 | 349 369 | 14 586 | 14 154 |
| 2018 | 884 426 | 480 341 | 348 210 | — | — | 132 131 | 396 645 | 380 772 | 15 873 | 7 741 |
| | 构成（%） Composition (%) | | | | | | | | | |
| 2001 | 100 | 61.6 | 45.6 | 30.9 | 14.6 | 16.0 | 36.3 | 34.2 | 2.1 | 2.1 |
| 2002 | 100 | 60.6 | 45.0 | 31.1 | 13.9 | 15.5 | 36.9 | 35.8 | 1.1 | 2.5 |
| 2003 | 100 | 57.5 | 42.9 | 30.1 | 12.9 | 14.6 | 40.4 | 39.0 | 1.4 | 2.1 |
| 2004 | 100 | 54.7 | 40.9 | 29.1 | 11.8 | 13.8 | 42.7 | 40.4 | 2.3 | 2.6 |
| 2005 | 100 | 53.6 | 39.8 | 28.7 | 11.1 | 13.9 | 41.0 | 40.1 | 0.9 | 5.4 |
| 2006 | 100 | 51.9 | 38.0 | 27.8 | 10.2 | 13.8 | 40.6 | 39.4 | 1.2 | 7.5 |
| 2007 | 100 | 50.1 | 36.7 | 27.3 | 9.4 | 13.4 | 41.2 | 38.7 | 2.6 | 8.6 |
| 2008 | 100 | 49.2 | 36.1 | 27.0 | 9.0 | 13.2 | 43.2 | 40.0 | 3.2 | 7.6 |
| 2009 | 100 | 49.4 | 36.2 | 27.4 | 8.8 | 13.2 | 46.3 | 44.8 | 1.5 | 4.3 |
| 2010 | 100 | 48.5 | 35.6 | 27.4 | 8.2 | 12.9 | 47.9 | 45.2 | 2.6 | 3.7 |
| 2011 | 100 | 49.6 | 36.3 | 27.9 | 8.5 | 13.3 | 48.0 | 45.2 | 2.8 | 2.4 |
| 2012 | 100 | 50.1 | 36.7 | 28.3 | 8.4 | 13.4 | 47.2 | 45.2 | 2.0 | 2.7 |
| 2013 | 100 | 50.3 | 36.8 | 28.5 | 8.3 | 13.5 | 47.3 | 45.4 | 1.9 | 2.4 |
| 2014 | 100 | 50.7 | 37.5 | 29.1 | 8.4 | 13.3 | 46.8 | 44.8 | 2.0 | 2.5 |
| 2015 | 100 | 51.8 | 38.0 | 29.6 | 8.5 | 13.8 | 44.7 | 43.1 | 1.6 | 3.4 |
| 2016 | 100 | 53.6 | 39.4 | 30.6 | 8.6 | 14.3 | 44.1 | 42.7 | 1.5 | 2.2 |
| 2017 | 100 | 53.6 | 39.0 | 30.6 | 8.4 | 14.6 | 44.6 | 42.9 | 1.8 | 1.7 |
| 2018 | 100 | 54.3 | 39.4 | — | — | 14.9 | 44.8 | 43.1 | 1.8 | 0.9 |

注：表中数据根据国家统计局最新数据修订。
Note: Data are revised by National Bureau of Statistics of China.

### 按支出法计算的国内生产总值构成变化
### Changes in the composition of GDP (based on expenditures)

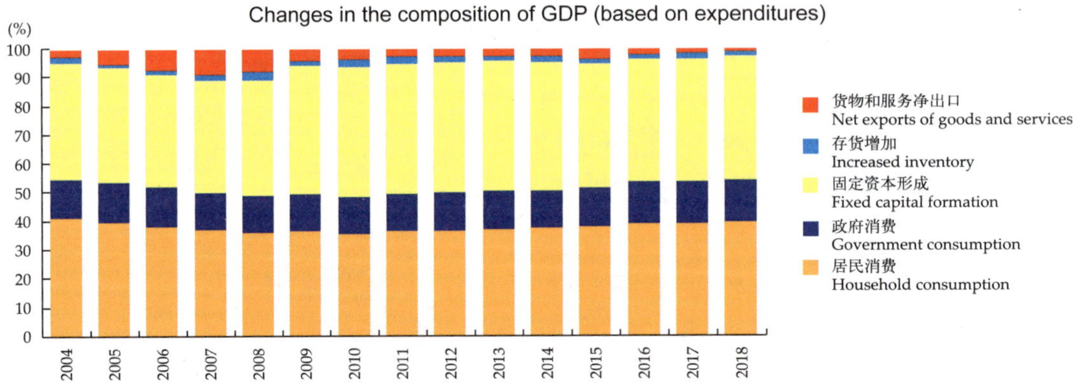

## 投资率和消费率
Investment ratio and consumption ratio

单位：%　Unit: %

| 年<br>Year | 资本形成率（投资率）<br>Capital formation ratio<br>(investment ratio) | 最终消费率（消费率）<br>Final consumption ratio<br>(consumption ratio) |
|---|---|---|
| 1986 | 38.2 | 64.2 |
| 1987 | 37.8 | 62.1 |
| 1988 | 39.5 | 61.5 |
| 1989 | 37.5 | 63.6 |
| 1990 | 34.4 | 62.9 |
| 1991 | 35.7 | 61.5 |
| 1992 | 39.6 | 59.4 |
| 1993 | 44.0 | 57.9 |
| 1994 | 40.8 | 57.9 |
| 1995 | 39.6 | 58.8 |
| 1996 | 38.2 | 59.8 |
| 1997 | 36.2 | 59.4 |
| 1998 | 35.6 | 60.2 |
| 1999 | 34.9 | 62.3 |
| 2000 | 34.3 | 63.3 |
| 2001 | 36.3 | 61.6 |
| 2002 | 36.9 | 60.6 |
| 2003 | 40.4 | 57.5 |
| 2004 | 42.7 | 54.7 |
| 2005 | 41.0 | 53.6 |
| 2006 | 40.6 | 51.9 |
| 2007 | 41.2 | 50.1 |
| 2008 | 43.2 | 49.2 |
| 2009 | 46.3 | 49.4 |
| 2010 | 47.9 | 48.5 |
| 2011 | 48.0 | 49.6 |
| 2012 | 47.2 | 50.1 |
| 2013 | 47.3 | 50.3 |
| 2014 | 46.8 | 50.7 |
| 2015 | 44.7 | 51.8 |
| 2016 | 44.1 | 53.6 |
| 2017 | 44.6 | 53.6 |
| 2018 | 44.8 | 54.3 |

注：表中数据根据国家统计局最新数据修订。
Note: Data are revised by National Bureau of Statistics of China.

## 生产法现价GDP与支出法现价GDP及其增长率比较
Comparison between production-based GDP and expenditure-based GDP at current price

| 年<br>Year | (1) 生产法 GDP<br>Production-based GDP | | (2) 支出法 GDP<br>Expenditure-based GDP | | (1) – (2) | |
|---|---|---|---|---|---|---|
| | 绝对量(亿元)<br>Absolute value<br>(RMB 100 million) | 现价增速(%)<br>Growth rate at current price (%) | 绝对量(亿元)<br>Absolute value<br>(RMB 100 million) | 现价增速(%)<br>Growth rate at current price (%) | 绝对量(亿元)<br>Absolute value (RMB 100 million) | 现价增速(%)<br>Growth rate at current price (%) |
| 1991 | 22 006 | 16.6 | 22 124 | 16.0 | −119 | 0.56 |
| 1992 | 27 195 | 23.6 | 27 334 | 23.5 | −140 | 0.03 |
| 1993 | 35 673 | 31.2 | 35 900 | 31.3 | −227 | −0.16 |
| 1994 | 48 638 | 36.3 | 48 823 | 36.0 | −185 | 0.35 |
| 1995 | 61 340 | 26.1 | 61 539 | 26.0 | −199 | 0.07 |
| 1996 | 71 814 | 17.1 | 72 103 | 17.2 | −289 | −0.09 |
| 1997 | 79 715 | 11.0 | 80 025 | 11.0 | −310 | 0.02 |
| 1998 | 85 196 | 6.9 | 85 486 | 6.8 | −291 | 0.05 |
| 1999 | 90 564 | 6.3 | 90 824 | 6.2 | −259 | 0.06 |
| 2000 | 100 280 | 10.7 | 100 577 | 10.7 | −297 | −0.01 |
| 2001 | 110 863 | 10.6 | 111 250 | 10.6 | −387 | −0.06 |
| 2002 | 121 717 | 9.8 | 122 292 | 9.9 | −575 | −0.13 |
| 2003 | 137 422 | 12.9 | 138 315 | 13.1 | −893 | −0.20 |
| 2004 | 161 840 | 17.8 | 162 742 | 17.7 | −902 | 0.11 |
| 2005 | 187 319 | 15.7 | 189 190 | 16.3 | −1 872 | −0.51 |
| 2006 | 219 439 | 17.1 | 221 207 | 16.9 | −1 768 | 0.22 |
| 2007 | 270 092 | 23.1 | 271 699 | 22.8 | −1 607 | 0.26 |
| 2008 | 319 245 | 18.2 | 319 936 | 17.8 | −691 | 0.44 |
| 2009 | 348 518 | 9.2 | 349 883 | 9.4 | −1 366 | −0.19 |
| 2010 | 412 119 | 18.2 | 410 708 | 17.4 | 1 411 | 0.86 |
| 2011 | 487 940 | 18.4 | 486 038 | 18.3 | 1 902 | 0.06 |
| 2012 | 538 580 | 10.4 | 540 989 | 11.3 | −2 409 | −0.93 |
| 2013 | 592 963 | 10.1 | 596 963 | 10.3 | −4 000 | −0.25 |
| 2014 | 641 281 | 8.1 | 647 182 | 8.4 | −5 901 | 0.26 |
| 2015 | 685 993 | 7.0 | 699 109 | 8.0 | −13 117 | −1.05 |
| 2016 | 740 061 | 7.9 | 745 632 | 6.7 | −5 572 | 1.23 |
| 2017 | 820 754 | 10.9 | 815 260 | 9.3 | 5 494 | 1.57 |
| 2018 | 900 310 | 9.7 | 884 426 | 8.5 | 15 884 | 1.21 |

注：表中数据根据国家统计局最新数据修订。
Note: Data are revised by National Bureau of Statistics of China.

## 投资率和消费率
Investment ratio and consumption ratio

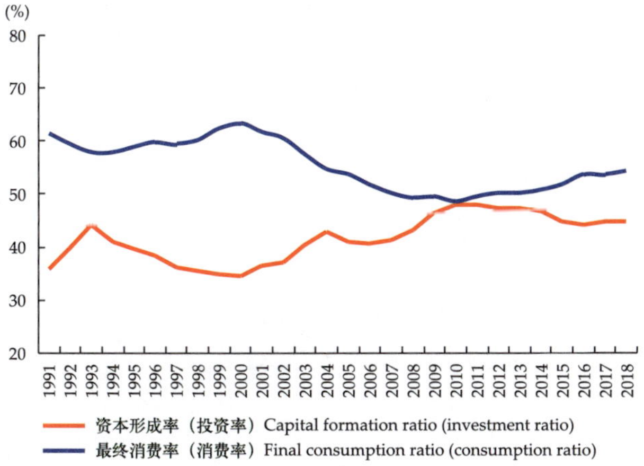


## 生产法现价GDP与支出法现价GDP增速比较
Comparison of growth rate at current prices between production-based GDP and expenditure-based GDP

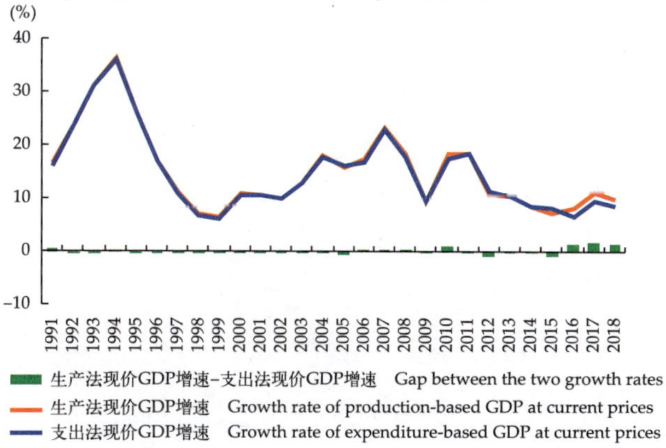

## 2. 社会消费品零售额
## (2) Retail sales of consumer goods

### 社会消费品零售总额
### Retail sales of consumer goods

单位：亿元
Unit: RMB 100 million

| 年 / 月 Year/Month | 当月社会消费品零售总额 Monthly retail sales of consumer goods | 当月同比增长率 (%) Monthly growth rate (YOY)(%) | 社会消费品零售总额累计 Accumulative retail sales of consumer goods | 累计同比增长率 (%) Accumulative growth rate (YOY)(%) |
|---|---|---|---|---|
| 2017.01 | — | — | — | — |
| 2017.02 | — | — | 57 960 | 9.5 |
| 2017.03 | 27 864 | 10.9 | 85 823 | 10.0 |
| 2017.04 | 27 279 | 10.7 | 113 102 | 10.2 |
| 2017.05 | 29 459 | 10.7 | 142 561 | 10.3 |
| 2017.06 | 29 808 | 11.0 | 172 369 | 10.4 |
| 2017.07 | 29 610 | 10.4 | 201 979 | 10.4 |
| 2017.08 | 30 330 | 10.1 | 232 308 | 10.4 |
| 2017.09 | 30 870 | 10.3 | 263 178 | 10.4 |
| 2017.10 | 34 241 | 10.0 | 297 419 | 10.3 |
| 2017.11 | 34 108 | 10.2 | 331 528 | 10.3 |
| 2017.12 | 34 734 | 9.4 | 366 262 | 10.2 |
| 2018.01 | — | — | — | — |
| 2018.02 | — | — | 61 082 | 9.7 |
| 2018.03 | 29 194 | 10.1 | 90 275 | 9.8 |
| 2018.04 | 28 542 | 9.4 | 118 817 | 9.7 |
| 2018.05 | 30 359 | 8.5 | 149 176 | 9.5 |
| 2018.06 | 30 842 | 9.0 | 180 018 | 9.4 |
| 2018.07 | 30 734 | 8.8 | 210 752 | 9.3 |
| 2018.08 | 31 542 | 9.0 | 242 294 | 9.3 |
| 2018.09 | 32 005 | 9.2 | 274 299 | 9.3 |
| 2018.10 | 35 534 | 8.6 | 309 834 | 9.2 |
| 2018.11 | 35 260 | 8.1 | 345 093 | 9.1 |
| 2018.12 | 35 894 | 8.2 | 380 987 | 9.0 |
| 2019.01 | — | — | — | — |
| 2019.02 | — | — | 66 064 | 8.2 |
| 2019.03 | 31 726 | 8.7 | 97 790 | 8.3 |
| 2019.04 | 30 586 | 7.2 | 128 376 | 8.0 |
| 2019.05 | 32 956 | 8.6 | 161 332 | 8.1 |
| 2019.06 | 33 878 | 9.8 | 195 210 | 8.4 |
| 2019.07 | 33 073 | 7.6 | 228 283 | 8.3 |
| 2019.08 | 33 896 | 7.5 | 262 179 | 8.2 |
| 2019.09 | 34 495 | 7.8 | 296 674 | 8.2 |
| 2019.10 | 38 104 | 7.2 | 334 779 | 8.1 |
| 2019.11 | 38 094 | 8.0 | 372 872 | 8.0 |
| 2019.12 | 38 777 | 8.0 | 411 649 | 8.0 |

注：为消除春节日期不固定因素带来的影响，增强数据的可比性，按照国家统计制度，历年1～2月数据一起调查、一起发布。
Note: In order to eliminate the impact of the different date of "Spring Festival" of each year, and enhance the comparability of data, in accordance with the national statistical system, the data in January and February was investigated and released together.

### 社会消费品零售总额与最终消费增长率的比较
### Comparison of growth rate at current prices between retail sales of consumer goods and final consumption expenditure

单位：万亿元
Unit: RMB 1 trillion

| 年 Year | 社会消费品零售总额 Retail sales of consumer goods | 最终消费 Final consumption | 社会消费品零售总额现价增长率 (%) Growth rate at current prices of retail sales of consumer goods (%) | 最终消费现价增长率 (%) Growth rate at current prices of final consumption expenditure (%) |
|---|---|---|---|---|
| 1991 | 0.94 | 1.36 | 13.4 | 13.5 |
| 1992 | 1.10 | 1.62 | 16.8 | 19.2 |
| 1993 | 1.43 | 2.08 | 29.8 | 28.2 |
| 1994 | 1.86 | 2.83 | 30.5 | 35.9 |
| 1995 | 2.36 | 3.62 | 26.8 | 28.0 |
| 1996 | 2.84 | 4.31 | 20.1 | 19.0 |
| 1997 | 3.13 | 4.75 | 10.2 | 10.3 |
| 1998 | 3.34 | 5.15 | 6.8 | 8.3 |
| 1999 | 3.56 | 5.66 | 6.8 | 10.0 |
| 2000 | 3.91 | 6.37 | 9.7 | 12.4 |
| 2001 | 4.31 | 6.85 | 10.1 | 7.7 |
| 2002 | 4.81 | 7.41 | 11.8 | 8.1 |
| 2003 | 5.25 | 7.95 | 9.1 | 7.4 |
| 2004 | 5.95 | 8.91 | 13.3 | 12.0 |
| 2005 | 6.84 | 10.14 | 14.9 | 13.9 |
| 2006 | 7.91 | 11.47 | 15.8 | 13.1 |
| 2007 | 9.36 | 13.62 | 18.2 | 18.7 |
| 2008 | 11.48 | 15.75 | 22.7 | 15.6 |
| 2009 | 13.27 | 17.27 | 15.5 | 9.7 |
| 2010 | 15.70 | 19.90 | 18.3 | 15.2 |
| 2011 | 18.39 | 24.10 | 17.1 | 21.1 |
| 2012 | 21.03 | 27.11 | 14.3 | 12.5 |
| 2013 | 24.28 | 30.03 | 15.5 | 10.8 |
| 2014 | 27.19 | 32.83 | 12.0 | 9.3 |
| 2015 | 30.09 | 36.23 | 10.7 | 10.3 |
| 2016 | 33.23 | 39.99 | 10.4 | 10.4 |
| 2017 | 36.63 | 43.72 | 10.2 | 9.3 |
| 2018 | 38.10 | 48.03 | 4.0 | 9.9 |

注：表中数据根据国家统计局最新数据修订。
Note: Data are revised by National Bureau of Statistics of China.

### 累计社会消费品零售总额及其增长率
### Accumulative retail sales and growth rates of consumer goods

### 社会消费品零售总额及最终消费增长趋势
### Growth trend of retail sales of consumer goods and final consumption expenditure

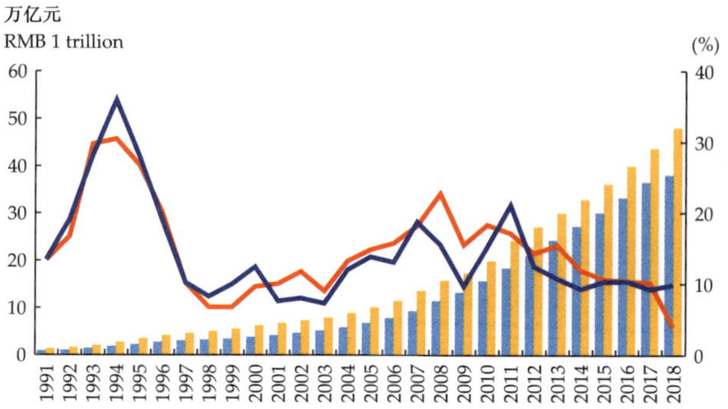

## 3.固定资产投资完成额
## (3) Completed fixed-asset investment

### 固定资产投资（不含农户）完成额及增长率
### Completed investment in fixed assets (excluding rural households) and growth rates

单位：亿元
Unit: RMB 100 million

| 年 / 月<br>Year/Month | | 投资完成额<br>Investment completed | 增长率 (%)<br>Growth rate (%) |
|---|---|---|---|
| 2017 | 1~2 | 41 378 | 8.9 |
| | 1~3 | 93 777 | 9.2 |
| | 1~4 | 144 327 | 8.9 |
| | 1~5 | 203 718 | 8.6 |
| | 1~6 | 280 605 | 8.6 |
| | 1~7 | 337 409 | 8.3 |
| | 1~8 | 394 150 | 7.8 |
| | 1~9 | 458 478 | 7.5 |
| | 1~10 | 517 818 | 7.3 |
| | 1~11 | 575 057 | 7.2 |
| | 1~12 | 631 684 | 7.2 |
| 2018 | 1~2 | 44 626 | 7.9 |
| | 1~3 | 100 763 | 7.5 |
| | 1~4 | 154 358 | 7.0 |
| | 1~5 | 216 043 | 6.1 |
| | 1~6 | 297 316 | 6.0 |
| | 1~7 | 355 798 | 5.5 |
| | 1~8 | 415 158 | 5.3 |
| | 1~9 | 483 442 | 5.4 |
| | 1~10 | 547 567 | 5.7 |
| | 1~11 | 609 267 | 5.9 |
| | 1~12 | 635 636 | 5.9 |
| 2019 | 1~2 | 44 849 | 6.1 |
| | 1~3 | 101 871 | 6.3 |
| | 1~4 | 155 747 | 6.1 |
| | 1~5 | 217 555 | 5.6 |
| | 1~6 | 299 100 | 5.8 |
| | 1~7 | 348 892 | 5.7 |
| | 1~8 | 400 628 | 5.5 |
| | 1~9 | 461 204 | 5.4 |
| | 1~10 | 510 880 | 5.2 |
| | 1~11 | 533 718 | 5.2 |
| | 1~12 | 551 478 | 5.4 |

注：自2011年起，投资项目统计起点标准由原来的50万元调整为500万元，“固定资产投资（不含农户）”等于原口径的城镇固定资产投资加上农村企事业组织项目投资。

Notes: Since 2011, investment indicators are calculated using new threshold criteria of RMB 5 million instead of RMB 500 thousand in the past. "Investment in fixed assets (excluding rural households)" equals to "investment in fixed assets in urban area" under the old criteria plus "investment of rural enterprises and institutions".

### 固定资产投资（不含农户）完成额及增长率
### Completed investment in fixed assets (excluding rural households) and growth rates

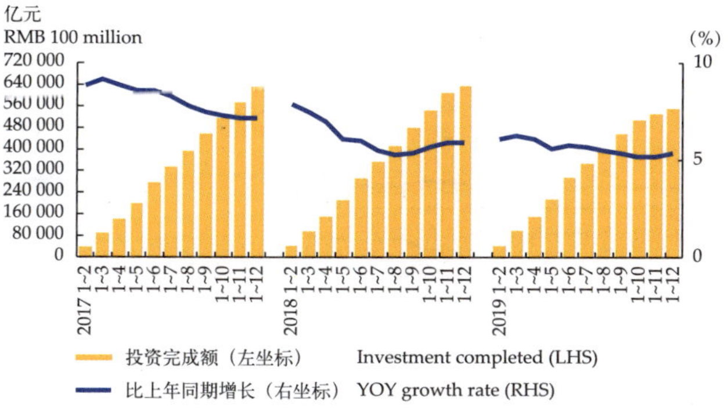


### 固定资产投资完成额和固定资本形成总额的比较
### Comparision of completed fixed-asset investment and gross capital formation

单位：万亿元
Unit: RMB 1 trillion

| 年<br>Year | 全社会固定资产投资完成额<br>Total completed fixed-asset investment | 固定资本形成总额<br>Gross capital formation | 全社会固定资产投资现价增长率 (%)<br>Growth rate of total fixed-asset investment at current prices (%) | 固定资本形成总额现价增长率 (%)<br>Growth rate of gross capital formation at current prices(%) |
|---|---|---|---|---|
| 1991 | 0.56 | 0.61 | 23.9 | 25.7 |
| 1992 | 0.81 | 0.85 | 44.4 | 46.0 |
| 1993 | 1.31 | 1.36 | 61.8 | 60.4 |
| 1994 | 1.70 | 1.72 | 30.4 | 26.6 |
| 1995 | 2.00 | 2.04 | 17.5 | 18.4 |
| 1996 | 2.29 | 2.33 | 14.5 | 14.6 |
| 1997 | 2.49 | 2.54 | 8.8 | 8.8 |
| 1998 | 2.84 | 2.88 | 13.9 | 13.4 |
| 1999 | 2.99 | 3.02 | 5.1 | 5.2 |
| 2000 | 3.29 | 3.35 | 10.3 | 10.9 |
| 2001 | 3.72 | 3.81 | 13.1 | 13.5 |
| 2002 | 4.35 | 4.38 | 16.9 | 15.1 |
| 2003 | 5.56 | 5.40 | 27.7 | 23.2 |
| 2004 | 7.05 | 6.57 | 26.8 | 21.7 |
| 2005 | 8.88 | 7.58 | 26.0 | 15.4 |
| 2006 | 11.00 | 8.72 | 23.9 | 15.1 |
| 2007 | 13.73 | 10.51 | 24.8 | 20.4 |
| 2008 | 17.28 | 12.80 | 25.9 | 21.8 |
| 2009 | 22.46 | 15.67 | 30.0 | 22.4 |
| 2010 | 25.17 | 18.58 | 12.1 | 18.6 |
| 2011 | 31.15 | 21.97 | 23.8 | 18.2 |
| 2012 | 37.47 | 24.46 | 20.3 | 11.3 |
| 2013 | 44.63 | 27.09 | 19.1 | 10.8 |
| 2014 | 51.20 | 29.01 | 14.7 | 7.1 |
| 2015 | 56.20 | 30.15 | 9.8 | 3.9 |
| 2016 | 60.65 | 31.81 | 7.9 | 5.5 |
| 2017 | 64.12 | 34.64 | 5.7 | 8.9 |
| 2018 | 64.57 | 38.08 | 0.7 | 9.0 |
| 2019 | 64.57 | 38.08 | 0.7 | 9.0 |

注：表中数据根据国家统计局最新数据修订。
Note: Data are revised by National Bureau of Statistics of China.

### 固定资产投资完成额和固定资本形成总额及其增长率
### Completed fixed-asset investment and gross capital formation and growth rates

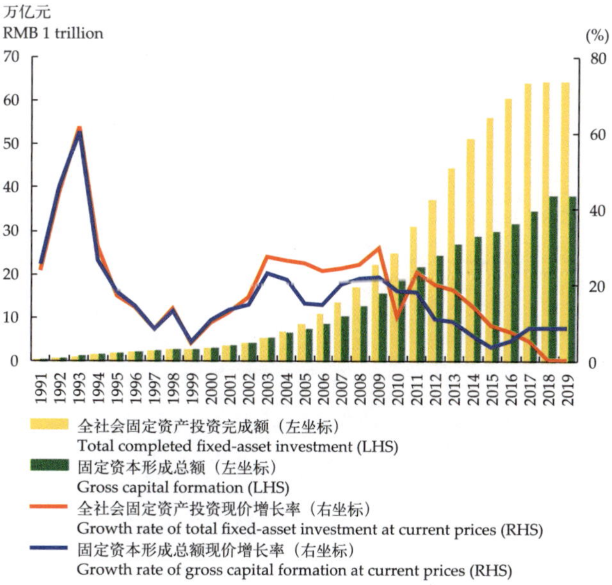

## 按建设性质分固定资产投资（不含农户）增长率

Completed investment in fixed assets (excluding rural households) growth rate by type of construction

| 年 / 月 Year/Month | 增长率 (%) Growth rate (%) | | |
|---|---|---|---|
| | 新建 New construction | 扩建 Expansion | 改建 Transformation |
| 2017 1~2 | 9.9 | 4.4 | 12.2 |
| 1~3 | 11.2 | 2.3 | 11.5 |
| 1~4 | 10.7 | 2.6 | 10.4 |
| 1~5 | 10.6 | 0.5 | 10.8 |
| 1~6 | 11.1 | –0.9 | 10.9 |
| 1~7 | 10.9 | –0.5 | 9.9 |
| 1~8 | 10.4 | –1.9 | 9.0 |
| 1~9 | 9.6 | –1.6 | 9.0 |
| 1~10 | 9.5 | –1.5 | 8.5 |
| 1~11 | 9.4 | –1.8 | 8.6 |
| 1~12 | 8.8 | –0.4 | 9.5 |
| 2018 1~2 | 6.8 | –2.6 | 19.6 |
| 1~3 | 5.6 | 0.8 | 16.8 |
| 1~4 | 5.6 | –1.6 | 14.5 |
| 1~5 | 4.9 | –0.1 | 9.4 |
| 1~6 | 4.5 | 0.9 | 10.6 |
| 1~7 | 3.8 | 0.1 | 9.9 |
| 1~8 | 3.3 | –0.7 | 11.1 |
| 1~9 | 3.8 | –1.5 | 10.6 |
| 1~10 | 4.5 | –2.1 | 11.6 |
| 1~11 | 4.4 | –2.0 | 11.3 |
| 1~12 | 5.3 | –5.1 | 12.4 |
| 2019 1~2 | 2.8 | 1.8 | 11.5 |
| 1~3 | 5.4 | –7.6 | 8.4 |
| 1~4 | 5.5 | –5.8 | 3.8 |
| 1~5 | 5.4 | –8.8 | 4.4 |
| 1~6 | 5.7 | –9.3 | 4.0 |
| 1~7 | 5.9 | –9.8 | 4.8 |
| 1~8 | 5.2 | –6.9 | 4.0 |
| 1~9 | 5.1 | -7.2 | 3.9 |
| 1~10 | 4.8 | -6.8 | 2.6 |
| 1~11 | 5.5 | -6.6 | 2.4 |
| 1~12 | 4.8 | -6.1 | 3.3 |

注：按建设性质分组的投资不含房地产投资。
Note: Investment grouped by type of construction does not include real estate investment.

## 按建筑性质分固定资产投资（不含农户）完成额增长趋势

Growth of monthly accumulated completed investment in fixed assets (excluding rural households) by type of construction

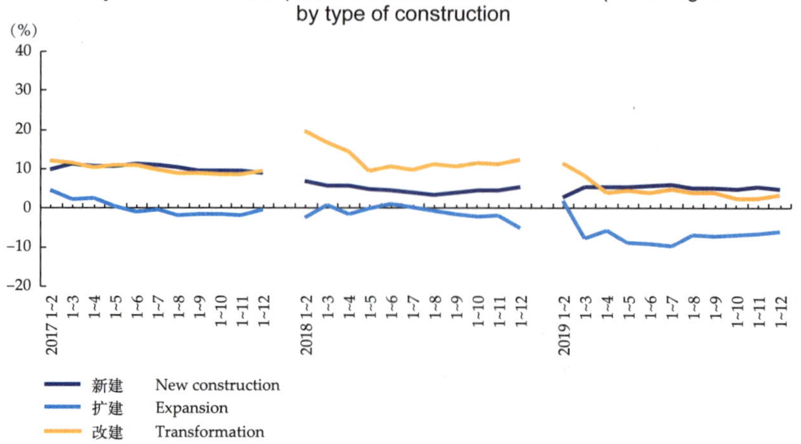

## 2019年分省固定资产投资（不含农户）及房地产开发投资情况

Accumulated completed investment in fixed assets (excluding rural households) and real estate development by province in 2019

单位：亿元 Unit：RMB 100 million

| 省份 | 固定资产投资（不含农户）累计完成额增长率 (%) Growth rate of accumulated completed investment in fixed assets (excluding rural households) (%) | 房地产开发投资完成额 Accumulated completed investment in real estate development | |
|---|---|---|---|
| | | | 增长率 (%) Growth rate(%) |
| Tianjin 天津 | 13.9 | 2 727.8 | 0.1 |
| Guangdong 广东 | 11.1 | 15 852.2 | 0.1 |
| Hubei 湖北 | 10.7 | 5 111.7 | 0.1 |
| Zhejiang 浙江 | 10.1 | 10 683.0 | 0.1 |
| Hunan 湖南 | 10.1 | 4 445.5 | 0.1 |
| Guangxi 广西 | 9.5 | 3 814.4 | 0.3 |
| Jiangxi 江西 | 9.2 | 2 239.1 | 0.0 |
| Anhui 安徽 | 9.0 | 6 670.5 | 0.1 |
| Sichuan 四川 | 8.6 | 6 573.2 | 0.2 |
| Yunnan 云南 | 8.5 | 4 151.4 | 0.3 |
| Shanxi 山西 | 8.4 | 1 656.5 | 0.2 |
| Henan 河南 | 8.0 | 7 464.6 | 0.1 |
| Inner Mongolia 内蒙古 | 6.8 | 1 041.9 | 0.2 |
| Gansu 甘肃 | 6.6 | 1 257.8 | 0.1 |
| Heilongjiang 黑龙江 | 6.3 | 958.0 | 0.0 |
| Hebei 河北 | 6.1 | 4 347.1 | 0.0 |
| Fujian 福建 | 5.9 | 5 673.1 | 0.1 |
| Chongqing 重庆 | 5.7 | 4 439.3 | 0.0 |
| Shanghai 上海 | 5.1 | 4 231.4 | 0.0 |
| Jiangsu 江苏 | 5.1 | 12 009.3 | 0.1 |
| Qinghai 青海 | 5.0 | 406.3 | 0.2 |
| Shaanxi 陕西 | 2.5 | 3 903.6 | 0.1 |
| Xinjiang 新疆 | 2.5 | 1 074.0 | 0.0 |
| Guizhou 贵州 | 1.0 | 2 990.8 | 0.3 |
| Liaoning 辽宁 | 0.5 | 2 834.0 | 0.1 |
| Tibet 西藏 | −2.1 | 129.6 | 0.4 |
| Beijing 北京 | −2.4 | 3 838.4 | 0.0 |
| Shandong 山东 | −8.4 | 8 614.9 | 0.1 |
| Hainan 海南 | −9.2 | 1 336.2 | −0.2 |
| Ningxia 宁夏 | −10.3 | 403.1 | −0.1 |
| Jilin 吉林 | −16.3 | 1 315.5 | 0.1 |

## 4. 房地产
## (4) Real estate development

### 房地产开发投资按工程用途分的完成额及增长率
### Real estate development investment completed and growth rate by purpose of engineering

单位：亿元 Unit: RMB 100 million

| 年 / 月 Year/Month | 房地产开发投资完成额 Real estate development investment completed | | 按工程用途分 By purpose of engineering | | | | | | | |
|---|---|---|---|---|---|---|---|---|---|---|
| | | | 住宅投资 Residential building investment | | 办公楼投资 Office building investment | | 商业用房投资 Commercial and business building investment | | 其他投资 Other investment | |
| | 绝对值 Absolute value | 增长率 (%) Growth rate (%) | 绝对值 Absolute value | 增长率 (%) Growth rate (%) | 绝对值 Absolute value | 增长率 (%) Growth rate (%) | 绝对值 Absolute value | 增长率 (%) Growth rate (%) | 绝对值 Absolute value | 增长率 (%) Growth rate (%) |
| 2017 1-2 | 9 854 | 8.9 | 6 571 | 9.0 | 654 | -0.6 | 1 517 | 11.8 | 1 112 | 10.1 |
| 1-3 | 19 292 | 9.1 | 12 981 | 11.2 | 1 194 | -3.8 | 2 935 | 8.2 | 2 182 | 6.3 |
| 1-4 | 27 732 | 9.3 | 18 671 | 10.6 | 1 736 | 1.1 | 4 222 | 7.8 | 3 103 | 8.6 |
| 1-5 | 37 595 | 8.8 | 25 423 | 10.0 | 2 371 | 5.1 | 5 678 | 5.9 | 4 123 | 7.7 |
| 1-6 | 50 610 | 8.5 | 34 318 | 10.2 | 3 159 | 4.8 | 7 589 | 5.0 | 5 543 | 5.9 |
| 1-7 | 59 761 | 7.9 | 40 683 | 10.0 | 3 708 | 4.7 | 8 834 | 3.0 | 6 535 | 4.3 |
| 1-8 | 69 494 | 7.9 | 47 440 | 10.1 | 4 284 | 4.8 | 10 195 | 2.4 | 7 575 | 4.2 |
| 1-9 | 80 644 | 8.1 | 55 109 | 10.4 | 4 978 | 5.4 | 11 710 | 1.4 | 8 847 | 5.3 |
| 1-10 | 90 544 | 7.8 | 61 871 | 9.9 | 5 583 | 5.2 | 13 088 | 1.1 | 10 002 | 6.1 |
| 1-11 | 100 387 | 7.5 | 68 670 | 9.7 | 6 162 | 3.9 | 14 422 | 0.3 | 11 132 | 6.1 |
| 1-12 | 109 799 | 7.0 | 75 148 | 9.4 | 6 761 | 3.5 | 15 640 | -1.2 | 12 249 | 6.5 |
| 2018 1-2 | 10 831 | 9.9 | 7 379 | 12.3 | 653 | -0.2 | 1 445 | -4.8 | 1 355 | 21.8 |
| 1-3 | 21 291 | 10.4 | 14 705 | 13.3 | 1 193 | -0.1 | 2 743 | -6.5 | 2 651 | 21.5 |
| 1-4 | 30 592 | 10.3 | 21 331 | 14.2 | 1 646 | -5.1 | 3 893 | -7.8 | 3 721 | 19.9 |
| 1-5 | 41 420 | 10.2 | 29 037 | 14.2 | 2 185 | -7.8 | 5 150 | -9.3 | 5 048 | 22.4 |
| 1-6 | 55 531 | 9.7 | 38 990 | 13.6 | 2 834 | -10.3 | 6 854 | -9.7 | 6 853 | 23.6 |
| 1-7 | 65 886 | 10.2 | 46 443 | 14.2 | 3 340 | -9.9 | 8 045 | -8.9 | 8 058 | 23.3 |
| 1-8 | 76 519 | 10.1 | 54 114 | 14.1 | 3 838 | -10.4 | 9 330 | -8.5 | 9 237 | 21.9 |
| 1-9 | 88 665 | 9.9 | 62 806 | 14.0 | 4 409 | -11.4 | 10 650 | -9.1 | 10 799 | 22.1 |
| 1-10 | 99 325 | 9.7 | 70 370 | 13.7 | 4 911 | -12.0 | 11 886 | -9.2 | 12 157 | 21.5 |
| 1-11 | 110 083 | 9.7 | 78 027 | 13.6 | 5 423 | -12.0 | 13 066 | -9.4 | 13 568 | 21.9 |
| 1-12 | 120 264 | 9.5 | 85 192 | 13.4 | 5 996 | -11.3 | 14 177 | -9.4 | 14 898 | 21.6 |
| 2019 1-2 | 12 090 | 11.6 | 8 711 | 18.0 | 669 | 2.5 | 1 315 | -9.0 | 1 395 | 3.0 |
| 1-3 | 23 803 | 11.8 | 17 256 | 17.3 | 1 162 | -2.6 | 2 472 | -9.9 | 2 913 | 9.9 |
| 1-4 | 34 217 | 11.9 | 24 925 | 16.8 | 1 607 | -2.4 | 3 510 | -9.8 | 4 175 | 12.2 |
| 1-5 | 46 075 | 11.2 | 33 780 | 16.3 | 2 106 | -3.6 | 4 650 | -9.7 | 5 540 | 9.7 |
| 1-6 | 61 609 | 10.9 | 45 167 | 15.8 | 2 815 | -0.7 | 6 183 | -9.8 | 7 444 | 8.6 |
| 1-7 | 72 843 | 10.6 | 53 466 | 15.1 | 3 333 | -0.2 | 7 318 | -9.0 | 8 725 | 8.3 |
| 1-8 | 84 589 | 10.5 | 62 187 | 14.9 | 3 861 | 0.6 | 8 456 | -9.4 | 10 086 | 9.2 |
| 1-9 | 98 008 | 10.5 | 72 146 | 14.9 | 4 447 | 0.8 | 9 796 | -8.0 | 11 619 | 7.6 |
| 1-10 | 109 603 | 10.3 | 80 666 | 14.6 | 4 988 | 1.6 | 10 987 | -7.6 | 12 962 | 6.6 |
| 1-11 | 121 265 | 10.2 | 89 232 | 14.4 | 5 556 | 2.5 | 12 117 | -7.3 | 14 360 | 5.8 |
| 1-12 | 132 194 | 9.9 | 97 071 | 13.9 | 6 163 | 2.8 | 13 226 | -6.7 | 15 735 | 5.6 |

### 房地产开发投资按工程用途分的构成变化
### Change in composition of real estate development investment by purpose of engineering

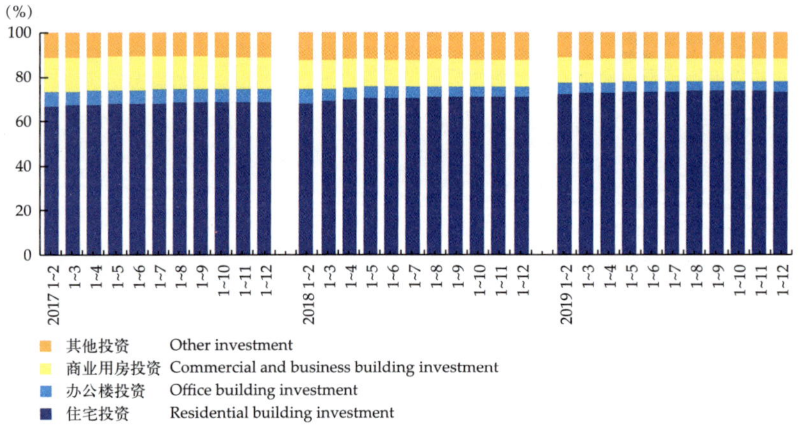

## 房地产开发投资按地区分的完成额及增长率
Real estate development investment completed and growth rate by region

单位：亿元　Unit: RMB 100 million

| 年 / 月 Year/Month | 东部地区投资 Investment in eastern area | | 中部地区投资 Investment in central area | | 西部地区投资 Investment in western area | | 东北地区投资 Investment in northeastern area | |
|---|---|---|---|---|---|---|---|---|
| | 绝对值 Absolute value | 增长率 (%) Growth rate(%) | 绝对值 Absolute value | 增长率 (%) Growth rate(%) | 绝对值 Absolute value | 增长率 (%) Growth rate(%) | 绝对值 Absolute value | 增长率 (%) Growth rate(%) |
| 2017 1~2 | 5 966 | 7.8 | 1 907 | 13.7 | 1 982 | 7.8 | — | — |
| 1~3 | 11 373 | 7.9 | 3 914 | 14.7 | 4 005 | 7.5 | — | — |
| 1~4 | 15 437 | 8.7 | 5 755 | 16.8 | 5 794 | 7.7 | 747 | -13.7 |
| 1~5 | 20 659 | 8.4 | 7 853 | 16.9 | 7 918 | 7.0 | 1 166 | -16.1 |
| 1~6 | 27 252 | 8.4 | 10 631 | 16.0 | 10 991 | 6.8 | 1 737 | -14.0 |
| 1~7 | 32 069 | 8.5 | 12 612 | 13.8 | 12 901 | 5.1 | 2 179 | -11.3 |
| 1~8 | 37 099 | 8.8 | 14 773 | 13.3 | 14 966 | 4.0 | 2 655 | -7.4 |
| 1~9 | 42 869 | 9.0 | 17 169 | 13.3 | 17 410 | 3.6 | 3 197 | -3.3 |
| 1~10 | 47 936 | 8.0 | 19 379 | 13.1 | 19 612 | 4.1 | 3 617 | -0.4 |
| 1~11 | 52 880 | 7.4 | 21 610 | 12.4 | 21 997 | 4.3 | 3 900 | 1.4 |
| 1~12 | 58 023 | 7.2 | 23 884 | 11.6 | 23 877 | 3.5 | 4 015 | 1.0 |
| 2018 1~2 | 6 497 | 11.6 | 2 147 | 13.4 | 2 055 | 3.7 | 132 | -15.3 |
| 1~3 | 12 277 | 11.8 | 4 443 | 15.0 | 4 122 | 2.9 | 449 | 1.3 |
| 1~4 | 17 181 | 11.3 | 6 604 | 14.8 | 5 980 | 3.2 | 827 | 10.7 |
| 1~5 | 22 992 | 11.3 | 8 895 | 13.3 | 8 136 | 2.8 | 1 397 | 19.9 |
| 1~6 | 30 194 | 10.8 | 11 839 | 11.4 | 11 454 | 4.2 | 2 044 | 17.7 |
| 1~7 | 35 755 | 11.5 | 13 920 | 10.4 | 13 647 | 5.8 | 2 564 | 17.7 |
| 1~8 | 41 237 | 11.2 | 16 213 | 9.7 | 15 955 | 6.6 | 3 114 | 17.3 |
| 1~9 | 47 603 | 11.0 | 18 612 | 8.4 | 18 725 | 7.5 | 3 725 | 16.5 |
| 1~10 | 53 136 | 10.8 | 20 755 | 7.1 | 21 254 | 8.4 | 4 180 | 15.6 |
| 1~11 | 58 857 | 11.3 | 22 886 | 5.9 | 23 806 | 8.2 | 4 534 | 16.3 |
| 1~12 | 64 355 | 10.9 | 25 180 | 5.4 | 26 009 | 8.9 | 4 720 | 17.6 |
| 2019 1~2 | 7 206 | 10.9 | 2 337 | 8.8 | 2 400 | 16.8 | 147 | 10.9 |
| 1~3 | 13 540 | 10.3 | 4 816 | 8.4 | 4 901 | 18.9 | 547 | 21.8 |
| 1~4 | 19 043 | 10.8 | 7 177 | 8.7 | 7 083 | 18.4 | 914 | 10.6 |
| 1~5 | 25 227 | 9.7 | 9 714 | 9.2 | 9 637 | 18.5 | 1 496 | 7.1 |
| 1~6 | 33 180 | 9.9 | 12 894 | 8.9 | 13 232 | 15.5 | 2 304 | 12.7 |
| 1~7 | 39 042 | 9.2 | 15 248 | 9.5 | 15 708 | 15.1 | 2 845 | 11.0 |
| 1~8 | 44 857 | 8.8 | 17 809 | 9.8 | 18 506 | 16.0 | 3 418 | 9.7 |
| 1~9 | 51 680 | 8.6 | 20 481 | 10.0 | 21 754 | 16.2 | 4 093 | 9.9 |
| 1~10 | 57 615 | 8.4 | 22 822 | 10.0 | 24 588 | 15.7 | 4 579 | 9.5 |
| 1~11 | 63 770 | 8.3 | 25 102 | 9.7 | 27 455 | 15.3 | 4 939 | 8.9 |
| 1~12 | 69 313 | 7.7 | 27 588 | 9.6 | 30 186 | 16.1 | 5 107 | 8.2 |

## 房地产开发投资按地区分的构成变化
Change in composition of real estate development investment by region

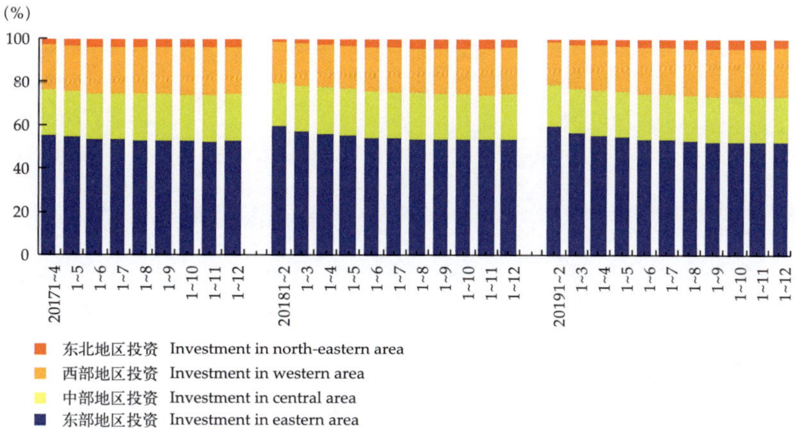

## 商品房建筑与销售
Construction and sales of commercial buildings

单位：亿平方米、亿元
Unit: 100 million square meters, RMB 100 million

| 年 / 月 Year/Month | 施工面积 Area under construction | 同比增长 (%) YOY growth (%) | 竣工面积 Area completed | 同比增长 (%) YOY growth (%) | 销售面积 Area sold | 同比增长 (%) YOY growth (%) | 销售面积与竣工面积之比 (%) Ratio of sold to completed areas (%) | 月度累计销售额 Monthly accumulated sales volume | 增长率 (%) Growth rate (%) |
|---|---|---|---|---|---|---|---|---|---|
| 2017 1~2 | 62.3 | 3.2 | 1.6 | 15.8 | 1.4 | 25.1 | 87 | 10,806 | 26.0 |
| 1~3 | 63.7 | 3.1 | 2.3 | 15.1 | 2.9 | 19.5 | 126 | 23,182 | 25.1 |
| 1~4 | 65.4 | 3.1 | 2.8 | 10.6 | 4.2 | 15.7 | 148 | 33,223 | 20.1 |
| 1~5 | 67.1 | 3.1 | 3.4 | 5.9 | 5.5 | 14.3 | 162 | 43,632 | 18.6 |
| 1~6 | 69.2 | 3.4 | 4.2 | 5.0 | 7.5 | 16.1 | 180 | 59,152 | 21.5 |
| 1~7 | 70.7 | 3.2 | 4.7 | 2.4 | 8.6 | 14.0 | 184 | 68,461 | 18.9 |
| 1~8 | 72.2 | 3.1 | 5.2 | 3.4 | 9.9 | 12.7 | 188 | 78,096 | 17.2 |
| 1~9 | 73.8 | 3.1 | 5.8 | 1.0 | 11.6 | 10.3 | 201 | 91,904 | 14.6 |
| 1~10 | 75.2 | 2.9 | 6.6 | 0.6 | 13.0 | 8.2 | 199 | 102,990 | 12.6 |
| 1~11 | 76.8 | 3.1 | 7.6 | −1.0 | 14.7 | 7.9 | 192 | 115,481 | 12.7 |
| 1~12 | 78.1 | 3.0 | 10.1 | −4.4 | 16.9 | 7.7 | 167 | 133,701 | 13.7 |
| 2018 1~2 | 63.2 | 1.5 | 1.4 | −12.1 | 1.5 | 4.1 | 103 | 12,454 | 15.3 |
| 1~3 | 64.7 | 1.5 | 2.1 | −10.1 | 3.0 | 3.6 | 145 | 25,597 | 10.4 |
| 1~4 | 66.4 | 1.6 | 2.5 | −10.7 | 4.2 | 1.3 | 168 | 36,222 | 9.0 |
| 1~5 | 68.5 | 2.0 | 3.0 | −10.1 | 5.6 | 2.9 | 185 | 48,778 | 11.8 |
| 1~6 | 71.0 | 2.5 | 3.7 | −10.6 | 7.7 | 3.3 | 208 | 66,945 | 13.2 |
| 1~7 | 72.9 | 3.0 | 4.2 | −10.5 | 9.0 | 4.2 | 214 | 78,300 | 14.4 |
| 1~8 | 74.8 | 3.6 | 4.6 | −11.6 | 10.2 | 4.0 | 222 | 89,396 | 14.5 |
| 1~9 | 76.7 | 3.9 | 5.1 | −11.4 | 11.9 | 2.9 | 233 | 104,132 | 13.3 |
| 1~10 | 78.4 | 4.3 | 5.7 | −12.5 | 13.3 | 2.2 | 232 | 115,914 | 12.5 |
| 1~11 | 80.5 | 4.7 | 6.7 | −12.3 | 14.9 | 1.4 | 222 | 129,508 | 12.1 |
| 1~12 | 82.2 | 5.2 | 9.4 | −7.8 | 17.2 | 1.3 | 183 | 149,973 | 12.2 |
| 2019 1~2 | 67.5 | 6.8 | 1.2 | −11.9 | 1.4 | −3.6 | 113 | 12,803 | 2.8 |
| 1~3 | 69.9 | 8.2 | 1.8 | −10.8 | 3.0 | −0.9 | 161 | 27,039 | 5.6 |
| 1~4 | 72.3 | 8.8 | 2.3 | −10.3 | 4.2 | −0.3 | 187 | 39,141 | 8.1 |
| 1~5 | 74.5 | 8.8 | 2.7 | −12.4 | 5.6 | −1.6 | 208 | 51,773 | 6.1 |
| 1~6 | 77.2 | 8.8 | 3.2 | −12.7 | 7.6 | −1.8 | 234 | 70,698 | 5.6 |
| 1~7 | 79.4 | 9.0 | 3.7 | −11.3 | 8.9 | −1.3 | 238 | 83,162 | 6.2 |
| 1~8 | 81.3 | 8.8 | 4.2 | −10.0 | 10.2 | −0.6 | 245 | 95,373 | 6.7 |
| 1~9 | 83.4 | 8.7 | 4.7 | −8.6 | 11.9 | −0.1 | 255 | 111,491 | 7.1 |
| 1~10 | 85.5 | 9.0 | 5.4 | −5.5 | 13.3 | 0.1 | 246 | 124,417 | 7.3 |
| 1~11 | 87.5 | 8.7 | 6.4 | −4.5 | 14.9 | 0.2 | 233 | 139,006 | 7.3 |
| 1~12 | 89.4 | 8.7 | 9.6 | 2.6 | 17.2 | −0.1 | 179 | 159,725 | 6.5 |

## 商品房施工面积、竣工面积与销售面积
Area of commercial housing under construction, completed, and sold

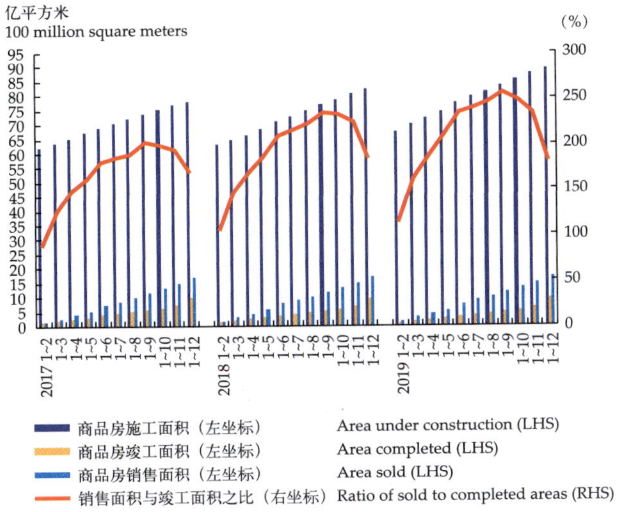


## 商品房施工面积、竣工面积与销售面积增长趋势
Growth of area of commercial housing under construction, completed, and sold

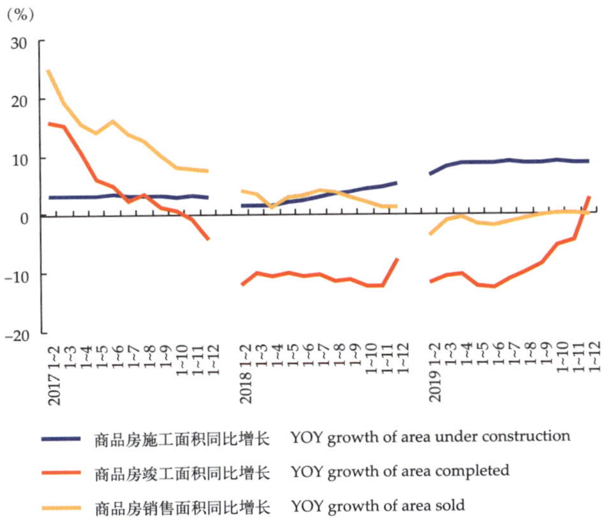


## 商品房销售额及其增长率
Sales volume of commercial housing and its growth rate

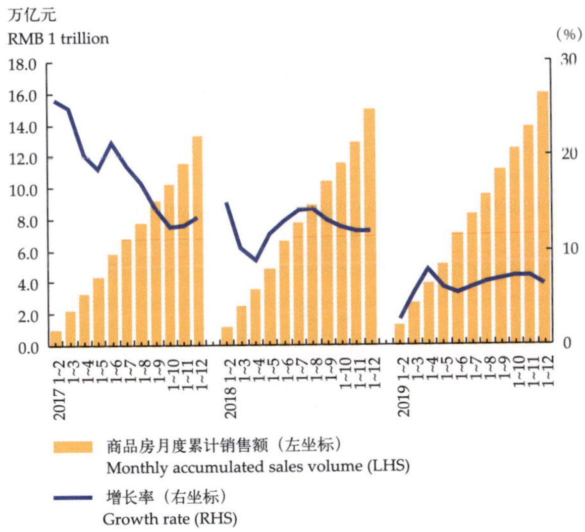


## 住宅在商品房施工面积、竣工面积与销售面积中所占的比重
Share of residences in commercial housing under construction, completed, and sold

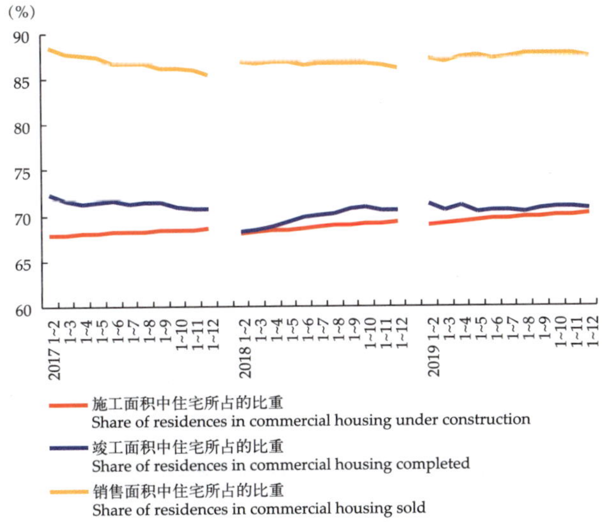

## 主要经济指标环比增速
MOM growth rates of main economic indicators

| 年/季度 Year/Quarter | 国内生产总值 Gross domestic product (%) | 年/月 Year/Month | | 规模以上工业增加值 Value added of industry (%) | 固定资产投资（不含农户）Completed investment in fixed assets (excluding rural households) (%) | 社会消费品零售总额 Retail sales of consumer goods (%) |
|---|---|---|---|---|---|---|
| 2017 | | 2017 | 1 | 0.58 | 0.54 | 0.55 |
| | | | 2 | 0.57 | 0.62 | 0.98 |
| I | 1.5 | | 3 | 0.76 | 0.61 | 0.85 |
| | | | 4 | 0.46 | 0.58 | 0.76 |
| | | | 5 | 0.51 | 0.56 | 0.79 |
| II | 1.8 | | 6 | 0.76 | 0.50 | 0.91 |
| | | | 7 | 0.40 | 0.46 | 0.77 |
| | | | 8 | 0.47 | 0.43 | 0.82 |
| III | 1.8 | | 9 | 0.55 | 0.40 | 0.83 |
| | | | 10 | 0.51 | 0.44 | 0.81 |
| | | | 11 | 0.45 | 0.43 | 0.79 |
| IV | 1.5 | | 12 | 0.52 | 0.44 | 0.60 |
| 2018 | | 2018 | 1 | 0.57 | 0.45 | 0.63 |
| | | | 2 | 0.57 | 0.45 | 0.58 |
| I | 1.5 | | 3 | 0.38 | 0.44 | 0.98 |
| | | | 4 | 0.63 | 0.45 | 0.76 |
| | | | 5 | 0.51 | 0.44 | 0.52 |
| II | 1.7 | | 6 | 0.38 | 0.44 | 0.72 |
| | | | 7 | 0.44 | 0.43 | 0.79 |
| | | | 8 | 0.50 | 0.43 | 0.63 |
| III | 1.6 | | 9 | 0.47 | 0.44 | 0.53 |
| | | | 10 | 0.47 | 0.45 | 0.63 |
| | | | 11 | 0.37 | 0.43 | 0.50 |
| IV | 1.6 | | 12 | 0.54 | 0.42 | 0.55 |
| 2019 | | 2019 | 1 | 0.46 | 0.46 | 0.86 |
| | | | 2 | 0.46 | 0.42 | 0.74 |
| I | 1.4 | | 3 | 1.00 | 0.45 | 0.91 |
| | | | 4 | 0.34 | 0.40 | 0.40 |
| | | | 5 | 0.40 | 0.42 | 0.65 |
| II | 1.6 | | 6 | 0.67 | 0.43 | 0.91 |
| | | | 7 | 0.20 | 0.42 | 0.22 |
| | | | 8 | 0.34 | 0.42 | 0.67 |
| III | 1.5 | | 9 | 0.72 | 0.41 | 0.70 |
| | | | 10 | 0.41 | 0.41 | 0.47 |
| | | | 11 | 0.66 | 0.42 | 0.80 |
| IV | 1.5 | | 12 | 0.58 | 0.44 | 0.53 |

注：1. 自2011年4月起，国家统计局对外公布国内生产总值、规模以上工业增加值、固定资产投资（不含农户）、社会消费品零售总额四项统计指标的经季节调整的环比数据。
2. 表中数据根据国家统计局最新数据修订。

Notes: 1. From April 2011, National Bureau of Statistics began to publish four seasonally-adjusted MOM indices, namely: gross domestic product, value added of industry, completed investment in fixed assets（excluding rural households）, retail sales of consumer goods.
2. Data are revised by National Bureau of Statistics of China.

# 五、对外部门
# 5. External Sector

## 1.外贸
## (1) Foreign trade

据世界贸易组织统计，2018年，中国货物贸易出口总值为2.49万亿美元，占世界货物贸易出口总值19.48万亿美元的12.8%，与上年持平，在全球货物贸易出口排名中位居第一。2018年，中国货物贸易进口总值为2.14万亿美元，占世界货物贸易进口总值19.87万亿美元的10.8%，比2016年提高0.6个百分点，在全球货物贸易进口中排名第二，位于美国之后。

According to WTO statistics, in 2018, China's export volume of goods totaled USD 2.49 trillion, accounting for 12.8 percent of the world total of USD 19.48 trillion, same as 2017. China's goods export ranked 1st in the world. China's import volume of goods reached USD 2.14 trillion, accounting for 10.8 percent of the world total of USD 19.87 trillion, 0.6 percentage points higher than that in 2017. China ranked 2nd in the world after the U.S. in terms of goods imports.

**2018年世界货物贸易出口前十位排名**
Top ten economies in the world in terms of goods exported in 2018

| | | | 出口（10亿美元）<br>Exports (USD 1 billion) | 比重（%）<br>Share (%) |
|---|---|---|---|---|
| | **世　界** | **World total** | **19 475** | **100.0** |
| **1** | **中　国** | **China** | **2 487** | **12.8** |
| 2 | 美　国 | U.S. | 1 664 | 8.5 |
| 3 | 德　国 | Germany | 1 561 | 8.0 |
| 4 | 日　本 | Japan | 738 | 3.8 |
| 5 | 荷　兰 | Netherlands | 723 | 3.7 |
| 6 | 韩　国 | Korea | 605 | 3.1 |
| 7 | 法　国 | France | 582 | 3.0 |
| 8 | 中国香港 | HK SAR of China | 569 | 2.9 |
| 9 | 意大利 | Italy | 547 | 2.8 |
| 10 | 英　国 | UK | 486 | 2.5 |

**2018年世界货物贸易进口前十位排名**
Top ten economies in the world in terms of goods imported in 2018

| | | | 进口 (10 亿美元 )<br>Imports (USD 1 billion) | 比重（%）<br>Share (%) |
|---|---|---|---|---|
| | **世　界** | **World total** | **19 867** | **100 .0** |
| **1** | **美　国** | **U.S.** | **2 614** | **13.2** |
| **2** | **中　国** | **China** | **2 136** | **10.8** |
| 3 | 德　国 | Germany | 1 286 | 6.5 |
| 5 | 日　本 | Japan | 749 | 3.8 |
| 4 | 英　国 | UK | 674 | 3.4 |
| 6 | 法　国 | France | 673 | 3.4 |
| 7 | 荷　兰 | Netherlands | 646 | 3.3 |
| 8 | 中国香港 | HK SAR of China | 628 | 3.2 |
| 9 | 韩　国 | Korea | 535 | 2.7 |
| 10 | 印　度 | India | 511 | 2.6 |

## 年度进出口额及其增长率
## Annual imports & exports and growth rates

单位：亿美元
Unit: USD 100 million

| 年 Year | 进出口 Imports & Exports | | 出口 Exports | | 进口 Imports | | 进出口差额 Trade balance |
|---|---|---|---|---|---|---|---|
| | 总额 Total value | 增长率 (%) Growth rate (%) | 总额 Total value | 增长率 (%) Growth rate (%) | 总额 Total value | 增长率 (%) Growth rate (%) | |
| 1991 | 1 357 | 17.6 | 719 | 15.8 | 638 | 19.6 | 81 |
| 1992 | 1 655 | 22.0 | 849 | 18.1 | 806 | 26.3 | 44 |
| 1993 | 1 957 | 18.2 | 917 | 8.0 | 1 040 | 29.0 | −122 |
| 1994 | 2 366 | 20.9 | 1 210 | 31.9 | 1 156 | 11.2 | 54 |
| 1995 | 2 809 | 18.7 | 1 488 | 23.0 | 1 321 | 14.2 | 167 |
| 1996 | 2 899 | 3.2 | 1 510 | 1.5 | 1 388 | 5.1 | 122 |
| 1997 | 3 252 | 12.2 | 1 828 | 21.0 | 1 424 | 2.5 | 404 |
| 1998 | 3 239 | −0.4 | 1 837 | 0.5 | 1 402 | −1.5 | 435 |
| 1999 | 3 606 | 11.3 | 1 949 | 6.1 | 1 657 | 18.2 | 292 |
| 2000 | 4 743 | 31.5 | 2 492 | 27.8 | 2 251 | 35.8 | 241 |
| 2001 | 5 097 | 7.5 | 2 661 | 6.8 | 2 436 | 8.2 | 225 |
| 2002 | 6 208 | 21.8 | 3 256 | 22.4 | 2 952 | 21.2 | 304 |
| 2003 | 8 510 | 37.1 | 4 382 | 34.6 | 4 128 | 39.8 | 255 |
| 2004 | 11 546 | 35.7 | 5 933 | 35.4 | 5 612 | 36.0 | 321 |
| 2005 | 14 219 | 23.2 | 7 620 | 28.4 | 6 600 | 17.6 | 1 020 |
| 2006 | 17 604 | 23.8 | 9 689 | 27.2 | 7 915 | 19.9 | 1 775 |
| 2007 | 21 766 | 23.6 | 12 205 | 25.9 | 9 561 | 20.8 | 2 643 |
| 2008 | 25 633 | 17.8 | 14 307 | 17.2 | 11 326 | 18.5 | 2 981 |
| 2009 | 22 075 | −13.9 | 12 016 | −16.0 | 10 059 | −11.2 | 1 957 |
| 2010 | 29 740 | 34.7 | 15 778 | 31.3 | 13 962 | 38.8 | 1 815 |
| 2011 | 36 419 | 22.5 | 18 986 | 20.3 | 17 433 | 24.9 | 1 549 |
| 2012 | 38 671 | 6.2 | 20 487 | 7.9 | 18 184 | 4.3 | 2 303 |
| 2013 | 41 590 | 7.5 | 22 090 | 7.8 | 19 500 | 7.2 | 2 590 |
| 2014 | 43 015 | 3.4 | 23 423 | 6.0 | 19 592 | 0.4 | 3 831 |
| 2015 | 39 530 | −8.0 | 22 735 | −2.9 | 16 796 | −14.2 | 5 939 |
| 2016 | 36 856 | −6.8 | 20 976 | −7.7 | 15 879 | −5.5 | 5 097 |
| 2017 | 41 045 | 0.1 | 22 635 | 0.1 | 18 410 | 0.2 | 4 225 |
| 2018 | 46 230 | 0.1 | 24 874 | 0.1 | 21 356 | 0.2 | 3 518 |
| 2019 | 46 230 | 0.1 | 24 874 | 0.1 | 21 356 | 0.2 | 3 518 |

注：表中数据根据海关总署最新数据修订。
Note: Data are revised by General Administration of Customs of the People's Republic of China.

## 出口总值与GDP之比
## Total exports over GDP

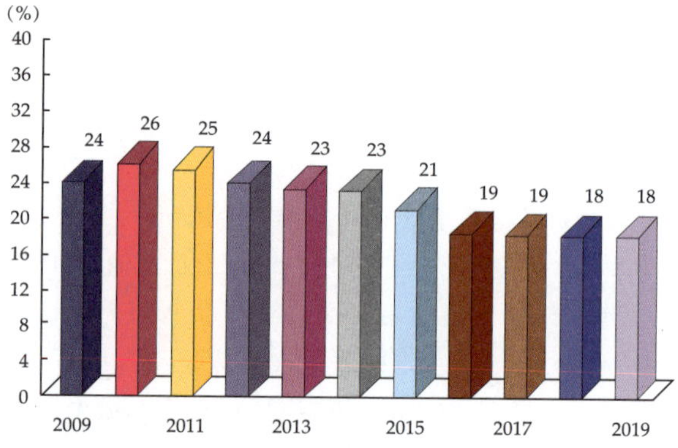


注：图中数据根据国家统计局最新数据修订。
Note: Data are revised by National Bureau of Statistics of China.

## 贸易差额
## Trade balance

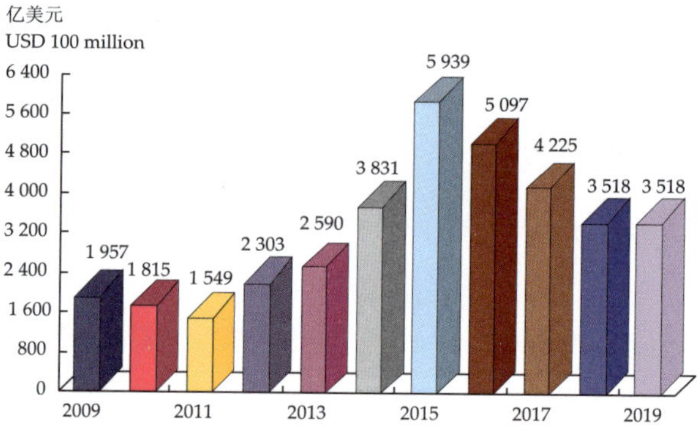


## 贸易总额及其增长趋势
## Total trade volume and growth rates

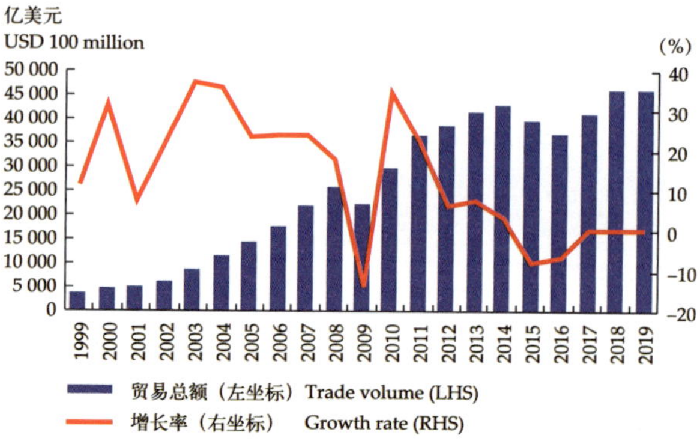


## 贸易总额与GDP之比
## Total trade volume over GDP

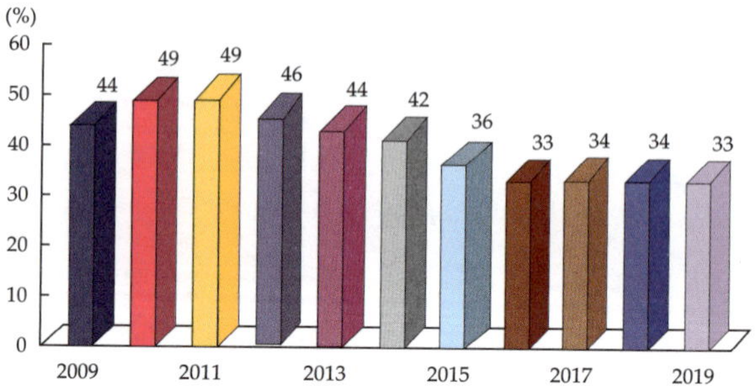


注：图中数据根据国家统计局最新数据修订。
Note: Data are revised by National Bureau of Statistics of China.

## 当月进出口总值及其增长率
## Total monthly imports, exports, and growth rates

单位：亿美元
Unit: USD 100 million

| 年 / 月 Year/Month | 出口总值 Total exports | 进口总值 Total imports | 出口同比增长率（%）Growth rate of exports (YOY)(%) | 进口同比增长率（%）Growth rate of imports (YOY) (%) | 当月差额 Monthly trade balance |
|---|---|---|---|---|---|
| 2017.01 | 1 803 | 1 316 | 6.4 | 16.9 | 487 |
| 2017.02 | 1 188 | 1 298 | −2.4 | 38.7 | −109 |
| 2017.03 | 1 792 | 1 565 | 15.6 | 20.2 | 227 |
| 2017.04 | 1 778 | 1 413 | 6.6 | 11.4 | 365 |
| 2017.05 | 1 891 | 1 492 | 7.6 | 14.0 | 399 |
| 2017.06 | 1 948 | 1 535 | 10.3 | 17.0 | 412 |
| 2017.07 | 1 921 | 1 473 | 6.3 | 11.3 | 449 |
| 2017.08 | 1 980 | 1 580 | 4.9 | 13.9 | 400 |
| 2017.09 | 1 979 | 1 706 | 7.9 | 19.3 | 274 |
| 2017.10 | 1 879 | 1 510 | 6.3 | 17.4 | 369 |
| 2017.11 | 2 158 | 1 774 | 11.5 | 17.9 | 384 |
| 2017.12 | 2 315 | 1 777 | 10.7 | 4.8 | 539 |
| 2018.01 | 1 995 | 1 811 | 10.7 | 37.7 | 183 |
| 2018.02 | 1 706 | 1 384 | 43.6 | 6.6 | 323 |
| 2018.03 | 1 739 | 1 797 | −3.0 | 14.8 | −58 |
| 2018.04 | 1 989 | 1 727 | 11.9 | 22.3 | 262 |
| 2018.05 | 2 116 | 1 882 | 11.9 | 26.2 | 234 |
| 2018.06 | 2 156 | 1 747 | 10.7 | 13.8 | 409 |
| 2018.07 | 2 144 | 1 870 | 11.6 | 27.0 | 274 |
| 2018.08 | 2 170 | 1 908 | 9.6 | 20.7 | 262 |
| 2018.09 | 2 254 | 1 951 | 13.9 | 14.4 | 303 |
| 2018.10 | 2 148 | 1 817 | 14.3 | 20.3 | 331 |
| 2018.11 | 2 243 | 1 825 | 3.9 | 2.9 | 419 |
| 2018.12 | 2 209 | 1 641 | −4.6 | −7.6 | 568 |
| 2019.01 | 2 180 | 1 796 | 9.3 | −0.9 | 384 |
| 2019.02 | 1 353 | 1 323 | −20.7 | −4.4 | 30 |
| 2019.03 | 1 982 | 1 668 | 14.0 | −7.2 | 315 |
| 2019.04 | 1 936 | 1 805 | −2.7 | 4.5 | 131 |
| 2019.05 | 2 139 | 1 777 | 1.1 | 8.2 | 413 |
| 2019.06 | 2 124 | 1 628 | −1.5 | −6.8 | 496 |
| 2019.07 | 2 218 | 1 777 | 3.4 | −4.9 | 441 |
| 2019.08 | 2 149 | 1 802 | −1.0 | −5.5 | 346 |
| 2019.09 | 2 181 | 1 785 | −3.2 | −8.5 | 397 |
| 2019.10 | 2 130 | 1 701 | −0.8 | −6.2 | 428 |
| 2019.11 | 2 215 | 1 830 | −1.3 | 0.3 | 387 |
| 2019.12 | 2 383 | 1 911 | 7.9 | 16.5 | 472 |

## 月度累计进出口总值及其增长率
## Total accumulated monthly imports, exports, and growth rates

单位：亿美元
Unit: USD 100 million

| 年 / 月 Year/Month | 累计出口总值 Accumulated total exports | 累计进口总值 Accumulated total imports | 累计出口同比增长率 (%) Growth rate of accumulated exports (YOY) (%) | 累计进口同比增长率 (%) Growth rate of accumulated imports (YOY) (%) | 累计贸易差额 Accumulated trade balance |
|---|---|---|---|---|---|
| 2017.01 | 1 803 | 1 316 | 6.4 | 16.9 | 487 |
| 2017.02 | 2 991 | 2 614 | 2.8 | 26.8 | 377 |
| 2017.03 | 4 784 | 4 179 | 7.2 | 24.3 | 604 |
| 2017.04 | 6 561 | 5 592 | 7.1 | 20.7 | 970 |
| 2017.05 | 8 452 | 7 083 | 7.2 | 19.3 | 1 369 |
| 2017.06 | 10 400 | 8 619 | 7.8 | 18.8 | 1 781 |
| 2017.07 | 12 321 | 10 091 | 7.5 | 17.7 | 2 230 |
| 2017.08 | 14 301 | 11 671 | 7.2 | 17.2 | 2 630 |
| 2017.09 | 16 281 | 13 377 | 7.2 | 17.4 | 2 904 |
| 2017.10 | 18 160 | 14 887 | 7.1 | 17.4 | 3 273 |
| 2017.11 | 20 318 | 16 661 | 7.6 | 17.5 | 3 657 |
| 2017.12 | 22 634 | 18 438 | 7.9 | 16.1 | 4 196 |
| 2018.01 | 1 995 | 1 811 | 10.7 | 37.7 | 183 |
| 2018.02 | 3 700 | 3 195 | 23.7 | 22.2 | 505 |
| 2018.03 | 5 439 | 4 992 | 13.7 | 19.5 | 447 |
| 2018.04 | 7 429 | 6 719 | 13.2 | 20.2 | 709 |
| 2018.05 | 9 544 | 8 601 | 12.9 | 21.4 | 944 |
| 2018.06 | 11 700 | 10 348 | 12.5 | 20.1 | 1 353 |
| 2018.07 | 13 844 | 12 217 | 12.4 | 21.1 | 1 628 |
| 2018.08 | 16 014 | 14 123 | 12.0 | 21.0 | 1 891 |
| 2018.09 | 18 268 | 16 075 | 12.2 | 20.2 | 2 193 |
| 2018.10 | 20 416 | 17 893 | 12.4 | 20.2 | 2 523 |
| 2018.11 | 22 658 | 19 717 | 11.5 | 18.3 | 2 941 |
| 2018.12 | 24 867 | 21 357 | 9.9 | 15.8 | 3 509 |
| 2019.01 | 2 180 | 1 796 | 9.3 | −0.9 | 384 |
| 2019.02 | 3 533 | 3 119 | −4.5 | −2.4 | 415 |
| 2019.03 | 5 516 | 4 786 | 1.4 | −4.1 | 729 |
| 2019.04 | 7 451 | 6 591 | 0.3 | −1.9 | 860 |
| 2019.05 | 9 590 | 8 318 | 0.5 | −3.3 | 1 273 |
| 2019.06 | 11 714 | 9 946 | 0.1 | −3.9 | 1 768 |
| 2019.07 | 13 932 | 11 723 | 0.6 | −4.0 | 2 209 |
| 2019.08 | 16 081 | 13 525 | 0.4 | −4.2 | 2 555 |
| 2019.09 | 18 251 | 15 267 | −0.1 | −5.0 | 2 984 |
| 2019.10 | 20 393 | 16 977 | −0.1 | −5.1 | 3 403 |
| 2019.11 | 22 608 | 18 860 | −0.2 | −4.5 | 3 747 |
| 2019.12 | 24 990 | 20 771 | 0.5 | −2.7 | 4 219 |

注：表中数据根据海关总署最新数据修订。
Note: Data are revised by General Administration of Customs of the People's Republic of China.

## 当月进出口总值及其增长率
## Total monthly imports, exports, and growth rates

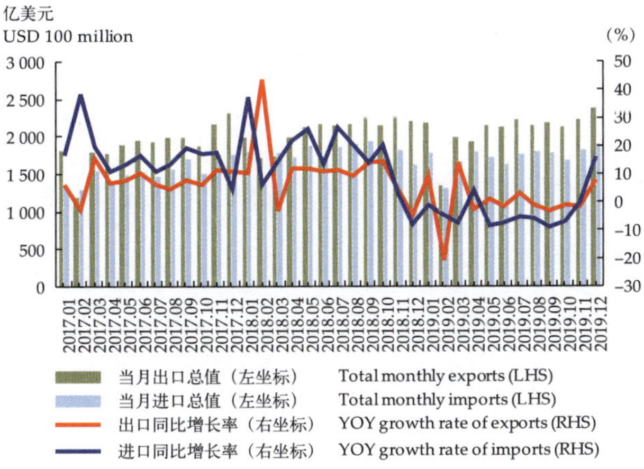


## 月度累计进出口总值及其增长率
## Total accumulated monthly imports, exports, and growth rates

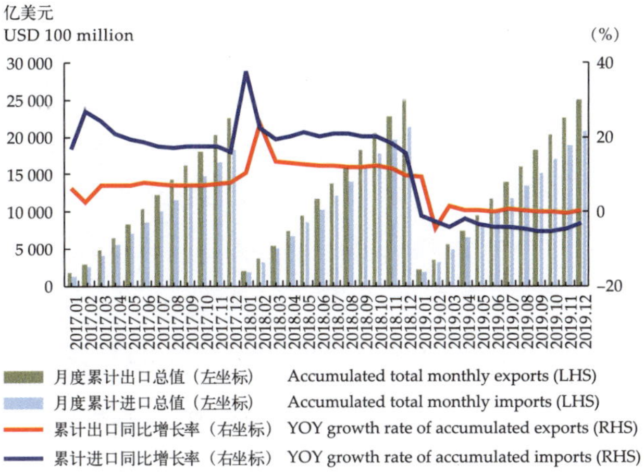

## 贸易差额月度变动趋势
Movement of monthly trade balance

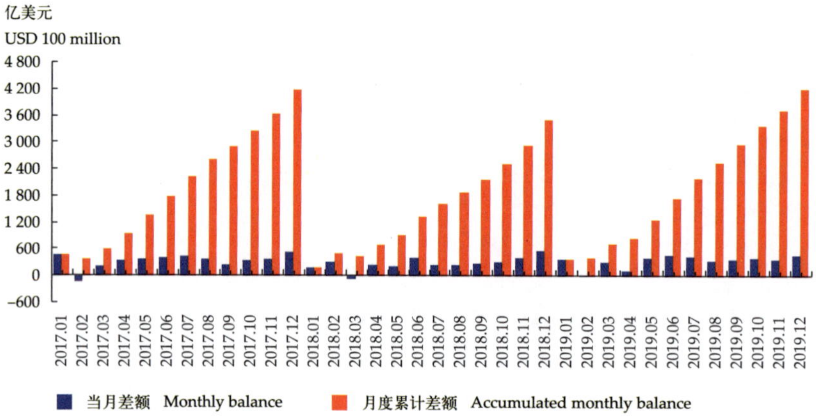


## 贸易差额构成
Composition of trade balance

单位：亿美元
Unit: USD 100 million

| 年<br>Year | 贸易差额总计<br>Total trade balance | 一般贸易<br>General trade | 加工贸易<br>Processing trade | 其他贸易<br>Other trade |
|---|---|---|---|---|
| 1998 | 435 | 306 | 359 | −229 |
| 1999 | 292 | 121 | 373 | −202 |
| 2000 | 241 | 51 | 451 | −261 |
| 2001 | 225 | −16 | 535 | −293 |
| 2002 | 304 | 71 | 577 | −344 |
| 2003 | 255 | −57 | 789 | −478 |
| 2004 | 321 | −45 | 1 063 | −696 |
| 2005 | 1 020 | 354 | 1 425 | −759 |
| 2006 | 1 775 | 832 | 1 889 | −946 |
| 2007 | 2 643 | 1 107 | 2 491 | −954 |
| 2008 | 2 981 | 908 | 2 967 | −894 |
| 2009 | 1 957 | −47 | 2 646 | −642 |
| 2010 | 1 815 | −487 | 3 228 | −926 |
| 2011 | 1 549 | −906 | 3 655 | −1 200 |
| 2012 | 2 303 | −345 | 3 814 | −1 166 |
| 2013 | 2 590 | −225 | 3 634 | −818 |
| 2014 | 3 831 | 942 | 3 600 | −710 |
| 2015 | 5 939 | 2 941 | 3 508 | −509 |
| 2016 | 5 097 | 2 304 | 3 192 | −399 |
| 2017 | 4 196 | 1 473 | 3 276 | −554 |
| 2018 | 3 511 | 1 271 | 3 268 | −1 027 |
| 2019 | 4 219 | 1 872 | 3 182 | −835 |

注："贸易差额总计"根据《海关统计》月报修订。
Note: "Total trade balance" are revised by *China Monthly Exports and Imports*.

## 月度累计贸易差额按企业性质分
Accumulated monthly trade balance by enterprise

单位：亿美元
Unit: USD 100 million

| 年 / 月<br>Year/Month | 国有企业<br>State-owned enterprises | 外资企业<br>Foreign-funded enterprises | 其他企业<br>Other enterprises |
|---|---|---|---|
| 2017.01 | −159 | 155 | 491 |
| 2017.02 | −339 | 129 | 587 |
| 2017.03 | −553 | 212 | 946 |
| 2017.04 | −727 | 307 | 1 390 |
| 2017.05 | −895 | 384 | 1 880 |
| 2017.06 | −1 065 | 487 | 2 359 |
| 2017.07 | −1 215 | 604 | 2 841 |
| 2017.08 | −1 349 | 683 | 3 296 |
| 2017.09 | −1 538 | 735 | 3 708 |
| 2017.10 | −1 692 | 860 | 4 105 |
| 2017.11 | −1 875 | 976 | 4 557 |
| 2017.12 | −2 062 | 1 160 | 5 098 |
| 2018.01 | −264 | 28 | 419 |
| 2018.02 | −459 | 121 | 845 |
| 2018.03 | −703 | 160 | 992 |
| 2018.04 | −945 | 227 | 1 428 |
| 2018.05 | −1 181 | 261 | 1 865 |
| 2018.06 | −1 436 | 395 | 2 391 |
| 2018.07 | −1 678 | 420 | 2 883 |
| 2018.08 | −1 935 | 457 | 3 367 |
| 2018.09 | −2 214 | 555 | 3 860 |
| 2018.10 | −2 423 | 668 | 4 280 |
| 2018.11 | −2 693 | 831 | 4 805 |
| 2018.12 | −2 901 | 1 040 | 5 373 |
| 2019.01 | −259 | 84 | 596 |
| 2019.02 | −498 | 118 | 1 118 |
| 2019.03 | −733 | 256 | 1 349 |
| 2019.04 | −1 033 | 264 | 2 057 |
| 2019.05 | −1 282 | 372 | 2 703 |
| 2019.06 | −1 493 | 527 | 3 202 |
| 2019.07 | −1 735 | 618 | 3 701 |
| 2019.08 | −2 012 | 663 | 4 324 |
| 2019.09 | −2 256 | 775 | 4 886 |
| 2019.10 | −2 493 | 917 | 4 979 |
| 2019.11 | −2 758 | 1 006 | 5 499 |
| 2019.12 | −3 012 | 1 082 | 6 150 |

### 贸易差额构成
Composition of trade balance

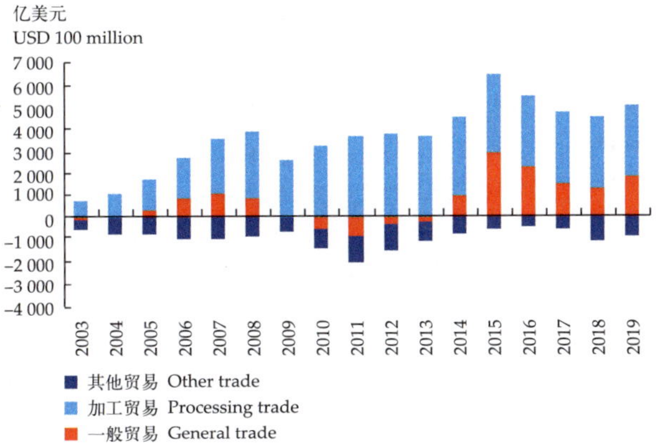


### 月度累计贸易差额按企业性质分
Accumulated monthly trade balance by enterprise

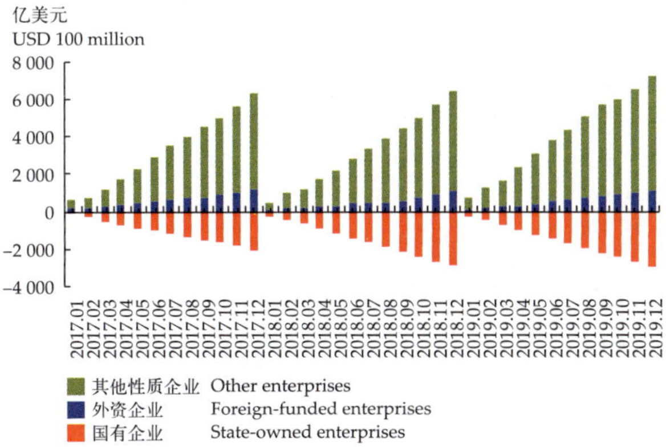


### 一般贸易累计进出口及其增长率
Accumulated imports and exports under general trade and growth rates

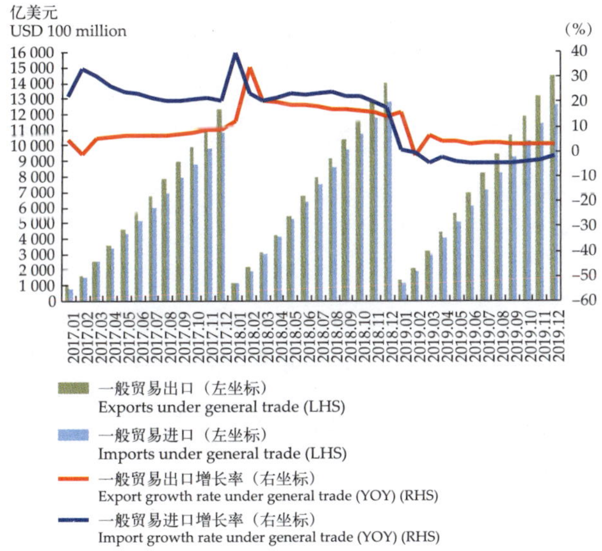


### 加工贸易累计进出口及其增长率
Accumulated imports and exports under processing trade and growth rates

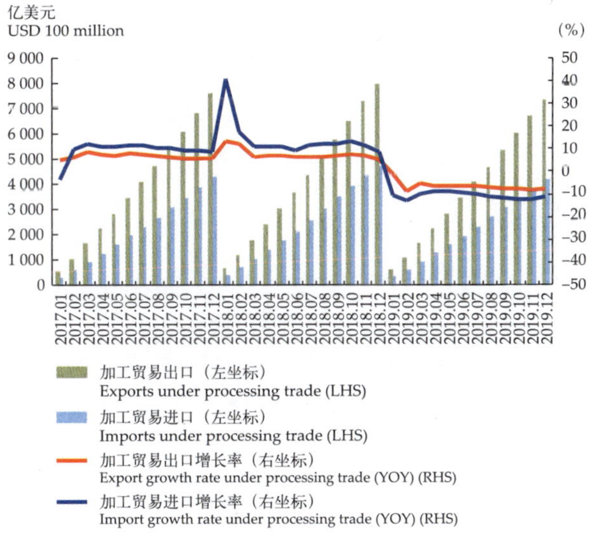

**中国对美国进出口及其增长趋势**

China's imports from and exports to the U.S. and their growth

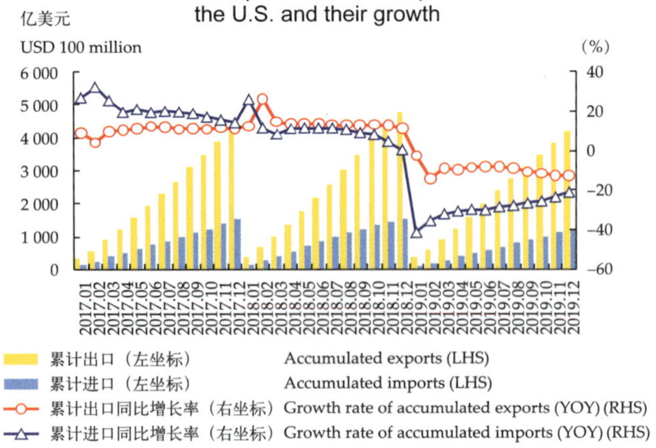


**中国对美国贸易总额和贸易差额**

China's trade volume and trade balance with the U.S.

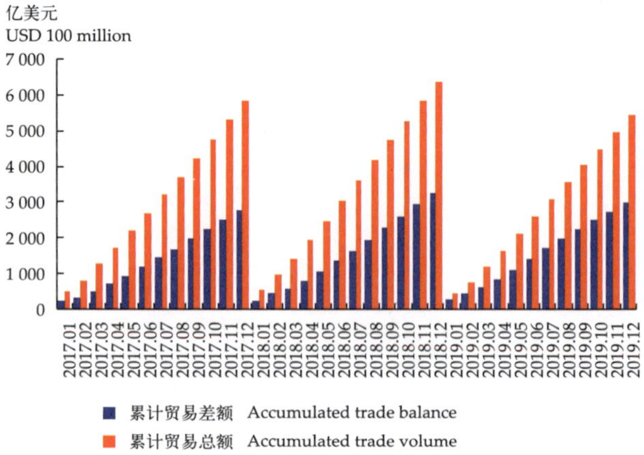


**中国对欧盟进出口及其增长趋势**

China's imports from and exports to the EU and their growth

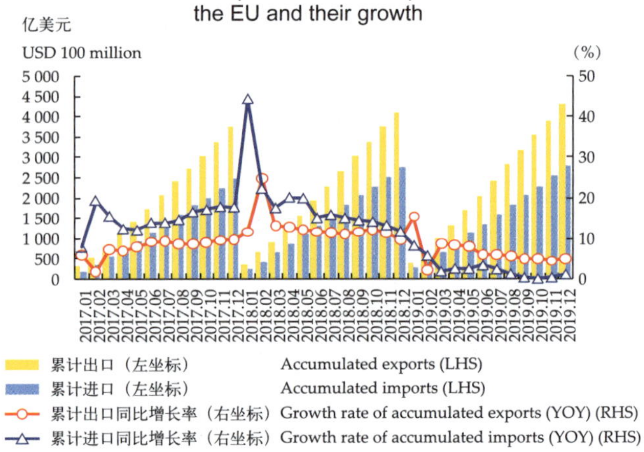


**中国对欧盟贸易总额和贸易差额**

China's trade volume and trade balance with the EU

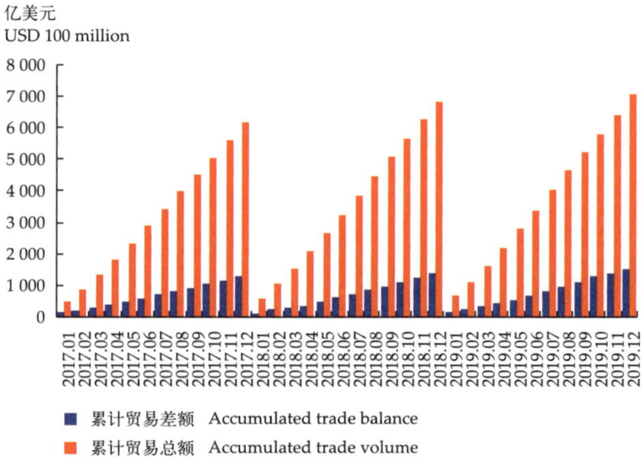


**中国对日本进出口及其增长趋势**

China's imports from and exports to Japan and their growth

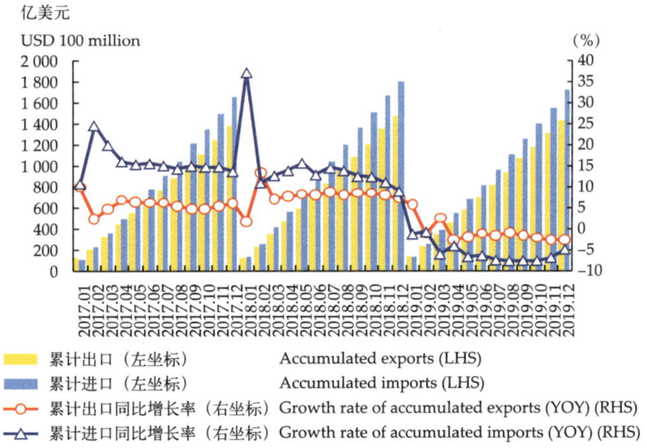


**中国对日本贸易总额和贸易差额**

China's trade volume and trade balance with Japan

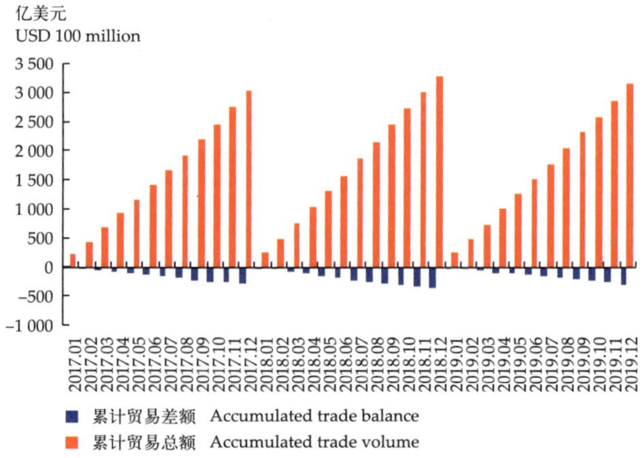

### 中国对东盟进出口及其增长趋势
China's imports from and exports to ASEAN and their growth

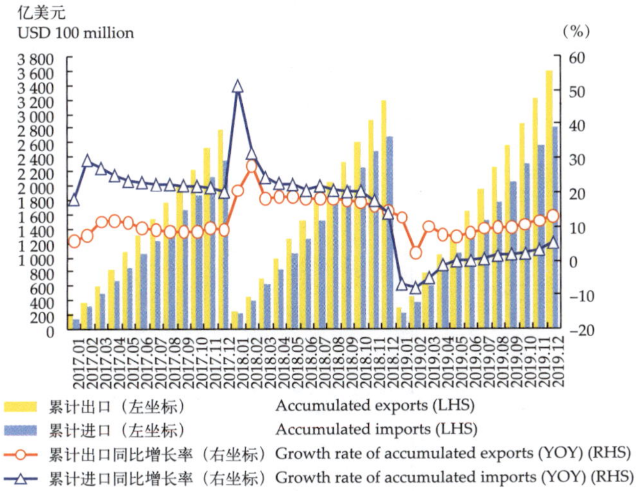


### 中国对东盟贸易总额和贸易差额
China's trade volume and trade balance with ASEAN

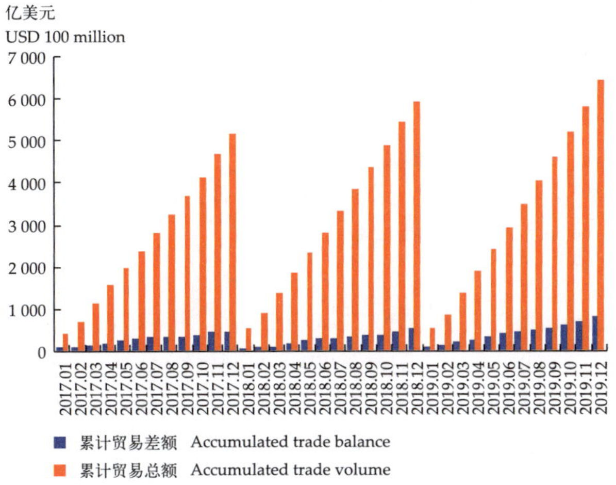


### 中国内地对中国香港地区进出口及其增长趋势
Mainland China's imports from and exports to
Hong Kong SAR of China and their growth

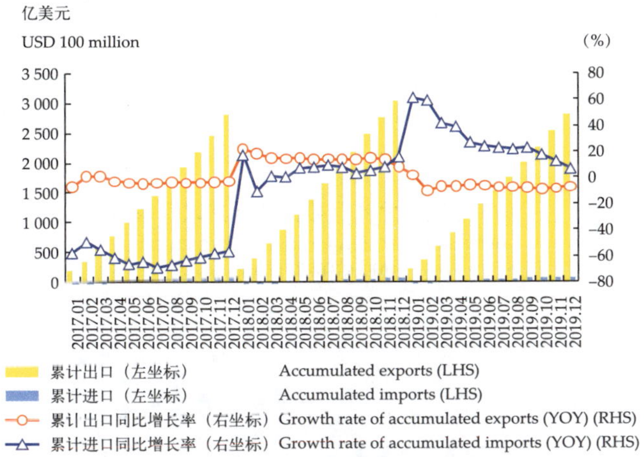


### 中国内地对中国香港地区贸易总额和贸易差额
Mainland China's trade volume and trade
balance with Hong Kong SAR of China

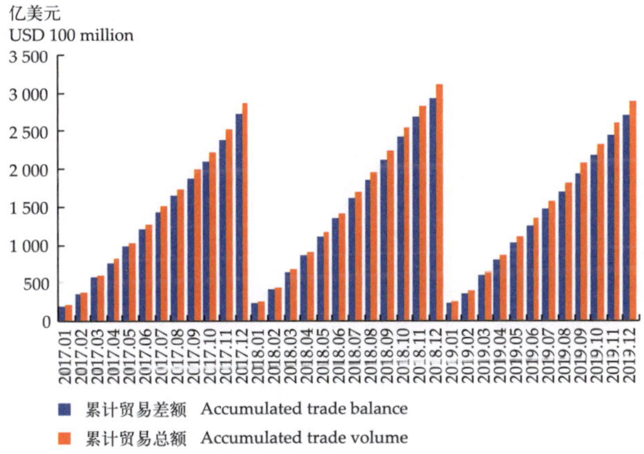


### 中国大陆对中国台湾地区进出口及其增长趋势
Mainland China's imports from and exports to
China Taiwan and their growth

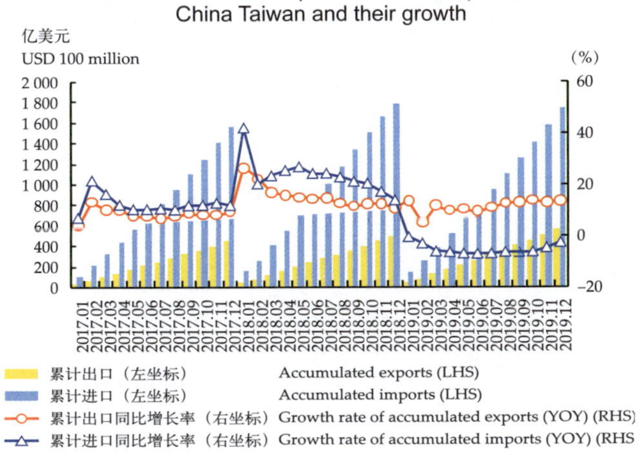


### 中国大陆对中国台湾地区贸易总额和贸易差额
Mainland China's trade volume and trade
balance with China Taiwan

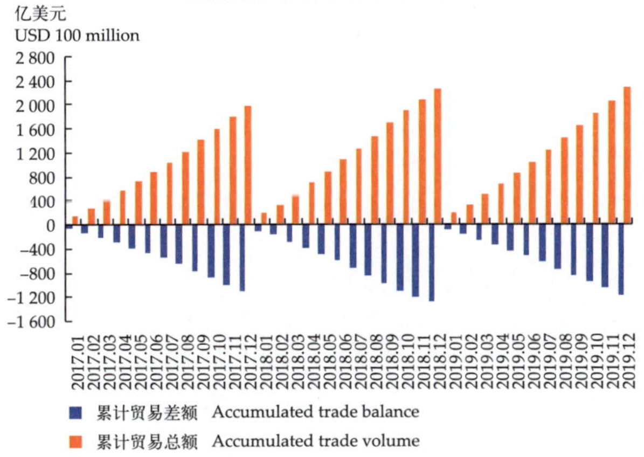

## 2. 外资
## (2) Foreign investment

据联合国贸易与发展会议2019年6月发布的《2019年世界投资报告》，2018年中国吸收外资全球排名第二，流入1 390亿美元。

另据商务部统计，2019年1~11月，新设立外商投资企业36 747家，实际使用外资1 381.4亿美元。

According to the UNCTAD's *World Investment Report 2019* published in June 2019, China ranked world's No.2 recipient of foreign direct investment (FDI) in 2018, with capital inflows of USD 139 billion.

According to statistics of the Ministry of Commerce, 36,747 foreign-invested enterprises were approved for incorporation in China in January to November of 2019, with actual utilized FDI reaching USD 138.1 billion.

**实际利用外商直接投资及其增长趋势**
**Actual utilized foreign direct investments and growth rates**

单位：亿美元 Unit: USD 100 million

| 年 Year | 绝对值 Absolute value | 增长率（%）Growth rates（%） |
|---|---|---|
| 2000 | 407.2 | 1.0 |
| 2001 | 468.8 | 15.1 |
| 2002 | 527.4 | 12.5 |
| 2003 | 535.1 | 1.4 |
| 2004 | 606.3 | 13.3 |
| 2005 | 603.3 | -0.5 |
| 2006 | 630.2 | 4.5 |
| 2007 | 747.7 | 18.6 |
| 2008 | 924.0 | 23.6 |
| 2009 | 900.3 | -2.6 |
| 2010 | 1 057.4 | 17.4 |
| 2011 | 1 160.1 | 9.7 |
| 2012 | 1 117.2 | -3.7 |
| 2013 | 1 175.9 | 5.3 |
| 2014 | 1 195.6 | 1.7 |
| 2015 | 1 262.7 | 5.6 |
| 2016 | 1 260.0 | -0.2 |
| 2017 | 1 310.0 | 4.0 |
| 2018 | 1 350.0 | 3.0 |
| 2019 | 1 381.4 | 2.4 |

**实际利用外商直接投资及其增长率**
**Actual utilized foreign direct investments and growth rates**

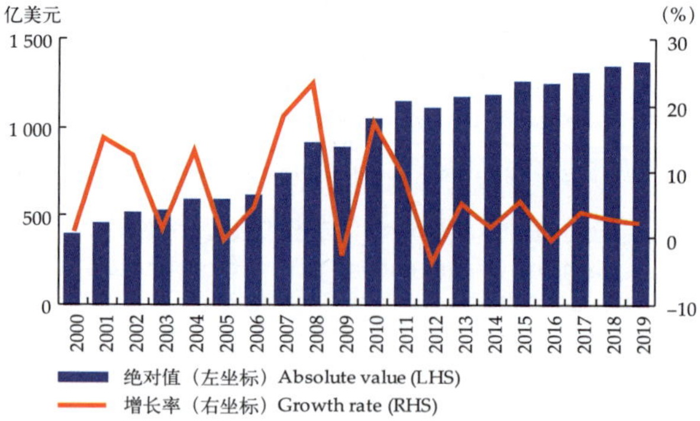

## 月度累计实际外商直接投资
## Accumulated utilized FDI on a monthly basis

单位：亿美元　Unit: USD 100 million

| 年 / 月 Year/Month | 实际外商直接投资累计金额 Accumulated utilized FDI | 实际外商直接投资累计同比增长率 (%) Growth rate of accumulated utilized FDI (%) |
|---|---|---|
| 2017.01 | 120 | −14.7 |
| 2017.02 | 207 | −8.1 |
| 2017.03 | 338 | −4.5 |
| 2017.04 | 427 | −5.7 |
| 2017.05 | 509 | −6.2 |
| 2017.06 | 657 | −5.4 |
| 2017.07 | 721 | −6.5 |
| 2017.08 | 815 | −5.1 |
| 2017.09 | 921 | −3.2 |
| 2017.10 | 1 011 | −2.7 |
| 2017.11 | 1 199 | 5.4 |
| 2017.12 | 1 310 | 4.0 |
| 2018.01 | 121 | 0.6 |
| 2018.02 | 211 | 1.7 |
| 2018.03 | 345 | 2.1 |
| 2018.04 | 436 | 2.0 |
| 2018.05 | 527 | 3.6 |
| 2018.06 | 683 | 4.1 |
| 2018.07 | 761 | 5.4 |
| 2018.08 | 865 | 6.1 |
| 2018.09 | 980 | 6.4 |
| 2018.10 | 1 077 | 6.5 |
| 2018.11 | 1 213 | 1.1 |
| 2018.12 | 1 350 | 3.0 |
| 2019.01 | 124 | 2.8 |
| 2019.02 | 217 | 3.0 |
| 2019.03 | 358 | 3.7 |
| 2019.04 | 451 | 3.5 |
| 2019.05 | 546 | 3.7 |
| 2019.06 | 707 | 3.5 |
| 2019.07 | 788 | 3.6 |
| 2019.08 | 893 | 3.2 |
| 2019.09 | 1 008 | 2.9 |
| 2019.10 | 1 108 | 2.9 |
| 2019.11 | 1 244 | 2.6 |
| 2019.12 | 1 381 | 2.4 |

## 月度累计实际外商直接投资
## Accumulated utilized FDI on a monthly basis

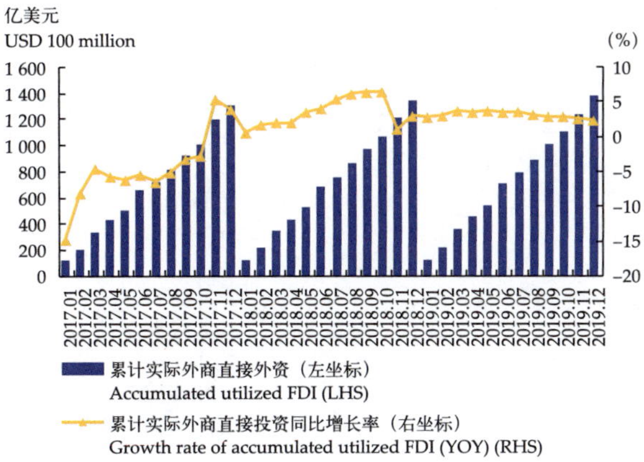

## 3. 国际收支
## (3) Balance of payments (BOP)

**中国国际收支变化趋势**
Movement of China's balance of payments

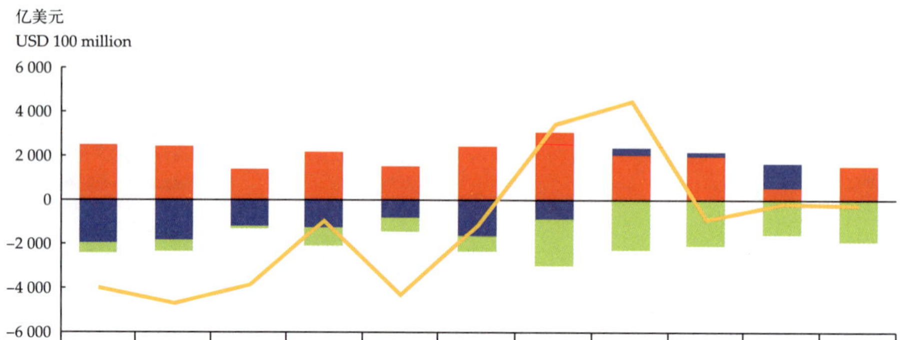


| | 2009 | 2010 | 2011 | 2012 | 2013 | 2014 | 2015 | 2016 | 2017 | 2018 | 2019 |
|---|---|---|---|---|---|---|---|---|---|---|---|
| 净误差与遗漏差额 Balance of errors and omissions(net) | −414 | −529 | −138 | −871 | −629 | −669 | −2 130 | −2 295 | −2 130 | −1 602 | −1 981 |
| 资本和金融项目差额 Balance of capital and financial accounts | −2 019 | −1 849 | −1 223 | −1 283 | −853 | −1 692 | −912 | 272 | 179 | 1 111 | 567 |
| 经常项目差额 Balance of current account | 2 433 | 2 378 | 1 361 | 2 154 | 1 482 | 2 360 | 3 042 | 2 022 | 1 951 | 491 | 1 413 |
| 储备资产差额 Balance of reserve assets | −3 984 | −4 717 | −3 878 | −966 | −4 314 | −1 178 | 3 429 | 4 437 | −915 | −189 | −193 |

注：1. 储备资产的增加用负值表示，储备资产的减少用正值表示。
2. 图中数据根据国家外汇管理局最新数据修订。

Notes: 1. The increase in the reserve assets is expressed in a negative figure and the decrease in the reserve assets is expressed in a positive figure.
2. Data are revised by State Administration of Foreign Exchange.

## 2019年中国国际收支平衡表简表
## China's BOP in 2019

单位：亿美元
Unit: USD 100 million

| 项目<br>Items | | 金额<br>Amounts |
|---|---|---|
| 一、经常账户 Current account | | 1 413 |
| | 贷方 credit | 29 051 |
| | 借方 debit | −27 638 |
| 1.1 货物和服务 Goods and services | | 1 641 |
| | 贷方 credit | 26 434 |
| | 借方 debit | −24 793 |
| 1.1.1 货物 Goods | | 4 253 |
| | 贷方 credit | 23 990 |
| | 借方 debit | −19 737 |
| 1.1.2 服务 Services | | −2 611 |
| | 贷方 credit | 2 444 |
| | 借方 debit | −5 055 |
| 1.2 初次收入 Primary income | | −330 |
| | 贷方 credit | 2 358 |
| | 借方 debit | −2 688 |
| 1.3 二次收入 Secondary income | | 103 |
| | 贷方 credit | 259 |
| | 借方 debit | −157 |
| 二、资本和金融账户 Capital and financial account | | 567 |
| 2.1 资本账户 Capital account | | −3 |
| | 贷方 credit | 2 |
| | 借方 debit | −5 |
| 2.2 金融账户 Financial account | | 570 |
| 资产 Assets | | −1 987 |
| 负债 Liabilities | | 2 558 |
| 2.2.1 非储备性质的金融账户 Financial account excluding reserve assets | | 378 |
| 2.2.1.1 直接投资 Direct investment | | 581 |
| 资产 Assets | | −977 |
| 负债 Liabilities | | 1 558 |
| 2.2.1.2 证券投资 Portfolio investment | | 579 |
| 资产 Assets | | −894 |
| 负债 Liabilities | | 1 474 |
| 2.2.1.3 金融衍生工具 Financial derivatives | | −24 |
| 资产 Assets | | 14 |
| 负债 Liabilities | | −37 |
| 2.2.1.4 其他投资 Other investment | | −759 |
| 资产 Assets | | −323 |
| 负债 Liabilities | | −437 |
| 2.2.2 储备资产 Reserve assets | | 193 |
| 三、净误差与遗漏 Net errors and omissions | | −1 981 |

注：根据《国际收支和国际投资头寸手册》（第六版）编制。
Note: Compiled in accordance with the sixth edition of *Balance of Payments and International Investment Position Manual* (BPM6).

## 4. 外汇储备
## (4) Foreign exchange reserves

### 外汇储备及其增长率
### Foreign exchange reserves and growth rates

单位：亿美元　Unit: USD 100 million

| 年 / 月<br>Year/month | 外汇储备<br>Foreign exchange reserves | 同比增长（%）<br>Growth rate (YOY) (%) |
|---|---|---|
| 2017.01 | 29 982 | −7.2 |
| 2017.02 | 30 051 | −6.2 |
| 2017.03 | 30 091 | −6.3 |
| 2017.04 | 30 295 | −5.9 |
| 2017.05 | 30 536 | −4.3 |
| 2017.06 | 30 568 | −4.6 |
| 2017.07 | 30 807 | −3.8 |
| 2017.08 | 30 915 | −2.9 |
| 2017.09 | 31 085 | −1.8 |
| 2017.10 | 31 092 | −0.4 |
| 2017.11 | 31 193 | 2.2 |
| 2017.12 | 31 399 | 4.3 |
| 2018.01 | 31 615 | 5.4 |
| 2018.02 | 31 345 | 4.3 |
| 2018.03 | 31 428 | 4.4 |
| 2018.04 | 31 249 | 3.1 |
| 2018.05 | 31 106 | 1.9 |
| 2018.06 | 31 121 | 1.8 |
| 2018.07 | 31 179 | 1.2 |
| 2018.08 | 31 097 | 0.6 |
| 2018.09 | 30 870 | −0.7 |
| 2018.10 | 30 531 | −1.8 |
| 2018.11 | 30 617 | −1.8 |
| 2018.12 | 30 727 | −2.1 |
| 2019.01 | 30 879 | −2.3 |
| 2019.02 | 30 902 | −1.4 |
| 2019.03 | 30 988 | −1.4 |
| 2019.04 | 30 950 | −1.0 |
| 2019.05 | 31 010 | −0.3 |
| 2019.06 | 31 192 | 0.2 |
| 2019.07 | 31 037 | −0.5 |
| 2019.08 | 31 072 | −0.1 |
| 2019.09 | 30 924 | 0.2 |
| 2019.10 | 31 052 | 1.7 |
| 2019.11 | 30 956 | 1.1 |
| 2019.12 | 31 079 | 1.1 |

### 外汇储备及其增长率
### Foreign exchange reserves and growth rates

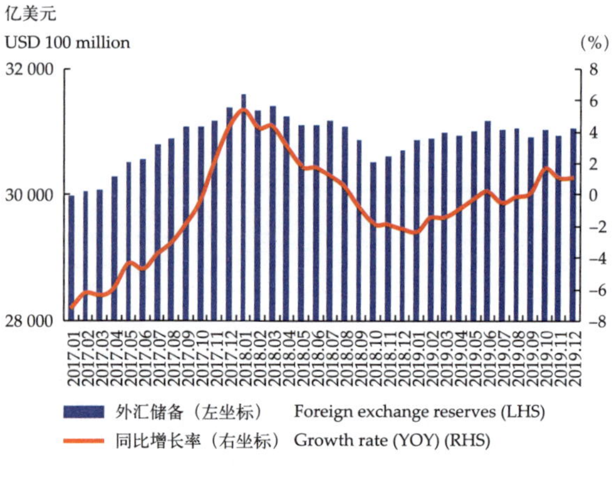


## 5. 外债
## (5) External debt

### 外币外债余额与债务率
### Balance and ratio of external debt to foreign exchange income

注：图中数据根据国家外汇管理局最新数据修订。
Note: Data are revised by State Administration of Foreign Exchange.

### 外币外债余额与负债率
### Balance and ratio of external debt to GDP

## 2019年末外债数据
## External debt balance at the end of 2019

单位：亿美元
Unit: USD 100 million

| | 外债余额 Outstanding external debt | 广义政府债务 General government debt | 中央银行债务 Monetary authority debt | 银行债务 Banks debt | 其他部门债务 Other sectors debt | 直接投资：公司间贷款 Direct investment: intercompany lending |
|---|---|---|---|---|---|---|
| 债务余额 Debt balance | 20 573 | 2 709 | 363 | 9 180 | 5 923 | 2 398 |
| 比重 (%) Share(%) | 100.00 | 13.17 | 1.76 | 44.62 | 28.79 | 11.66 |

注：2014年末，国家外汇管理局按照国际货币基金组织"数据公布特殊标准"（SDDS）的分类标准公布我国外币外债数据，机构部门的分类相应进行了调整。
Note: At the end of 2014, State Administration of Foreign Exchange (SAFE) started to publish the data of China's external debts denominated in foreign currencies according to IMF's SDDS classification standards. The classification of sectors and departments were also adjusted accordingly.

## 2019年末外债结构
## External debt structure at the end of 2019

短期外债余额占比为58.59%
Balance of short-term external debt accounted for 58.59 percent

中长期外债余额占比为41.41%
Balance of medium-and long-term external debt accounted for 41.41 percent

2019年末，中国外债余额为20 573亿美元，其中，中长期外债余额为8 520亿美元，占外债余额的41.41%；短期外债余额为12 053亿美元，占外债余额的58.59%。
China's outstanding balance of external debt was USD 2,057.3 billion at the end of 2019, among which USD 852.0 billion or 41.41 percent was medium and long-term debt, and USD 1,205.3 billion or 58.59 percent was short-term debt.

# 六、财政收支与债务
# 6. Fiscal Revenue, Expenditure and Debt

### 年度财政收入、财政支出及其增长趋势
### Annual budgetary revenue, budgetary expenditure, and their growth

单位：亿元
Unit: RMB 100 million

| 年 Year | 财政收入 Budgetary revenue | 财政支出 Budgetary expenditure | 财政收入同比增长率 (%) Growth rate of budgetary revenue (YOY) (%) | 财政支出同比增长率 (%) Growth rate of budgetary expenditure (YOY) (%) |
|---|---|---|---|---|
| 2000 | 13 395 | 15 887 | 17.0 | 20.5 |
| 2001 | 16 386 | 18 903 | 22.3 | 19.0 |
| 2002 | 18 904 | 22 053 | 15.4 | 16.7 |
| 2003 | 21 715 | 24 650 | 14.9 | 11.8 |
| 2004 | 26 396 | 28 487 | 21.6 | 15.6 |
| 2005 | 31 649 | 33 930 | 19.9 | 19.1 |
| 2006 | 38 760 | 40 423 | 22.5 | 19.1 |
| 2007 | 51 322 | 49 781 | 32.4 | 23.2 |
| 2008 | 61 330 | 62 593 | 19.5 | 25.4 |
| 2009 | 68 518 | 76 300 | 11.7 | 21.9 |
| 2010 | 83 080 | 89 575 | 21.3 | 17.4 |
| 2011 | 103 740 | 108 930 | 24.8 | 21.2 |
| 2012 | 117 210 | 125 712 | 12.8 | 15.1 |
| 2013 | 129 143 | 139 744 | 10.2 | 11.2 |
| 2014 | 140 350 | 151 662 | 8.6 | 8.2 |
| 2015 | 152 217 | 175 768 | 8.4 | 15.8 |
| 2016 | 159 552 | 187 841 | 4.5 | 6.4 |
| 2017 | 172 567 | 203 330 | 7.4 | 7.7 |
| 2018 | 183 352 | 220 906 | 6.2 | 8.7 |
| 2019 | 190 382 | 238 874 | 3.8 | 8.1 |

注：表中数据根据财政部最新数据修订。
Note: Data are revised by Ministry of Finance.

### 月度累计财政收支增长率与收支差额
### Monthly growth rates and balance of accumulated fiscal revenue and expenditure

单位：亿元
Unit: RMB 100 million

| 年 / 月 Year/Month | 财政收入累计同比增长率（%）Growth rate of accumulated fiscal revenue (YOY) (%) | 财政支出累计同比增长率（%）Growth rate of accumulated fiscal expenditure (YOY) (%) | 累计财政收支总量差额 Balance of accumulated fiscal revenue and expenditure |
|---|---|---|---|
| 2017.01 | 17.7 | 37.5 | 6 273 |
| 2017.02 | 14.9 | 17.4 | 6 594 |
| 2017.03 | 14.1 | 21.0 | −1 551 |
| 2017.04 | 11.8 | 16.3 | 1 598 |
| 2017.05 | 10.0 | 14.7 | 756 |
| 2017.06 | 9.8 | 15.8 | −9 177 |
| 2017.07 | 10.0 | 14.5 | −6 217 |
| 2017.08 | 9.8 | 13.1 | −10 212 |
| 2017.09 | 9.7 | 11.4 | −17 744 |
| 2017.10 | 9.2 | 9.8 | −12 632 |
| 2017.11 | 8.4 | 7.8 | −17 813 |
| 2017.12 | 7.4 | 7.7 | −30 763 |
| 2018.01 | 16.5 | −7.4 | 10 694 |
| 2018.02 | 15.8 | 16.7 | 7 492 |
| 2018.03 | 13.6 | 10.9 | −451 |
| 2018.04 | 12.9 | 10.3 | 3 327 |
| 2018.05 | 12.2 | 8.1 | 3 955 |
| 2018.06 | 10.6 | 7.8 | −7 261 |
| 2018.07 | 10.0 | 7.3 | −3 745 |
| 2018.08 | 9.4 | 6.9 | −7 805 |
| 2018.09 | 8.7 | 7.5 | −17 458 |
| 2018.10 | 7.4 | 7.6 | −13 762 |
| 2018.11 | 6.5 | 6.8 | −19 418 |
| 2018.12 | 6.2 | 8.7 | −37 554 |
| 2019.01 | — | — | — |
| 2019.02 | 7.0 | 14.6 | 5 790 |
| 2019.03 | 6.2 | 15.0 | −4 973 |
| 2019.04 | 5.3 | 15.2 | −3 016 |
| 2019.05 | 3.8 | 12.5 | −3 104 |
| 2019.06 | 3.4 | 10.7 | −15 692 |
| 2019.07 | 3.1 | 9.9 | −12 340 |
| 2019.08 | 3.2 | 8.8 | −16 008 |
| 2019.09 | 3.3 | 9.4 | −27 934 |
| 2019.10 | 3.8 | 8.7 | −22 883 |
| 2019.11 | 3.8 | 7.7 | −27 496 |
| 2019.12 | 3.8 | 8.1 | −48 492 |

注：表中数据根据财政部最新数据修订。
Note: Data are revised by Ministry of Finance.

### 年度财政收入、财政支出及其增长趋势
### Annual budgetary revenue, budgetary expenditure, and their growth

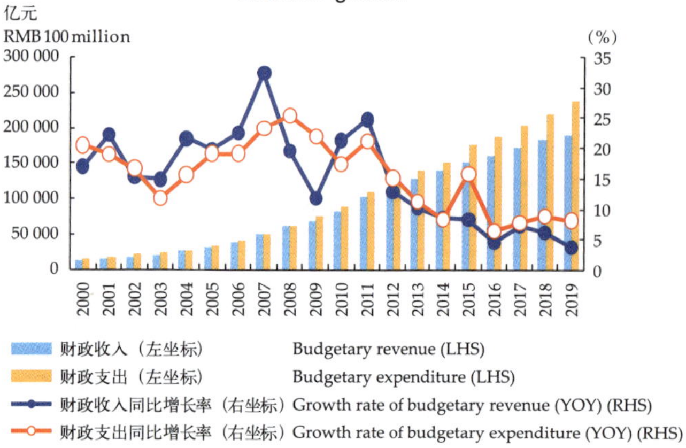


### 月度累计财政收支增长率与收支差额
### Monthly growth rates and balance of accumulated fiscal revenue and expenditure

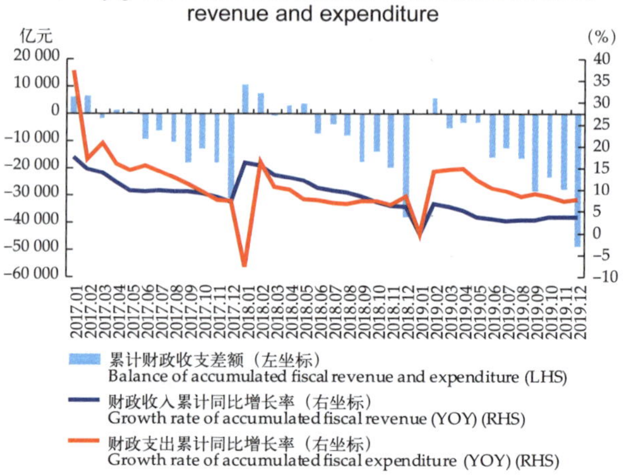

中央财政收支在全部财政收支中所占的比重
Ratio of revenues and expenditures of the central government to total fiscal revenues and expenditures

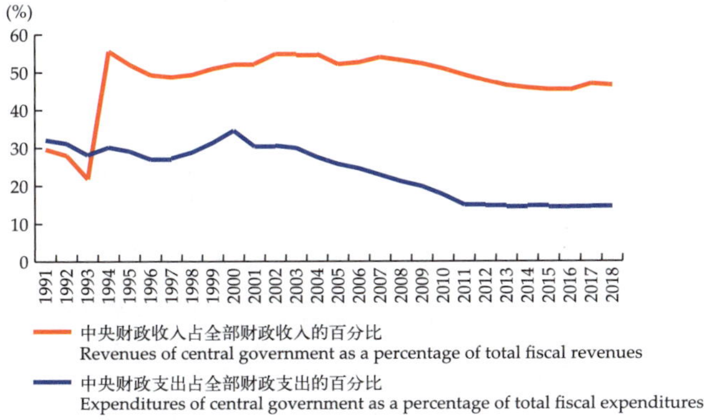


财政风险
Fiscal risks

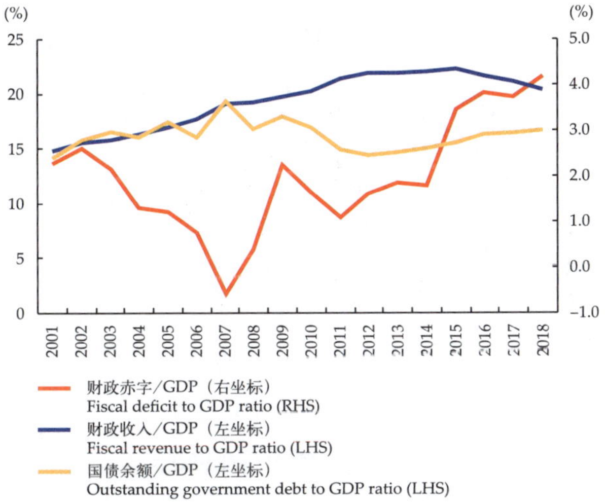


**2019年主要预算指标：**

2019年，中央财政预算收入为89 800亿元，比2018年执行数（下同）增长5.1%。从中央预算稳定调节基金调入2 800亿元，从中央政府性基金预算、中央国有资本经营预算调入394亿元，合计收入总量为92 994亿元。中央一般公共预算支出111 294亿元，增长8.7%。中央财政收支总量相抵，赤字为18 300亿元，比2018年增加2 800亿元。中央财政国债余额限额为175 208.35亿元。

汇总中央预算和地方预算安排，全国一般公共预算收入192 500亿元，增长5.0%。加上调入资金及使用结转结余15 144亿元，可安排的收入总量为207 644亿元。全国一般公共预算支出235 244亿元，增长6.5%。赤字27 600亿元，比2018年增加3 800亿元。

**Budgetary targets for 2019:**

In 2019, revenue in the central government's general public budget is expected to reach RMB 8.98 trillion, an increase of 5.1% over the actual figure for 2018. Adding in the RMB 280.0 billion from the Central Budget Stabilization Fund and the RMB 39.4 billion from the budgets of central government-managed funds and central government state capital operations, total revenue in 2019 should amount to RMB 9.2994 trillion. Expenditures from the central government's general public budget are projected to reach RMB 11.1294 trillion, an increase of 8.7%. Total expenditures are projected to exceed total revenue leaving a deficit of RMB 1.83 trillion, the same as last year. The ceiling for the outstanding balance of central government bonds will be RMB 17.520835 trillion.

Combining the general public budgets of the central and local governments, it is projected that nationwide revenue will amount to RMB 19.25 trillion, up 5.0% from last year. Adding in the RMB 1.5144 trillion transferred from other sources, total revenue available is expected to reach RMB 20.7644 trillion. Nationwide expenditures are budgeted at RMB 23.5244 trillion, an increase of 6.5%. This will produce a national deficit of RMB 2.76 trillion, an increase of RMB 380 billion.

# 七、货币银行
# 7. Money and Banking

## 1. 货币供应量
## (1) Money supply

### 年度M0、M1、M2及其变化趋势
### Annual M0, M1, and M2 and their changes

单位：万亿元　Unit: RMB 1 trillion

| 年 Year | M0 | M1 | M2 | M0 同比增长率 (%) Growth rate of M0 (YOY)(%) | M1 同比增长率 (%) Growth rate of M1 (YOY)(%) | M2 同比增长率 (%) Growth rate of M2 (YOY)(%) |
|---|---|---|---|---|---|---|
| 2000 | 1.5 | 5.3 | 13.8 | 8.9 | 16.0 | 14.0 |
| 2001 | 1.6 | 6.0 | 15.8 | 7.1 | 12.7 | 14.4 |
| 2002 | 1.7 | 7.1 | 18.5 | 10.1 | 16.8 | 16.8 |
| 2003 | 2.0 | 8.4 | 22.1 | 14.3 | 18.7 | 19.6 |
| 2004 | 2.1 | 9.6 | 25.3 | 8.7 | 13.6 | 14.6 |
| 2005 | 2.4 | 10.7 | 29.9 | 11.9 | 11.8 | 17.6 |
| 2006 | 2.7 | 12.6 | 34.6 | 12.7 | 17.5 | 16.9 |
| 2007 | 3.0 | 15.3 | 40.3 | 12.1 | 21.0 | 16.7 |
| 2008 | 3.4 | 16.6 | 47.5 | 12.7 | 9.1 | 17.8 |
| 2009 | 3.8 | 22.1 | 61.0 | 11.8 | 32.4 | 27.7 |
| 2010 | 4.5 | 26.7 | 72.6 | 16.7 | 21.2 | 19.7 |
| 2011 | 5.1 | 29.0 | 85.2 | 13.8 | 7.9 | 13.6 |
| 2012 | 5.5 | 30.9 | 97.4 | 7.7 | 6.5 | 13.8 |
| 2013 | 5.9 | 33.7 | 110.7 | 7.1 | 9.3 | 13.6 |
| 2014 | 6.0 | 34.8 | 122.8 | 2.9 | 3.2 | 12.2 |
| 2015 | 6.3 | 40.1 | 139.2 | 4.9 | 15.2 | 13.3 |
| 2016 | 6.8 | 48.7 | 155.0 | 8.1 | 21.4 | 11.3 |
| 2017 | 7.1 | 54.4 | 167.7 | 3.4 | 11.8 | 8.2 |
| 2018 | 7.3 | 55.2 | 182.7 | 3.6 | 1.5 | 8.1 |
| 2019 | 7.7 | 57.6 | 198.6 | 5.4 | 4.4 | 8.7 |

### 月度M0、M1、M2及其变化趋势
### Monthly M0, M1, and M2 and their changes

单位：万亿元　Unit:RMB 1 trillion

| 年 / 月 Year/Month | M0 | M1 | M2 | M0 同比增长率 (%) Growth rate of M0 (YOY)(%) | M1 同比增长率 (%) Growth rate of M1 (YOY)(%) | M2 同比增长率 (%) Growth rate of M2 (YOY)(%) |
|---|---|---|---|---|---|---|
| 2017.01 | 8.7 | 47.3 | 157.6 | 19.4 | 14.5 | 11.3 |
| 2017.02 | 7.2 | 47.7 | 158.3 | 3.3 | 21.4 | 11.1 |
| 2017.03 | 6.9 | 48.9 | 160.0 | 6.1 | 18.8 | 10.6 |
| 2017.04 | 5.8 | 49.6 | 161.0 | −3.7 | 22.5 | 10.3 |
| 2017.05 | 4.9 | 50.4 | 162.2 | −10.4 | 24.7 | 10.0 |
| 2017.06 | 4.0 | 51.2 | 163.3 | −17.0 | 26.8 | 9.6 |
| 2017.07 | 6.7 | 51.0 | 162.9 | 6.1 | 15.3 | 9.2 |
| 2017.08 | 6.8 | 51.8 | 164.5 | 6.5 | 14.0 | 8.9 |
| 2017.09 | 7.0 | 51.8 | 165.6 | 7.2 | 14.0 | 9.2 |
| 2017.10 | 6.8 | 52.6 | 165.3 | 6.3 | 13.0 | 8.8 |
| 2017.11 | 6.9 | 53.6 | 167.0 | 5.7 | 12.7 | 9.1 |
| 2017.12 | 7.1 | 54.4 | 167.7 | 3.4 | 11.8 | 8.2 |
| 2018.01 | 7.5 | 54.3 | 172.1 | −13.8 | 15.0 | 8.6 |
| 2018.02 | 8.1 | 51.7 | 172.9 | 13.5 | 8.5 | 8.8 |
| 2018.03 | 7.3 | 52.4 | 174.0 | 6.0 | 7.1 | 8.2 |
| 2018.04 | 7.1 | 52.5 | 173.8 | 4.5 | 7.2 | 8.3 |
| 2018.05 | 7.0 | 52.6 | 174.3 | 3.6 | 6.0 | 8.3 |
| 2018.06 | 7.0 | 54.4 | 177.0 | 3.9 | 6.6 | 8.0 |
| 2018.07 | 7.0 | 53.7 | 177.6 | 3.6 | 5.1 | 8.5 |
| 2018.08 | 7.0 | 53.8 | 178.9 | 3.3 | 3.9 | 8.2 |
| 2018.09 | 7.1 | 53.9 | 180.2 | 2.2 | 4.0 | 8.3 |
| 2018.10 | 7.0 | 54.0 | 179.6 | 2.8 | 2.7 | 8.0 |
| 2018.11 | 7.1 | 54.3 | 181.3 | 2.8 | 1.5 | 8.0 |
| 2018.12 | 7.3 | 55.2 | 182.7 | 3.6 | 1.5 | 8.1 |
| 2019.01 | 8.7 | 54.6 | 186.6 | 17.2 | 0.4 | 8.4 |
| 2019.02 | 7.9 | 52.7 | 186.7 | −2.4 | 2.0 | 8.0 |
| 2019.03 | 7.5 | 54.8 | 188.9 | 3.1 | 4.6 | 8.6 |
| 2019.04 | 7.4 | 54.1 | 188.5 | 3.5 | 2.9 | 8.5 |
| 2019.05 | 7.3 | 54.4 | 189.1 | 4.3 | 3.4 | 8.5 |
| 2019.06 | 7.3 | 56.8 | 192.1 | 4.3 | 4.4 | 8.5 |
| 2019.07 | 7.3 | 55.3 | 191.9 | 4.5 | 3.1 | 8.1 |
| 2019.08 | 7.3 | 55.7 | 193.5 | 4.8 | 3.4 | 8.2 |
| 2019.09 | 7.4 | 55.7 | 195.2 | 4.0 | 3.4 | 8.4 |
| 2019.10 | 7.3 | 55.8 | 194.6 | 4.7 | 3.3 | 8.4 |
| 2019.11 | 7.4 | 56.2 | 196.1 | 4.8 | 3.5 | 8.2 |
| 2019.12 | 7.7 | 57.6 | 198.6 | 5.4 | 4.4 | 8.7 |

货币供应量与货币流动性
Money supply and monetary liquidity

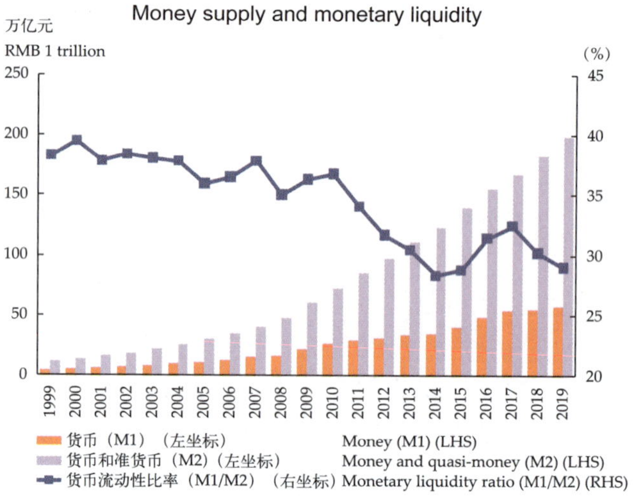


年度M0、M1、M2及其变化趋势
Annual M0, M1, and M2 and their changes

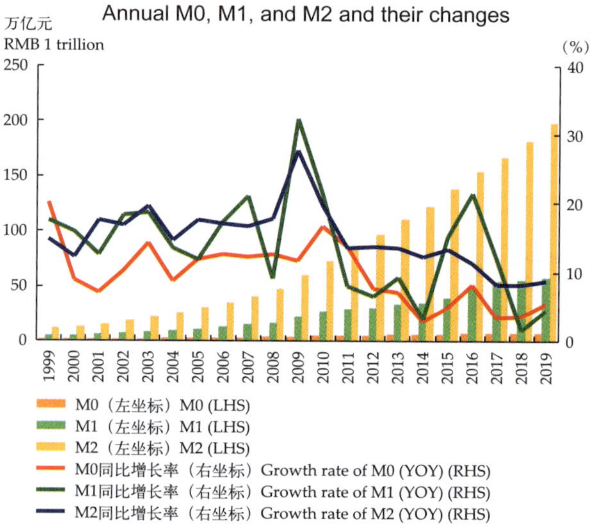


月度M0、M1、M2及其变化趋势
Monthly M0, M1, and M2 and their changes

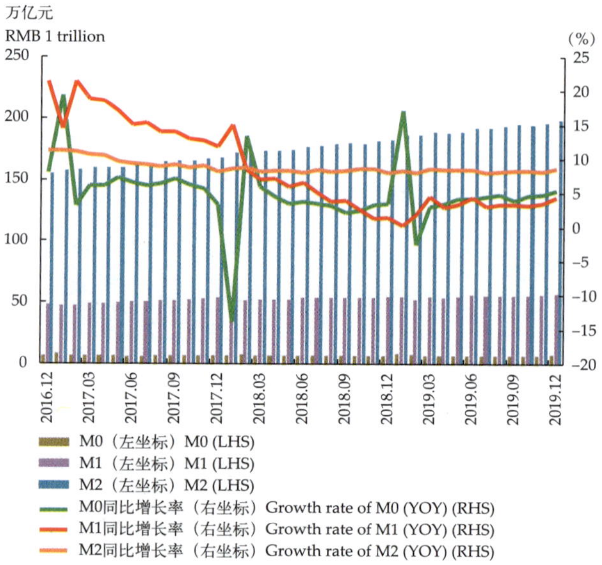

## 货币供应量构成
## Composition of money supply

单位：亿元
Unit: RMB 100 million

| 年 / 月 Year/Month | 货币和准货币 Money & quasi-money M2 | 货币 Money M1 | 流通中货币 Currency in circulation M0 | 单位活期存款 Corporate demand deposits | 准货币 Quasi-money | 单位定期存款 Corporate time deposits | 个人存款 Personal deposits | 其他存款 Other deposits |
|---|---|---|---|---|---|---|---|---|
| 2018.01 | 1 720 814 | 543 247 | 74 636 | 468 611 | 1 177 567 | 328 170 | 658 424 | 190 973 |
| 2018.02 | 1 729 070 | 517 036 | 81 424 | 435 612 | 1 212 034 | 330 532 | 687 076 | 194 426 |
| 2018.03 | 1 739 859 | 523 540 | 72 693 | 450 847 | 1 216 319 | 332 606 | 692 564 | 191 150 |
| 2018.04 | 1 737 684 | 525 448 | 71 476 | 453 971 | 1 212 236 | 335 348 | 679 186 | 197 702 |
| 2018.05 | 1 743 064 | 526 277 | 69 775 | 456 502 | 1 216 787 | 336 063 | 681 334 | 199 390 |
| 2018.06 | 1 770 178 | 543 945 | 69 589 | 474 355 | 1 226 234 | 334 425 | 692 441 | 199 368 |
| 2018.07 | 1 776 196 | 536 624 | 69 531 | 467 094 | 1 239 572 | 335 935 | 689 397 | 214 239 |
| 2018.08 | 1 788 670 | 538 325 | 69 775 | 468 549 | 1 250 346 | 341 834 | 692 848 | 215 664 |
| 2018.09 | 1 801 666 | 538 574 | 71 254 | 467 320 | 1 263 092 | 349 827 | 706 256 | 207 008 |
| 2018.10 | 1 795 562 | 540 128 | 70 107 | 470 022 | 1 255 433 | 340 816 | 702 827 | 211 790 |
| 2018.11 | 1 813 175 | 543 499 | 70 563 | 472 935 | 1 269 676 | 342 191 | 710 236 | 217 249 |
| 2018.12 | 1 826 744 | 551 686 | 73 208 | 478 478 | 1 275 058 | 340 179 | 721 689 | 213 191 |
| 2019.01 | 1 865 935 | 545 638 | 87 471 | 458 168 | 1 320 297 | 355 605 | 760 392 | 204 300 |
| 2019.02 | 1 867 427 | 527 190 | 79 485 | 447 706 | 1 340 237 | 356 710 | 773 741 | 209 786 |
| 2019.03 | 1 889 412 | 547 576 | 74 942 | 472 634 | 1 341 837 | 359 015 | 782 606 | 200 215 |
| 2019.04 | 1 884 670 | 540 615 | 73 966 | 466 649 | 1 344 056 | 365 305 | 776 276 | 202 474 |
| 2019.05 | 1 891 154 | 544 356 | 72 798 | 471 557 | 1 346 798 | 364 891 | 778 726 | 203 182 |
| 2019.06 | 1 921 360 | 567 696 | 72 581 | 495 115 | 1 353 664 | 362 163 | 790 201 | 201 300 |
| 2019.07 | 1 919 411 | 553 043 | 72 689 | 480 354 | 1 366 368 | 363 148 | 789 111 | 214 108 |
| 2019.08 | 1 935 492 | 556 798 | 73 153 | 483 645 | 1 378 694 | 366 889 | 791 892 | 219 913 |
| 2019.09 | 1 952 250 | 557 138 | 74 130 | 483 008 | 1 395 113 | 374 318 | 807 437 | 213 357 |
| 2019.10 | 1 952 250 | 557 138 | 74 130 | 483 008 | 1 395 113 | 374 318 | 807 437 | 213 357 |
| 2019.11 | 1 952 250 | 557 138 | 74 130 | 483 008 | 1 395 113 | 374 318 | 807 437 | 213 357 |
| 2019.12 | 1 952 250 | 557 138 | 74 130 | 483 008 | 1 395 113 | 374 318 | 807 437 | 213 357 |

### 广义货币供应量M2变动
### Changes in the composition of broad money M2

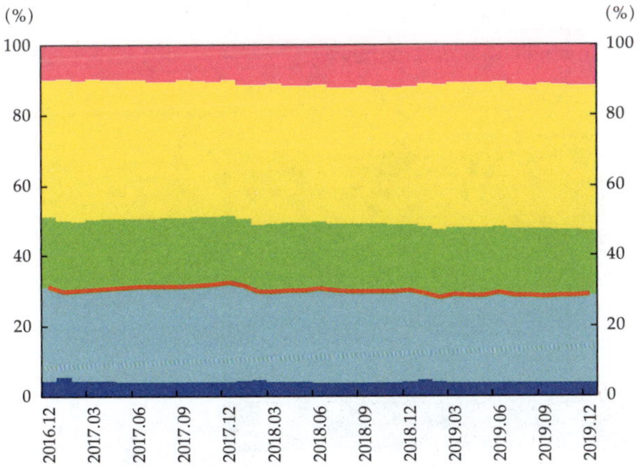


### 2019年末货币供应量构成
### Composition of money supply at the end of 2019

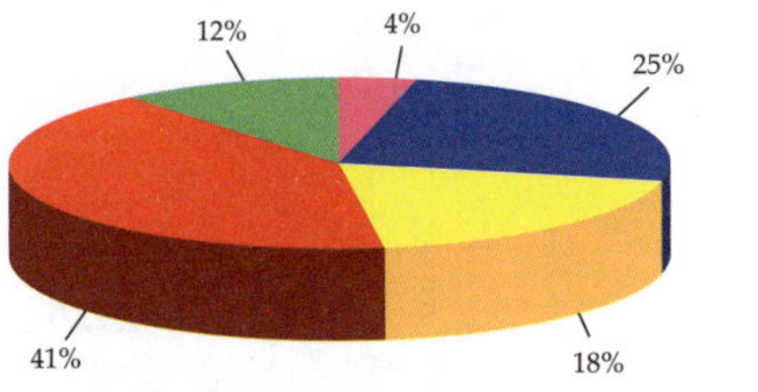

## 存款性公司概览
## Depository corporations survey

单位：万亿元
Unit: RMB 1 trillion

| 年 / 月 Year/Month | 国外净资产 Net foreign assets | 国内信贷 Domestic credit | 对政府债权（净） Claims on government (net) | 对非金融部门债权 Claims on non-financial sectors | 对其他金融部门债权 Claims on other financial sectors | 其他 Others | 货币和准货币 Money & quasi-money M2 |
|---|---|---|---|---|---|---|---|
| 2017.01 | 26.29 | 162.05 | 15.84 | 118.12 | 28.09 | -30.75 | 157.59 |
| 2017.02 | 26.13 | 162.94 | 15.64 | 118.97 | 28.33 | -30.78 | 158.29 |
| 2017.03 | 26.08 | 165.06 | 16.63 | 120.02 | 28.42 | -31.18 | 159.96 |
| 2017.04 | 25.89 | 165.69 | 16.59 | 121.00 | 28.10 | -31.95 | 160.98 |
| 2017.05 | 25.68 | 166.51 | 16.86 | 121.97 | 27.68 | -32.05 | 162.17 |
| 2017.06 | 25.55 | 170.14 | 17.65 | 123.41 | 29.09 | -32.56 | 163.35 |
| 2017.07 | 25.45 | 170.42 | 17.45 | 124.32 | 28.64 | -32.97 | 162.90 |
| 2017.08 | 25.23 | 172.65 | 18.33 | 125.67 | 28.64 | -33.36 | 164.52 |
| 2017.09 | 25.48 | 174.09 | 19.02 | 126.59 | 28.48 | -34.01 | 165.57 |
| 2017.10 | 25.39 | 174.12 | 18.47 | 127.18 | 28.47 | -34.17 | 165.34 |
| 2017.11 | 25.39 | 176.00 | 19.04 | 128.17 | 28.79 | -34.39 | 167.00 |
| 2017.12 | 25.33 | 178.03 | 20.49 | 128.88 | 28.66 | -35.68 | 167.68 |
| 2018.01 | 25.62 | 181.47 | 20.12 | 131.58 | 29.77 | -35.00 | 172.08 |
| 2018.02 | 25.58 | 182.56 | 20.77 | 132.60 | 29.19 | -35.24 | 172.91 |
| 2018.03 | 25.54 | 184.18 | 21.50 | 133.88 | 28.79 | -35.73 | 173.99 |
| 2018.04 | 25.54 | 184.00 | 21.23 | 134.74 | 28.03 | -35.77 | 173.77 |
| 2018.05 | 25.54 | 184.45 | 21.02 | 135.49 | 27.95 | -35.68 | 174.31 |
| 2018.06 | 25.71 | 187.32 | 22.04 | 137.31 | 27.98 | -36.01 | 177.02 |
| 2018.07 | 25.80 | 188.53 | 21.94 | 139.11 | 27.48 | -36.71 | 177.62 |
| 2018.08 | 25.72 | 190.52 | 22.71 | 140.89 | 26.92 | -37.37 | 178.87 |
| 2018.09 | 25.67 | 192.77 | 23.90 | 142.37 | 26.51 | -38.27 | 180.17 |
| 2018.10 | 25.64 | 193.09 | 23.43 | 143.22 | 26.44 | -39.17 | 179.56 |
| 2018.11 | 25.57 | 194.70 | 23.88 | 144.32 | 26.50 | -38.96 | 181.32 |
| 2018.12 | 25.57 | 196.55 | 25.14 | 145.07 | 26.33 | -39.44 | 182.67 |
| 2019.01 | 25.65 | 200.58 | 24.87 | 148.74 | 26.97 | -39.63 | 186.59 |
| 2019.02 | 25.83 | 200.85 | 25.01 | 149.42 | 26.43 | -39.94 | 186.74 |
| 2019.03 | 26.01 | 203.92 | 26.06 | 151.43 | 26.43 | -40.99 | 188.94 |
| 2019.04 | 25.91 | 203.77 | 25.77 | 152.31 | 25.68 | -41.21 | 188.47 |
| 2019.05 | 26.02 | 204.64 | 25.76 | 153.46 | 25.42 | -41.54 | 189.12 |
| 2019.06 | 26.17 | 207.49 | 26.63 | 155.04 | 25.83 | -41.53 | 192.14 |
| 2019.07 | 26.14 | 207.53 | 26.59 | 155.95 | 24.98 | -41.72 | 191.94 |
| 2019.08 | 26.25 | 210.28 | 27.13 | 158.25 | 24.90 | -42.98 | 193.55 |
| 2019.09 | 26.30 | 212.45 | 27.69 | 160.15 | 24.62 | -43.53 | 195.23 |
| 2019.10 | 26.30 | 212.45 | 27.69 | 160.15 | 24.62 | -43.53 | 195.23 |
| 2019.11 | 26.30 | 212.45 | 27.69 | 160.15 | 24.62 | -43.53 | 195.23 |
| 2019.12 | 26.30 | 212.45 | 27.69 | 160.15 | 24.62 | -43.53 | 195.23 |

## 国外净资产及国内信贷对广义货币的影响
## The impact of net foreign assets and domestic credit on broad money M2

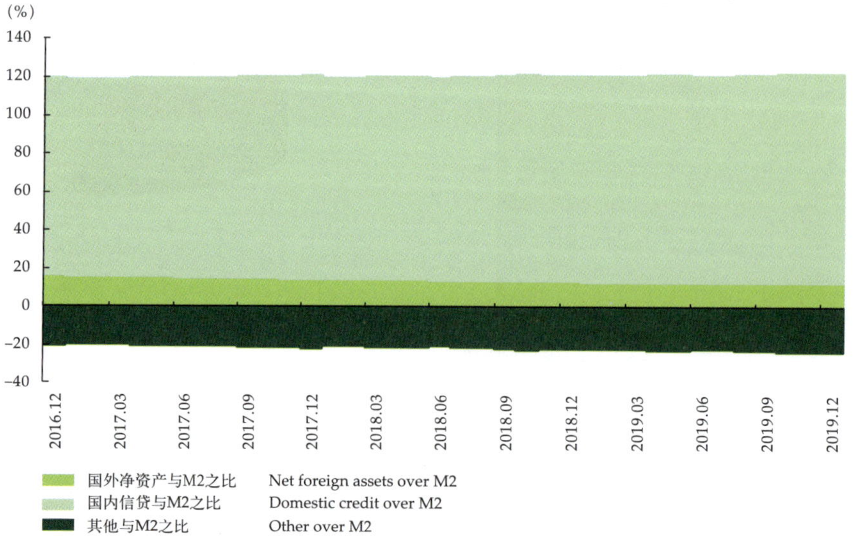

## 2. 存贷款
## (2) Deposits and loans

### 金融机构人民币各项存贷款余额及其增长趋势
### Outstanding amounts of total deposits & loans and their growth in financial institutions

单位：万亿元
Unit: RMB 1 trillion

| 年 / 月 Year/month | 各项存款 Total deposits | 各项贷款 Total loans | 各项存款同比增长率（%）Growth rate of deposits (YOY)(%) | 各项贷款同比增长率（%）Growth rate of loans (YOY)(%) |
|---|---|---|---|---|
| 2017.01 | 152.1 | 108.6 | 10.4 | 12.6 |
| 2017.02 | 154.4 | 109.8 | 11.4 | 13.0 |
| 2017.03 | 155.6 | 110.8 | 10.3 | 12.4 |
| 2017.04 | 155.9 | 111.9 | 9.8 | 12.9 |
| 2017.05 | 157.0 | 113.0 | 9.2 | 12.9 |
| 2017.06 | 159.7 | 114.6 | 9.2 | 12.9 |
| 2017.07 | 160.5 | 115.4 | 9.4 | 13.2 |
| 2017.08 | 161.8 | 116.5 | 9.0 | 13.2 |
| 2017.09 | 162.3 | 117.8 | 9.3 | 13.1 |
| 2017.10 | 163.3 | 118.4 | 9.1 | 13.0 |
| 2017.11 | 164.9 | 119.5 | 9.6 | 13.3 |
| 2017.12 | 164.1 | 120.1 | 9.0 | 12.7 |
| 2018.01 | 168.0 | 123.0 | 10.5 | 13.2 |
| 2018.02 | 167.7 | 123.9 | 8.6 | 12.8 |
| 2018.03 | 169.2 | 125.0 | 8.7 | 12.8 |
| 2018.04 | 169.7 | 126.2 | 8.9 | 12.7 |
| 2018.05 | 171.0 | 127.3 | 8.9 | 12.6 |
| 2018.06 | 173.1 | 129.2 | 8.4 | 12.7 |
| 2018.07 | 174.1 | 130.6 | 8.5 | 13.2 |
| 2018.08 | 175.2 | 131.9 | 8.3 | 13.2 |
| 2018.09 | 176.1 | 133.3 | 8.5 | 13.2 |
| 2018.10 | 176.5 | 134.0 | 8.1 | 13.1 |
| 2018.11 | 177.4 | 135.2 | 7.6 | 13.1 |
| 2018.12 | 177.5 | 136.3 | 8.2 | 13.5 |
| 2019.01 | 180.8 | 139.5 | 7.6 | 13.4 |
| 2019.02 | 182.1 | 140.4 | 8.6 | 13.4 |
| 2019.03 | 183.8 | 142.1 | 8.7 | 13.7 |
| 2019.04 | 184.1 | 143.1 | 8.5 | 13.4 |
| 2019.05 | 185.3 | 144.3 | 8.3 | 13.3 |
| 2019.06 | 187.6 | 146.0 | 8.3 | 13.0 |
| 2019.07 | 188.2 | 147.0 | 8.1 | 12.6 |
| 2019.08 | 190.0 | 148.2 | 8.4 | 12.4 |
| 2019.09 | 190.7 | 149.9 | 8.3 | 12.5 |
| 2019.10 | 190.7 | 149.9 | 8.3 | 12.5 |
| 2019.11 | 190.7 | 149.9 | 8.3 | 12.5 |
| 2019.12 | 190.7 | 149.9 | 8.3 | 12.5 |

### 金融机构人民币各项存贷款余额及其增长趋势
### Outstanding amounts of total deposits & loans and their growth in financial institutions

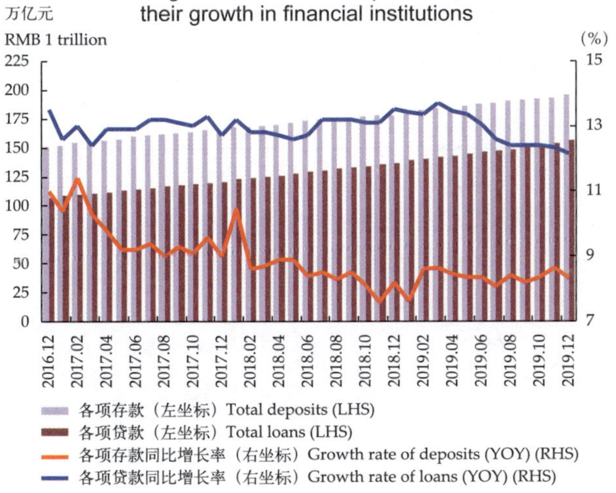


### 金融机构当年累计新增人民币存款
### Accumulated new RMB deposits in financial institutions

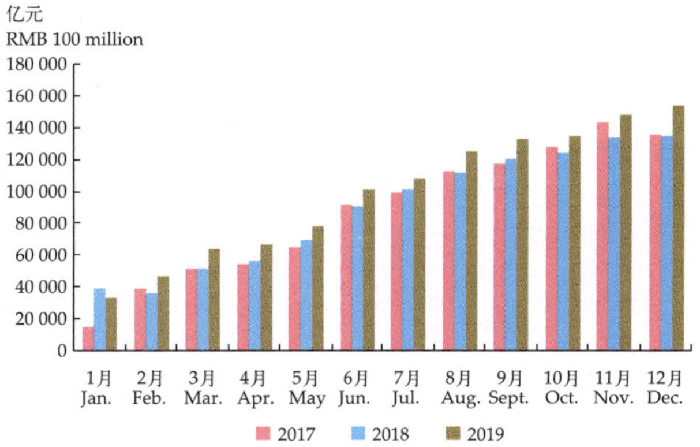


### 金融机构当月新增人民币存款
### New RMB deposits in financial institutions by month

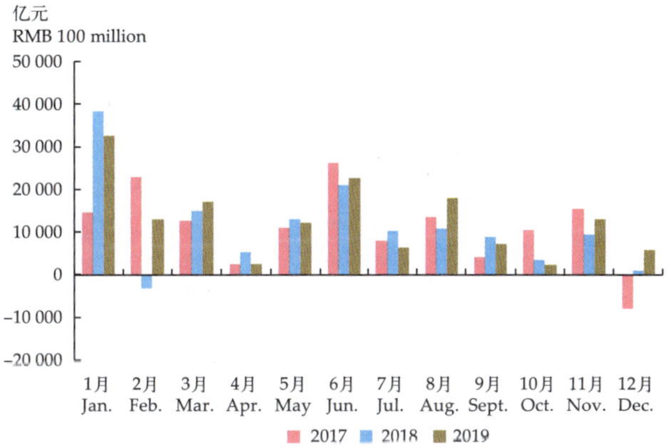


### 2019年末人民币存款余额
### Outstanding amounts of RMB deposits at the end of 2019

单位：亿元
Unit: RMB 100 million

| | 余额 Outstanding amount |
|---|---|
| **各项存款 Total deposits** | **1 928 785** |
| 境内存款 Domestic deposits | 1 917 482 |
| 住户存款 Deposits of households | 813 017 |
| 非金融企业存款 Deposits of non-financial enterprises | 595 365 |
| 政府存款 Deposits of government | 337 671 |
| 非银行业金融机构存款 Deposits of non-banking financial institutions | 171 429 |
| 境外存款 Overseas deposits | 11 304 |

## 住户存款和非金融企业存款余额
Outstanding amounts of household deposits and non-financial corporate deposits

单位：亿元
Unit: RMB 100 million

| 年 / 月 Year/Month | 住户存款 Deposits of households | 活期及临时性存款 Demand & temporary deposits | 定期及保证性存款 Time & marginal deposits | 非金融企业存款 Deposits of non-financial enterprises | 活期及临时性存款 Demand & temporary deposits | 定期及保证性存款 Time & marginal deposits |
|---|---|---|---|---|---|---|
| 2017.01 | 629 064 | 249 796 | 379 268 | 484 207 | 195 938 | 288 268 |
| 2017.02 | 630 077 | 240 875 | 389 202 | 490 852 | 204 560 | 286 291 |
| 2017.03 | 637 409 | 241 907 | 395 502 | 503 768 | 212 132 | 291 636 |
| 2017.04 | 625 236 | 235 017 | 390 219 | 504 220 | 213 156 | 291 064 |
| 2017.05 | 626 485 | 236 093 | 390 392 | 505 292 | 215 037 | 290 255 |
| 2017.06 | 637 138 | 242 055 | 395 083 | 515 971 | 222 012 | 293 960 |
| 2017.07 | 629 623 | 238 119 | 391 504 | 512 274 | 221 195 | 291 079 |
| 2017.08 | 632 213 | 240 076 | 392 136 | 518 343 | 223 821 | 294 522 |
| 2017.09 | 642 591 | 246 818 | 395 772 | 521 823 | 219 597 | 302 226 |
| 2017.10 | 634 539 | 241 454 | 393 085 | 521 948 | 224 655 | 297 293 |
| 2017.11 | 635 994 | 241 874 | 394 120 | 529 130 | 229 895 | 299 235 |
| 2017.12 | 643 768 | 248 239 | 395 529 | 542 405 | 237 888 | 304 517 |
| 2018.01 | 652 744 | 250 481 | 402 263 | 541 612 | 232 055 | 309 557 |
| 2018.02 | 681 474 | 263 966 | 417 509 | 517 594 | 211 486 | 306 108 |
| 2018.03 | 686 804 | 258 521 | 428 283 | 529 321 | 219 818 | 309 503 |
| 2018.04 | 673 585 | 249 895 | 423 690 | 534 777 | 221 556 | 313 221 |
| 2018.05 | 675 751 | 250 395 | 425 355 | 534 916 | 222 502 | 312 414 |
| 2018.06 | 686 695 | 255 578 | 431 117 | 544 362 | 230 035 | 314 327 |
| 2018.07 | 683 763 | 252 705 | 431 059 | 538 174 | 225 358 | 312 816 |
| 2018.08 | 687 226 | 252 639 | 434 587 | 544 313 | 224 653 | 319 660 |
| 2018.09 | 700 518 | 258 601 | 441 917 | 547 417 | 220 860 | 326 557 |
| 2018.10 | 697 171 | 255 942 | 441 228 | 541 413 | 223 267 | 318 146 |
| 2018.11 | 704 576 | 259 573 | 445 003 | 548 748 | 225 026 | 323 723 |
| 2018.12 | 716 038 | 267 215 | 448 824 | 562 976 | 236 190 | 326 786 |
| 2019.01 | 754 594 | 286 398 | 468 197 | 558 512 | 225 512 | 332 999 |
| 2019.02 | 767 902 | 278 186 | 489 716 | 546 489 | 215 395 | 331 094 |
| 2019.03 | 776 654 | 275 339 | 501 315 | 565 751 | 226 505 | 339 246 |
| 2019.04 | 770 406 | 271 094 | 499 312 | 564 013 | 221 105 | 342 907 |
| 2019.05 | 772 823 | 271 971 | 500 851 | 565 193 | 223 036 | 342 157 |
| 2019.06 | 784 172 | 277 699 | 506 473 | 580 837 | 236 266 | 344 571 |
| 2019.07 | 783 140 | 278 230 | 504 910 | 566 941 | 227 461 | 339 479 |
| 2019.08 | 785 854 | 279 810 | 506 044 | 572 733 | 227 878 | 344 855 |
| 2019.09 | 801 298 | 286 136 | 515 162 | 577 652 | 226 300 | 351 353 |
| 2019.10 | 795 286 | 282 075 | 513 212 | 570 660 | 227 174 | 343 485 |
| 2019.11 | 797 752 | 283 322 | 514 429 | 579 316 | 231 774 | 347 541 |
| 2019.12 | 813 017 | 294 712 | 518 305 | 595 365 | 242 504 | 352 861 |

### 住户存款和非金融企业存款余额
### Outstanding amounts of household deposits and non-financial enterprise deposits

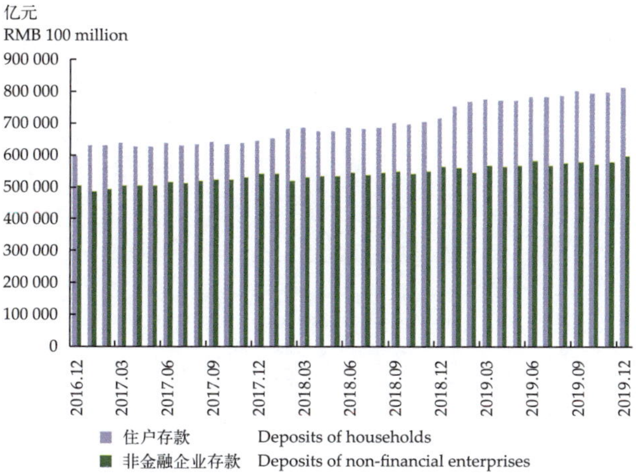


### 住户存款构成
### Composition of household deposits

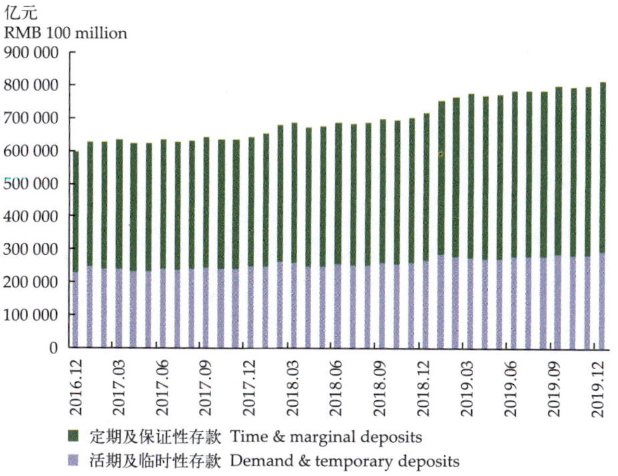


### 非金融企业存款构成
### Composition of non-financial enterprise deposits

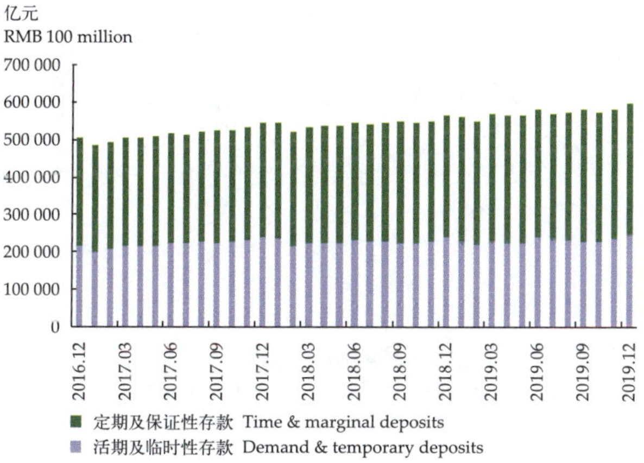


### 2019年末人民币存款余额
### Outstanding amounts of RMB deposits at the end of 2019

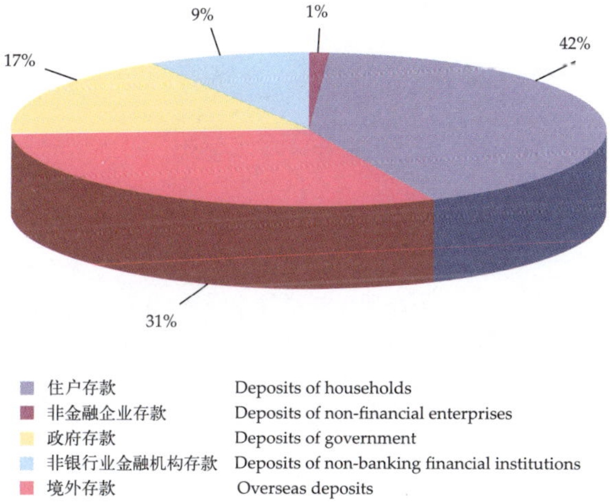

## 2019年12月末人民币贷款余额
RMB loans issued by the end of December, 2019 by sectors

单位：亿元
Unit: RMB 100 million

| | 余额<br>Outstanding amounts | 比年初增加<br>Increase over the beginning of the year |
|---|---|---|
| **各项贷款**<br>**Total loans** | **1 531 123** | **110 066** |
| 境内贷款<br>Domestic loans | 1 525 755 | 109 841 |
| 住户贷款<br>Loans to households | 553 191 | 56 207 |
| 短期贷款<br>Short-term loans | 154 472 | 15 495 |
| 中长期贷款<br>Mid & long-term loans | 398 719 | 40 712 |
| 非金融企业及机关团体贷款<br>Loans to non-financial enterprises and government departments & organizations | 962 737 | 49 688 |
| 短期贷款及票据融资<br>Short-term loans and paper financing | 372 014 | 15 265 |
| 中长期贷款<br>Mid & long-term loans | 565 390 | 33 116 |
| 其他贷款<br>Other loans | 25 333 | 1 307 |
| 非银行业金融机构贷款<br>Loans to non-banking financial institutions | 9 827 | 3 946 |
| 境外贷款<br>Overseas loans | 5 368 | 225 |

## 金融机构当年累计新增人民币贷款
Accumulated new RMB loans in financial institutions

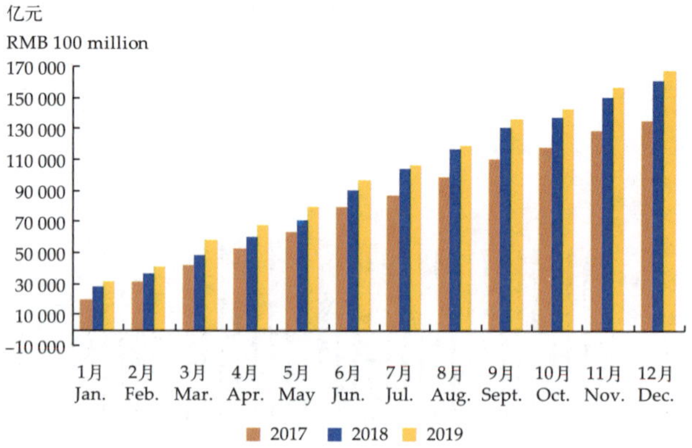


## 金融机构当月新增人民币贷款
New RMB loans in financial institutions by month

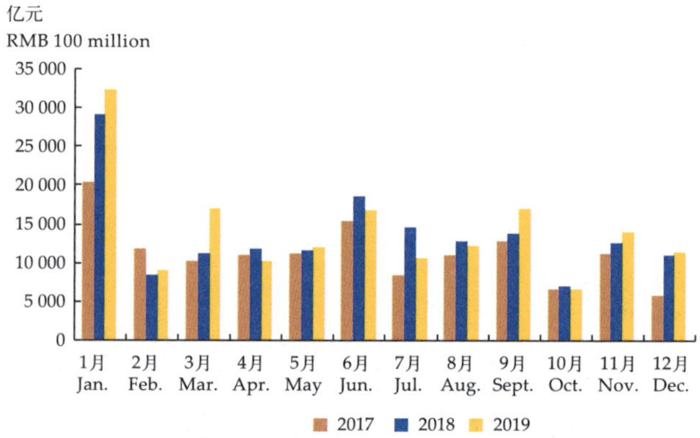


## 当年累计新增住户贷款
Accumulated new loans to households

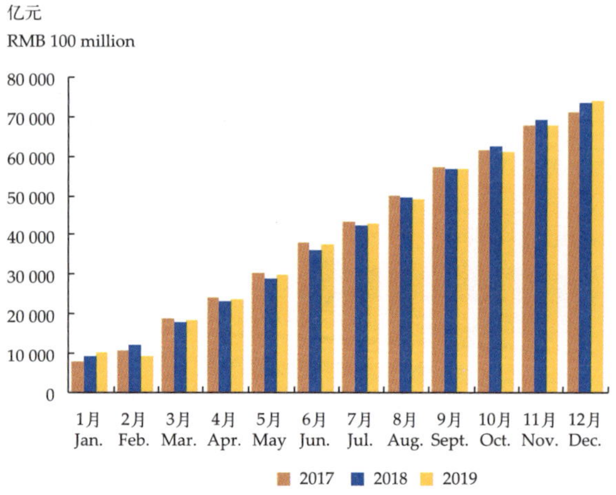


## 当月新增住户贷款
New loans to households by month

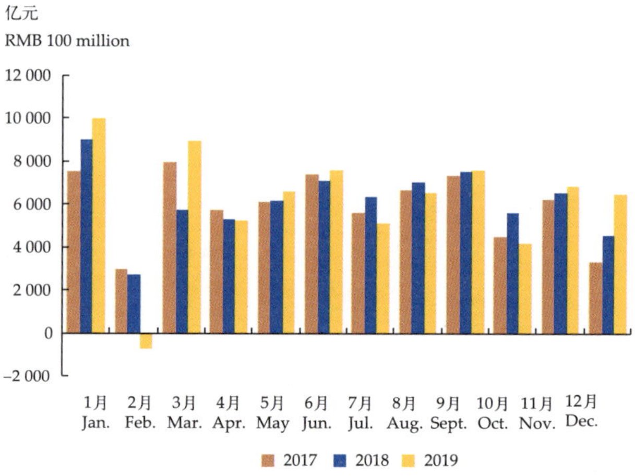

**当年累计新增非金融企业及其他部门贷款**
Accumulated new loans to non-financial institutions and other sectors

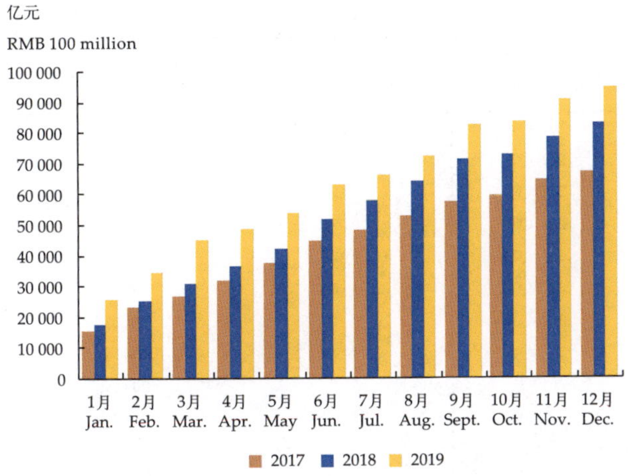


**当月新增非金融企业及其他部门贷款**
New loans to non-financial institutions and other sectors by month

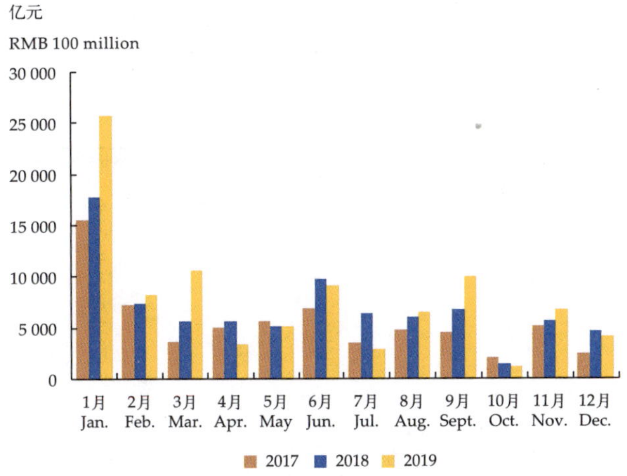


**当年累计新增个人短期消费贷款**
Accumulated new consumer loans

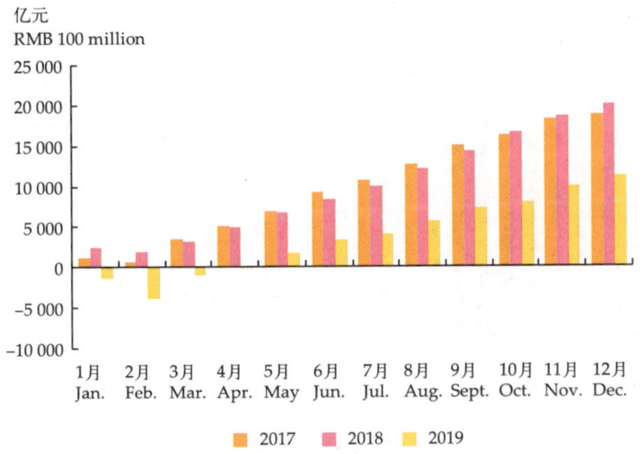


**当月新增个人短期消费贷款**
New consumer loans by month

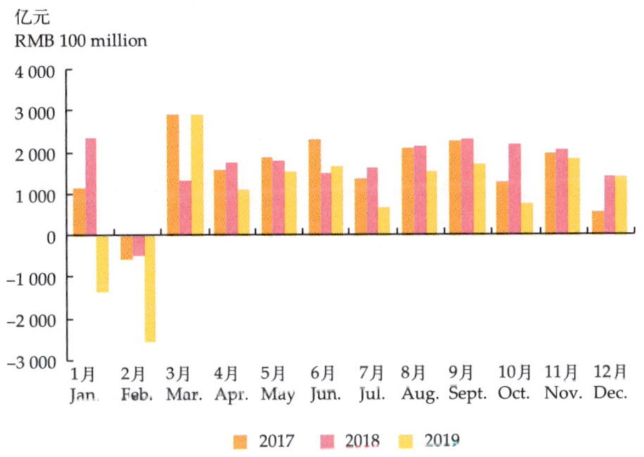


**当年累计新增个人长期消费贷款**
Accumulated new housing mortgage loans

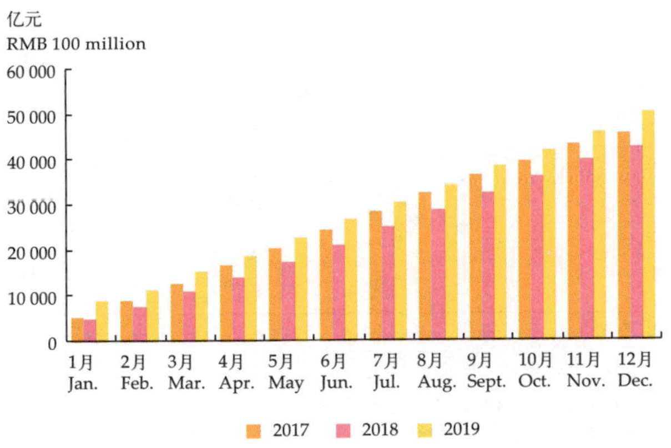


**当月新增个人长期消费贷款**
New housing mortgage loans by month

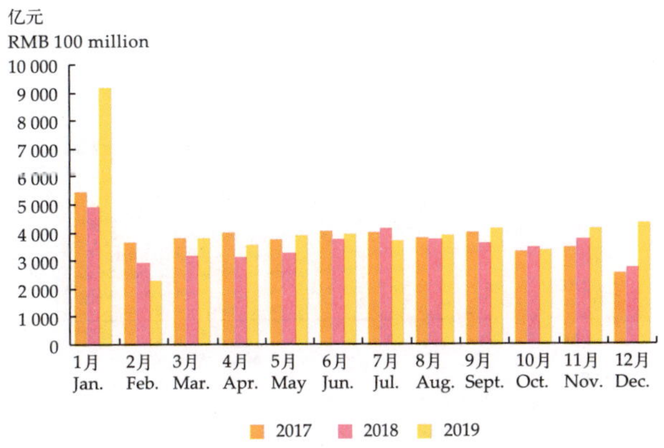

## 3. 基础货币
## (3) Monetary base

### 基础货币余额及其增长趋势
### Monetary base and its growth

单位：万亿元
Unit: RMB 1 trillion

| 年 / 月 Year/Month | 余额 Outstanding amounts | 同比增长率 (%) Growth rate (YOY)(%) |
|---|---|---|
| 2017.01 | 30.78 | 6.0 |
| 2017.02 | 30.27 | 4.2 |
| 2017.03 | 30.24 | 6.7 |
| 2017.04 | 29.95 | 7.1 |
| 2017.05 | 29.96 | 7.3 |
| 2017.06 | 30.38 | 5.9 |
| 2017.07 | 29.91 | 6.1 |
| 2017.08 | 30.19 | 6.7 |
| 2017.09 | 30.60 | 6.1 |
| 2017.10 | 30.53 | 6.0 |
| 2017.11 | 30.71 | 6.0 |
| 2017.12 | 32.19 | 4.9 |
| 2018.01 | 30.75 | 0.6 |
| 2018.02 | 31.83 | 5.9 |
| 2018.03 | 32.13 | 7.0 |
| 2018.04 | 30.73 | 3.4 |
| 2018.05 | 30.45 | 2.4 |
| 2018.06 | 31.85 | 4.8 |
| 2018.07 | 31.19 | 4.3 |
| 2018.08 | 31.11 | 3.1 |
| 2018.09 | 31.79 | 3.9 |
| 2018.10 | 29.82 | -2.3 |
| 2018.11 | 30.58 | -0.4 |
| 2018.12 | 33.10 | 2.8 |
| 2019.01 | 31.32 | 1.9 |
| 2019.02 | 30.36 | -4.6 |
| 2019.03 | 30.37 | -5.5 |
| 2019.04 | 29.88 | -2.8 |
| 2019.05 | 30.41 | -0.1 |
| 2019.06 | 31.31 | -1.7 |
| 2019.07 | 30.13 | -3.4 |
| 2019.08 | 30.03 | -3.5 |
| 2019.09 | 30.59 | -3.8 |
| 2019.10 | 29.88 | 0.2 |
| 2019.11 | 30.40 | -0.6 |
| 2019.12 | 32.42 | -2.0 |

### 基础货币构成
### Composition of monetary base

单位：亿元
Unit: RMB 100 million

| 年 / 季度 Year/Quarter | 货币发行 Currency issue | 其他存款性公司存款 Deposits of other depository corporations |
|---|---|---|
| 2017Q1 | 75 247 | 227 141 |
| 2017Q2 | 73 269 | 229 662 |
| 2017Q3 | 76 626 | 228 516 |
| 2017Q4 | 77 074 | 243 802 |
| 2018Q1 | 79 453 | 238 740 |
| 2018Q2 | 75 658 | 237 805 |
| 2018Q3 | 78 117 | 231 051 |
| 2018Q4 | 79 146 | 235 511 |
| 2019Q1 | 81 311 | 209 648 |
| 2019Q2 | 78 237 | 221 817 |
| 2019Q3 | 80 218 | 212 230 |
| 2019Q4 | 82 859 | 226 024 |

### 基础货币构成
### Composition of monetary base

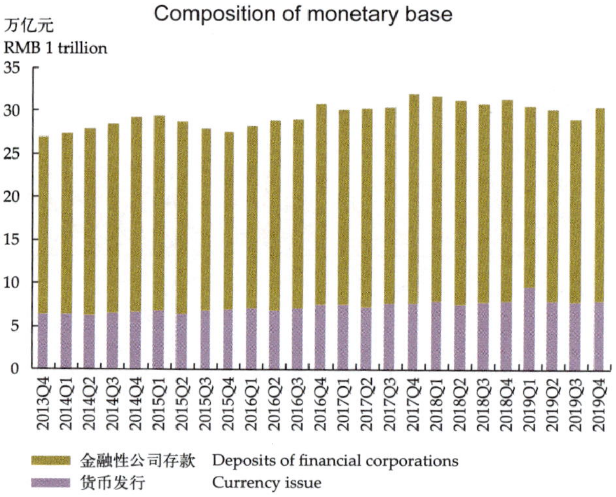


### 基础货币余额及其增长趋势
### Monetary base and its growth

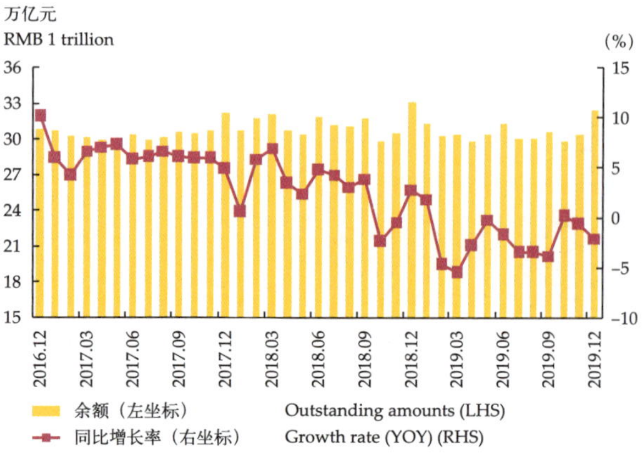


### 金融机构准备金和超额准备金率
### Reserves and excess reserve ratio of financial institutions

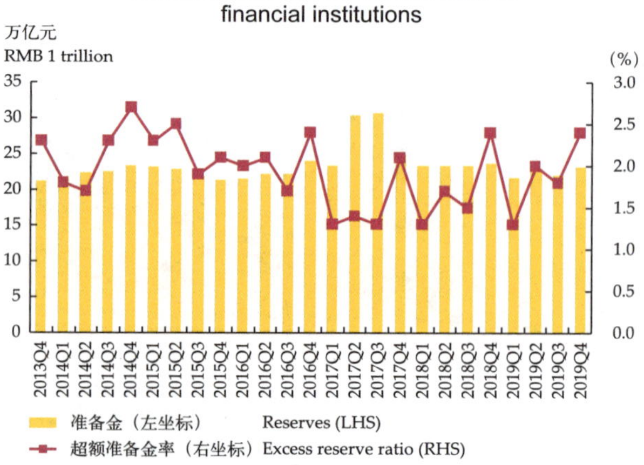

## 金融机构法定人民币存款准备金率
Official RMB reserve requirement ratios of financial institutions

单位：%
Unit: %

| 日期<br>Date | 中资全国性大型银行①<br>Chinese-funded large banks operating nationwide[1] | 中小金融机构②<br>Medium-and small-sized financial institutions[2] | 农村信用社和村镇银行<br>Rural credit cooperatives and township and village banks |
|---|---|---|---|
| 2003.09.21 | 7.0 | 7.0 | 6.0 |
| 2004.04.25 | 7.5 | 7.5 | 6.0 |
| 2006.07.05 | 8.0 | 8.0 | 6.0 |
| 2006.08.15 | 8.5 | 8.5 | 6.0 |
| 2006.11.15 | 9.0 | 9.0 | 6.5 |
| 2007.01.15 | 9.5 | 9.5 | 7.0 |
| 2007.02.25 | 10.0 | 10.0 | 7.5 |
| 2007.04.16 | 10.5 | 10.5 | 8.0 |
| 2007.05.15 | 11.0 | 11.0 | 8.5 |
| 2007.06.05 | 11.5 | 11.5 | 9.0 |
| 2007.08.15 | 12.0 | 12.0 | 9.5 |
| 2007.09.25 | 12.5 | 12.5 | 10.0 |
| 2007.10.25 | 13.0 | 13.0 | 10.5 |
| 2007.11.26 | 13.5 | 13.5 | 11.0 |
| 2007.12.25 | 14.5 | 14.5 | 12.0 |
| 2008.01.25 | 15.0 | 15.0 | 12.5 |
| 2008.03.25 | 15.5 | 15.5 | 13.0 |
| 2008.04.25 | 16.0 | 16.0 | 13.5 |
| 2008.05.20 | 16.5 | 16.5 | 14.0 |
| 2008.06.15 | 17.0 | 17.0 | 14.5 |
| 2008.06.25 | 17.5 | 17.5 | 15.0 |
| 2008.09.25 | 17.5 | 16.5 | 14.0 |
| 2008.10.15 | 17.0 | 16.0 | 13.5 |
| 2008.12.05 | 16.0 | 14.0 | 11.5 |
| 2008.12.25 | 15.5 | 13.5 | 11.0 |
| 2010.01.18 | 16.0 | 14.0 | 11.0 |
| 2010.02.25 | 16.5 | 14.5 | 11.0 |
| 2010.05.10 | 17.0 | 15.0 | 11.0 |
| 2010.11.16 | 17.5 | 15.5 | 11.5 |
| 2010.11.29 | 18.0 | 16.0 | 12.0 |
| 2010.12.20 | 18.5 | 16.5 | 12.5 |
| 2011.01.20 | 19.0 | 17.0 | 13.0 |
| 2011.02.24 | 19.5 | 17.5 | 13.5 |
| 2011.03.25 | 20.0 | 18.0 | 14.0 |
| 2011.04.21 | 20.5 | 18.5 | 14.5 |
| 2011.05.18 | 21.0 | 19.0 | 15.0 |
| 2011.06.20 | 21.5 | 19.5 | 15.5 |
| 2011.12.05 | 21.0 | 19.0 | 15.0 |
| 2012.02.24 | 20.5 | 18.5 | 14.5 |
| 2012.05.18 | 20.0 | 18.0 | 14.0 |
| 2015.02.05 | 19.5 | 17.5 | 13.5 |
| 2015.04.20 | 18.5 | 16.5 | 11.5 |
| 2015.09.06 | 18.0 | 16.0 | 10.5 |
| 2015.10.24 | 17.5 | 15.5 | 9.5 |
| 2016.03.01 | 17.0 | 15.0 | 9.0 |
| 2018.04.25 | 16.0 | 14.0 | 9.0 |
| 2018.07.05 | 15.5 | 13.5 | 9.0 |
| 2018.10.15 | 14.5 | 12.5 | 9.0 |
| 2019.01.15 | 14.0 | 12.0 | 8.5 |
| 2019.01.25 | 13.5 | 11.5 | 8.0 |
| 2019.09.16 | 13.0 | 11.0 | 7.5 |
| 2020.01.06 | 12.5 | 10.5 | 7.0 |

注：①包括中国工商银行、中国农业银行、中国银行、中国建设银行、交通银行和中国邮政储蓄银行。
②包括中国农业发展银行、股份制商业银行、城市商业银行、农村商业银行、有关外资金融机构。

Notes: 1.Including Industrial and Commercial Bank of China,Agricultural Bank of China,Bank of China,China Construction Bank,Bank of Communications,Postal Savings Bank of China.
2.Including Agricultural Development Bank of China, joint-stock commercial banks, city commercial banks, rural commercial banks and foreign-funded financial institutions.

## 4. 社会融资规模
## (4) Aggregate financing to the real economy (AFRE)

### 社会融资规模增量统计表
### Statistics of the increments in aggregate financing to the real economy

单位：亿元人民币
Unit: RMB 100 million

| 年 / 月 Year/Month | 社会融资规模 All-system financing aggregate | 其中： Of which : | | | | | | | | |
|---|---|---|---|---|---|---|---|---|---|---|
| | | 人民币贷款 RMB bank loans | 外币贷款（折合人民币）Foreign currency bank loans (converted into RMB) | 委托贷款 Entrusted loans | 信托贷款 Trust loans | 未贴现的银行承兑汇票 Undiscounted bankers' acceptances | 企业债券 Net Financing of corporate bonds | 政府债券 government bonds | 非金融企业境内股票融资 Equity financing on the domestic stock market by non-financial enterprises | 存款类金融机构资产支持证券 Asset-backed securities of depository financial institutions | 贷款核销 Loans written off |
| 2017.01 | 37 720 | 23 133 | 126 | 3 142 | 3 128 | 6 130 | −510 | 1 225 | 665 | −129 | 253 |
| 2017.02 | 11 055 | 10 317 | 368 | 1 181 | 1 026 | −1 719 | −899 | 570 | −191 | −10 | 149 |
| 2017.03 | 25 472 | 11 586 | 288 | 2 043 | 3 020 | 2 390 | 264 | 800 | 3 230 | 164 | 846 |
| 2017.04 | 19 559 | 10 806 | −283 | −48 | 1 381 | 345 | 628 | 769 | 5 939 | −505 | 210 |
| 2017.05 | 17 812 | 11 780 | −99 | −274 | 1 791 | −1 245 | −2 365 | 458 | 6 505 | 294 | 277 |
| 2017.06 | 25 886 | 14 474 | 73 | −26 | 2 485 | −230 | −5 | 487 | 6 571 | 113 | 1 309 |
| 2017.07 | 21 188 | 9 152 | −213 | 187 | 1 245 | −2 037 | 2 642 | 536 | 9 472 | −505 | 205 |
| 2017.08 | 20 486 | 11 466 | −332 | −70 | 1 218 | 242 | 1 525 | 653 | 4 420 | 446 | 250 |
| 2017.09 | 25 439 | 11 885 | −232 | 783 | 2 362 | 784 | 1 669 | 519 | 5 486 | 324 | 1 276 |
| 2017.10 | 15 861 | 6 635 | −44 | 108 | 1 013 | 12 | 1 628 | 601 | 4 968 | 61 | 271 |
| 2017.11 | 22 956 | 11 428 | 198 | 306 | 1 400 | 15 | 979 | 1 324 | 5 979 | 248 | 481 |
| 2017.12 | 18 103 | 5 769 | 169 | 661 | 2 163 | 676 | 688 | 817 | 2 759 | 1 476 | 2 059 |
| 2018.01 | 31 417 | 26 850 | 266 | −709 | 397 | 1 437 | 1 894 | 500 | 5 | −137 | 320 |
| 2018.02 | 12 064 | 10 199 | 86 | −750 | 674 | 106 | 734 | 379 | 175 | −146 | 261 |
| 2018.03 | 17 091 | 11 425 | 139 | −1 850 | −343 | −323 | 3 611 | 404 | 1 816 | 387 | 1 234 |
| 2018.04 | 22 243 | 10 987 | −26 | −1 481 | −101 | 1 454 | 4 042 | 533 | 5 303 | 821 | 259 |
| 2018.05 | 11 234 | 11 396 | −228 | −1 570 | −936 | −1 741 | −351 | 438 | 2 728 | 377 | 479 |
| 2018.06 | 20 373 | 16 787 | −364 | −1 642 | −1 576 | −3 649 | 1 308 | 258 | 6 509 | 272 | 1 737 |
| 2018.07 | 18 382 | 12 861 | −773 | −950 | −1 205 | −2 744 | 2 189 | 175 | 7 998 | 123 | 176 |
| 2018.08 | 24 078 | 13 140 | −344 | −1 207 | −685 | −779 | 3 541 | 141 | 8 651 | 501 | 377 |
| 2018.09 | 23 061 | 14 341 | −670 | −1 432 | −890 | −548 | 15 | 272 | 9 108 | 895 | 1 615 |
| 2018.10 | 9 538 | 7 141 | −800 | −949 | −1 366 | −453 | 1 523 | 176 | 3 032 | 188 | 446 |
| 2018.11 | 16 127 | 12 302 | −787 | −1 310 | −455 | −127 | 3 918 | 200 | −247 | 1 157 | 729 |
| 2018.12 | 19 311 | 9 281 | −702 | −2 210 | −488 | 1 023 | 3 895 | 130 | 3 452 | 1 503 | 2 522 |
| 2019.01 | 46 791 | 35 668 | 343 | −699 | 345 | 3 787 | 4 829 | 289 | 1 700 | −466 | 249 |
| 2019.02 | 9 665 | 7 641 | −105 | −508 | −37 | −3 103 | 875 | 119 | 4 347 | −14 | 201 |
| 2019.03 | 29 602 | 19 584 | 3 | −1 070 | 528 | 1 365 | 3 546 | 122 | 3 412 | 261 | 1 227 |
| 2019.04 | 16 710 | 8 733 | −330 | −1 197 | 129 | −357 | 3 949 | 262 | 4 433 | 243 | 316 |
| 2019.05 | 17 124 | 11 855 | 191 | −631 | −52 | −768 | 1 033 | 259 | 3 857 | 383 | 392 |
| 2019.06 | 26 243 | 16 737 | −4 | −827 | 15 | −1 311 | 1 439 | 153 | 6 867 | 607 | 1 806 |
| 2019.07 | 12 872 | 8 086 | −221 | −987 | −676 | −4 562 | 2 944 | 593 | 6 427 | 286 | 244 |
| 2019.08 | 21 956 | 13 045 | −247 | −513 | −658 | 157 | 3 384 | 256 | 5 059 | 269 | 351 |
| 2019.09 | 25 142 | 17 612 | −440 | −22 | −672 | −431 | 2 431 | 289 | 3 777 | 284 | 1 692 |
| 2019.10 | 8 680 | 5 470 | −10 | −667 | −624 | −1 053 | 2 032 | 180 | 1 871 | 623 | 416 |
| 2019.11 | 19 937 | 13 633 | −249 | −959 | −673 | 570 | 3 330 | 524 | 1 716 | 693 | 639 |
| 2019.12 | 21 030 | 10 770 | −205 | −1 316 | −1 092 | 951 | 2 625 | 432 | 3 738 | 865 | 3 018 |

注： 1.社会融资规模增量是指一定时期内实体经济从金融体系获得的资金额。
2.从2019年12月起，中国人民银行进一步完善社会融资规模统计，将“国债”和“地方政府一般债券”纳入社会融资规模统计，与原有“地方政府专项债券”合并为“政府债券”指标。指标数值为托管机构的托管面值。历史数据追溯到2017年1月。
3.从2019年9月起，中国人民银行完善“社会融资规模”中的“企业债券”统计，将“交易所企业资产支持证券”纳入“企业债券”指标。
4.从2018年9月起，中国人民银行将“地方政府专项债券”纳入社会融资规模统计。
5.从2018年7月起，中国人民银行完善社会融资规模统计方法，将“存款类金融机构资产支持证券”和“贷款核销”纳入社会融资规模统计，在“其他融资”项下单独列示。
数据来源：中国人民银行、中国银行保险监督管理委员会、中国证券监督管理委员会、中央国债登记结算有限责任公司和银行间市场交易商协会等部门。
Notes:1.AFRE(flow) refers to the total volume of financing provided by the financial system to the real economy during a certain period of time.
2.Since December 2019,the People's Bank of China made further efforts to improve the statistical method of AFRE. "Treasury Bonds" and "Local Government General Bonds" were newly introduced into AFRE and merged with "Local Government Special Bonds" into "Government Bonds", which is recorded at face value at depositories. The historical data were traced back to January 2017.
3.Since September 2019, the People's Bank of China improved the statistics of "Net Financing of Corporate Bonds" in AFRE, and incorporated "Asset-backed Securities of Non-Financial Enterprises" into "Net Financing of Corporate Bonds".
4.Since September 2018, the People's Bank of China incorporated "Local Government Special Bonds" into AFRE.
5.Since July 2018, the People's Bank of China improved the statistical method of AFRE, and incorporated "Asset-backed Securities of Depository Financial Institutions" and "Loans Written off" into AFRE, which is reflected as a sub-item of "Other Financing".
Sources: The People's Bank of China, China Banking and Insurance Regulatory Commission, China Securities Regulatory Commission, China Central Depository & Clearing Co., Ltd., National Association of Financial Market Institutional Investors, and etc..

## 社会融资规模增量统计表
## Aggregate financing to the real economy (flow)

单位：亿元人民币
Unit: RMB 100 million

| 年 Year | 增量 Flow | 其中（占比）：Of which (percentage): | | | | | | | | | |
|---|---|---|---|---|---|---|---|---|---|---|---|
| | | 人民币贷款 RMB loans | 外币贷款（折合人民币）Foreign currency-denominated loans (converted into RMB) | 委托贷款 Entrusted loans | 信托贷款 Trust loans | 未贴现的银行承兑汇票 Undiscounted bankers' acceptances | 企业债券 Net Financing of corporate bonds | 政府债券 government bonds | 非金融企业境内股票融资 Equity financing on the domestic stock market by non-financial enterprises | 存款类金融机构资产支持证券 Asset-backed securities of depository financial institutions | 贷款核销 Loans written off |
| 2010 | 140 191 | 57 | 3 | 6 | 3 | 17 | 8 | 4 | 0 | 0 | 0 |
| 2011 | 128 286 | 58 | 4 | 10 | 2 | 8 | 11 | 3 | 0 | 0 | 0 |
| 2012 | 157 631 | 52 | 6 | 8 | 8 | 7 | 14 | 2 | 0 | 0 | 0 |
| 2013 | 173 169 | 51 | 3 | 15 | 11 | 4 | 10 | 1 | 0 | 0 | 0 |
| 2014 | 164 571 | 59 | 2 | 15 | 3 | - 1 | 15 | 3 | 0 | 0 | 0 |
| 2015 | 154 086 | 73 | −4 | 10 | 0 | −7 | 19 | 5 | 0 | 0 | 0 |
| 2016 | 178 022 | 70 | −3 | 12 | 5 | −11 | 17 | 7 | 0 | 0 | 0 |
| 2017 | 261 536 | 53 | 0 | 3 | 9 | 2 | 2 | 3 | 21 | 1 | 3 |
| 2018 | 224 920 | 70 | −2 | −7 | −3 | −3 | 12 | 2 | 22 | 3 | 5 |
| 2019 | 255 753 | 66 | 0 | −4 | −1 | −2 | 13 | 1 | 18 | 2 | 4 |

## 社会融资规模存量统计表（季）
## Statistics of stocks of Aggregate financing to the real economy (by quarter)

单位：万亿元人民币
Unit: RMB 1 trillion

| 年/季度 Year/Quarter | 存量 Stock | 其中：Of which : | | | | | | | | | |
|---|---|---|---|---|---|---|---|---|---|---|---|
| | | 人民币贷款 RMB loans | 外币贷款（折合人民币）Foreign currency-denominated loans (converted into RMB) | 委托贷款 Entrusted loans | 信托贷款 Trust loans | 未贴现的银行承兑汇票 Undiscounted bankers' acceptances | 企业债券 Net Financing of corporate bonds | 政府债券 government bonds | 非金融企业境内股票融资 Equity financing on the domestic stock market by non-financial enterprises | 存款类金融机构资产支持证券 Asset-backed securities of depository financial institutions | 贷款核销 Loans written off |
| 2017Q1 | 187.79 | 109.69 | 2.69 | 13.83 | 6.94 | 4.58 | 18.11 | 6.03 | 22.94 | 0.49 | 1.36 |
| 2017Q2 | 193.97 | 113.40 | 2.62 | 13.80 | 7.52 | 4.47 | 17.97 | 6.20 | 24.85 | 0.48 | 1.54 |
| 2017Q3 | 200.44 | 116.65 | 2.48 | 13.89 | 8.00 | 4.37 | 18.52 | 6.37 | 26.78 | 0.51 | 1.71 |
| 2017Q4 | 205.91 | 119.03 | 2.48 | 13.99 | 8.47 | 4.44 | 18.85 | 6.65 | 28.15 | 0.69 | 1.99 |
| 2018Q1 | 211.62 | 123.86 | 2.46 | 13.66 | 8.55 | 4.56 | 19.36 | 6.78 | 28.35 | 0.70 | 2.18 |
| 2018Q2 | 216.78 | 127.78 | 2.53 | 13.19 | 8.29 | 4.17 | 19.68 | 6.90 | 29.81 | 0.84 | 2.42 |
| 2018Q3 | 222.90 | 131.81 | 2.45 | 12.83 | 8.02 | 3.76 | 19.91 | 6.96 | 32.38 | 0.99 | 2.64 |
| 2018Q4 | 227.04 | 134.69 | 2.21 | 12.38 | 7.79 | 3.81 | 20.70 | 7.01 | 33.01 | 1.28 | 3.01 |
| 2019Q1 | 235.24 | 140.98 | 2.18 | 12.15 | 7.88 | 4.01 | 21.47 | 7.06 | 33.95 | 1.26 | 3.18 |
| 2019Q2 | 241.05 | 144.71 | 2.21 | 11.89 | 7.88 | 3.77 | 22.06 | 7.13 | 35.47 | 1.38 | 3.43 |
| 2019Q3 | 246.68 | 148.58 | 2.19 | 11.73 | 7.68 | 3.28 | 22.71 | 7.24 | 36.99 | 1.46 | 3.66 |
| 2019Q4 | 251.31 | 151.57 | 2.11 | 11.44 | 7.45 | 3.33 | 23.47 | 7.36 | 37.73 | 1.68 | 4.07 |

## 5. 利率
## (5) Interest rates

### 中央银行基准利率
### Central bank benchmark interest rates

单位：年利率%
Unit: annual interest rate %

| 日期 Date | 法定存款准备金 Required reserves | 超额存款准备金 Excess reserves | 对金融机构贷款 Lending to financial institutions | | | | 再贴现 Rediscount |
|---|---|---|---|---|---|---|---|
| | | | 1 年期 1-year | 6 个月以内 6-month and less | 3 个月以内 3-month and less | 1 个月以内 1-month and less | |
| 1996.05.01 | 8.82 | 8.82 | 10.98 | 10.17 | 10.08 | 9.00 | * |
| 1996.08.23 | 8.28 | 7.92 | 10.62 | — | 9.72 | — | * |
| 1997.10.23 | 7.56 | 7.02 | 9.36 | 9.09 | 8.82 | 8.55 | * |
| 1998.03.25 | 5.22 | — | 7.92 | 7.02 | 6.84 | 6.39 | 6.03 |
| 1998.07.01 | 3.51 | — | 5.67 | 5.58 | 5.49 | 5.22 | 4.32 |
| 1998.12.07 | 3.24 | — | 5.13 | 5.04 | 4.86 | 4.59 | 3.96 |
| 1999.06.10 | 2.07 | — | 3.78 | 3.69 | 3.51 | 3.24 | 2.16 |
| 2001.09.11 | — | — | — | — | — | — | 2.97 |
| 2002.02.21 | 1.89 | — | 3.24 | 3.15 | 2.97 | 2.70 | 2.97 |
| 2003.12.20 | — | 1.62 | — | — | — | — | — |
| 2004.03.25 | — | — | 3.87 | 3.78 | 3.60 | 3.33 | 3.24 |
| 2005.03.17 | — | 0.99 | — | — | — | — | — |
| 2008.01.01 | — | — | 4.68 | 4.59 | 4.41 | 4.14 | 4.32 |
| 2008.11.27 | 1.62 | 0.72 | 3.60 | 3.51 | 3.33 | 3.06 | 2.97 |
| 2008.12.23 | — | — | 3.33 | 3.24 | 3.06 | 2.79 | 1.80 |
| 2010.12.26 | — | — | 3.85 | 3.75 | 3.55 | 3.25 | 2.25 |
| 2015.11.05 | — | — | 3.50 | 3.40 | 3.20 | 2.90 | 2.25 |

注：1. 1998年3月法定准备金和超额准备金两个账户合并为准备金账户。
2. *按同档次中央银行贷款利率下浮5%～10%。
3. 2015年11月，中国人民银行将原期限“20天以内”改为“1个月以内”。

Notes: 1. The required reserves account and excess reserves account were merged into the reserves account in March 1998.
2. *The interest rate is 5%~10% below that of the central bank lending rate of the same tranche.
3. In November 2015, the PBC switched previous tenor "20 days and less" to "1 month and less".

### 法定存款准备金利率和再贴现利率
### Required reserves interest rates and rediscount interest rates

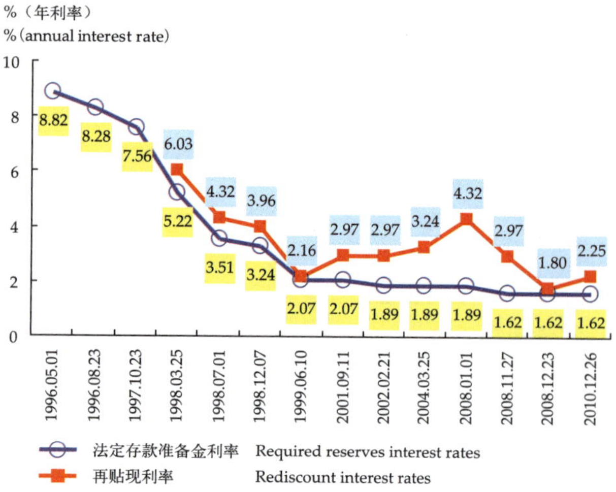


### 对金融机构贷款利率
### Interest rates of central bank lending to financial institutions

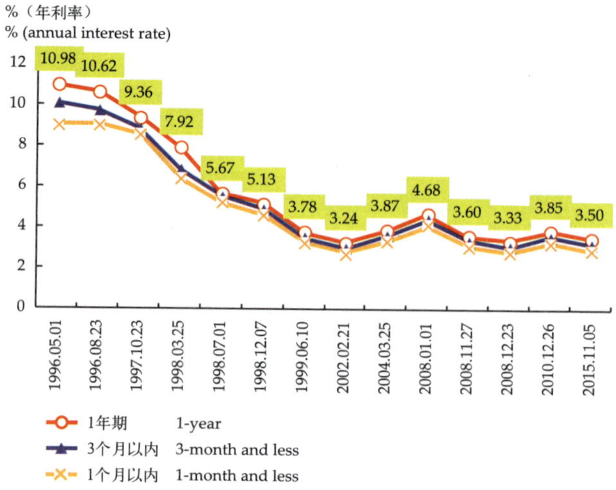

## 金融机构人民币存款基准利率
RMB deposit benchmark interest rates in financial institutions

单位：年利率 %
Unit: annual interest rate %

| 日期 Date | 活期 Demand deposits | 定期 Time deposits | | | | | |
|---|---|---|---|---|---|---|---|
| | | 3 个月 3-month | 6 个月 6-month | 1 年 1-year | 2 年 2-year | 3 年 3-year | 5 年 5-year |
| 1990.04.15 | 2.88 | 6.30 | 7.74 | 10.08 | 10.98 | 11.88 | 13.68 |
| 1990.08.21 | 2.16 | 4.32 | 6.48 | 8.64 | 9.36 | 10.08 | 11.52 |
| 1991.04.21 | 1.80 | 3.24 | 5.40 | 7.56 | 7.92 | 8.28 | 9.00 |
| 1993.05.15 | 2.16 | 4.86 | 7.20 | 9.18 | 9.90 | 10.80 | 12.06 |
| 1993.07.11 | 3.15 | 6.66 | 9.00 | 10.98 | 11.70 | 12.24 | 13.86 |
| 1996.05.01 | 2.97 | 4.86 | 7.20 | 9.18 | 9.90 | 10.80 | 12.06 |
| 1996.08.23 | 1.98 | 3.33 | 5.40 | 7.47 | 7.92 | 8.28 | 9.00 |
| 1997.10.23 | 1.71 | 2.88 | 4.14 | 5.67 | 5.94 | 6.21 | 6.66 |
| 1998.03.25 | 1.71 | 2.88 | 4.14 | 5.22 | 5.58 | 6.21 | 6.66 |
| 1998.07.01 | 1.44 | 2.79 | 3.96 | 4.77 | 4.86 | 4.95 | 5.22 |
| 1998.12.07 | 1.44 | 2.79 | 3.33 | 3.78 | 3.96 | 4.14 | 4.50 |
| 1999.06.10 | 0.99 | 1.98 | 2.16 | 2.25 | 2.43 | 2.70 | 2.88 |
| 2002.02.21 | 0.72 | 1.71 | 1.89 | 1.98 | 2.25 | 2.52 | 2.79 |
| 2004.10.29 | 0.72 | 1.71 | 2.07 | 2.25 | 2.70 | 3.24 | 3.60 |
| 2006.08.19 | 0.72 | 1.80 | 2.25 | 2.52 | 3.06 | 3.69 | 4.14 |
| 2007.03.18 | 0.72 | 1.98 | 2.43 | 2.79 | 3.33 | 3.96 | 4.41 |
| 2007.05.19 | 0.72 | 2.07 | 2.61 | 3.06 | 3.69 | 4.41 | 4.95 |
| 2007.07.21 | 0.81 | 2.34 | 2.88 | 3.33 | 3.96 | 4.68 | 5.22 |
| 2007.08.22 | 0.81 | 2.61 | 3.15 | 3.60 | 4.23 | 4.95 | 5.49 |
| 2007.09.15 | 0.81 | 2.88 | 3.42 | 3.87 | 4.50 | 5.22 | 5.76 |
| 2007.12.21 | 0.72 | 3.33 | 3.78 | 4.14 | 4.68 | 5.40 | 5.85 |
| 2008.10.09 | 0.72 | 3.15 | 3.51 | 3.87 | 4.41 | 5.13 | 5.58 |
| 2008.10.30 | 0.72 | 2.88 | 3.24 | 3.60 | 4.14 | 4.77 | 5.13 |
| 2008.11.27 | 0.36 | 1.98 | 2.25 | 2.52 | 3.06 | 3.60 | 3.87 |
| 2008.12.23 | 0.36 | 1.71 | 1.98 | 2.25 | 2.79 | 3.33 | 3.60 |
| 2010.10.20 | 0.36 | 1.91 | 2.20 | 2.50 | 3.25 | 3.85 | 4.20 |
| 2010.12.26 | 0.36 | 2.25 | 2.50 | 2.75 | 3.55 | 4.15 | 4.55 |
| 2011.02.09 | 0.40 | 2.60 | 2.80 | 3.00 | 3.90 | 4.50 | 5.00 |
| 2011.04.06 | 0.50 | 2.85 | 3.05 | 3.25 | 4.15 | 4.75 | 5.25 |
| 2011.07.07 | 0.50 | 3.10 | 3.30 | 3.50 | 4.40 | 5.00 | 5.50 |
| 2012.06.08 | 0.40 | 2.85 | 3.05 | 3.25 | 4.10 | 4.65 | 5.10 |
| 2012.07.06 | 0.35 | 2.60 | 2.80 | 3.00 | 3.75 | 4.25 | 4.75 |
| 2014.11.22 | 0.35 | 2.35 | 2.55 | 2.75 | 3.35 | 4.00 | — |
| 2015.03.01 | 0.35 | 2.10 | 2.30 | 2.50 | 3.10 | 3.75 | — |
| 2015.05.11 | 0.35 | 1.85 | 2.05 | 2.25 | 2.85 | 3.50 | — |
| 2015.06.28 | 0.35 | 1.60 | 1.80 | 2.00 | 2.60 | 3.25 | — |
| 2015.08.26 | 0.35 | 1.35 | 1.55 | 1.75 | 2.35 | 3.00 | — |
| 2015.10.24 | 0.35 | 1.10 | 1.30 | 1.50 | 2.10 | 2.75 | — |

注：从2014年11月起，中国人民银行不再公布人民币五年期定期存款基准利率。
Note: Since November, 2014, the PBC stopped publishing the benchmark interest rate for 5-year RMB deposits.

## 人民币存款基准利率
RMB deposit benchmark interest rates

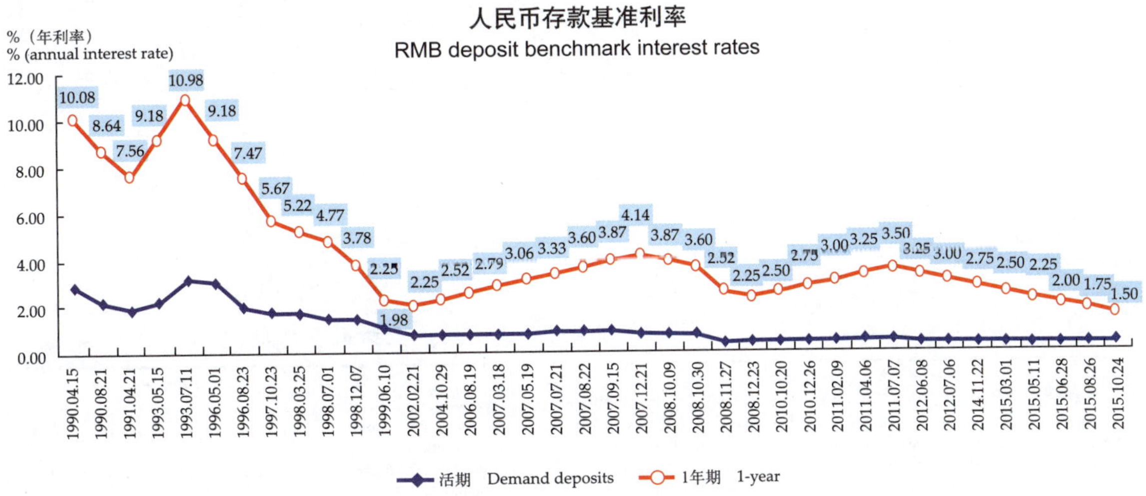

### 货币市场报价利率
### Loan prime rate

单位：年利率%
Unit: annual interest rate %

| 日期 Date | 1 年期 1-year | 5 年期及以上 Above 5-year |
|---|---|---|
| 2019.08.20 | 4.25 | 4.85 |
| 2019.09.20 | 4.20 | 4.85 |
| 2019.10.21 | 4.20 | 4.85 |
| 2019.11.20 | 4.15 | 4.80 |
| 2019.12.20 | 4.15 | 4.80 |

### 货币市场报价利率
### Loan prime rate

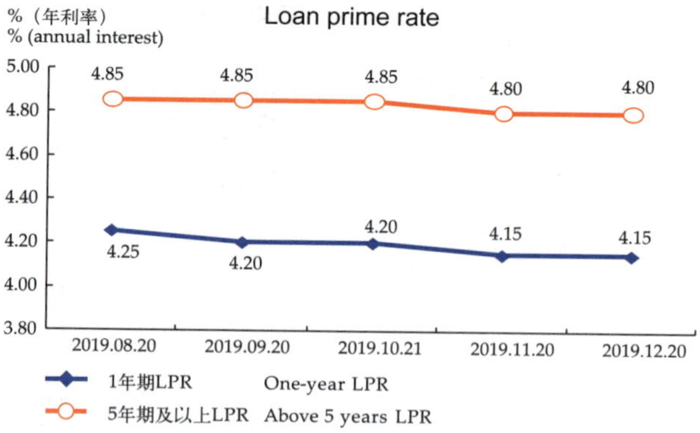


### 金融机构人民币贷款各利率区间占比表
### Share of loans with floating rates in various ranges

单位：% Unit:%

| | LPR 减点 LPR-bps | LPR | LPR 加点 LPR+bps | | | | | |
|---|---|---|---|---|---|---|---|---|
| | | | 小计 Subtotal | (LPR, LPR+0.5%) | [LPR+0.5%, LPR+1.5%) | [LPR+1.5%, LPR+3%) | [LPR+3%, LPR+5%) | LPR+5% 及以上 Above LPR+5% |
| 2019.08 | 15.55 | 0.32 | 84.13 | 12.23 | 19.71 | 11.66 | 15.32 | 10.20 |
| 2019.09 | 16.40 | 0.55 | 83.05 | 11.34 | 19.52 | 11.92 | 15.51 | 10.19 |
| 2019.10 | 16.28 | 1.03 | 82.69 | 19.62 | 25.19 | 16.39 | 11.06 | 10.42 |
| 2019.11 | 18.91 | 1.33 | 79.75 | 19.42 | 23.82 | 16.98 | 10.56 | 8.97 |
| 2019.12 | 21.87 | 1.32 | 76.81 | 19.53 | 22.72 | 17.08 | 9.67 | 7.82 |

注：1. 2019年8月17日，中国人民银行宣布改革完善LPR形成机制，金融机构主要参考LPR进行贷款定价，贷款利率区间占比情况也相应调整为按LPR加减点方式统计。
2. 2019年7月及之前的下浮和上浮是指在贷款基准利率的基础上浮动一定倍数，2019年8月及之后的加点和减点是指贷款利率在LPR的基础上加减一定的百分点。
Notes: 1. On August 17, 2019, the People's Bank of China announced the reform and improvement of the LPR formation mechanism. Financial institutions mainly refer to LPR for loan pricing, and the proportion of the loan interest rate range is also adjusted as LPR plus or minus points.
2. The floating down and floating up in July 2019 and before refer to the floating of a certain multiple on the basis of the benchmark lending rate, while the floating up and down in August 2019 and after refer to the addition and subtraction of a certain percentage point on the basis of LPR.

### 2019年第四季度金融机构人民币贷款各利率区间占比表
### Share of loans with rates floating at various ranges in the fourth quarter of 2019

单位：% Unit: %

| | LPR 减点 LPR-bps | LPR | LPR 加点 LPR+bps | | | | | |
|---|---|---|---|---|---|---|---|---|
| | | | 小计 Subtotal | (LPR, LPR+0.5%) | [LPR+0.5%, LPR+1.5%) | [LPR+1.5%, LPR+3%) | [LPR+3%, LPR+5%) | LPR+5% 及以上 Above LPR+5% |
| 四大国有商业银行 Four state-owned commercial banks | 29.59 | 1.05 | 69.36 | 33.04 | 31.59 | 4.30 | 0.09 | 0.34 |
| 股份制商业银行 Joint-stock commercial banks | 17.32 | 1.07 | 81.62 | 20.14 | 31.39 | 21.50 | 4.74 | 3.85 |
| 外资商业银行 Foreign commercial banks | 43.41 | 1.45 | 55.14 | 18.98 | 22.05 | 9.17 | 1.08 | 3.85 |
| 城市商业银行 City commercial banks | 4.77 | 0.65 | 94.59 | 7.72 | 18.88 | 26.78 | 18.81 | 22.39 |
| 农村合作金融机构 Rural cooperative financial institutions | 1.91 | 0.60 | 97.50 | 6.49 | 15.89 | 29.11 | 27.41 | 18.59 |
| 政策性银行 Policy banks | 35.71 | 2.04 | 62.25 | 46.22 | 15.48 | 0.48 | 0.00 | 0.06 |
| 合计 Total | 19.56 | 1.25 | 79.19 | 19.52 | 23.67 | 16.88 | 10.29 | 8.82 |

注：1. 2019年8月17日，中国人民银行宣布改革完善LPR形成机制，金融机构主要参考LPR进行贷款定价，贷款利率区间占比情况也相应调整为按LPR加减点方式统计。
2. 2019年7月及之前的下浮和上浮是指在贷款基准利率的基础上浮动一定倍数，2019年8月及之后的加点和减点是指贷款利率在LPR的基础上加减一定的百分点。
Notes: 1. On August 17, 2019, the People's Bank of China announced the reform and improvement of the LPR formation mechanism. Financial institutions mainly refer to LPR for loan pricing, and the proportion of the loan interest rate range is also adjusted as LPR plus or minus points.
2. The floating down and floating up in July 2019 and before refer to the floating of a certain multiple on the basis of the benchmark lending rate, while the floating up and down in August 2019 and after refer to the addition and subtraction of a certain percentage point on the basis of LPR.

## 大额美元存款与美元贷款平均利率表
Average interest rates of large-value dollar deposits and loans

单位：% Unit: %

| 年 / 月 Year/Month | 大额存款 Large-value deposits | | | | | | 贷款 Loans | | | | |
|---|---|---|---|---|---|---|---|---|---|---|---|
| | 活期 Demand | 3 个月以内 Within 3 months | 3（含）~6 个月 3~6 months (including 3 months) | 6（含）~12 个月 6~12 months (including 6 months) | 1 年 1 year | 1 年以上 Above 1 year | 3 个月以内 Within 3 months | 3（含）~6 个月 3~6 months (including 3 months) | 6（含）~12 个月 6~12 months (including 6 months) | 1 年 1 year | 1 年以上 Above 1 year |
| 2017.01 | 0.20 | 1.05 | 1.59 | 1.88 | 2.03 | 2.19 | 2.03 | 2.32 | 2.19 | 2.21 | 3.80 |
| 2017.02 | 0.20 | 1.05 | 1.57 | 1.89 | 2.13 | 2.24 | 1.95 | 2.30 | 2.02 | 2.28 | 4.07 |
| 2017.03 | 0.22 | 1.14 | 1.68 | 2.01 | 2.25 | 2.24 | 2.17 | 2.32 | 2.26 | 2.38 | 3.90 |
| 2017.04 | 0.25 | 1.22 | 1.59 | 2.02 | 2.14 | 2.25 | 2.31 | 2.45 | 2.42 | 2.55 | 3.22 |
| 2017.05 | 0.22 | 1.39 | 1.73 | 2.51 | 2.09 | 2.25 | 2.67 | 2.77 | 2.61 | 2.58 | 3.48 |
| 2017.06 | 0.22 | 1.41 | 1.93 | 2.02 | 2.35 | 1.87 | 2.43 | 2.45 | 2.71 | 2.46 | 3.50 |
| 2017.07 | 0.19 | 1.50 | 1.93 | 2.18 | 2.30 | 2.28 | 2.55 | 2.70 | 2.89 | 2.57 | 3.53 |
| 2017.08 | 0.21 | 1.46 | 1.95 | 2.05 | 2.28 | 2.61 | 2.45 | 2.67 | 2.79 | 2.89 | 3.92 |
| 2017.09 | 0.20 | 1.55 | 1.97 | 2.30 | 2.35 | 2.26 | 2.48 | 2.69 | 2.54 | 3.07 | 3.85 |
| 2017.10 | 0.20 | 1.50 | 1.96 | 2.25 | 2.47 | 2.37 | 2.53 | 2.88 | 2.68 | 2.96 | 3.84 |
| 2017.11 | 0.22 | 1.49 | 2.11 | 3.01 | 2.56 | 2.39 | 2.56 | 2.91 | 2.95 | 2.87 | 4.15 |
| 2017.12 | 0.20 | 1.70 | 2.23 | 2.44 | 2.58 | 2.60 | 2.67 | 2.99 | 2.96 | 3.27 | 3.98 |
| 2018.01 | 0.19 | 1.79 | 2.37 | 2.61 | 2.77 | 2.87 | 2.72 | 3.10 | 2.84 | 3.04 | 4.48 |
| 2018.02 | 0.18 | 1.82 | 2.39 | 2.70 | 2.97 | 2.81 | 2.79 | 3.28 | 2.95 | 3.21 | 4.11 |
| 2018.03 | 0.30 | 1.92 | 2.70 | 3.09 | 3.28 | 3.33 | 3.17 | 3.42 | 3.21 | 3.73 | 4.23 |
| 2018.04 | 0.31 | 2.00 | 2.90 | 3.21 | 2.82 | 3.26 | 3.28 | 3.63 | 3.39 | 3.67 | 4.99 |
| 2018.05 | 0.32 | 2.06 | 3.30 | 3.45 | 3.31 | 3.23 | 3.30 | 3.60 | 3.49 | 3.60 | 4.60 |
| 2018.06 | 0.33 | 2.15 | 2.95 | 2.95 | 3.40 | 3.43 | 3.35 | 3.61 | 3.55 | 3.67 | 4.32 |
| 2018.07 | 0.30 | 2.18 | 2.94 | 3.11 | 3.41 | 3.34 | 3.47 | 3.67 | 3.57 | 3.61 | 4.66 |
| 2018.08 | 0.38 | 2.23 | 3.00 | 3.20 | 2.80 | 3.54 | 3.50 | 3.71 | 3.59 | 4.01 | 4.39 |
| 2018.09 | 0.40 | 2.34 | 2.95 | 3.37 | 3.03 | 3.19 | 3.49 | 3.66 | 3.56 | 3.82 | 4.49 |
| 2018.10 | 0.42 | 2.45 | 3.03 | 3.33 | 3.68 | 3.09 | 3.64 | 3.87 | 3.89 | 5.09 | 4.74 |
| 2018.11 | 0.37 | 2.46 | 3.22 | 3.75 | 3.74 | 3.99 | 3.65 | 4.05 | 4.07 | 4.21 | 4.85 |
| 2018.12 | 0.40 | 2.64 | 3.31 | 3.45 | 3.54 | 3.59 | 3.61 | 3.89 | 3.91 | 3.93 | 4.74 |
| 2019.01 | 0.42 | 2.74 | 3.40 | 3.64 | 3.77 | 3.77 | 3.91 | 4.06 | 3.72 | 3.99 | 4.90 |
| 2019.02 | 0.45 | 2.70 | 3.29 | 3.44 | 3.63 | 3.53 | 3.62 | 3.90 | 3.58 | 3.79 | 4.32 |
| 2019.03 | 0.44 | 2.67 | 3.26 | 3.38 | 3.39 | 3.58 | 3.63 | 3.59 | 3.87 | 3.66 | 4.65 |
| 2019.04 | 0.46 | 2.61 | 3.12 | 3.28 | 3.37 | 3.48 | 3.73 | 3.71 | 3.40 | 3.68 | 4.43 |
| 2019.05 | 0.42 | 2.55 | 3.13 | 3.50 | 3.11 | 3.33 | 3.68 | 3.54 | 3.34 | 3.70 | 4.31 |
| 2019.06 | 0.32 | 2.60 | 3.04 | 2.93 | 3.04 | 3.04 | 3.65 | 3.36 | 3.21 | 3.22 | 4.38 |
| 2019.07 | 0.35 | 2.55 | 2.93 | 2.78 | 3.02 | 2.86 | 3.59 | 3.29 | 3.13 | 2.94 | 4.37 |
| 2019.08 | 0.38 | 2.39 | 2.78 | 2.91 | 2.88 | 3.46 | 3.40 | 3.12 | 2.82 | 3.00 | 4.24 |
| 2019.09 | 0.39 | 2.25 | 2.66 | 2.83 | 2.64 | 2.87 | 3.31 | 3.04 | 2.83 | 3.22 | 3.76 |
| 2019.10 | 0.34 | 2.08 | 2.44 | 2.76 | 2.64 | 2.50 | 3.22 | 3.05 | 2.92 | 3.28 | 3.67 |
| 2019.11 | 0.34 | 1.84 | 2.51 | 2.97 | 2.66 | 3.03 | 3.03 | 2.99 | 2.79 | 3.01 | 3.94 |
| 2019.12 | 0.30 | 1.93 | 2.37 | 2.55 | 2.70 | 2.64 | 3.01 | 3.01 | 2.73 | 2.93 | 3.88 |

# 八、金融市场
# 8. Financial Market

## 1. 货币市场
## (1) Money market

### 银行间市场交易量
### Transaction volume in the inter-bank market

单位：万亿元
Unit: RMB 1 trillion

| 年 Year | 债券回购 Repurchasing | 同业拆借 Inter-bank borrowing | 现券买卖 Outright transactions |
|---|---|---|---|
| 2000 | 1.6 | 0.7 | 0.1 |
| 2001 | 4.0 | 0.8 | 0.1 |
| 2002 | 10.2 | 1.2 | 0.4 |
| 2003 | 11.7 | 2.4 | 3.1 |
| 2004 | 9.4 | 1.5 | 2.5 |
| 2005 | 15.9 | 1.3 | 6.0 |
| 2006 | 26.6 | 2.2 | 10.2 |
| 2007 | 44.8 | 10.6 | 15.6 |
| 2008 | 58.1 | 15.0 | 37.1 |
| 2009 | 70.3 | 19.4 | 47.3 |
| 2010 | 87.6 | 27.9 | 64.0 |
| 2011 | 99.5 | 33.4 | 63.6 |
| 2012 | 141.7 | 46.7 | 75.2 |
| 2013 | 158.2 | 35.5 | 41.6 |
| 2014 | 224.4 | 37.7 | 40.4 |
| 2015 | 457.8 | 64.2 | 86.7 |
| 2016 | 601.3 | 95.9 | 127.1 |
| 2017 | 616.4 | 79.0 | 102.8 |
| 2018 | 722.7 | 139.3 | 150.7 |
| 2019 | 819.6 | 151.6 | 213.7 |

### 银行间市场月加权平均利率
### Monthly weighted average interest rates in the inter-bank market

单位：% Unit: %

| 年 / 月 Year/Month | 同业拆借市场 Inter-bank borrowing market | 质押式债券回购 Bond-pledged repurchasing |
|---|---|---|
| 2018.01 | 2.78 | 2.88 |
| 2018.02 | 2.73 | 2.87 |
| 2018.03 | 2.74 | 2.90 |
| 2018.04 | 2.81 | 3.10 |
| 2018.05 | 2.72 | 2.82 |
| 2018.06 | 2.73 | 2.89 |
| 2018.07 | 2.47 | 2.43 |
| 2018.08 | 2.29 | 2.25 |
| 2018.09 | 2.59 | 2.60 |
| 2018.10 | 2.42 | 2.39 |
| 2018.11 | 2.49 | 2.46 |
| 2018.12 | 2.57 | 2.68 |
| 2019.01 | 2.15 | 2.16 |
| 2019.02 | 2.20 | 2.24 |
| 2019.03 | 2.42 | 2.47 |
| 2019.04 | 2.43 | 2.46 |
| 2019.05 | 2.24 | 2.27 |
| 2019.06 | 1.70 | 1.74 |
| 2019.07 | 2.08 | 2.15 |
| 2019.08 | 2.65 | 2.65 |
| 2019.09 | 2.55 | 2.56 |
| 2019.10 | 2.56 | 2.57 |
| 2019.11 | 2.29 | 2.29 |
| 2019.12 | 2.09 | 2.10 |

### 银行间市场交易量
### Transaction volume in the inter-bank market

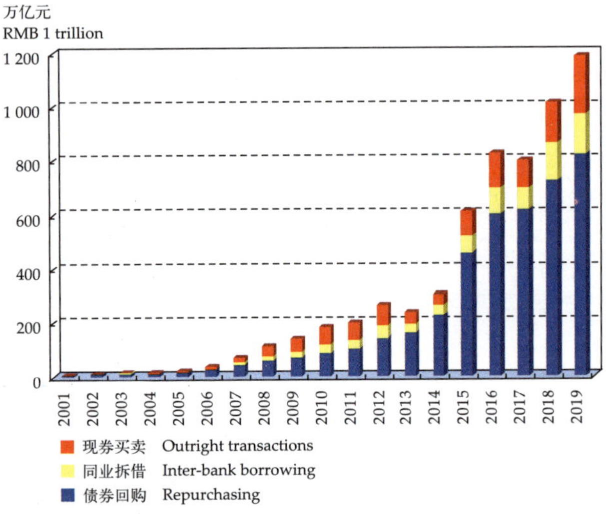


### 银行间市场月加权平均利率
### Monthly weighted average interest rates in the inter-bank market

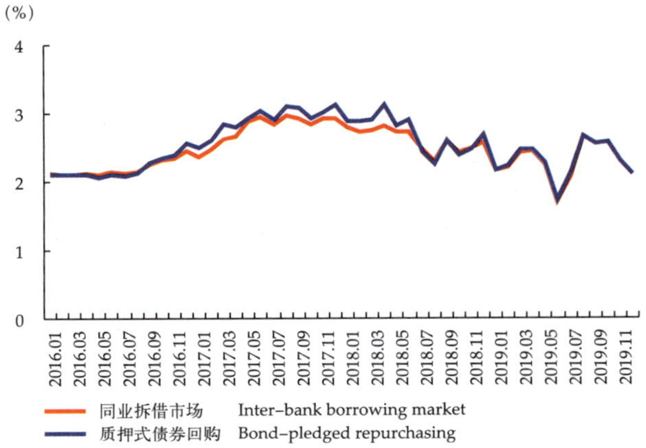

## 各品种Shibor走势
Movements of the Shibor

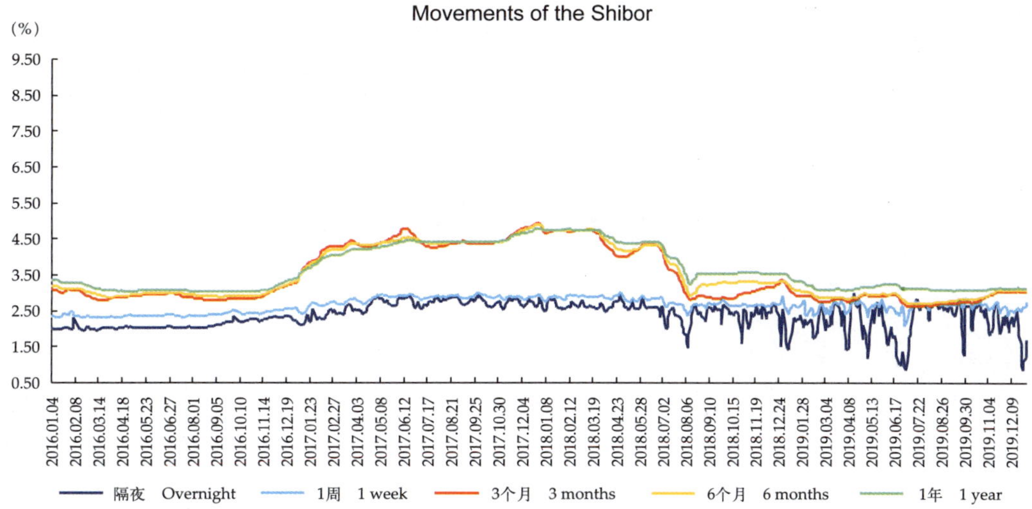


## 全国银行间同业拆借各期限当月交易量及月加权平均利率
Monthly transaction volume and monthly weighted average interest rates of inter-bank borrowing with different maturities

单位：亿元、%
Unit: RMB 100 million, %

| 年 / 月 Year/Month | 1 天 1 day | | 7 天 7 days | | 14 天 14 days | | 21 天 21 days | | 1 个月 1 month | | 2 个月 2 months | | 3 个月 3 months | | 4 个月 4 months | | 6 个月 6 months | | 9 个月 9 months | | 1 年 1 year | |
|---|---|---|---|---|---|---|---|---|---|---|---|---|---|---|---|---|---|---|---|---|---|---|
| | 交易量 Volume | 利率 Rate | 交易量 Volume | 利率 Rate | 交易量 Volume | 利率 Rate | 交易量 Volume | 利率 Rate | 交易量 Volume | 利率 Rate | 交易量 Volume | 利率 Rate | 交易量 Volume | 利率 Rate | 交易量 Volume | 利率 Rate | 交易量 Volume | 利率 Rate | 交易量 Volume | 利率 Rate | 交易量 Volume | 利率 Rate |
| 2018.01 | 93 171 | 2.69 | 10 728 | 3.17 | 1060 | 3.89 | 226 | 4.23 | 264 | 4.32 | 347 | 4.78 | 232 | 5.18 | 90 | 5.03 | 77 | 5.20 | 18 | 5.23 | 71 | 5.34 |
| 2018.02 | 73 939 | 2.61 | 7 741 | 3.26 | 1509 | 3.96 | 319 | 4.16 | 309 | 4.11 | 445 | 4.43 | 243 | 4.88 | 82 | 5.05 | 45 | 5.17 | 37 | 5.26 | 41 | 5.46 |
| 2018.03 | 103 998 | 2.66 | 8 921 | 3.39 | 771 | 4.00 | 115 | 4.68 | 246 | 4.48 | 296 | 4.75 | 238 | 5.42 | 32 | 5.10 | 99 | 5.25 | 52 | 5.23 | 56 | 5.45 |
| 2018.04 | 73 557 | 2.67 | 8 430 | 3.57 | 487 | 4.05 | 116 | 4.34 | 412 | 3.95 | 289 | 4.18 | 802 | 4.33 | 145 | 4.24 | 133 | 4.52 | 33 | 4.85 | 45 | 5.14 |
| 2018.05 | 105 699 | 2.63 | 8 950 | 3.31 | 711 | 3.73 | 180 | 3.96 | 984 | 3.78 | 349 | 4.21 | 431 | 4.51 | 12 | 4.73 | 38 | 4.70 | 36 | 4.69 | 104 | 4.86 |
| 2018.06 | 87 492 | 2.62 | 9 190 | 3.51 | 610 | 3.88 | 132 | 4.60 | 151 | 4.35 | 179 | 4.84 | 161 | 5.40 | 20 | 4.84 | 78 | 4.85 | 19 | 4.93 | 82 | 5.18 |
| 2018.07 | 110 556 | 2.39 | 8 821 | 3.18 | 563 | 3.00 | 61 | 3.46 | 274 | 3.16 | 249 | 3.46 | 463 | 3.81 | 71 | 3.61 | 76 | 3.70 | 6 | 4.13 | 53 | 4.02 |
| 2018.08 | 141 082 | 2.23 | 8 799 | 3.03 | 1116 | 2.76 | 121 | 2.89 | 521 | 2.75 | 289 | 3.00 | 525 | 3.46 | 32 | 3.47 | 65 | 3.56 | 44 | 3.54 | 59 | 3.68 |
| 2018.09 | 120 855 | 2.52 | 7 417 | 3.33 | 2704 | 3.19 | 1243 | 2.81 | 381 | 3.40 | 750 | 3.18 | 231 | 4.32 | 12 | 3.79 | 95 | 3.90 | 14 | 4.40 | 33 | 4.43 |
| 2018.10 | 107 791 | 2.35 | 7 110 | 3.20 | 1021 | 2.71 | 461 | 2.76 | 564 | 2.90 | 211 | 3.07 | 929 | 3.24 | 571 | 3.10 | 135 | 3.50 | 13 | 3.77 | 22 | 4.37 |
| 2018.11 | 127 077 | 2.43 | 8 521 | 3.17 | 1265 | 2.73 | 492 | 2.75 | 408 | 2.88 | 505 | 3.05 | 567 | 3.59 | 59 | 3.38 | 48 | 3.94 | 5 | 4.62 | 33 | 4.32 |
| 2018.12 | 110 241 | 2.46 | 8 361 | 3.57 | 1062 | 3.54 | 674 | 3.04 | 524 | 3.46 | 296 | 3.95 | 312 | 4.45 | 88 | 3.76 | 108 | 3.90 | 47 | 3.90 | 53 | 4.25 |
| 2019.01 | 133 759 | 2.07 | 8 504 | 3.19 | 735 | 2.89 | 393 | 3.03 | 391 | 2.95 | 225 | 3.41 | 414 | 3.82 | 140 | 2.94 | 22 | 3.53 | 8 | 3.45 | 52 | 3.86 |
| 2019.02 | 103 760 | 2.12 | 8 277 | 3.03 | 895 | 2.63 | 74 | 2.60 | 311 | 2.76 | 548 | 2.77 | 256 | 3.68 | 161 | 2.95 | 93 | 3.02 | 8 | 3.27 | 85 | 3.68 |
| 2019.03 | 138 424 | 2.35 | 9 415 | 3.20 | 1388 | 2.93 | 186 | 2.98 | 674 | 2.97 | 277 | 2.90 | 360 | 4.00 | 63 | 2.97 | 39 | 3.33 | 23 | 3.50 | 50 | 3.67 |
| 2019.04 | 137 262 | 2.35 | 10 236 | 3.18 | 1641 | 3.02 | 257 | 2.90 | 395 | 2.91 | 177 | 3.11 | 846 | 3.26 | 113 | 3.18 | 35 | 3.36 | 15 | 3.68 | 91 | 3.42 |
| 2019.05 | 139 085 | 2.17 | 7 904 | 3.23 | 917 | 2.70 | 127 | 2.95 | 228 | 3.01 | 349 | 3.05 | 660 | 3.42 | 17 | 3.19 | 34 | 3.27 | 84 | 3.29 | 160 | 3.50 |
| 2019.06 | 116 137 | 1.60 | 6 241 | 3.17 | 351 | 2.94 | 71 | 3.11 | 320 | 3.31 | 231 | 3.51 | 302 | 3.79 | 29 | 3.44 | 33 | 3.60 | 5 | 3.70 | 15 | 3.72 |
| 2019.07 | 129 006 | 2.00 | 8 527 | 3.08 | 884 | 2.65 | 92 | 2.66 | 504 | 2.75 | 96 | 3.38 | 489 | 3.44 | 16 | 3.33 | 20 | 3.77 | 11 | 3.57 | 19 | 3.75 |
| 2019.08 | 105 474 | 2.60 | 8 283 | 3.20 | 768 | 2.85 | 91 | 2.85 | 192 | 3.26 | 174 | 3.21 | 323 | 3.68 | 21 | 3.43 | 19 | 3.44 | 8 | 3.27 | 2 | 4.12 |
| 2019.09 | 94 081 | 2.47 | 8 746 | 3.16 | 2328 | 2.97 | 870 | 3.04 | 488 | 3.23 | 336 | 3.32 | 289 | 3.78 | 18 | 3.63 | 36 | 3.23 | 4 | 3.43 | 17 | 3.80 |
| 2019.10 | 85 192 | 2.49 | 8 094 | 3.13 | 788 | 2.88 | 137 | 2.96 | 393 | 3.17 | 200 | 3.40 | 328 | 3.91 | 46 | 3.40 | 33 | 3.26 | 5 | 3.31 | 26 | 3.39 |
| 2019.11 | 101 685 | 2.22 | 7 359 | 3.05 | 537 | 2.88 | 61 | 2.94 | 285 | 3.39 | 729 | 3.17 | 425 | 3.73 | 21 | 3.82 | 81 | 3.63 | 7 | 3.56 | 23 | 4.12 |
| 2019.12 | 102 337 | 1.98 | 9 016 | 3.01 | 667 | 3.21 | 269 | 3.30 | 390 | 3.30 | 273 | 3.48 | 319 | 4.04 | 18 | 3.59 | 28 | 3.67 | 2 | 4.14 | 28 | 4.15 |

全国银行间同业拆借各期限月加权平均利率
Monthly weighted average interest rates of inter-bank borrowing with different maturities

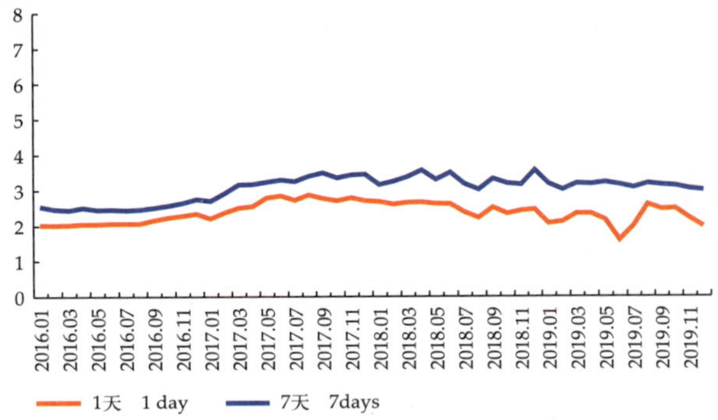


全国银行间同业拆借各期限当月交易量
Monthly transaction volume of inter-bank borrowing with different maturities

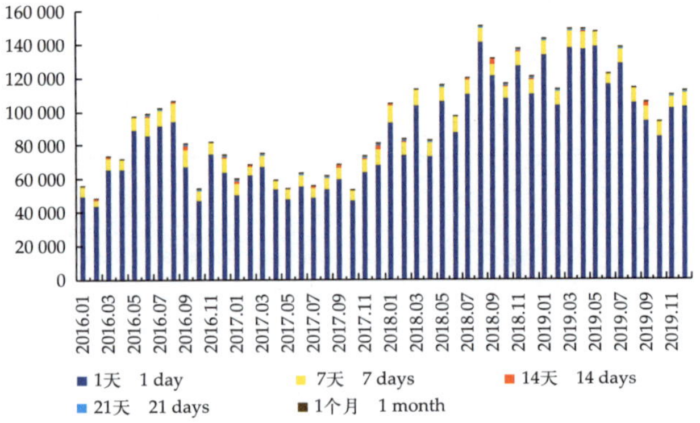


## 2. 债券市场
## (2) Bond market

债券回购交易成交金额
Turnover of repurchasing

单位：亿元
Unit: RMB 100 million

| 年 / 月 Year/Month | 银行间债券市场 Inter-bank bond market | 交易所 Stock exchanges |
|---|---|---|
| 2018.01 | 578 129 | 218 587 |
| 2018.02 | 404 493 | 147 246 |
| 2018.03 | 612 286 | 218 515 |
| 2018.04 | 494 618 | 180 524 |
| 2018.05 | 579 504 | 215 901 |
| 2018.06 | 557 380 | 194 004 |
| 2018.07 | 651 531 | 202 381 |
| 2018.08 | 769 566 | 205 528 |
| 2018.09 | 613 276 | 169 558 |
| 2018.10 | 569 715 | 168 456 |
| 2018.11 | 716 132 | 199 208 |
| 2018.12 | 627 825 | 190 640 |
| 2019.01 | 752 840 | 216 521 |
| 2019.02 | 517 487 | 149 124 |
| 2019.03 | 695 491 | 199 858 |
| 2019.04 | 711 920 | 199 795 |
| 2019.05 | 697 546 | 204 309 |
| 2019.06 | 620 367 | 182 750 |
| 2019.07 | 766 186 | 231 675 |
| 2019.08 | 712 979 | 220 874 |
| 2019.09 | 665 222 | 192 872 |
| 2019.10 | 590 962 | 185 751 |
| 2019.11 | 718 174 | 198 259 |
| 2019.12 | 747 123 | 206 964 |

## 债券现券交易成交金额
Turnover of outright transactions

单位：亿元
Unit: RMB 100 million

| 年 / 月 Year/Month | 银行间债券市场 Inter-bank bond market | 交易所 Stock exchanges |
|---|---|---|
| 2018.01 | 92 379 | 5 729 |
| 2018.02 | 53 381 | 3 896 |
| 2018.03 | 98 548 | 6 278 |
| 2018.04 | 92 702 | 4 511 |
| 2018.05 | 116 037 | 5 126 |
| 2018.06 | 115 628 | 4 270 |
| 2018.07 | 138 524 | 5 739 |
| 2018.08 | 165 650 | 5 562 |
| 2018.09 | 147 080 | 5 065 |
| 2018.10 | 134 207 | 4 632 |
| 2018.11 | 180 142 | 6 066 |
| 2018.12 | 173 089 | 6 712 |
| 2019.01 | 149 129 | 6 881 |
| 2019.02 | 108 276 | 4 637 |
| 2019.03 | 175 711 | 7 303 |
| 2019.04 | 175 930 | 7 423 |
| 2019.05 | 185 436 | 6 926 |
| 2019.06 | 155 679 | 6 274 |
| 2019.07 | 190 436 | 7 536 |
| 2019.08 | 200 369 | 7 433 |
| 2019.09 | 190 713 | 6 757 |
| 2019.10 | 168 684 | 5 494 |
| 2019.11 | 213 707 | 7 014 |
| 2019.12 | 223 378 | 8 613 |

## 债券回购交易成交金额
Turnover of repurchasing

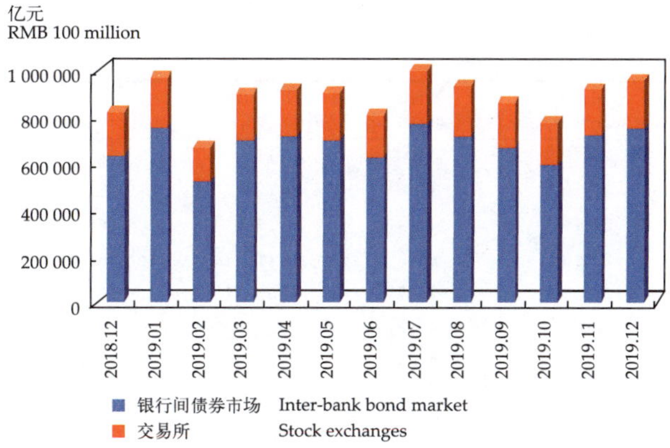


## 债券现券交易成交金额
Turnover of outright transactions

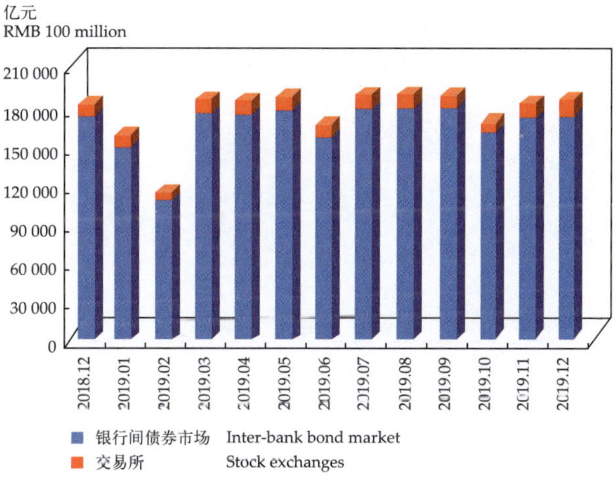

### 政府债券发行、兑付、期末余额
### Issue and redemption values and end-period balance of government bonds

单位：亿元
Unit: RMB 100 million

| 年 / 月<br>Year/Month | 发行额<br>Issue value | 兑付额<br>Redemption value | 期末余额<br>End-period balance |
|---|---|---|---|
| 2018.01 | 1 900 | 1 665 | 281 544 |
| 2018.02 | 1 486 | 1 422 | 281 719 |
| 2018.03 | 4 009 | 2 387 | 283 535 |
| 2018.04 | 6 269 | 1 063 | 288 838 |
| 2018.05 | 7 002 | 3 593 | 291 566 |
| 2018.06 | 9 188 | 3 309 | 298 075 |
| 2018.07 | 10 943 | 2 379 | 306 073 |
| 2018.08 | 12 525 | 3 242 | 314 725 |
| 2018.09 | 11 059 | 3 189 | 323 833 |
| 2018.10 | 6 055 | 2 820 | 326 865 |
| 2018.11 | 3 348 | 3 776 | 326 618 |
| 2018.12 | 4 495 | 1 028 | 330 069 |
| 2019.01 | 5 880 | 1 537 | 331 769 |
| 2019.02 | 5 242 | 1 555 | 336 116 |
| 2019.03 | 8 036 | 3 772 | 339 528 |
| 2019.04 | 6 926 | 4 354 | 343 961 |
| 2019.05 | 7 429 | 2 977 | 347 817 |
| 2019.06 | 12 838 | 5 383 | 354 685 |
| 2019.07 | 9 144 | 3 370 | 361 112 |
| 2019.08 | 9 939 | 4 130 | 366 171 |
| 2019.09 | 6 177 | 3 740 | 369 948 |
| 2019.10 | 4 687 | 2 922 | 371 819 |
| 2019.11 | 4 829 | 2 612 | 373 535 |
| 2019.12 | 4 062 | 824 | 377 273 |

### 政府债券发行与兑付
### Issue and redemption values of government bonds

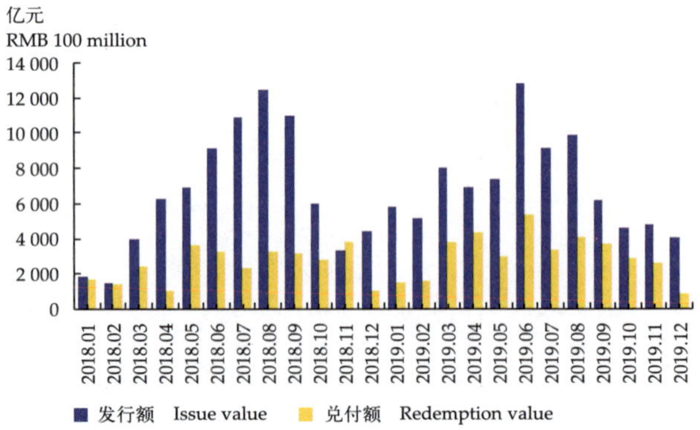


### 政府债券期末余额
### Outstanding amounts of government bonds at end-period

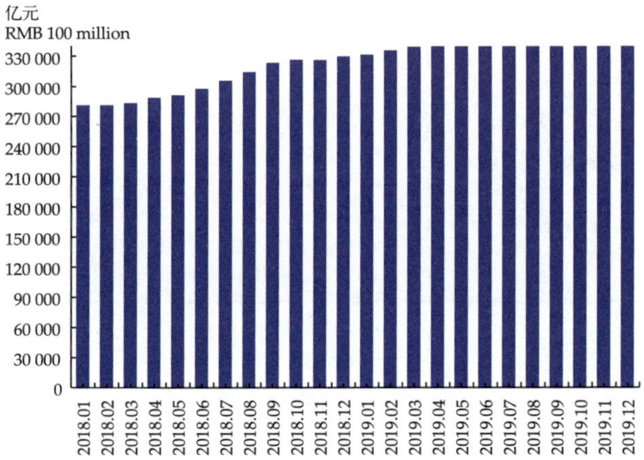

## 3. 股票市场
## (3) Stock market

### 股票成交、发行筹资额
Turnover of stock trading and funds raised in the stock market

| 年 / 月 Year/Month | | 成交金额（亿元） Turnover of stock trading (RMB 100 million) | | A 股筹资（亿元） A-shares capital raised (RMB 100 million) | | | | | B 股筹资（亿元） B-shares capital raised (RMB 100 million) | | H 股筹资（亿元） H-shares capital raised (RMB 100 million) | |
|---|---|---|---|---|---|---|---|---|---|---|---|---|
| | | 上海证券交易所 A 股 A-shares on the Shanghai Stock Exchange | 深圳证券交易所 A 股 A-shares on the Shenzhen Stock Exchange | 首次发行金额 Initial public offering | 公开增发 Additional offering | 定向增发（现金） Placement (Cash) | 配股 Allotment | 权证行权 Exercise warrant | 首次发行金额 Initial public offering | 再筹资金额 Refinancing | 首次发行金额 Initial public offering | 再筹资金额 Refinancing |
| 2018 | 1 | 57 871 | 56 935 | 235.00 | 0.00 | 754.00 | 40.00 | 0.00 | 0.00 | 0.00 | 46.64 | 61.75 |
| | 2 | 32 703 | 31 634 | 112.00 | 0.00 | 237.00 | 30.00 | 0.00 | 0.00 | 0.00 | 0.00 | 0.00 |
| | 3 | 44 101 | 59 135 | 43.00 | 0.00 | 343.00 | 18.00 | 0.00 | 0.00 | 0.00 | 0.00 | 103.01 |
| | 4 | 33 837 | 48 510 | 76.00 | 0.00 | 448.00 | 47.00 | 0.00 | 0.00 | 0.00 | 0.57 | 3.01 |
| | 5 | 38 250 | 51 566 | 364.00 | 0.00 | 73.00 | 0.00 | 0.00 | 0.00 | 0.00 | 0.00 | 27.25 |
| | 6 | 31 155 | 38 614 | 92.00 | 0.00 | 193.00 | 5.00 | 0.00 | 0.00 | 0.00 | 64.49 | 0.00 |
| | 7 | 32 642 | 45 100 | 34.00 | 0.00 | 1139.00 | 26.00 | 0.00 | 0.00 | 0.00 | 58.12 | 22.54 |
| | 8 | 28 793 | 36 948 | 58.00 | 0.00 | 225.00 | 0.00 | 0.00 | 0.00 | 0.00 | 546.62 | 0.00 |
| | 9 | 21 596 | 28 116 | 181.00 | 0.00 | 146.00 | 0.00 | 0.00 | 0.00 | 0.00 | 42.49 | 0.00 |
| | 10 | 24 511 | 27 819 | 45.00 | 0.00 | 148.00 | 17.00 | 0.00 | 0.00 | 0.00 | 29.49 | 0.00 |
| | 11 | 33 592 | 44 452 | 90.00 | 0.00 | 124.00 | 46.00 | 0.00 | 0.00 | 0.00 | 1.70 | 0.62 |
| | 12 | 22 524 | 30 697 | 45.00 | 0.00 | 97.00 | 0.00 | 0.00 | 0.00 | 0.00 | 112.14 | 86.65 |
| 2019 | 1 | 28 072 | 37 427 | 127.00 | 0.00 | 496.00 | 0.00 | 0.00 | 0.00 | 0.00 | 9.91 | 0.00 |
| | 2 | 38 505 | 50 348 | 34.00 | 0.00 | 85.00 | 0.00 | 0.00 | 0.00 | 0.00 | 0.00 | 0.00 |
| | 3 | 83 066 | 103 095 | 94.00 | 0.00 | 53.00 | 19.00 | 0.00 | 0.00 | 0.00 | 20.84 | 67.38 |
| | 4 | 75 657 | 93 104 | 88.00 | 0.00 | 84.00 | 90.00 | 0.00 | 0.00 | 0.00 | 91.93 | 0.00 |
| | 5 | 43 239 | 55 028 | 498.00 | 0.00 | 821.00 | 109.00 | 0.00 | 0.00 | 0.00 | 0.00 | 8.97 |
| | 6 | 38 573 | 48 867 | 556.00 | 0.00 | 166.00 | 0.00 | 0.00 | 0.00 | 0.00 | 142.05 | 0.00 |
| | 7 | 40 010 | 51 533 | 446.00 | 0.00 | 135.00 | 25.00 | 0.00 | 0.00 | 0.00 | 43.92 | 0.00 |
| | 8 | 42 736 | 55 869 | 252.00 | 0.00 | 33.00 | 0.00 | 0.00 | 0.00 | 0.00 | 0.00 | 0.00 |
| | 9 | 45 704 | 67 809 | 99.00 | 0.00 | 193.00 | 0.00 | 0.00 | 0.00 | 0.00 | 29.10 | 0.00 |
| | 10 | 29 827 | 46 847 | 224.00 | 0.00 | 56.00 | 0.00 | 0.00 | 0.00 | 0.00 | 20.91 | 22.92 |
| | 11 | 33 714 | 51 564 | 402.00 | 87.00 | 161.00 | 0.00 | 0.00 | 0.00 | 0.00 | 60.75 | 49.16 |
| | 12 | 44 362 | 68 618 | 463.00 | 3.00 | 250.00 | 0.00 | 0.00 | 0.00 | 0.00 | 536.18 | 33.40 |

## 月末加权平均市盈率
Weighted average price-earnings ratio at month-end

| 年 / 月 Year/Month | 上海证券交易所 A 股 A-shares on the Shanghai Stock Exchange | 上海证券交易所 B 股 B-shares on the Shanghai Stock Exchange | 深圳证券交易所 A 股 A-shares on the Shenzhen Stock Exchange | 深圳证券交易所 B 股 B-shares on the Shenzhen Stock Exchange |
|---|---|---|---|---|
| 2018.01 | 19.2 | 22.8 | 36.3 | 11.6 |
| 2018.02 | 18.3 | 21.7 | 34.7 | 11.3 |
| 2018.03 | 17.8 | 21.6 | 33.2 | 11.3 |
| 2018.04 | 17.3 | 21.0 | 28.2 | 7.9 |
| 2018.05 | 15.2 | 12.1 | 27.8 | 7.9 |
| 2018.06 | 14.1 | 11.5 | 25.3 | 7.5 |
| 2018.07 | 14.3 | 11.5 | 24.9 | 7.4 |
| 2018.08 | 13.6 | 11.2 | 22.9 | 7.0 |
| 2018.09 | 14.1 | 11.4 | 22.7 | 6.9 |
| 2018.10 | 13.0 | 10.7 | 20.5 | 6.1 |
| 2018.11 | 13.0 | 10.9 | 21.2 | 6.0 |
| 2018.12 | 12.5 | 10.6 | 20.1 | 6.0 |
| 2019.01 | 13.0 | 10.7 | 20.4 | 5.8 |
| 2019.02 | 14.8 | 11.7 | 24.8 | 6.7 |
| 2019.03 | 15.5 | 12.0 | 26.3 | 7.3 |
| 2019.04 | 15.5 | 12.3 | 24.5 | 11.5 |
| 2019.05 | 13.4 | 10.1 | 23.0 | 10.2 |
| 2019.06 | 13.8 | 10.4 | 23.5 | 10.3 |
| 2019.07 | 13.9 | 9.9 | 23.8 | 10.3 |
| 2019.08 | 13.7 | 9.2 | 23.9 | 9.9 |
| 2019.09 | 13.8 | 9.5 | 24.0 | 9.9 |
| 2019.10 | 14.0 | 9.1 | 24.4 | 9.5 |
| 2019.11 | 13.7 | 8.4 | 24.1 | 9.4 |
| 2019.12 | 14.6 | 9.0 | 26.3 | 10.2 |

## 股票成交金额
Turnover of stock trading

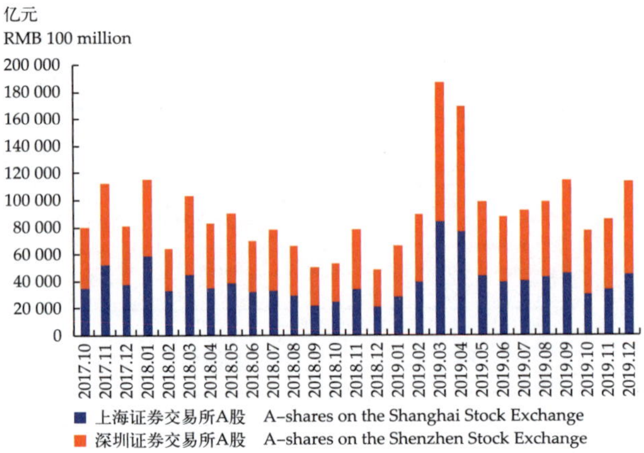


## 月末加权平均市盈率
Weighted average price-earnings ratio at month-end

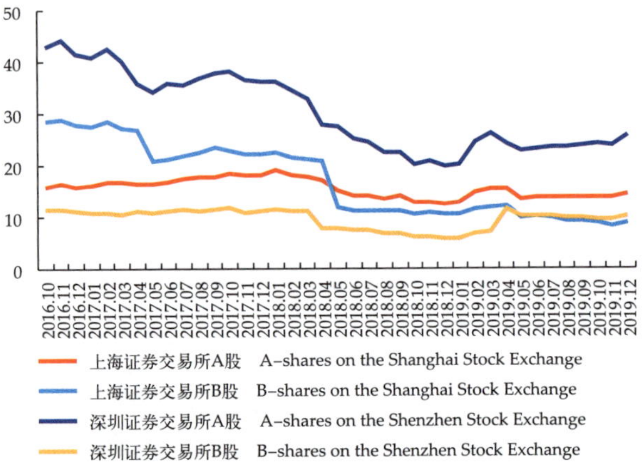


## 月末收盘指数
Closing index at month-end

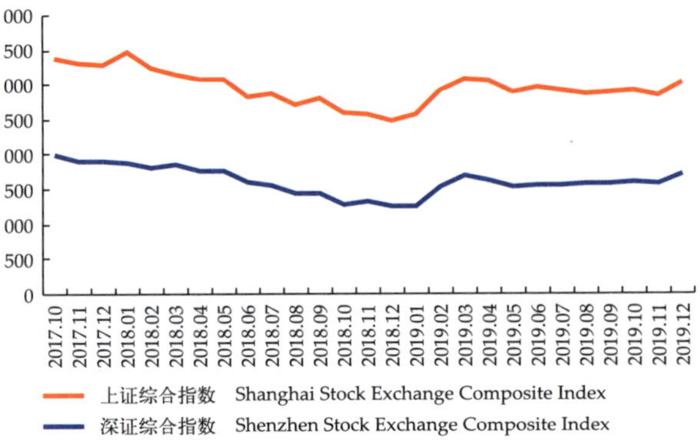

## 4.票据市场
## (4) Commercial paper market

### 票据市场交易额与期末余额
### Transactions and outstanding balance of commercial paper market

单位：亿元
Unit: RMB 100 million

| 年 / 月 Year/Month | 商业汇票 Drafts | 贴现 Discount bills | 再贴现 Rediscount bills |
|---|---|---|---|
| 发生额 Transactions during the period | | | |
| 2019.07 | 15 875 | 32 888 | 1 160 |
| 2019.08 | 16 651 | 25 943 | 862 |
| 2019.09 | 17 348 | 24 874 | 1 148 |
| 2019.10 | 13 393 | 19 260 | 870 |
| 2019.11 | 16 814 | 24 301 | 1 109 |
| 2019.12 | 23 528 | 29 826 | 1 278 |
| 期末余额 Outstanding balance at the end of the period | | | |
| 2019.07 | 119 507 | 70 898 | 4 241 |
| 2019.08 | 122 717 | 73 323 | 4 288 |
| 2019.09 | 124 373 | 75 079 | 4 427 |
| 2019.10 | 123 391 | 75 293 | 4 395 |
| 2019.11 | 123 805 | 75 916 | 4 482 |
| 2019.12 | 127 292 | 76 176 | 4 714 |

注：中国人民银行于2019年第三季度调整了商业汇票、贴现口径，与以前数据不可比。
Note: Since Q3 2019, PBC has improved the statistics of drafts and discount bills, the data is not comparable to previous.

### 商业汇票交易情况
### Draft transactions

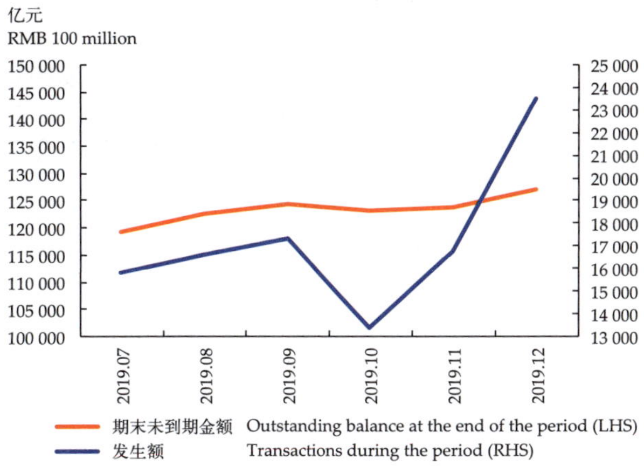


### 贴现情况
### Discount bills

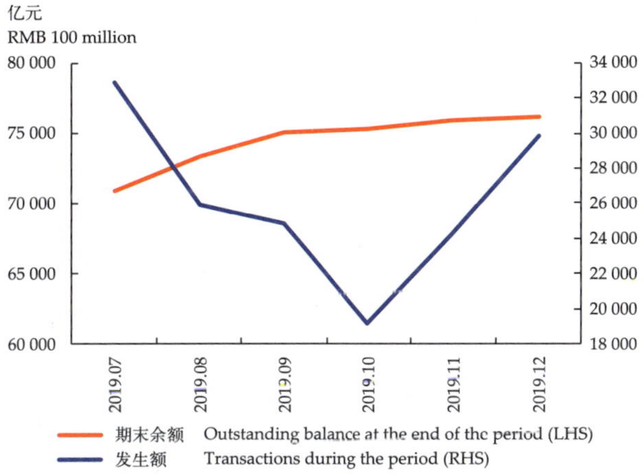


### 再贴现情况
### Rediscount bills

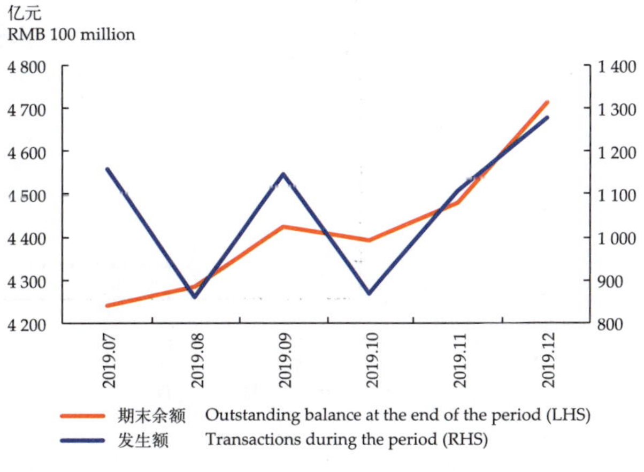

## 5. 外汇市场
## (5) Foreign exchange market

世界主要货币兑人民币月平均汇率
Monthly average exchange rate of the RMB against major foreign currencies

| 年 / 月 Year/Month | 人民币 / 美元 RMB/USD | 人民币 / 欧元 RMB/EUR | 人民币 /100 日元 RMB/JPY 100 | 人民币 / 港元 RMB/HKD | 卢布 / 人民币 RUB/RMB |
|---|---|---|---|---|---|
| 2018.01 | 6.4364 | 7.8414 | 5.7951 | 0.8231 | 8.8101 |
| 2018.02 | 6.3162 | 7.7866 | 5.8235 | 0.8075 | 9.0202 |
| 2018.03 | 6.322 | 7.7975 | 5.9612 | 0.8063 | 9.0319 |
| 2018.04 | 6.2975 | 7.7417 | 5.8603 | 0.8024 | 9.6695 |
| 2018.05 | 6.3758 | 7.5344 | 5.8097 | 0.8123 | 9.7806 |
| 2018.06 | 6.4556 | 7.5397 | 5.8698 | 0.8227 | 9.7217 |
| 2018.07 | 6.7034 | 7.8345 | 6.0191 | 0.8542 | 9.3733 |
| 2018.08 | 6.8433 | 7.9083 | 6.1668 | 0.8718 | 9.6799 |
| 2018.09 | 6.8445 | 7.9788 | 6.1207 | 0.8730 | 9.8971 |
| 2018.10 | 6.9264 | 7.9526 | 6.1587 | 0.8837 | 9.5050 |
| 2018.11 | 6.9351 | 7.8824 | 6.1219 | 0.8857 | 9.5827 |
| 2018.12 | 6.8853 | 7.8309 | 6.1279 | 0.8805 | 9.7763 |
| 2019.01 | 6.7897 | 7.7553 | 6.2346 | 0.8659 | 9.8408 |
| 2019.02 | 6.7364 | 7.6363 | 6.0964 | 0.8584 | 9.7729 |
| 2019.03 | 6.7093 | 7.5869 | 6.0358 | 0.8548 | 9.7102 |
| 2019.04 | 6.7151 | 7.5440 | 6.0148 | 0.8560 | 9.6139 |
| 2019.05 | 6.8523 | 7.6660 | 6.2388 | 0.8731 | 9.4597 |
| 2019.06 | 6.882 | 7.7759 | 6.3745 | 0.8793 | 9.3052 |
| 2019.07 | 6.8752 | 7.7179 | 6.353 | 0.8802 | 9.1930 |
| 2019.08 | 7.0879 | 7.8661 | 6.6845 | 0.9033 | 9.3301 |
| 2019.09 | 7.0785 | 7.8083 | 6.6085 | 0.9033 | 9.1462 |
| 2019.10 | 7.0702 | 7.8335 | 6.5291 | 0.9016 | 9.0637 |
| 2019.11 | 7.0177 | 7.7577 | 6.4486 | 0.8963 | 9.0967 |
| 2019.12 | 7.0128 | 7.7895 | 6.4236 | 0.8984 | 8.9746 |

世界主要货币兑人民币期末汇率
Exchange rate of the RMB against major foreign currencies at the end of the period

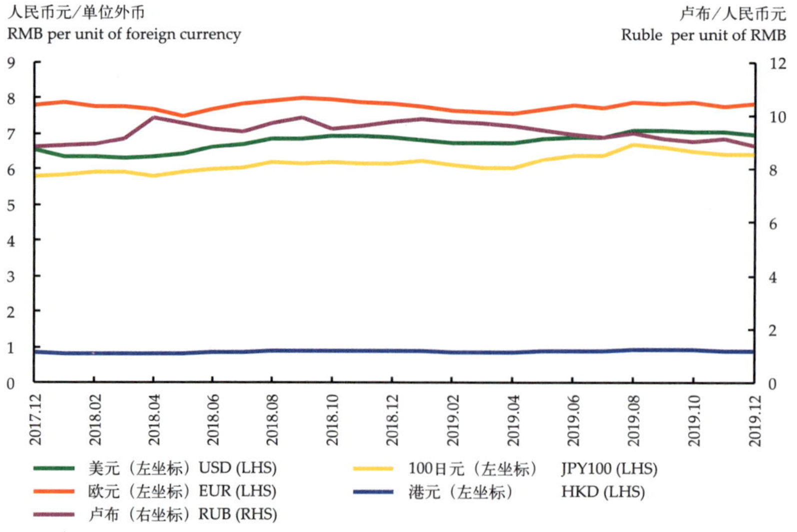

### 人民币/美元中间价
Central parity of the RMB against the USD

2005年7月21日至2019年12月31日
From July 21, 2005 to Dec. 31, 2019

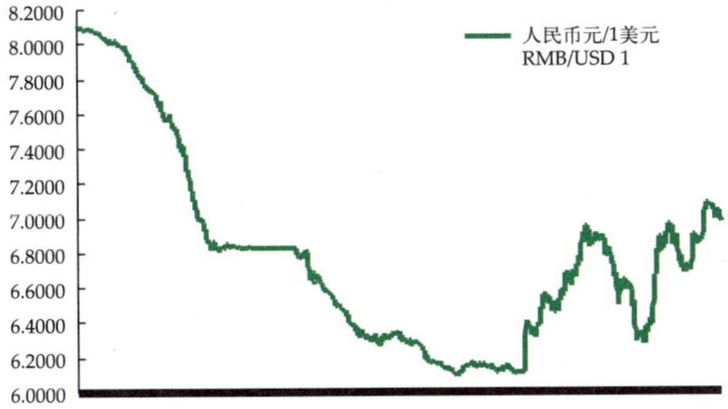


### 人民币/日元中间价
Central parity of the RMB against the JPY

2005年7月21日至2019年12月31日
From July 21, 2005 to Dec. 31, 2019

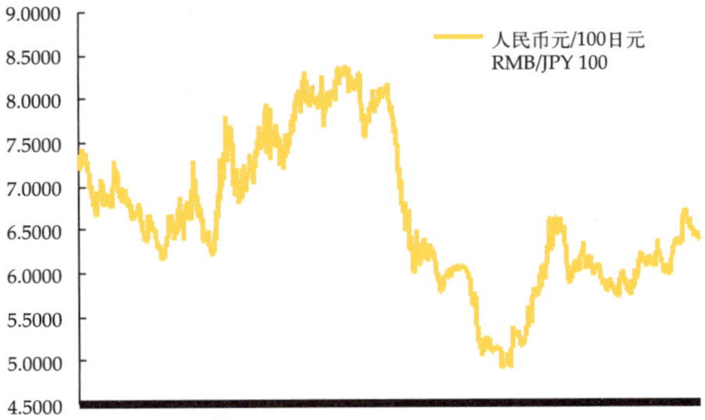


### 人民币/欧元中间价
Central parity of the RMB against the EUR

2005年7月21日至2019年12月31日
From July 21, 2005 to Dec. 31, 2019

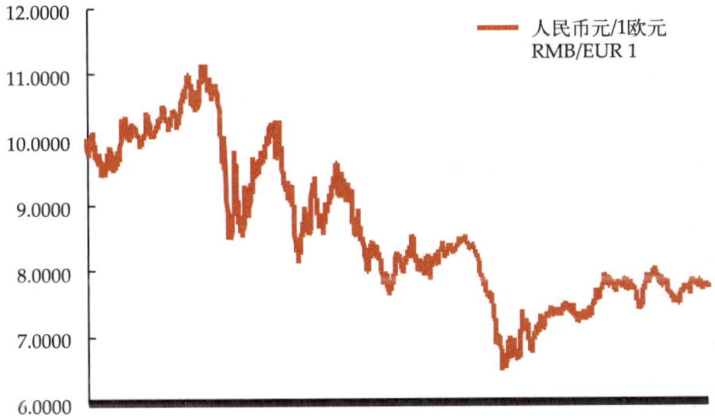


### 人民币/港元中间价
Central parity of the RMB against the HKD

2005年7月21日至2019年12月31日
From July 21, 2005 to Dec. 31, 2019

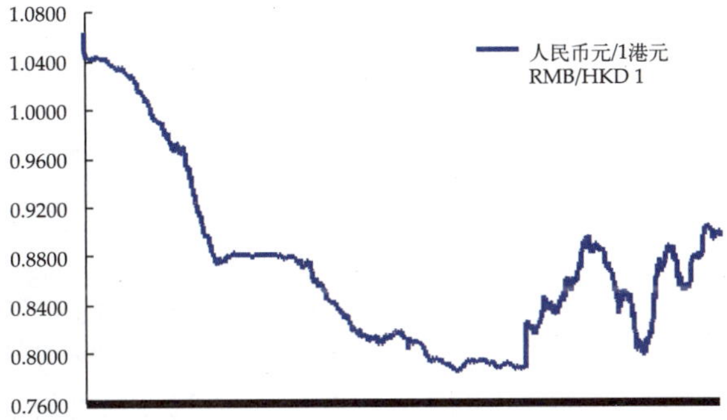


### 卢布/人民币中间价
Central parity of the RUB against the RMB

2010年11月22日至2019年12月31日
From November 22, 2010 to Dec. 31, 2019

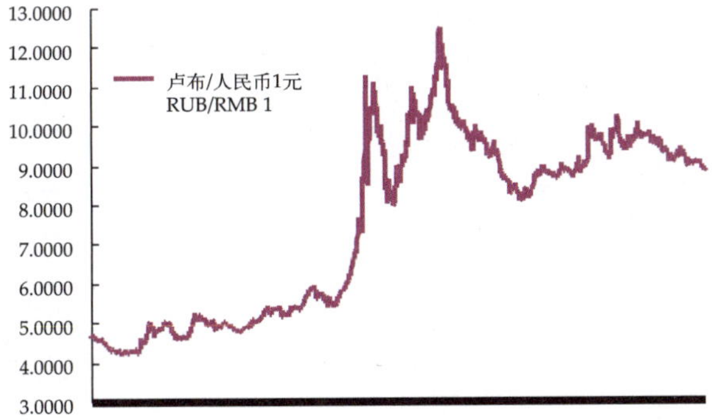

## 2019年1月2日以来人民币汇率中间价
### Central parity of RMB against major foreign currencies Since January 2, 2019

| 日期 Date | 人民币 / 美元 RMB/USD | 人民币/欧元 RMB/EUR | 人民币 /100 日元 RMB/JPY 100 | 人民币 / 港元 RMB/HKD | 卢布/人民币 RUB/RMB |
|---|---|---|---|---|---|
| 2019.01.02 | 6.8482 | 7.8521 | 6.2469 | 0.8742 | 10.1290 |
| 2019.01.03 | 6.8631 | 7.7818 | 6.3793 | 0.8760 | 10.0602 |
| 2019.01.04 | 6.8586 | 7.8157 | 6.3613 | 0.8760 | 10.0104 |
| 2019.01.07 | 6.8517 | 7.8186 | 6.3117 | 0.8746 | 9.9084 |
| 2019.01.08 | 6.8402 | 7.8512 | 6.2961 | 0.8728 | 9.7553 |
| 2019.01.09 | 6.8526 | 7.8443 | 6.2981 | 0.8742 | 9.7641 |
| 2019.01.10 | 6.8160 | 7.8765 | 6.3006 | 0.8696 | 9.7848 |
| 2019.01.11 | 6.7909 | 7.8149 | 6.2678 | 0.8663 | 9.8527 |
| 2019.01.14 | 6.7560 | 7.7447 | 6.2289 | 0.8617 | 9.8937 |
| 2019.01.15 | 6.7542 | 7.7487 | 6.2422 | 0.8612 | 9.9149 |
| 2019.01.16 | 6.7615 | 7.7142 | 6.2245 | 0.8621 | 9.9149 |
| 2019.01.17 | 6.7592 | 7.7038 | 6.1975 | 0.8618 | 9.8178 |
| 2019.01.18 | 6.7665 | 7.7073 | 6.1991 | 0.8627 | 9.8025 |
| 2019.01.21 | 6.7774 | 7.7039 | 6.1797 | 0.8640 | 9.7693 |
| 2019.01.22 | 6.7854 | 7.7142 | 6.1879 | 0.8649 | 9.7738 |
| 2019.01.23 | 6.7969 | 7.7225 | 6.2150 | 0.8662 | 9.7781 |
| 2019.01.24 | 6.7802 | 7.7204 | 6.1897 | 0.8643 | 9.7427 |
| 2019.01.25 | 6.7941 | 7.6817 | 6.2010 | 0.8659 | 9.6755 |
| 2019.01.28 | 6.7472 | 7.7027 | 6.1652 | 0.8600 | 9.7520 |
| 2019.01.29 | 6.7356 | 7.6997 | 6.1642 | 0.8585 | 9.8323 |
| 2019.01.30 | 6.7343 | 7.7003 | 6.1559 | 0.8586 | 9.8024 |
| 2019.01.31 | 6.7025 | 7.6981 | 6.1478 | 0.8546 | 9.7629 |
| 2019.02.01 | 6.7081 | 7.6775 | 6.1605 | 0.8551 | 9.7572 |
| 2019.02.11 | 6.7495 | 7.6432 | 6.1450 | 0.8602 | 9.7009 |
| 2019.02.12 | 6.7765 | 7.6418 | 6.1396 | 0.8635 | 9.6972 |
| 2019.02.13 | 6.7675 | 7.6711 | 6.1253 | 0.8623 | 9.7270 |
| 2019.02.14 | 6.7744 | 7.6281 | 6.1077 | 0.8632 | 9.8171 |
| 2019.02.15 | 6.7623 | 7.6400 | 6.1199 | 0.8617 | 9.8502 |
| 2019.02.18 | 6.7659 | 7.6412 | 6.1223 | 0.8621 | 9.7899 |
| 2019.02.19 | 6.7642 | 7.6505 | 6.1163 | 0.8619 | 9.7905 |
| 2019.02.20 | 6.7558 | 7.6622 | 6.1076 | 0.8607 | 9.7374 |
| 2019.02.21 | 6.7220 | 7.6268 | 6.0665 | 0.8565 | 9.7664 |
| 2019.02.22 | 6.7151 | 7.6168 | 6.0682 | 0.8557 | 9.7693 |
| 2019.02.25 | 6.7131 | 7.6138 | 6.0594 | 0.8554 | 9.7441 |
| 2019.02.26 | 6.6952 | 7.6063 | 6.0291 | 0.8530 | 9.7931 |
| 2019.02.27 | 6.6857 | 7.6168 | 6.0472 | 0.8518 | 9.8164 |
| 2019.02.28 | 6.6901 | 7.6082 | 6.0321 | 0.8523 | 9.8367 |
| 2019.03.01 | 6.6957 | 7.6121 | 6.0094 | 0.8530 | 9.8483 |
| 2019.03.04 | 6.7049 | 7.6247 | 5.9891 | 0.8543 | 9.8276 |
| 2019.03.05 | 6.6998 | 7.5966 | 5.9953 | 0.8535 | 9.8088 |
| 2019.03.06 | 6.7053 | 7.5796 | 5.9931 | 0.8542 | 9.8117 |
| 2019.03.07 | 6.7110 | 7.5895 | 6.0087 | 0.8549 | 9.8286 |
| 2019.03.08 | 6.7235 | 7.5264 | 6.0263 | 0.8565 | 9.8652 |
| 2019.03.11 | 6.7202 | 7.5485 | 6.0492 | 0.8561 | 9.8755 |
| 2019.03.12 | 6.7128 | 7.5584 | 6.0318 | 0.8552 | 9.8148 |
| 2019.03.13 | 6.7114 | 7.5754 | 6.0299 | 0.8550 | 9.7810 |
| 2019.03.14 | 6.7009 | 7.5924 | 6.0237 | 0.8537 | 9.7588 |
| 2019.03.15 | 6.7167 | 7.5940 | 6.0119 | 0.8557 | 9.7428 |
| 2019.03.18 | 6.7088 | 7.5954 | 6.0162 | 0.8547 | 9.6590 |
| 2019.03.19 | 6.7062 | 7.6028 | 6.0235 | 0.8543 | 9.5907 |
| 2019.03.20 | 6.7101 | 7.6170 | 6.0235 | 0.8548 | 9.5907 |
| 2019.03.21 | 6.6850 | 7.6376 | 6.0350 | 0.8517 | 9.5554 |
| 2019.03.22 | 6.6944 | 7.6135 | 6.0429 | 0.8532 | 9.5412 |
| 2019.03.25 | 6.7098 | 7.5787 | 6.0969 | 0.8552 | 9.6104 |
| 2019.03.26 | 6.7042 | 7.5861 | 6.0922 | 0.8542 | 9.5451 |
| 2019.03.27 | 6.7141 | 7.5688 | 6.0758 | 0.8554 | 9.5871 |
| 2019.03.28 | 6.7263 | 7.5658 | 6.0898 | 0.8569 | 9.6387 |
| 2019.03.29 | 6.7335 | 7.5607 | 6.0867 | 0.8578 | 9.6338 |

## 2019年1月2日以来人民币汇率中间价

Central parity of RMB against major foreign currencies
Since January 2, 2019

续表

| 日期<br>Date | 人民币 / 美元<br>RMB/USD | 人民币/欧元<br>RMB/EUR | 人民币 /100 日元<br>RMB/JPY 100 | 人民币 / 港元<br>RMB/HKD | 卢布/人民币<br>RUB/RMB |
|---|---|---|---|---|---|
| 2019.04.01 | 6.7193 | 7.5420 | 6.0566 | 0.8560 | 9.7724 |
| 2019.04.02 | 6.7161 | 7.5257 | 6.0294 | 0.8556 | 9.7173 |
| 2019.04.03 | 6.7194 | 7.5290 | 6.0364 | 0.8561 | 9.7213 |
| 2019.04.04 | 6.7055 | 7.5409 | 6.0186 | 0.8543 | 9.7205 |
| 2019.04.08 | 6.7201 | 7.5374 | 6.0173 | 0.8561 | 9.7246 |
| 2019.04.09 | 6.7142 | 7.5579 | 6.0231 | 0.8559 | 9.6693 |
| 2019.04.10 | 6.7110 | 7.5595 | 6.0386 | 0.8562 | 9.6686 |
| 2019.04.11 | 6.7088 | 7.5627 | 6.0447 | 0.8559 | 9.5764 |
| 2019.04.12 | 6.7220 | 7.5707 | 6.0230 | 0.8569 | 9.6110 |
| 2019.04.15 | 6.7112 | 7.5871 | 5.9899 | 0.8557 | 9.6034 |
| 2019.04.16 | 6.7097 | 7.5843 | 5.9924 | 0.8561 | 9.5903 |
| 2019.04.17 | 6.7110 | 7.5724 | 5.9919 | 0.8555 | 9.5453 |
| 2019.04.18 | 6.6911 | 7.5585 | 5.9711 | 0.8528 | 9.5521 |
| 2019.04.19 | 6.7043 | 7.5342 | 5.9874 | 0.8546 | 9.5299 |
| 2019.04.22 | 6.7035 | 7.5373 | 5.9897 | 0.8544 | 9.5506 |
| 2019.04.23 | 6.7082 | 7.5500 | 5.9934 | 0.8551 | 9.5092 |
| 2019.04.24 | 6.7205 | 7.5406 | 6.0088 | 0.8571 | 9.4746 |
| 2019.04.25 | 6.7307 | 7.5053 | 6.0020 | 0.8584 | 9.5668 |
| 2019.04.26 | 6.7307 | 7.4990 | 6.0387 | 0.8580 | 9.5921 |
| 2019.04.29 | 6.7310 | 7.5044 | 6.0314 | 0.8581 | 9.6174 |
| 2019.04.30 | 6.7286 | 7.5256 | 6.0255 | 0.8578 | 9.5789 |
| 2019.05.06 | 6.7344 | 7.5324 | 6.0795 | 0.8585 | 9.7076 |
| 2019.05.07 | 6.7614 | 7.5610 | 6.0962 | 0.8618 | 9.6595 |
| 2019.05.08 | 6.7596 | 7.5647 | 6.1319 | 0.8613 | 9.6629 |
| 2019.05.09 | 6.7665 | 7.5751 | 6.1496 | 0.8622 | 9.6038 |
| 2019.05.10 | 6.7912 | 7.6187 | 6.1851 | 0.8654 | 9.5657 |
| 2019.05.13 | 6.7954 | 7.6327 | 6.1933 | 0.8658 | 9.5762 |
| 2019.05.14 | 6.8365 | 7.6768 | 6.2588 | 0.8710 | 9.5315 |
| 2019.05.15 | 6.8649 | 7.6899 | 6.2614 | 0.8746 | 9.4513 |
| 2019.05.16 | 6.8688 | 7.6974 | 6.2736 | 0.8751 | 9.4123 |
| 2019.05.17 | 6.8859 | 7.6926 | 6.2688 | 0.8772 | 9.3910 |
| 2019.05.20 | 6.8988 | 7.7075 | 6.2715 | 0.8789 | 9.3639 |
| 2019.05.21 | 6.8990 | 7.7098 | 6.2722 | 0.8789 | 9.3343 |
| 2019.05.22 | 6.8992 | 7.7126 | 6.2514 | 0.8790 | 9.3198 |
| 2019.05.23 | 6.8994 | 7.6985 | 6.2603 | 0.8790 | 9.3216 |
| 2019.05.24 | 6.8993 | 7.7131 | 6.2978 | 0.8791 | 9.3937 |
| 2019.05.27 | 6.8924 | 7.7262 | 6.3007 | 0.8782 | 9.3488 |
| 2019.05.28 | 6.8973 | 7.7189 | 6.2955 | 0.8788 | 9.3322 |
| 2019.05.29 | 6.8988 | 7.7146 | 6.3201 | 0.8789 | 9.3604 |
| 2019.05.30 | 6.8990 | 7.6952 | 6.3062 | 0.8790 | 9.3969 |
| 2019.05.31 | 6.8992 | 7.6833 | 6.3019 | 0.8791 | 9.4608 |
| 2019.06.03 | 6.8896 | 7.6997 | 6.3648 | 0.8788 | 9.5097 |
| 2019.06.04 | 6.8822 | 7.7399 | 6.3710 | 0.8779 | 9.4826 |
| 2019.06.05 | 6.8903 | 7.7596 | 6.3713 | 0.8787 | 9.4402 |
| 2019.06.06 | 6.8945 | 7.7531 | 6.3767 | 0.8793 | 9.4575 |
| 2019.06.10 | 6.8925 | 7.7997 | 6.3558 | 0.8789 | 9.3999 |
| 2019.06.11 | 6.8930 | 7.8147 | 6.3752 | 0.8790 | 9.3581 |
| 2019.06.12 | 6.8932 | 7.8147 | 6.3569 | 0.8803 | 9.3477 |
| 2019.06.13 | 6.8934 | 7.8020 | 6.3717 | 0.8816 | 9.3695 |
| 2019.06.14 | 6.8937 | 7.7893 | 6.3774 | 0.8802 | 9.3386 |
| 2019.06.17 | 6.8940 | 7.7585 | 6.3728 | 0.8805 | 9.2961 |
| 2019.06.18 | 6.8942 | 7.7524 | 6.3655 | 0.8800 | 9.3012 |
| 2019.06.19 | 6.8893 | 7.7304 | 6.3607 | 0.8797 | 9.2724 |
| 2019.06.20 | 6.8805 | 7.7379 | 6.3716 | 0.8800 | 9.2535 |
| 2019.06.21 | 6.8472 | 7.7330 | 6.3801 | 0.8769 | 9.1849 |
| 2019.06.24 | 6.8503 | 7.7935 | 6.3801 | 0.8768 | 9.1987 |
| 2019.06.25 | 6.8580 | 7.8161 | 6.3878 | 0.8783 | 9.1098 |
| 2019.06.26 | 6.8701 | 7.8109 | 6.4121 | 0.8798 | 9.1136 |
| 2019.06.27 | 6.8778 | 7.8204 | 6.3831 | 0.8807 | 9.1620 |
| 2019.06.28 | 6.8747 | 7.8170 | 6.3816 | 0.8797 | 9.1732 |

## 2019年1月2日以来人民币汇率中间价

Central parity of RMB against major foreign currencies
Since January 2, 2019

续表

| 日期 Date | 人民币 / 美元 RMB/USD | 人民币/欧元 RMB/EUR | 人民币 /100 日元 RMB/JPY 100 | 人民币 / 港元 RMB/HKD | 卢布/人民币 RUB/RMB |
|---|---|---|---|---|---|
| 2019.07.01 | 6.8716 | 7.8099 | 6.3424 | 0.8800 | 9.1857 |
| 2019.07.02 | 6.8513 | 7.7327 | 6.3246 | 0.8769 | 9.1912 |
| 2019.07.03 | 6.8640 | 7.7474 | 6.3642 | 0.8803 | 9.2196 |
| 2019.07.04 | 6.8705 | 7.7544 | 6.3750 | 0.8815 | 9.2079 |
| 2019.07.05 | 6.8697 | 7.7525 | 6.3717 | 0.8821 | 9.2374 |
| 2019.07.08 | 6.8881 | 7.7326 | 6.3498 | 0.8834 | 9.2539 |
| 2019.07.09 | 6.8853 | 7.7214 | 6.3319 | 0.8824 | 9.2509 |
| 2019.07.10 | 6.8856 | 7.7149 | 6.3230 | 0.8816 | 9.2693 |
| 2019.07.11 | 6.8677 | 7.7313 | 6.3397 | 0.8783 | 9.1934 |
| 2019.07.12 | 6.8662 | 7.7303 | 6.3300 | 0.8778 | 9.1472 |
| 2019.07.15 | 6.8677 | 7.7393 | 6.3659 | 0.8773 | 9.1854 |
| 2019.07.16 | 6.8710 | 7.7378 | 6.3692 | 0.8778 | 9.1164 |
| 2019.07.17 | 6.8827 | 7.7167 | 6.3606 | 0.8807 | 9.1549 |
| 2019.07.18 | 6.8761 | 7.7186 | 6.3695 | 0.8802 | 9.1566 |
| 2019.07.19 | 6.8635 | 7.7272 | 6.3894 | 0.8784 | 9.1502 |
| 2019.07.22 | 6.8759 | 7.7135 | 6.3803 | 0.8813 | 9.1578 |
| 2019.07.23 | 6.8818 | 7.7117 | 6.3770 | 0.8811 | 9.1591 |
| 2019.07.24 | 6.8860 | 7.6779 | 6.3639 | 0.8816 | 9.1816 |
| 2019.07.25 | 6.8737 | 7.6582 | 6.3542 | 0.8796 | 9.2064 |
| 2019.07.26 | 6.8796 | 7.6680 | 6.3316 | 0.8803 | 9.1902 |
| 2019.07.29 | 6.8821 | 7.6611 | 6.3362 | 0.8803 | 9.1884 |
| 2019.07.30 | 6.8862 | 7.6749 | 6.3281 | 0.8805 | 9.2081 |
| 2019.07.31 | 6.8841 | 7.6803 | 6.3401 | 0.8798 | 9.2267 |
| 2019.08.01 | 6.8938 | 7.6356 | 6.3401 | 0.8807 | 9.2240 |
| 2019.08.02 | 6.8996 | 7.6370 | 6.4179 | 0.8822 | 9.3299 |
| 2019.08.05 | 6.9225 | 7.6821 | 6.4915 | 0.8844 | 9.4029 |
| 2019.08.06 | 6.9683 | 7.8252 | 6.5925 | 0.8884 | 9.3703 |
| 2019.08.07 | 6.9996 | 7.8451 | 6.5839 | 0.8931 | 9.3070 |
| 2019.08.08 | 7.0039 | 7.8611 | 6.6115 | 0.8932 | 9.2839 |
| 2019.08.09 | 7.0136 | 7.8512 | 6.6297 | 0.8943 | 9.2543 |
| 2019.08.12 | 7.0211 | 7.8767 | 6.6684 | 0.8954 | 9.2650 |
| 2019.08.13 | 7.0326 | 7.8916 | 6.6840 | 0.8964 | 9.2825 |
| 2019.08.14 | 7.0312 | 7.8797 | 6.6152 | 0.8962 | 9.2143 |
| 2019.08.15 | 7.0268 | 7.8278 | 6.6346 | 0.8966 | 9.4065 |
| 2019.08.16 | 7.0312 | 7.8109 | 6.6266 | 0.8968 | 9.3968 |
| 2019.08.19 | 7.0365 | 7.8052 | 6.6135 | 0.8971 | 9.4290 |
| 2019.08.20 | 7.0454 | 7.8088 | 6.6101 | 0.8981 | 9.4989 |
| 2019.08.21 | 7.0433 | 7.8172 | 6.6289 | 0.8981 | 9.4242 |
| 2019.08.22 | 7.0490 | 7.8183 | 6.6154 | 0.8989 | 9.3165 |
| 2019.08.23 | 7.0572 | 7.8305 | 6.6371 | 0.9004 | 9.2634 |
| 2019.08.26 | 7.0570 | 7.8627 | 6.7235 | 0.8998 | 9.3533 |
| 2019.08.27 | 7.0810 | 7.8836 | 6.7024 | 0.9026 | 9.2661 |
| 2019.08.28 | 7.0835 | 7.8889 | 6.7296 | 0.9028 | 9.3039 |
| 2019.08.29 | 7.0858 | 7.8902 | 6.7174 | 0.9034 | 9.3436 |
| 2019.08.30 | 7.0879 | 7.8661 | 6.6845 | 0.9033 | 9.3260 |
| 2019.09.02 | 7.0883 | 7.8153 | 6.7054 | 0.9040 | 9.3514 |
| 2019.09.03 | 7.0884 | 7.8051 | 6.7118 | 0.9038 | 9.3355 |
| 2019.09.04 | 7.0878 | 7.8028 | 6.7212 | 0.9035 | 9.3401 |
| 2019.09.05 | 7.0852 | 7.8290 | 6.6725 | 0.9038 | 9.2970 |
| 2019.09.06 | 7.0855 | 7.8411 | 6.6456 | 0.9040 | 9.2848 |
| 2019.09.09 | 7.0851 | 7.8207 | 6.6370 | 0.9036 | 9.2548 |
| 2019.09.10 | 7.0846 | 7.8403 | 6.6183 | 0.9038 | 9.2161 |
| 2019.09.11 | 7.0843 | 7.8359 | 6.5931 | 0.9035 | 9.1970 |
| 2019.09.12 | 7.0846 | 7.8173 | 6.5784 | 0.9042 | 9.2074 |
| 2019.09.16 | 7.0657 | 7.8347 | 6.5626 | 0.9028 | 9.0397 |
| 2019.09.17 | 7.0730 | 7.7832 | 6.5444 | 0.9048 | 9.0542 |
| 2019.09.18 | 7.0728 | 7.8312 | 6.5437 | 0.9037 | 9.0907 |
| 2019.09.19 | 7.0732 | 7.8132 | 6.5373 | 0.9033 | 9.0613 |
| 2019.09.20 | 7.0730 | 7.8236 | 6.5570 | 0.9032 | 9.0268 |
| 2019.09.23 | 7.0734 | 7.8030 | 6.5769 | 0.9026 | 9.0400 |
| 2019.09.24 | 7.0729 | 7.7962 | 6.5956 | 0.9026 | 8.9758 |
| 2019.09.25 | 7.0724 | 7.7935 | 6.6072 | 0.9021 | 9.0162 |
| 2019.09.26 | 7.0729 | 7.7779 | 6.6018 | 0.9025 | 9.0090 |
| 2019.09.27 | 7.0731 | 7.7477 | 6.5907 | 0.9021 | 9.0262 |
| 2019.09.30 | 7.0729 | 7.7538 | 6.5699 | 0.9020 | 9.1004 |

## 2019年1月2日以来人民币汇率中间价

Central parity of RMB against major foreign currencies
Since January 2, 2019

续表

| 日期 Date | 人民币 / 美元 RMB/USD | 人民币/欧元 RMB/EUR | 人民币 /100 日元 RMB/JPY 100 | 人民币 / 港元 RMB/HKD | 卢布/人民币 RUB/RMB |
|---|---|---|---|---|---|
| 2019.10.08 | 7.0726 | 7.7795 | 6.6102 | 0.9018 | 9.1236 |
| 2019.10.09 | 7.0728 | 7.7747 | 6.6319 | 0.9017 | 9.1521 |
| 2019.10.10 | 7.0730 | 7.7925 | 6.6194 | 0.9016 | 9.1327 |
| 2019.10.11 | 7.0727 | 7.7986 | 6.5679 | 0.9019 | 9.0717 |
| 2019.10.14 | 7.0725 | 7.8023 | 6.5254 | 0.9017 | 9.0692 |
| 2019.10.15 | 7.0708 | 7.7920 | 6.5195 | 0.9013 | 9.0976 |
| 2019.10.16 | 7.0746 | 7.8052 | 6.5010 | 0.9017 | 9.0831 |
| 2019.10.17 | 7.0789 | 7.8405 | 6.5111 | 0.9025 | 9.0477 |
| 2019.10.18 | 7.0690 | 7.8625 | 6.5081 | 0.9014 | 9.0619 |
| 2019.10.21 | 7.0680 | 7.8843 | 6.5201 | 0.9014 | 9.0276 |
| 2019.10.22 | 7.0668 | 7.8802 | 6.5055 | 0.9011 | 9.0147 |
| 2019.10.23 | 7.0752 | 7.8725 | 6.5230 | 0.9022 | 9.0061 |
| 2019.10.24 | 7.0727 | 7.8731 | 6.5104 | 0.9023 | 9.0450 |
| 2019.10.25 | 7.0749 | 7.8552 | 6.5133 | 0.9027 | 9.0593 |
| 2019.10.28 | 7.0762 | 7.8418 | 6.5088 | 0.9028 | 9.0336 |
| 2019.10.29 | 7.0617 | 7.8373 | 6.4804 | 0.9007 | 9.0220 |
| 2019.10.30 | 7.0582 | 7.8434 | 6.4845 | 0.9004 | 9.0575 |
| 2019.10.31 | 7.0533 | 7.8676 | 6.4827 | 0.9000 | 9.0412 |
| 2019.11.01 | 7.0437 | 7.8470 | 6.5140 | 0.8988 | 9.1134 |
| 2019.11.04 | 7.0382 | 7.8548 | 6.5010 | 0.8978 | 9.0188 |
| 2019.11.05 | 7.0385 | 7.8321 | 6.4783 | 0.8979 | 9.0253 |
| 2019.11.06 | 7.0080 | 7.7630 | 6.4222 | 0.8947 | 9.0556 |
| 2019.11.07 | 7.0008 | 7.7494 | 6.4267 | 0.8947 | 9.1208 |
| 2019.11.08 | 6.9945 | 7.7285 | 6.3976 | 0.8940 | 9.0967 |
| 2019.11.11 | 6.9933 | 7.7078 | 6.4033 | 0.8933 | 9.1226 |
| 2019.11.12 | 6.9988 | 7.7219 | 6.4176 | 0.8940 | 9.1190 |
| 2019.11.13 | 7.0026 | 7.7113 | 6.4268 | 0.8945 | 9.1726 |
| 2019.11.14 | 7.0083 | 7.7139 | 6.4425 | 0.8951 | 9.1677 |
| 2019.11.15 | 7.0091 | 7.7253 | 6.4628 | 0.8951 | 9.1145 |
| 2019.11.18 | 7.0037 | 7.7414 | 6.4430 | 0.8946 | 9.1011 |
| 2019.11.19 | 7.0030 | 7.7563 | 6.4476 | 0.8946 | 9.1028 |
| 2019.11.20 | 7.0118 | 7.7667 | 6.4638 | 0.8958 | 9.0954 |
| 2019.11.21 | 7.0217 | 7.7805 | 6.4742 | 0.8972 | 9.0780 |
| 2019.11.22 | 7.0306 | 7.7787 | 6.4747 | 0.8986 | 9.0589 |
| 2019.11.25 | 7.0397 | 7.7593 | 6.4764 | 0.8994 | 9.0695 |
| 2019.11.26 | 7.0344 | 7.7474 | 6.4554 | 0.8988 | 9.0871 |
| 2019.11.27 | 7.0349 | 7.7528 | 6.4499 | 0.8985 | 9.0948 |
| 2019.11.28 | 7.0271 | 7.7334 | 6.4245 | 0.8976 | 9.1033 |
| 2019.11.29 | 7.0298 | 7.7406 | 6.4186 | 0.8980 | 9.1134 |
| 2019.12.02 | 7.0262 | 7.7417 | 6.4139 | 0.8976 | 9.1484 |
| 2019.12.03 | 7.0223 | 7.7760 | 6.4390 | 0.8969 | 9.1322 |
| 2019.12.04 | 7.0382 | 7.7898 | 6.4707 | 0.8990 | 9.1117 |
| 2019.12.05 | 7.0521 | 7.8141 | 6.4771 | 0.9007 | 9.0630 |
| 2019.12.06 | 7.0383 | 7.8158 | 6.4738 | 0.8990 | 9.0471 |
| 2019.12.09 | 7.0405 | 7.7853 | 6.4812 | 0.8991 | 9.0506 |
| 2019.12.10 | 7.0400 | 7.7893 | 6.4837 | 0.8993 | 9.0294 |
| 2019.12.11 | 7.0385 | 7.8076 | 6.4697 | 0.8994 | 9.0248 |
| 2019.12.12 | 7.0253 | 7.8217 | 6.4731 | 0.8996 | 9.0031 |
| 2019.12.13 | 7.0156 | 7.8460 | 6.4086 | 0.8987 | 8.9696 |
| 2019.12.16 | 6.9915 | 7.7786 | 6.3918 | 0.8967 | 8.9957 |
| 2019.12.17 | 6.9971 | 7.7932 | 6.3849 | 0.8981 | 8.9378 |
| 2019.12.18 | 6.9969 | 7.8016 | 6.3888 | 0.8986 | 8.9211 |
| 2019.12.19 | 7.0025 | 7.7830 | 6.3912 | 0.8990 | 8.9499 |
| 2019.12.20 | 7.0020 | 7.7872 | 6.4025 | 0.8979 | 8.9038 |
| 2019.12.23 | 7.0117 | 7.7656 | 6.4030 | 0.8991 | 8.9083 |
| 2019.12.24 | 7.0119 | 7.7774 | 6.4105 | 0.9007 | 8.8851 |
| 2019.12.25 | 7.0067 | 7.7686 | 6.4054 | 0.8997 | 8.8409 |
| 2019.12.26 | 6.9801 | 7.7470 | 6.3828 | 0.8961 | 8.8506 |
| 2019.12.27 | 6.9879 | 7.7558 | 6.3785 | 0.8971 | 8.8992 |
| 2019.12.30 | 6.9805 | 7.8074 | 6.3793 | 0.8960 | 8.8875 |
| 2019.12.31 | 6.9762 | 7.8155 | 6.4086 | 0.8958 | 8.8809 |

# 九、中央银行公开市场业务
# 9. Central Bank Open Market Operations

中央银行公开市场业务交易
Central bank open market operations

| 日期 Date | | 操作工具 Mode of transaction | 招标方式 Mode of bidding | 期限品种（天）Maturity (Day) | 招标数量（亿元）Bidding amount (RMB 100 million) | 交易量（亿元）Transaction volume (RMB 100 million) | 中标利率（%）Interest rate of successful bidding (%) |
|---|---|---|---|---|---|---|---|
| 2019.01.02 | 周三 Wednesday | 逆回购 Repurchase | 利率招标 Interest rate bidding | 7 天 7-day | 300 | 300 | 2.55 |
| 2019.01.02 | 周三 Wednesday | 逆回购 Repurchase | 利率招标 Interest rate bidding | 14 天 14-day | 100 | 100 | 2.70 |
| 2019.01.03 | 周四 Thursday | 逆回购 Repurchase | 利率招标 Interest rate bidding | 7 天 7-day | 400 | 400 | 2.55 |
| 2019.01.03 | 周四 Thursday | 逆回购 Repurchase | 利率招标 Interest rate bidding | 14 天 14-day | 200 | 200 | 2.70 |
| 2019.01.04 | 周五 Friday | 逆回购 Repurchase | 利率招标 Interest rate bidding | 7 天 7-day | 100 | 100 | 2.55 |
| 2019.01.14 | 周一 Monday | 逆回购 Repurchase | 利率招标 Interest rate bidding | 7 天 7-day | 800 | 800 | 2.55 |
| 2019.01.14 | 周一 Monday | 逆回购 Repurchase | 利率招标 Interest rate bidding | 28 天 28-day | 200 | 200 | 2.85 |
| 2019.01.15 | 周二 Tuesday | 逆回购 Repurchase | 利率招标 Interest rate bidding | 7 天 7-day | 800 | 800 | 2.55 |
| 2019.01.15 | 周二 Tuesday | 逆回购 Repurchase | 利率招标 Interest rate bidding | 28 天 28-day | 1 000 | 1 000 | 2.85 |
| 2019.01.16 | 周三 Wednesday | 逆回购 Repurchase | 利率招标 Interest rate bidding | 7 天 7-day | 3 500 | 3 500 | 2.55 |
| 2019.01.16 | 周三 Wednesday | 逆回购 Repurchase | 利率招标 Interest rate bidding | 28 天 28-day | 2 200 | 2 200 | 2.85 |
| 2019.01.17 | 周四 Thursday | 逆回购 Repurchase | 利率招标 Interest rate bidding | 7 天 7-day | 2 500 | 2 500 | 2.55 |
| 2019.01.17 | 周四 Thursday | 逆回购 Repurchase | 利率招标 Interest rate bidding | 28 天 28-day | 1 500 | 1 500 | 2.85 |
| 2019.01.18 | 周五 Friday | 逆回购 Repurchase | 利率招标 Interest rate bidding | 7 天 7-day | 100 | 100 | 2.55 |
| 2019.01.18 | 周五 Friday | 逆回购 Repurchase | 利率招标 Interest rate bidding | 28 天 28-day | 100 | 100 | 2.85 |
| 2019.01.30 | 周三 Wednesday | 逆回购 Repurchase | 利率招标 Interest rate bidding | 14 天 14-day | 500 | 500 | 2.70 |
| 2019.01.31 | 周四 Thursday | 逆回购 Repurchase | 利率招标 Interest rate bidding | 14 天 14-day | 500 | 500 | 2.70 |
| 2019.02.01 | 周五 Friday | 逆回购 Repurchase | 利率招标 Interest rate bidding | 14 天 14-day | 800 | 800 | 2.70 |
| 2019.02.13 | 周三 Wednesday | 中央银行票据 Central bank bills | 利率招标 Interest rate bidding | 3 个月 3-month | 100 | 100 | 2.45 |
| 2019.02.13 | 周三 Wednesday | 中央银行票据 Central bank bills | 利率招标 Interest rate bidding | 1 年 1-year | 100 | 100 | 2.80 |
| 2019.02.20 | 周三 Wednesday | 逆回购 Repurchase | 利率招标 Interest rate bidding | 7 天 7-day | 200 | 200 | 2.55 |
| 2019.02.22 | 周五 Friday | 逆回购 Repurchase | 利率招标 Interest rate bidding | 7 天 7-day | 400 | 400 | 2.55 |
| 2019.02.25 | 周一 Monday | 逆回购 Repurchase | 利率招标 Interest rate bidding | 7 天 7-day | 400 | 400 | 2.55 |
| 2019.02.26 | 周二 Tuesday | 逆回购 Repurchase | 利率招标 Interest rate bidding | 7 天 7-day | 1 200 | 1 200 | 2.55 |
| 2019.02.27 | 周三 Wednesday | 逆回购 Repurchase | 利率招标 Interest rate bidding | 7 天 7-day | 600 | 600 | 2.55 |
| 2019.03.15 | 周五 Friday | 逆回购 Repurchase | 利率招标 Interest rate bidding | 7 天 7-day | 200 | 200 | 2.55 |

## 中央银行公开市场业务交易
Central bank open market operations

续表

| 日期 Date | | 操作工具 Mode of transaction | 招标方式 Mode of bidding | 期限品种（天） Maturity (Day) | 招标数量（亿元） Bidding amount (RMB 100 million) | 交易量（亿元） Transaction volume (RMB 100 million) | 中标利率（%） Interest rate of successful bidding (%) |
|---|---|---|---|---|---|---|---|
| 2019.03.18 | 周一 Monday | 逆回购 Repurchase | 利率招标 Interest rate bidding | 7天 7-day | 600 | 600 | 2.55 |
| 2019.03.19 | 周二 Tuesday | 逆回购 Repurchase | 利率招标 Interest rate bidding | 7天 7-day | 500 | 500 | 2.55 |
| 2019.04.16 | 周二 Tuesday | 逆回购 Repurchase | 利率招标 Interest rate bidding | 7天 7-day | 400 | 400 | 2.55 |
| 2019.04.17 | 周三 Wednesday | 逆回购 Repurchase | 利率招标 Interest rate bidding | 7天 7-day | 1 600 | 1 600 | 2.55 |
| 2019.04.18 | 周四 Thursday | 逆回购 Repurchase | 利率招标 Interest rate bidding | 7天 7-day | 800 | 800 | 2.55 |
| 2019.04.19 | 周五 Friday | 逆回购 Repurchase | 利率招标 Interest rate bidding | 7天 7-day | 200 | 200 | 2.55 |
| 2019.05.06 | 周一 Monday | 逆回购 Repurchase | 利率招标 Interest rate bidding | 7天 7-day | 200 | 200 | 2.55 |
| 2019.05.07 | 周二 Tuesday | 逆回购 Repurchase | 利率招标 Interest rate bidding | 7天 7-day | 200 | 200 | 2.55 |
| 2019.05.08 | 周三 Wednesday | 逆回购 Repurchase | 利率招标 Interest rate bidding | 7天 7-day | 100 | 100 | 2.55 |
| 2019.05.15 | 周五 Friday | 中央银行票据 Central bank bills | 利率招标 Interest rate bidding | 3个月 3-month | 100 | 100 | 3.00 |
| 2019.05.15 | 周五 Friday | 中央银行票据 Central bank bills | 利率招标 Interest rate bidding | 1年 1-year | 100 | 100 | 3.10 |
| 2019.05.21 | 周二 Tuesday | 逆回购 Repurchase | 利率招标 Interest rate bidding | 7天 7-day | 800 | 800 | 2.55 |
| 2019.05.22 | 周三 Wednesday | 逆回购 Repurchase | 利率招标 Interest rate bidding | 7天 7-day | 200 | 200 | 2.55 |
| 2019.05.27 | 周一 Monday | 逆回购 Repurchase | 利率招标 Interest rate bidding | 7天 7-day | 800 | 800 | 2.55 |
| 2019.05.28 | 周二 Tuesday | 逆回购 Repurchase | 利率招标 Interest rate bidding | 7天 7-day | 1 500 | 1 500 | 2.55 |
| 2019.05.29 | 周三 Wednesday | 逆回购 Repurchase | 利率招标 Interest rate bidding | 7天 7-day | 2 700 | 2 700 | 2.55 |
| 2019.05.30 | 周四 Thursday | 逆回购 Repurchase | 利率招标 Interest rate bidding | 7天 7-day | 300 | 300 | 2.55 |
| 2019.06.03 | 周一 Monday | 逆回购 Repurchase | 利率招标 Interest rate bidding | 7天 7-day | 800 | 800 | 2.55 |
| 2019.06.04 | 周二 Tuesday | 逆回购 Repurchase | 利率招标 Interest rate bidding | 7天 7-day | 600 | 600 | 2.55 |
| 2019.06.05 | 周三 Wednesday | 逆回购 Repurchase | 利率招标 Interest rate bidding | 7天 7-day | 600 | 600 | 2.55 |
| 2019.06.06 | 周四 Thursday | 逆回购 Repurchase | 利率招标 Interest rate bidding | 7天 7-day | 100 | 100 | 2.55 |
| 2019.06.10 | 周一 Monday | 逆回购 Repurchase | 利率招标 Interest rate bidding | 7天 7-day | 300 | 300 | 2.55 |
| 2019.06.11 | 周二 Tuesday | 逆回购 Repurchase | 利率招标 Interest rate bidding | 7天 7-day | 100 | 100 | 2.55 |
| 2019.06.12 | 周三 Wednesday | 逆回购 Repurchase | 利率招标 Interest rate bidding | 7天 7-day | 150 | 150 | 2.55 |
| 2019.06.12 | 周三 Wednesday | 逆回购 Repurchase | 利率招标 Interest rate bidding | 28天 28-day | 200 | 200 | 2.85 |
| 2019.06.13 | 周四 Thursday | 逆回购 Repurchase | 利率招标 Interest rate bidding | 28天 28-day | 1 000 | 1 000 | 2.85 |
| 2019.06.14 | 周五 Friday | 逆回购 Repurchase | 利率招标 Interest rate bidding | 28天 28-day | 1 000 | 1 000 | 2.85 |
| 2019.06.17 | 周一 Monday | 逆回购 Repurchase | 利率招标 Interest rate bidding | 14天 14-day | 1 500 | 1 500 | 2.70 |

## 中央银行公开市场业务交易
Central bank open market operations

续表

| 日期 Date | | 操作工具 Mode of transaction | 招标方式 Mode of bidding | 期限品种（天）Maturity (Day) | 招标数量（亿元）Bidding amount (RMB 100 million) | 交易量（亿元）Transaction volume (RMB 100 million) | 中标利率（%）Interest rate of successful bidding (%) |
|---|---|---|---|---|---|---|---|
| 2019.06.18 | 周二 Tuesday | 逆回购 Repurchase | 利率招标 Interest rate bidding | 14 天 14-day | 900 | 900 | 2.70 |
| 2019.06.19 | 周三 Wednesday | 逆回购 Repurchase | 利率招标 Interest rate bidding | 14 天 14-day | 400 | 400 | 2.70 |
| 2019.06.20 | 周四 Thursday | 逆回购 Repurchase | 利率招标 Interest rate bidding | 14 天 14-day | 300 | 300 | 2.70 |
| 2019.06.21 | 周五 Friday | 逆回购 Repurchase | 利率招标 Interest rate bidding | 14 天 14-day | 300 | 300 | 2.70 |
| 2019.06.26 | 周五 Friday | 中央银行票据 Central bank bills | 利率招标 Interest rate bidding | 1 个月 1-month | 200 | 200 | 2.80 |
| 2019.06.26 | 周五 Friday | 中央银行票据 Central bank bills | 利率招标 Interest rate bidding | 6 个月 6-month | 100 | 100 | 2.82 |
| 2019.07.16 | 周二 Tuesday | 逆回购 Repurchase | 利率招标 Interest rate bidding | 7 天 7-day | 1 600 | 1 600 | 2.55 |
| 2019.07.17 | 周三 Wednesday | 逆回购 Repurchase | 利率招标 Interest rate bidding | 7 天 7-day | 1 000 | 1 000 | 2.55 |
| 2019.07.18 | 周四 Thursday | 逆回购 Repurchase | 利率招标 Interest rate bidding | 7 天 7-day | 1 000 | 1 000 | 2.55 |
| 2019.07.19 | 周五 Friday | 逆回购 Repurchase | 利率招标 Interest rate bidding | 7 天 7-day | 1 000 | 1 000 | 2.55 |
| 2019.07.22 | 周一 Monday | 逆回购 Repurchase | 利率招标 Interest rate bidding | 7 天 7-day | 500 | 500 | 2.55 |
| 2019.08.12 | 周一 Monday | 逆回购 Repurchase | 利率招标 Interest rate bidding | 7 天 7-day | 300 | 300 | 2.55 |
| 2019.08.13 | 周二 Tuesday | 逆回购 Repurchase | 利率招标 Interest rate bidding | 7 天 7-day | 600 | 600 | 2.55 |
| 2019.08.14 | 周三 Wednesday | 逆回购 Repurchase | 利率招标 Interest rate bidding | 7 天 7-day | 1 000 | 1 000 | 2.55 |
| 2019.08.14 | 周三 Wednesday | 中央银行票据 Central bank bills | 利率招标 Interest rate bidding | 3 个月 3-month | 200 | 200 | 2.90 |
| 2019.08.14 | 周三 Wednesday | 中央银行票据 Central bank bills | 利率招标 Interest rate bidding | 1 年 1-year | 100 | 100 | 2.95 |
| 2019.08.15 | 周四 Thursday | 逆回购 Repurchase | 利率招标 Interest rate bidding | 7 天 7-day | 300 | 300 | 2.55 |
| 2019.08.16 | 周五 Friday | 逆回购 Repurchase | 利率招标 Interest rate bidding | 7 天 7-day | 800 | 800 | 2.55 |
| 2019.08.19 | 周一 Monday | 逆回购 Repurchase | 利率招标 Interest rate bidding | 7 天 7-day | 200 | 200 | 2.55 |
| 2019.08.20 | 周二 Tuesday | 逆回购 Repurchase | 利率招标 Interest rate bidding | 7 天 7-day | 500 | 500 | 2.55 |
| 2019.08.21 | 周三 Wednesday | 逆回购 Repurchase | 利率招标 Interest rate bidding | 7 天 7-day | 600 | 600 | 2.55 |
| 2019.08.22 | 周四 Thursday | 逆回购 Repurchase | 利率招标 Interest rate bidding | 7 天 7-day | 600 | 600 | 2.55 |
| 2019.08.23 | 周五 Friday | 逆回购 Repurchase | 利率招标 Interest rate bidding | 7 天 7-day | 800 | 800 | 2.55 |
| 2019.08.27 | 周二 Tuesday | 逆回购 Repurchase | 利率招标 Interest rate bidding | 7 天 7-day | 800 | 800 | 2.55 |
| 2019.08.28 | 周三 Wednesday | 逆回购 Repurchase | 利率招标 Interest rate bidding | 7 天 7-day | 600 | 600 | 2.55 |
| 2019.09.06 | 周五 Friday | 逆回购 Repurchase | 利率招标 Interest rate bidding | 7 天 7-day | 400 | 400 | 2.55 |
| 2019.09.09 | 周一 Monday | 逆回购 Repurchase | 利率招标 Interest rate bidding | 7 天 7-day | 1 200 | 1 200 | 2.55 |
| 2019.09.10 | 周二 Tuesday | 逆回购 Repurchase | 利率招标 Interest rate bidding | 7 天 7-day | 800 | 800 | 2.55 |

## 中央银行公开市场业务交易
Central bank open market operations

续表

| 日期 Date | | 操作工具 Mode of transaction | 招标方式 Mode of bidding | 期限品种（天） Maturity (Day) | 招标数量（亿元） Bidding amount (RMB 100 million) | 交易量（亿元） Transaction volume (RMB 100 million) | 中标利率（%） Interest rate of successful bidding (%) |
|---|---|---|---|---|---|---|---|
| 2019.09.11 | 周三 Wednesday | 逆回购 Repurchase | 利率招标 Interest rate bidding | 7天 7-day | 300 | 300 | 2.55 |
| 2019.09.18 | 周三 Wednesday | 逆回购 Repurchase | 利率招标 Interest rate bidding | 7天 7-day | 300 | 300 | 2.55 |
| 2019.09.19 | 周四 Thursday | 逆回购 Repurchase | 利率招标 Interest rate bidding | 7天 7-day | 1 200 | 1 200 | 2.55 |
| 2019.09.19 | 周四 Thursday | 逆回购 Repurchase | 利率招标 Interest rate bidding | 14天 14-day | 500 | 500 | 2.70 |
| 2019.09.20 | 周五 Friday | 逆回购 Repurchase | 利率招标 Interest rate bidding | 7天 7-day | 400 | 400 | 2.55 |
| 2019.09.20 | 周五 Friday | 逆回购 Repurchase | 利率招标 Interest rate bidding | 14天 14-day | 800 | 800 | 2.70 |
| 2019.09.23 | 周一 Monday | 逆回购 Repurchase | 利率招标 Interest rate bidding | 7天 7-day | 200 | 200 | 2.55 |
| 2019.09.23 | 周一 Monday | 逆回购 Repurchase | 利率招标 Interest rate bidding | 14天 14-day | 800 | 800 | 2.70 |
| 2019.09.24 | 周二 Tuesday | 逆回购 Repurchase | 利率招标 Interest rate bidding | 14天 14-day | 400 | 400 | 2.70 |
| 2019.09.25 | 周三 Wednesday | 逆回购 Repurchase | 利率招标 Interest rate bidding | 14天 14-day | 200 | 200 | 2.70 |
| 2019.09.26 | 周四 Thursday | 逆回购 Repurchase | 利率招标 Interest rate bidding | 14天 14-day | 200 | 200 | 2.70 |
| 2019.09.26 | 周四 Thursday | 中央银行票据 Central bank bills | 利率招标 Interest rate bidding | 6个月 6-month | 100 | 100 | 2.89 |
| 2019.09.27 | 周五 Friday | 逆回购 Repurchase | 利率招标 Interest rate bidding | 14天 14-day | 300 | 300 | 2.70 |
| 2019.10.18 | 周五 Friday | 逆回购 Repurchase | 利率招标 Interest rate bidding | 7天 7-day | 300 | 300 | 2.55 |
| 2019.10.21 | 周一 Monday | 逆回购 Repurchase | 利率招标 Interest rate bidding | 7天 7-day | 500 | 500 | 2.55 |
| 2019.10.22 | 周二 Tuesday | 逆回购 Repurchase | 利率招标 Interest rate bidding | 7天 7-day | 2500 | 2500 | 2.55 |
| 2019.10.23 | 周三 Wednesday | 逆回购 Repurchase | 利率招标 Interest rate bidding | 7天 7-day | 2000 | 2000 | 2.55 |
| 2019.10.24 | 周四 Thursday | 逆回购 Repurchase | 利率招标 Interest rate bidding | 7天 7-day | 600 | 600 | 2.55 |
| 2019.10.25 | 周五 Friday | 逆回购 Repurchase | 利率招标 Interest rate bidding | 7天 7-day | 300 | 300 | 2.55 |
| 2019.11.07 | 周四 Thursday | 中央银行票据 Central bank bills | 利率招标 Interest rate bidding | 3个月 3-month | 200 | 200 | 2.90 |
| 2019.11.07 | 周四 Thursday | 中央银行票据 Central bank bills | 利率招标 Interest rate bidding | 1年 1-year | 100 | 100 | 2.90 |
| 2019.11.18 | 周一 Monday | 逆回购 Repurchase | 利率招标 Interest rate bidding | 7天 7-day | 1800 | 1800 | 2.50 |
| 2019.11.19 | 周二 Tuesday | 逆回购 Repurchase | 利率招标 Interest rate bidding | 7天 7-day | 1200 | 1200 | 2.50 |
| 2019.12.18 | 周三 Wednesday | 逆回购 Repurchase | 利率招标 Interest rate bidding | 7天 7-day | 500 | 500 | 2.50 |
| 2019.12.18 | 周三 Wednesday | 逆回购 Repurchase | 利率招标 Interest rate bidding | 14天 14-day | 1500 | 1500 | 2.65 |
| 2019.12.19 | 周四 Thursday | 逆回购 Repurchase | 利率招标 Interest rate bidding | 7天 7-day | 300 | 300 | 2.50 |
| 2019.12.19 | 周四 Thursday | 逆回购 Repurchase | 利率招标 Interest rate bidding | 14天 14-day | 2500 | 2500 | 2.65 |
| 2019.12.20 | 周五 Friday | 逆回购 Repurchase | 利率招标 Interest rate bidding | 14天 14-day | 1500 | 1500 | 2.65 |
| 2019.12.20 | 周五 Friday | 中央银行票据 Central bank bills | 利率招标 Interest rate bidding | 6个月 6-month | 100 | 100 | 2.90 |
| 2019.12.23 | 周一 Monday | 逆回购 Repurchase | 利率招标 Interest rate bidding | 14天 14-day | 500 | 500 | 2.65 |

# 附录四 世界主要经济体经济和金融指标

# *Appendix 4* *Economic and Financial Indicators of Major Economies*

## 一、经济增长率

## 1. Economic Growth Rate

世界经济增长率

World economic growth rate

单位：% Unit: %

| | | 2018 | 2020 年 1 月预计 Projection in January,2020 | | |
|---|---|---|---|---|---|
| | | | 2019 | 2020 | 2021 |
| 国际货币基金组织 IMF | 按购买力平价方法计算的实际 GDP 增长率 Real GDP growth rate based on PPP | 3.6 | 2.9 | 3.3 | 3.4 |
| 世界银行 World Bank | 按 2005 年不变价及市场汇率法计算的实际 GDP 增长率 Real GDP growth rate based on 2005 constant price and market exchange rate | 3.0 | 2.4 | 2.5 | 2.6 |

数据来源：国际货币基金组织、世界银行，Wind。

Source : IMF, The World Bank, Wind.

世界经济增长率

World economic growth rate

单位：% Unit: %

| 年 Year | 国际货币基金组织按购买力平价方法计算的实际 GDP 增长率 Real GDP growth rate based on PPP (IMF) | 世界银行按 2005 年不变价及市场汇率法计算的实际 GDP 增长率 Real GDP growth rate based on 2005 constant price and market exchange rate (WB) |
|---|---|---|
| 2000 | 4.8 | 4.4 |
| 2001 | 2.5 | 1.9 |
| 2002 | 3.0 | 2.2 |
| 2003 | 4.0 | 3.0 |
| 2004 | 5.4 | 4.4 |
| 2005 | 4.9 | 3.9 |
| 2006 | 5.6 | 4.4 |
| 2007 | 5.7 | 4.3 |
| 2008 | 3.0 | 1.9 |
| 2009 | 0.0 | -1.7 |
| 2010 | 5.4 | 4.3 |
| 2011 | 4.2 | 3.1 |
| 2012 | 3.5 | 2.5 |
| 2013 | 3.5 | 2.7 |
| 2014 | 3.6 | 2.8 |
| 2015 | 3.5 | 2.8 |
| 2016 | 3.4 | 2.5 |
| 2017 | 3.8 | 3.1 |
| 2018 | 3.6 | 3.0 |
| 2019* | 2.9 | 2.4 |
| 2020* | 3.3 | 2.5 |
| 2021* | 3.4 | 2.6 |

注：*为预测数。

数据来源：国际货币基金组织、世界银行、Wind。

Note: *Projection.

Source : IMF, The World Bank, Wind.

世界经济增长

World economic growth

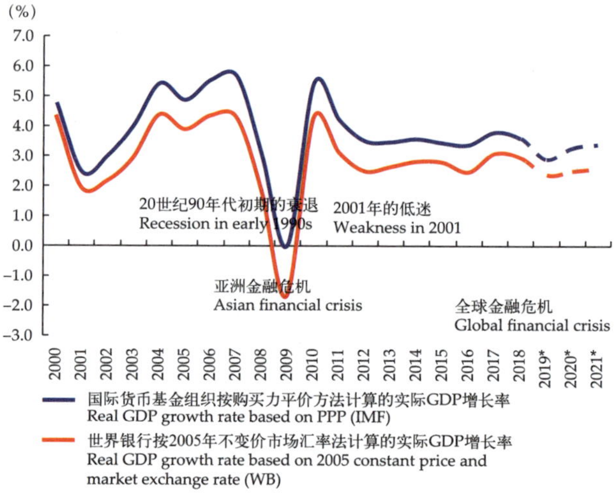


注：*为预测数。

数据来源：国际货币基金组织、世界银行、Wind。

Note: *Projection.

Source : IMF, The World Bank, Wind.

## GDP年度增长率
Annual growth rate of GDP

单位：%　Unit: %

| 年<br>Year | 美国<br>U.S. | 日本<br>Japan | 欧元区<br>Euro Area | 英国<br>U.K. |
|---|---|---|---|---|
| 2003 | 2.5 | 1.4 | 0.8 | 2.8 |
| 2004 | 3.6 | 2.7 | 2.1 | 3.3 |
| 2005 | 2.9 | 1.9 | 1.6 | 1.8 |
| 2006 | 2.8 | 2.4 | 2.8 | 2.8 |
| 2007 | 1.8 | 1.7 | 3.0 | 2.4 |
| 2008 | −0.3 | −1.1 | 0.4 | −0.5 |
| 2009 | −2.8 | −5.4 | −4.5 | −4.2 |
| 2010 | 2.5 | 4.2 | 2.1 | 1.7 |
| 2011 | 1.6 | −0.1 | 1.6 | 1.5 |
| 2012 | 2.2 | 1.5 | −0.9 | 1.5 |
| 2013 | 1.7 | 2.0 | −0.2 | 2.1 |
| 2014 | 2.6 | 0.4 | 1.3 | 3.1 |
| 2015 | 2.9 | 1.4 | 2.1 | 2.3 |
| 2016 | 1.5 | 1.0 | 1.8 | 1.8 |
| 2017 | 2.4 | 1.9 | 2.5 | 1.8 |
| 2018 | 2.9 | 0.8 | 1.9 | 1.4 |
| 2019 | 2.3 | — | — | 1.4 |
| 2020* | 2.0 | 0.7 | 1.3 | 1.4 |
| 2021* | 1.7 | 0.5 | 1.4 | 1.5 |

注：*为IMF预测数。
数据来源：各经济体官方统计网站、Wind。
Note: * IMF Projection.
Source: Official statistical websites of the economies, Wind.

## GDP季度环比增长率
Quarter-on-quarter annualized growth rate of GDP

单位：%　Unit: %

| 年 / 季度<br>Year/Quarter | 美国<br>U.S. | 日本<br>Japan | 欧元区<br>Euro Area | 英国<br>U.K. |
|---|---|---|---|---|
| 2016Q1 | 2.0 | 0.4 | 1.7 | 2.1 |
| 2016Q2 | 1.9 | 0.3 | 1.7 | 1.9 |
| 2016Q3 | 2.2 | 0.5 | 1.8 | 1.9 |
| 2016Q4 | 2.0 | 1.2 | 1.9 | 1.8 |
| 2017Q1 | 2.3 | 1.5 | 2.1 | 2.2 |
| 2017Q2 | 2.2 | 1.7 | 2.4 | 1.9 |
| 2017Q3 | 3.2 | 2.2 | 2.8 | 1.8 |
| 2017Q4 | 3.5 | 2.4 | 2.8 | 1.6 |
| 2018Q1 | 2.5 | 1.3 | 2.4 | 1.1 |
| 2018Q2 | 3.5 | 1.5 | 2.2 | 1.3 |
| 2018Q3 | 2.9 | 0.1 | 1.6 | 1.6 |
| 2018Q4 | 1.1 | 0.3 | 1.2 | 1.5 |
| 2019Q1 | 3.1 | 0.9 | 1.3 | 2.1 |
| 2019Q2 | 2.0 | 0.9 | 1.2 | 1.3 |
| 2019Q3 | 2.1 | 1.3 | 1.2 | 1.0 |
| 2019Q4 | 2.1 | -6.3 | 0.2 | 0.1 |

数据来源：各经济体官方统计网站、Wind。
Source: Official statistical websites of the economies, Wind.

## GDP年度增长率
Annual growth rate of GDP

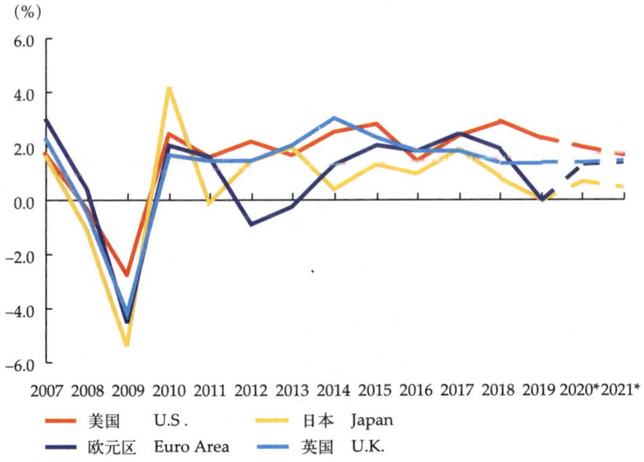


注：*为IMF预测数。
数据来源：各经济体官方统计网站、Wind。
Note: * IMF Projection.
Source: Official statistical websites of the economies, Wind.

## GDP季度环比增长率
Quarter-on-quarter annualized growth rate of GDP

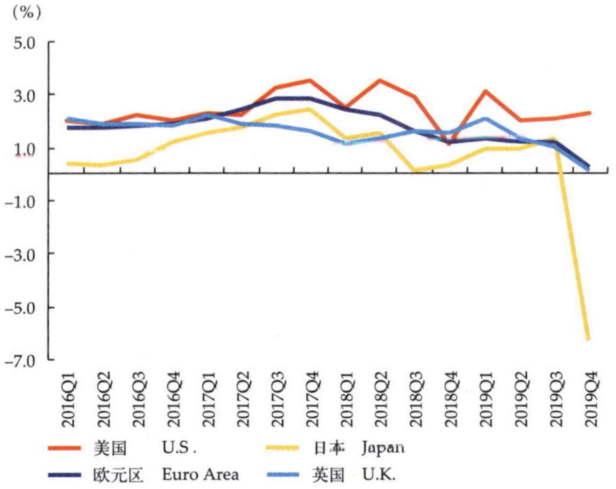


数据来源：各经济体官方统计网站、Wind。
Source: Official statistical websites of the economies, Wind.

## 二、消费价格指数
## 2. CPI

**消费价格当月同比指数**
Monthly CPI (YOY)

单位：% Unit: %

| 年 / 月 Year/Month | 美国 U.S. | 日本 Japan | 欧元区 Euro Area | 英国 U.K. |
|---|---|---|---|---|
| 2018.07 | 2.9 | 0.9 | 2.1 | 2.3 |
| 2018.08 | 2.7 | 1.3 | 2.0 | 2.4 |
| 2018.09 | 2.3 | 1.2 | 2.1 | 2.2 |
| 2018.10 | 2.5 | 1.4 | 2.2 | 2.4 |
| 2018.11 | 2.2 | 0.8 | 2.0 | 2.3 |
| 2018.12 | 1.9 | 0.3 | 1.6 | 2.1 |
| 2019.01 | 1.6 | 0.2 | 1.4 | 1.8 |
| 2019.02 | 1.5 | 0.2 | 1.5 | 1.9 |
| 2019.03 | 1.9 | 0.5 | 1.4 | 1.9 |
| 2019.04 | 2.0 | 0.9 | 1.7 | 2.1 |
| 2019.05 | 1.8 | 0.7 | 1.2 | 2.0 |
| 2019.06 | 1.6 | 0.7 | 1.3 | 2.0 |
| 2019.07 | 1.8 | 0.5 | 1.0 | 2.1 |
| 2019.08 | 1.7 | 0.3 | 1.0 | 1.7 |
| 2019.09 | 1.7 | 0.2 | 0.8 | 1.7 |
| 2019.10 | 1.8 | 0.2 | 0.7 | 1.5 |
| 2019.11 | 2.1 | 0.5 | 1.0 | 1.5 |
| 2019.12 | 2.3 | 0.8 | 1.3 | 1.3 |

数据来源：各经济体官方统计网站、Wind。
Source: Official statistical websites of the economies, Wind.

**消费价格当月同比指数**
Monthly CPI (YOY)

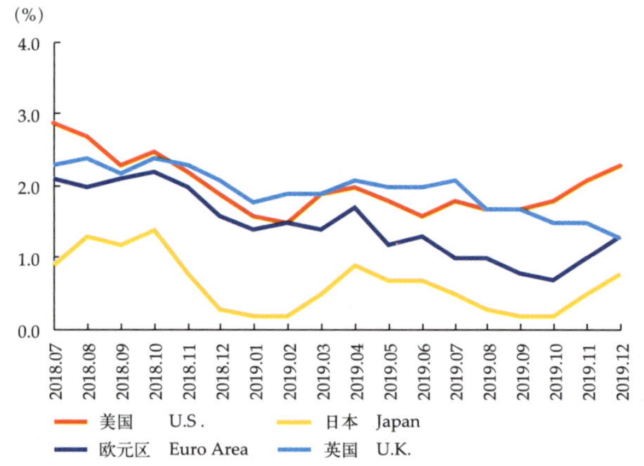


数据来源：各经济体官方统计网站、Wind。
Source: Official statistical websites of the economies, Wind.

## 三、失业率
## 3. Unemployment Rate

**失业率（季节调整后）**
Unemployment rate (after seasonal adjustment)

单位：% Unit: %

| 年 / 月 Year/Month | 美国 U.S. | 日本 Japan | 欧元区 Euro Area | 英国 U.K. |
|---|---|---|---|---|
| 2018.07 | 3.9 | 2.5 | 8.1 | 4.0 |
| 2018.08 | 3.9 | 2.5 | 8.1 | 4.1 |
| 2018.09 | 3.7 | 2.4 | 8.1 | 4.1 |
| 2018.10 | 3.8 | 2.4 | 8.0 | 4.1 |
| 2018.11 | 3.7 | 2.4 | 7.9 | 4.0 |
| 2018.12 | 3.9 | 2.3 | 7.8 | 4.0 |
| 2019.01 | 4.0 | 2.5 | 7.8 | 3.9 |
| 2019.02 | 3.8 | 2.3 | 7.8 | 3.9 |
| 2019.03 | 3.8 | 2.5 | 7.7 | 3.8 |
| 2019.04 | 3.6 | 2.4 | 7.6 | 3.8 |
| 2019.05 | 3.6 | 2.4 | 7.6 | 3.8 |
| 2019.06 | 3.7 | 2.3 | 7.5 | 3.9 |
| 2019.07 | 3.7 | 2.3 | 7.6 | 3.8 |
| 2019.08 | 3.7 | 2.3 | 7.5 | 3.9 |
| 2019.09 | 3.5 | 2.4 | 7.6 | 3.8 |
| 2019.10 | 3.6 | 2.4 | 7.5 | 3.4 |
| 2019.11 | 3.5 | 2.2 | 7.5 | 3.4 |
| 2019.12 | 3.5 | 2.1 | 7.4 | 3.4 |

数据来源：各经济体官方统计网站、Wind。
Source: Official statistical websites of the economies, Wind.

**失业率（季节调整后）**
Unemployment rate
(after seasonal adjustment)

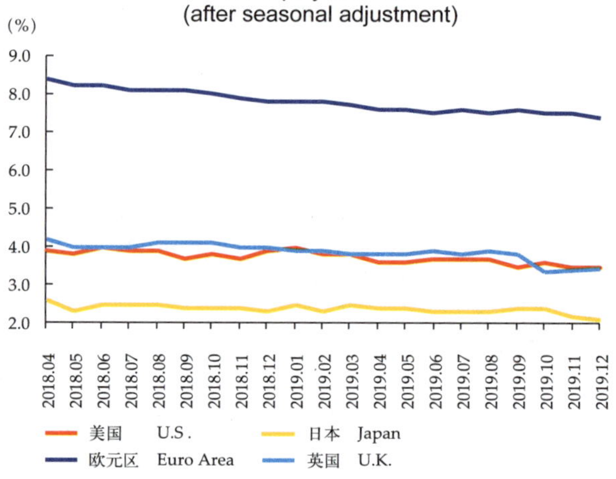


数据来源：各经济体官方统计网站、Wind。
Source: Official statistical websites of the economies, Wind.

# 四、国际收支
# 4. BOP

### 经常项目差额
### Current account balance

单位：10亿
Unit: 1 billion

| 年 / 季度 Year/Quarter | 美国（美元） U.S. (USD) | 日本（日元） Japan (JPY) | 欧元区（欧元） Euro Area (EUR) | 英国（英镑） U.K. (GBP) |
|---|---|---|---|---|
| 2015Q1 | −102.14 | 4 310.90 | 87.51 | −26.45 |
| 2015Q2 | −98.05 | 3 911.90 | 56.45 | −15.91 |
| 2015Q3 | −109.19 | 4 991.10 | 76.12 | −20.39 |
| 2015Q4 | −98.39 | 3 305.50 | 70.59 | −31.29 |
| 2016Q1 | −112.44 | 6 087.20 | 82.56 | −27.78 |
| 2016Q2 | −103.32 | 4 899.00 | 99.75 | −25.38 |
| 2016Q3 | −106.79 | 6 146.40 | 84.74 | −30.72 |
| 2016Q4 | −105.81 | 4 258.40 | 81.77 | −20.12 |
| 2017Q1 | −104.30 | 6 364.80 | 85.50 | −16.63 |
| 2017Q2 | −122.87 | 4 759.20 | 52.95 | −20.61 |
| 2017Q3 | −99.71 | 7 202.40 | 110.91 | −17.57 |
| 2017Q4 | −112.77 | 4 280.30 | 101.08 | −17.49 |
| 2018Q1 | −114.00 | 5 932.90 | 99.92 | −18.02 |
| 2018Q2 | −107.31 | 4 993.10 | 102.96 | −18.65 |
| 2018Q3 | −125.74 | 5 694.40 | 74.83 | −19.61 |
| 2018Q4 | −143.93 | 2 601.80 | 81.08 | −26.59 |
| 2019Q1 | −136.19 | 5 954.10 | 92.19 | −37.39 |
| 2019Q2 | −125.21 | 4 567.60 | 70.39 | −24.15 |
| 2019Q3 | −124.09 | 5 760.30 | 100.73 | −15.86 |

数据来源：各经济体官方统计网站、Wind。
Source: Official statistical websites of the economies, Wind.

### 资本项目差额
### Capital account balance

单位：10亿美元
Unit: USD 1 billion

| 年 / 季度 Year/Quarter | 美国（美元） U.S. (USD) | 日本（日元） Japan (JPY) | 欧元区（欧元） Euro Area (EUR) | 英国（英镑） U.K. (GBP) |
|---|---|---|---|---|
| 2015Q1 | −0.02 | −132.30 | 1.38 | 0.00 |
| 2015Q2 | −0.02 | −26.70 | 0.88 | −0.79 |
| 2015Q3 | 0.00 | −65.20 | 5.35 | −0.43 |
| 2015Q4 | 0.00 | −47.10 | 10.86 | −0.75 |
| 2016Q1 | −0.06 | −561.80 | −0.74 | 0.31 |
| 2016Q2 | 0.00 | 3.70 | −2.07 | −0.31 |
| 2016Q3 | −0.09 | −86.40 | 0.95 | −0.95 |
| 2016Q4 | 0.00 | −98.80 | 3.37 | −0.75 |
| 2017Q1 | −0.06 | −67.00 | −6.55 | −0.09 |
| 2017Q2 | −0.10 | −135.30 | −13.52 | −0.55 |
| 2017Q3 | 19.14 | −20.30 | −2.77 | −0.41 |
| 2017Q4 | −0.04 | −57.40 | 3.14 | −0.52 |
| 2018Q1 | 0.00 | −97.50 | 6.17 | −0.17 |
| 2018Q2 | −0.01 | −63.50 | −0.46 | −0.81 |
| 2018Q3 | 0.52 | −21.70 | 3.04 | −0.24 |
| 2018Q4 | 2.72 | −29.80 | −42.35 | −1.31 |
| 2019Q1 | 0.00 | −42.90 | −4.20 | −0.05 |
| 2019Q2 | 0.00 | −94.70 | −15.06 | −0.21 |
| 2019Q3 | −0.01 | −198.60 | 1.93 | −0.43 |

数据来源：各经济体官方统计网站、Wind。
Source: Official statistical websites of the economies, Wind.

### 经常项目差额
### Current account balance

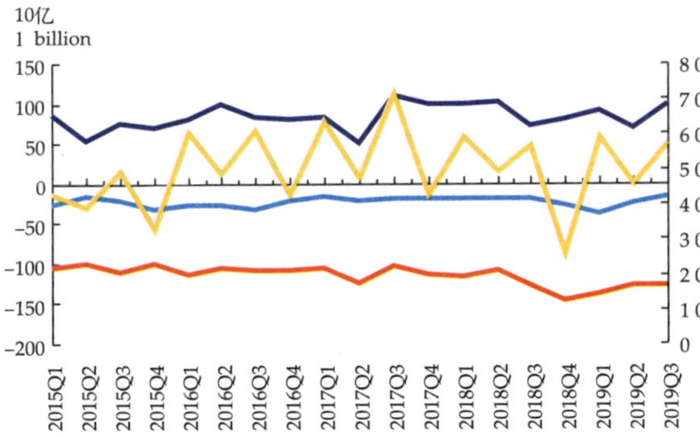


美国/美元（左坐标） U.S./USD (LHS)
日本/日元（右坐标） Japan/JPY (RHS)
欧元区/欧元（左坐标） Euro Area/EUR (LHS)
英国/英镑（左坐标） UK/GBP (LHS)

数据来源：各经济体官方统计网站、Wind。
Source: Official statistical websites of the economies, Wind.

### 资本项目差额
### Capital account balance

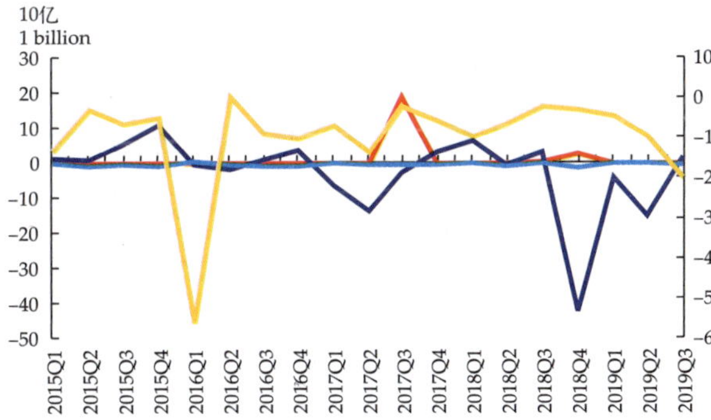


美国/美元（左坐标） U.S./USD (LHS)
日本/日元（右坐标） Japan/JPY (RHS)
欧元区/欧元（左坐标） Euro Area/EUR (LHS)
英国/英镑（左坐标） UK/GBP (LHS)

数据来源：各经济体官方统计网站、Wind。
Source: Official statistical websites of the economies, Wind.

**金融项目差额**

**Financial account balance**

单位：10亿
Unit: 1 billion

| 年 / 季度 Year/Quarter | 美国（美元） U.S. (USD) | 日本（日元） Japan (JPY) | 欧元区（欧元） Euro Area (EUR) | 英国（英镑） U.K. (GBP) |
|---|---|---|---|---|
| 2015Q1 | 121.33 | −6 761.50 | −31.48 | 15.68 |
| 2015Q2 | 134.30 | −4 945.10 | −39.33 | 18.21 |
| 2015Q3 | 36.35 | −5 644.30 | −93.70 | 32.69 |
| 2015Q4 | 33.97 | −4 525.40 | −115.02 | 36.95 |
| 2016Q1 | 104.23 | −9 168.40 | −56.49 | 28.04 |
| 2016Q2 | 17.02 | −7 195.80 | −82.42 | 29.22 |
| 2016Q3 | 197.61 | −10 981.50 | −115.94 | 41.78 |
| 2016Q4 | 63.19 | −1 260.20 | −105.13 | 19.81 |
| 2017Q1 | 67.23 | −5 550.40 | −94.36 | 3.95 |
| 2017Q2 | 151.70 | −4 886.00 | −8.04 | 17.82 |
| 2017Q3 | 116.32 | −5 165.40 | −121.29 | 31.69 |
| 2017Q4 | 22.32 | −3 038.30 | −112.75 | 25.61 |
| 2018Q1 | 93.38 | −7 590.80 | −91.15 | 19.62 |
| 2018Q2 | 133.10 | −5 226.10 | −80.40 | 18.70 |
| 2018Q3 | 57.38 | −4 486.40 | −94.42 | 19.20 |
| 2018Q4 | 161.62 | −2 701.60 | −63.15 | 25.65 |
| 2019Q1 | 36.73 | −8 816.90 | −60.92 | 28.24 |
| 2019Q2 | 213.38 | −6 522.00 | −16.21 | 28.26 |
| 2019Q3 | 47.86 | −6 709.10 | −104.84 | 36.30 |

数据来源：各经济体官方统计网站、Wind。
Source: Official statistical websites of the economies, Wind.

**金融项目差额**

**Financial account balance**

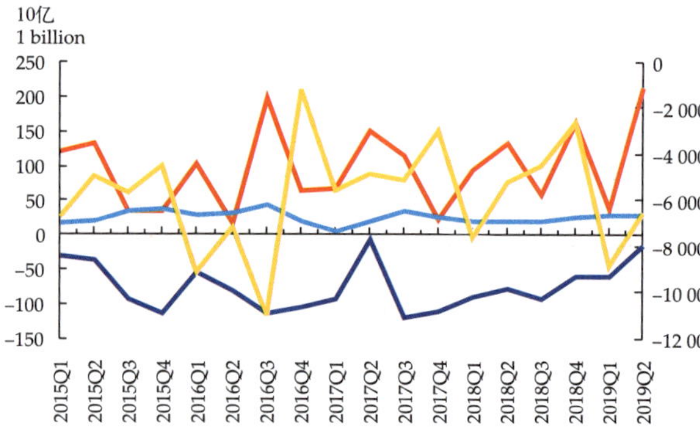


数据来源：各经济体官方统计网站、Wind。
Source: Official statistical websites of the economies, Wind.

# 五、利率

# 5. Interest Rates

## 1. 中央银行目标利率

## (1) Central bank base rates

**中央银行目标利率**

**Central bank base rates**

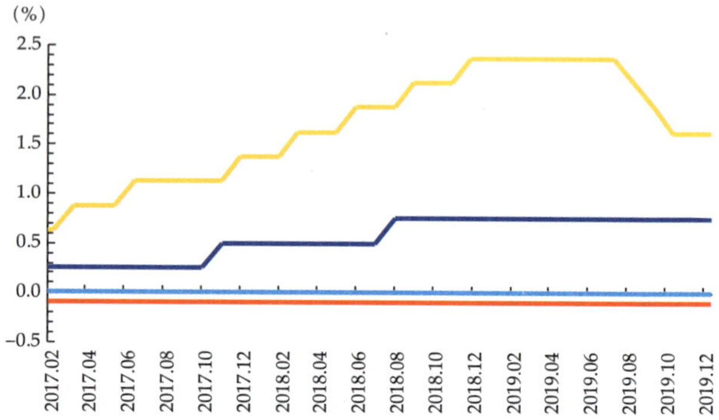


数据来源：各经济体官方统计网站、Wind。
Source: Official statistical websites of the economies, Wind.

## 2. 短期利率
## (2) Short-term interest rates

**3个月期银行间市场拆借利率**
**（年率，月平均）**
3-month inter-bank rate
(annualized, monthly average)

单位：% Unit: %

| 年 / 月 Year/Month | 美元 USD | 日元 JPY | 欧元 EUR | 英镑 GBP |
|---|---|---|---|---|
| 2018.07 | 2.34 | 0.07 | −0.32 | 0.75 |
| 2018.08 | 2.32 | 0.07 | −0.32 | 0.81 |
| 2018.09 | 2.35 | 0.07 | −0.32 | 0.80 |
| 2018.10 | 2.46 | 0.07 | −0.32 | 0.81 |
| 2018.11 | 2.65 | 0.07 | −0.32 | 0.87 |
| 2018.12 | 2.79 | 0.07 | −0.31 | 0.90 |
| 2019.01 | 2.77 | 0.07 | −0.31 | 0.92 |
| 2019.02 | 2.68 | 0.07 | −0.31 | 0.88 |
| 2019.03 | 2.61 | 0.07 | −0.31 | 0.84 |
| 2019.04 | 2.59 | 0.07 | −0.31 | 0.82 |
| 2019.05 | 2.53 | 0.07 | −0.31 | 0.80 |
| 2019.06 | 2.40 | 0.07 | −0.33 | 0.78 |
| 2019.07 | 2.29 | 0.07 | −0.36 | 0.77 |
| 2019.08 | 2.16 | 0.07 | −0.41 | 0.76 |
| 2019.09 | 2.13 | 0.07 | −0.42 | 0.77 |
| 2019.10 | 1.98 | 0.07 | −0.41 | 0.78 |
| 2019.11 | 1.90 | 0.07 | −0.40 | 0.79 |
| 2019.12 | 1.91 | 0.07 | −0.39 | 0.79 |

数据来源：各经济体官方统计网站、Wind。
Source: Official statistical websites of the economies, Wind.

**3个月期银行间市场拆借利率**
**（年率，月平均）**
3-month inter-bank rate
(annualized, monthly average)

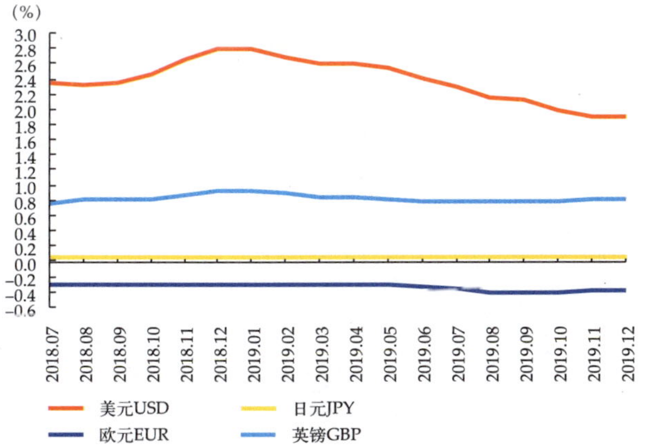


数据来源：各经济体官方统计网站、Wind。
Source: Official statistical websites of the economies, Wind.

## 3. 长期利率
## (3) Long-term interest rates

**10年期国债收益率**
**（年率，月平均）**
10-year government bond yield
(annualized, monthly average)

单位：% Unit: %

| 年 / 月 Year/Month | 美元 USD | 日元 JPY | 欧元 EUR | 英镑 GBP |
|---|---|---|---|---|
| 2018.07 | 2.89 | 0.05 | 0.39 | 1.37 |
| 2018.08 | 2.89 | 0.11 | 0.39 | 1.40 |
| 2018.09 | 3.00 | 0.13 | 0.48 | 1.50 |
| 2018.10 | 3.15 | 0.14 | 0.51 | 1.55 |
| 2018.11 | 3.12 | 0.11 | 0.44 | 1.44 |
| 2018.12 | 2.83 | 0.05 | 0.32 | 1.31 |
| 2019.01 | 2.71 | 0.01 | 0.25 | 1.32 |
| 2019.02 | 2.68 | −0.02 | 0.17 | 1.24 |
| 2019.03 | 2.57 | −0.03 | 0.11 | 1.19 |
| 2019.04 | 2.53 | −0.04 | 0.06 | 1.19 |
| 2019.05 | 2.40 | −0.06 | −0.03 | 1.13 |
| 2019.06 | 2.07 | −0.13 | −0.21 | 0.92 |
| 2019.07 | 2.06 | −0.14 | −0.30 | 0.83 |
| 2019.08 | 1.63 | −0.23 | −0.59 | 0.58 |
| 2019.09 | 1.70 | −0.22 | −0.53 | 0.60 |
| 2019.10 | 1.71 | −0.16 | −0.40 | 0.64 |
| 2019.11 | 1.81 | −0.09 | −0.28 | 0.76 |
| 2019.12 | 1.86 | −0.01 | −0.22 | 0.83 |

数据来源：各经济体官方统计网站、Wind。
Source: Official statistical websites of the economies, Wind.

**10年期国债收益率**
**（年率，月平均）**
10-year government bond yield
(annualized, monthly average)

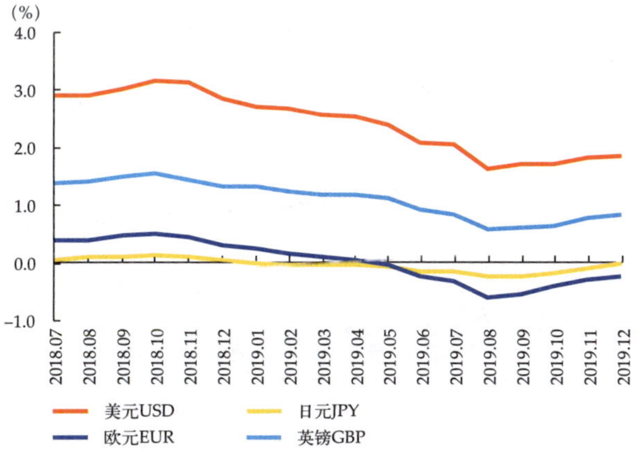


数据来源：各经济体官方统计网站、Wind。
Source: Official statistical websites of the economies, Wind.

# 六、汇率
# 6. Exchange Rates

汇率（月平均）
Exchange rates (monthly average)

| 年 / 月 Year/Month | 美元 / 欧元 USD/EUR | 美元 / 英镑 USD/GBP | 日元 / 美元 JPY/USD |
|---|---|---|---|
| 2018.07 | 1.1682 | 1.3168 | 111.42 |
| 2018.08 | 1.1547 | 1.2879 | 111.06 |
| 2018.09 | 1.1655 | 1.3062 | 111.95 |
| 2018.10 | 1.1481 | 1.3012 | 112.78 |
| 2018.11 | 1.1364 | 1.2902 | 113.38 |
| 2018.12 | 1.1390 | 1.2677 | 112.57 |
| 2019.01 | 1.1416 | 1.2891 | 108.92 |
| 2019.02 | 1.1351 | 1.3010 | 110.35 |
| 2019.03 | 1.1302 | 1.3170 | 111.21 |
| 2019.04 | 1.1238 | 1.3043 | 111.66 |
| 2019.05 | 1.1185 | 1.2841 | 109.85 |
| 2019.06 | 1.1293 | 1.2677 | 108.06 |
| 2019.07 | 1.1218 | 1.2470 | 108.24 |
| 2019.08 | 1.1126 | 1.2146 | 106.27 |
| 2019.09 | 1.1004 | 1.2361 | 107.48 |
| 2019.10 | 1.1058 | 1.2657 | 108.14 |
| 2019.11 | 1.1051 | 1.2884 | 108.86 |
| 2019.12 | 1.1114 | 1.3109 | 109.10 |

数据来源：各经济体官方统计网站、Wind。
Source: Official statistical websites of the economies, Wind.

实际有效汇率（月平均，2010年=100）
Real effective exchange rates
(monthly average, year 2010=100)

| 年 / 月 Year/Month | 美元 USD | 欧元 EUR | 日元 JPY | 英镑 GBP |
|---|---|---|---|---|
| 2018.07 | 114.3 | 94.8 | 74.4 | 98.5 |
| 2018.08 | 114.9 | 95.1 | 75.5 | 97.7 |
| 2018.09 | 115.1 | 96.2 | 74.9 | 98.7 |
| 2018.10 | 115.6 | 94.6 | 74.7 | 99.1 |
| 2018.11 | 117.0 | 93.7 | 74.4 | 98.9 |
| 2018.12 | 116.8 | 93.8 | 74.6 | 97.0 |
| 2019.01 | 114.9 | 93.2 | 76.4 | 98.1 |
| 2019.02 | 114.8 | 92.3 | 75.1 | 99.1 |
| 2019.03 | 115.2 | 91.7 | 74.4 | 100.5 |
| 2019.04 | 115.4 | 91.3 | 74.1 | 99.9 |
| 2019.05 | 116.4 | 91.7 | 76.2 | 99.2 |
| 2019.06 | 115.8 | 92.0 | 77.2 | 97.3 |
| 2019.07 | 115.6 | 91.0 | 76.7 | 95.8 |
| 2019.08 | 117.4 | 91.6 | 79.3 | 94.3 |
| 2019.09 | 117.8 | 90.7 | 78.5 | 96.6 |
| 2019.10 | 118.1 | 93.2 | 78.1 | 99.3 |
| 2019.11 | 117.4 | 92.2 | 77.1 | 101.4 |
| 2019.12 | 116.5 | 92.4 | 76.6 | 102.4 |

数据来源：各经济体官方统计网站、Wind。
Source: Official statistical websites of the economies, Wind.

汇率（月平均）
Exchange rates (monthly average)

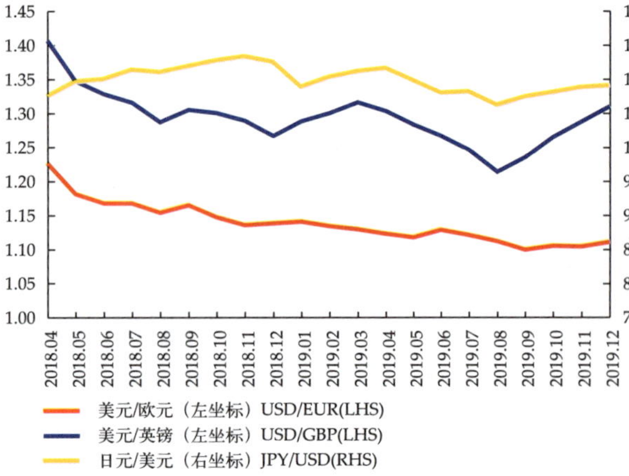


数据来源：各经济体官方统计网站，Wind。
Source: Official Statistical Websites of the Economies, Wind.

实际有效汇率（月平均，2010年=100）
Real effective exchange rates
(monthly average, year 2010=100)

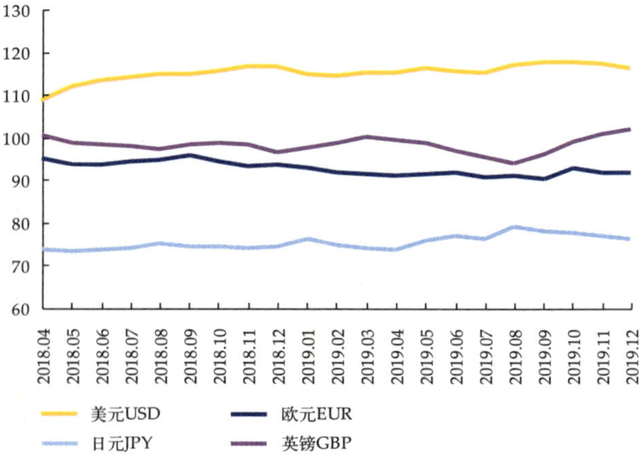


数据来源：各经济体官方统计网站，Wind。
Source: Official Statistical Websites of the Economies, Wind.

# 七、股票市场指数
# 7. Stock Market Indices

主要股票市场指数（期末）
Major stock market indices (end-period)

| 年 / 月 Year/Month | 美国道琼斯 30 种股票平均价格指数 Dow Jones 30 | 纳斯达克综合指数 NASDAQ | 日本日经 225 种股票平均价格指数 Nikkei 225 | 道琼斯欧元区 STOXX50 股票指数 Dow Jones EURO STOXX 50 |
|---|---|---|---|---|
| 2018.07 | 25 415 | 7 672 | 22 554 | 3 525 |
| 2018.08 | 25 965 | 8 110 | 22 865 | 3 393 |
| 2018.09 | 26 458 | 8 046 | 24 120 | 3 399 |
| 2018.10 | 25 116 | 7 306 | 21 920 | 3 198 |
| 2018.11 | 25 538 | 7 331 | 22 351 | 3 173 |
| 2018.12 | 23 327 | 6 635 | 20 014 | 3 001 |
| 2019.01 | 25 000 | 7 282 | 20 773 | 3 159 |
| 2019.02 | 25 916 | 7 533 | 21 385 | 3 298 |
| 2019.03 | 25 929 | 7 729 | 21 206 | 3 352 |
| 2019.04 | 26 593 | 8 095 | 22 259 | 3 515 |
| 2019.05 | 24 815 | 7 453 | 20 601 | 3 280 |
| 2019.06 | 26 600 | 8 006 | 21 276 | 3 474 |
| 2019.07 | 26 864 | 8 175 | 21 522 | 3 467 |
| 2019.08 | 26 403 | 7 963 | 20 704 | 3 427 |
| 2019.09 | 26 917 | 7 999 | 21 756 | 3 569 |
| 2019.10 | 27 046 | 8 292 | 22 927 | 3 267 |
| 2019.11 | 28 051 | 8 665 | 23 294 | 3 345 |
| 2019.12 | 28 538 | 8 973 | 23 657 | 3 403 |

数据来源：Wind。
Source: Wind.

主要股票市场指数（期末）
Major stock market indices (end-period)

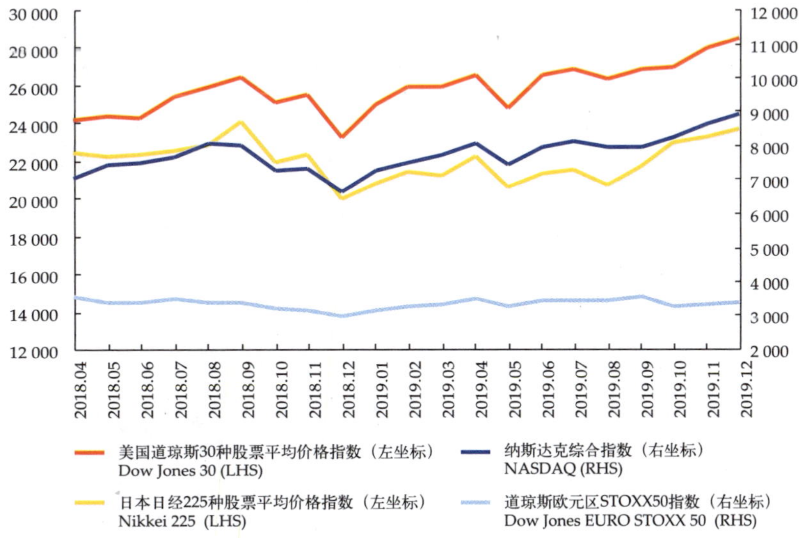